靈性揚升

源場3

宇宙正邪大戰關鍵報告

The Ascension Mysteries

Revealing the Cosmic Battle Between Good and Evil

大衛・威爾科克 *David Wilcock* 著　張佳棻 譯

獻給那些以生命冒險，
甚至因此付出巨大代價的勇敢靈魂，
他們為全人類打造了一個更好的世界。

目次

01 緒論

你即將進入一個世界，那裡有著所有問題的解答。藉著這本書，我將告訴你我的故事、我的體驗——身而為人，我是如何歷經了千辛萬苦，才發現那既隱密又讓人目眩神迷、與靈性揚升及我們的未來有關的真相。

想像你過著一種擁有超自然神力的生活：即時的「心電感應」讓你可以確實地讀取別人腦袋裡的想法，使話語形同虛設；有了「飄浮術」，你只要用一點念力就能騰空飛翔；藉著「隔空取物」，無論物體的體積有多麼龐大，你都可以命令它們升空，並且讓它們隨著你的意願移動；透過「物質化」，你一開口就能創造出任何你想要的東西；「時間旅行」則是允許你神智清明地回到過去或快轉到未來。在過去，你不記得自己在每一世必死的生命之外，還有著更偉大的身分。如今，阻隔在生命與死亡之間的「帷幕」已經落下。現在的每個片刻，你都全然地意識到自己乃是一個有著人類經驗的靈魂，你的智能是如此巨大，遠大於你在過去所能夠企及的一切。

這是不是一場夢？一種毫無事實根據而又荒謬的痴心妄想？或者，有沒有可能，那些偉大的靈性導師們說的都是實話？你是不是生活在失憶當中，忘了你是誰，還有你的真實本性？有沒有可能，你做的選擇和你思考的內容遠比你認為的還要重要？在你日復一日乍看平凡無奇的掙扎中，是否代表著宇宙的正邪之戰？而這場祕密戰役，是不是也在全球重大事件的頭條新聞背後暗中肆虐？

靈性揚升（ascension）——轉化進入更高的存在狀態——是不是你身為人類的終極目標？宇宙裡是不是有一股邪惡力量，它持續地把恐懼、憤怒、罪惡感和羞恥感灌輸到你身上，藉此阻礙你在進化上的量子跳躍？我們是不是正在目睹一場巨大的競爭，其目的是為了控制這個星球？如果我們不為邪惡勢力提供能量，比如說我們的自私、嫉妒、物質主義、貪婪以及寂寞，它們真的會就此消亡嗎？這些不同勢力的戰爭是不是已經持續了數十萬年——就他們的記憶而言？

你即將進入一個世界，那裡有著所有問題的解答。有個看似不存在的邪惡勢力，正在以末日和毀滅威脅我們，除了有個「菁英集團」藉著製造戰爭、金融危機、天災和混亂來讓自己壯大，大自然似乎也背離了我們。我們的星球正在走向滅亡：水源消失了、動物受到捕獵瀕臨絕種、地球的氣溫逐年暖化、地震、火山爆發、海嘯、颶風以及超級風暴，都威脅著我們的生命和我們居住的星球。

人們經常認為古代的靈性故事只是「神話」，因為我們居住在一個「真實的世界」，和古代的世界相比，這個世界更寂寞，也更具威脅性。當人類面對不愉快的事情，或是大規模毀滅這種命定般的事實，通常會開始否認現狀，或是對某些事物成癮，藉此把這些事情拋諸腦後。當真相像紙包不住火一樣爆發出來，便引發了我們內在一種潛藏的無力感，於是我們只能迫降在深沉、黑暗而又抑鬱的孤寂之中。這時候——當事情糟到不能再糟的時候——我們開始信神，然後在我們專屬的地獄裡哭喊著：「為什麼？為什麼？為什麼？」

也許你有幸遇上眾多先知所說的「永恆智慧」。那可能是一次瀕死經驗，它讓你超越生命與死亡的帷幕，瞥見更廣大的實相；或者是一個極度美麗、令人摒息的夢境，它讓你流著淚醒來，對於新的一天充滿渴望；或是一次讓你情緒攀上高峰的事件，無論是極端恐怖或極度狂喜，於是你穿越迷霧，進入一種充滿光輝的寧靜，那是所有偉大的心靈導師都享受過的奇異恩典——時間突然以蝸步前進，而你開始以一種「全觀」的視角看著自己的生活。有一些相當奇怪的事情可能會發生在你身上，你無法否認那是一種超自然的力量，它讓你整個人都因為驚奇而興奮、震動起來。在這偶發的珍貴片刻，你觸碰到某種真實奧祕的本質。你經驗到了一種實相，其中沒有恐懼、痛苦、失落或是寂寞——只有愛、喜悅、幸福以及明亮無涯的白光。

這樣一種擴張、令人敬畏的永恆之感常常轉瞬即逝，在那一瞬間，你看見魔法，但是沒多久你又被平凡無奇的日常生活給團團包圍。現實嚴酷的冷風熄滅了無限潛能的火焰——就像一般人目前的感受一樣。幸好，事情不一定會這樣發生。我們所屬的這個時代蘊含著一個極大的奧祕，那就是正面的靈性存有（spiritual beings）確實存在，如果你遵從特定的指導原則，便能夠和祂們取得直接的聯繫。我每天都會收到一些信件，很多人告訴我他們遭遇了一些奇特而又神祕的現象。在過去，我付出許多努力想要接觸祂們，後來也獲得相當深刻而又充滿意義的成果。

藉著這本書，我要告訴你我的故事、我的體驗——身而為人，我是如何歷經了千辛萬苦，才發現那既隱密又讓人目眩神迷、與靈性揚升及我們的未來有關的真相。諾斯替（Gnostic）傳統的靈性教誨告訴我們，訊息是有生命的，只要接觸和宇宙真實本質有關的訊息，便足以引發我們的蛻變，讓我們踏上靈性揚升之路。在我之前寫的書裡，我用一種科學的角度來傳達這些訊息。現在我要利用這本書的前半部告訴你，這種形而上的真相，是如何以一種個人的層次顯化在你的生活之中。

歷史的謎團

科學這樣教導我們：你從一種窮極無聊的洞穴生活演化而來。你遠古的祖先是不識字的「獵人—採集者」（hunter-gatherers），他們必須對抗大自然才能存活下去。後來，這些老祖宗終於有了足夠的智能，於是他們發明了輪子、開始種植作物、馴服動物、發展交易系統、建造堅固的藏身之處，然後聚集在城鎮或是都市裡。就這樣，文明漸漸開展，文字、數學、陶藝、冶金術、政治、天文學、法律和宗教也跟著被發明出來。

同時，我們開始崇拜神祇。地球上的每個文明幾乎都有類似的報導，記載著人類和某種具有超級智能的先進生物，進行了直接的接觸。文明，就這樣來看，並非無緣無故出現在地球上。有某種「奧妙的存在」（sophisticated beings）教我們如何說話、如何閱讀、如何寫作、如何種植作物、建造居所、研究星象，還有了解科學這種通用語言。過去的書寫紀錄一次又一次明白地對我們訴說這樣的故事：先進的、看起來像人類的種族給了我們通往知識的鑰匙。在許多故事裡，這些人和我們一起生活著，就算沒有幾千年也有幾百年，祂們可能就像國王一樣，以一種神聖權力治理著這個世界。有些「神祇」教我們要對別人更有愛心、更寬容，而且還幫助我們創始了幾個主要的宗教——這是個藏得很深的祕密，真正知道的人並不多。其他「神祇」遠遠稱不上慈愛或是善良，祂們彼此爭鬥、卑劣放縱、說謊詐騙，有好幾次，受祂們欺負的人們開始感到憤怒和上當，最後便起義推翻、消滅了祂們。

這些古代的「神祇」，就事實而論，有沒有可能是外星生物？過去二十年來，我不斷藉著各大公開媒體討論這個問題，其中包括了我自己的網站「神聖宇宙」（DivineCosmos.com）、我的著作《源場：超自然關鍵報告》（*The Source Field Investigations*）和《同步鍵》（*The Synchronicity Key*），還有在《遠古外星人》（*Ancient Aliens*）這個電視節目超過八十集的談話片段。《遠古外星人》的第一集在「歷史頻道」（History Channel）播出，當我在寫這本書的時候，這個節目已經進入了開播以來的第十季。不過，還是有許多人表現得像是那些拒絕從伽利略的望遠鏡去看宇宙的教士。目前一般人視為理所當然的世界觀只不過是一種信仰體系，就和其他的宗教沒有兩樣。

人們捍衛當前的科學模型，態度就像是擺著傳教士架子的狂信者，宣稱真相只有一個，並且認為科學家擁有所有問題的答案。

「故事」已經變了

在過去，懷疑論者援引科學，以科學作為終極的權威來捍衛他們的信仰系統。對他們來說，這個時代可能相當令人困惑，因為科學不斷地改寫。我們被教導要相信的一切正在悄悄地改變，起源於一篇二〇一三年十月二十二日發表在《美國國家科學院院刊》（*Proceedings of the National Academy of Sciences*）的文章，然而卻沒有任何主流媒體就此做出公開報導。艾瑞克・佩蒂古拉（Erik Petigura）博士領導了一個三人科學研究團隊，他們使用美國航空暨太空總署（NASA）的克卜勒太空望遠鏡（Kepler telescope）來研究我們周遭四萬兩千顆類似太陽的恆星。他們尋找這些恆星突然變暗的時刻並加以測量，因為這樣的時刻通常代表著有一顆行星正在從這顆恆星的前面通過。佩蒂古拉的團隊總共發現了六〇三顆這樣的行星，其中有十顆的大小和地球類似，並且位於「適居帶」（habitual zone）——適居帶是海洋可能生成的地帶，因為位於這個區域的行星通常不會太熱或是太冷。佩蒂古拉的團隊已經找到資料，說明這十個行星上很可能有液態水，當你結合兩個氫原子和一個氧原子，就會得到水，而NASA已經證明恆星會釋放無數噸的氫氣和氧氣，當氫氣和氧氣落到一個溫度適合的行星，它們就會結合變成水——然後形成大氣、雨水和海洋。

佩蒂古拉的實驗得到一個結論，在這個宇宙中類似太陽的恆星中，其中有驚人的百分之二十二被帶著水的、像地球的行星圍繞著——就位在種種條件都適合生命發展的地區。離我們最近的、最像地球的一顆行星只有十二光年之遙，如果我們的科技進步到讓我們能夠以光速旅行，或許我們在有生之年就能到達那裡。不過，如果我們把這百分之二十二擴展到我們所知的宇宙，才會見識到真正的驚奇。這樣做的結果是極度令人震驚的，發表在「等等，但為什麼」（WaitButWhy.com）①這個網站上、一篇題名為〈費米悖論〉（The Firmi Paradox）的文章就此做了簡短的說明。

光是在銀河系，就有一千億至四千億個恆星。我們現在知道，銀河中的每個恆星都在宇宙中自成一個完整的銀河系，而一個銀河系就是許多恆星構成的一個巨大集合。

根據這些數字，我們可以說地球上的每一粒沙都對應著宇宙中的一萬顆恆星。這樣的數字是難以想像的，因為我們一輩子踩過的沙不計其數。如果我們說其中百分之五的恆星就像太陽一樣，如NASA所估計的，這個故事還會變得更加瘋狂，因為這意謂著這個宇宙裡頭有著五萬京個或是五億兆個類似太陽的恆星存在。

每個類似的恆星都會有一個「適居帶」，使得它的行星有機會發展出由液態水構成的海洋。如果宇宙中有百分之五的恆星像我們的太陽一樣，加上佩蒂古拉團隊的發現，意即其中有五分之一的恆星被像地球一樣的行星環繞，那麼就意謂著宇宙中約有百分之一的恆星可以作為我們的家園，因為其中有著適合居住的行星，這樣的話，宇宙中就有一億兆個像地球一樣的行星。意思就是，地球上的每一粒沙，都對應著宇宙中一百個類似地球的星球。根據這些數字，光是我們的銀河系就有十億個地球。如果我們假設其中只有百分之一的水世界發展出了某些生命形式，那麼地球上的每一粒沙都對應著宇宙中一個有生命居住的、類似地球的星球。

讓我們繼續假設——這些適合居住的星球其中只有百分之一已經進化到有智能文明出現，就像我們在地球上看到的一樣，那就意謂著這個宇宙中有著一京個（10 quadrillion）或是一萬兆個（10 million billion）智能文明。如果我們把同樣的邏輯套用到銀河上，我們將會發現在十億個類似地球的行星當中，可能就有十萬個智能文明等著我們去發現。對於我們所知道的一切，這些來自NASA的官方資料可能會從根本上改變我們的看法。有了這些數字，認為我們在這個宇宙裡孤伶伶地存在，成了一個荒謬的想法——這樣的想法就像是一種可以被輕易丟棄的極端基本教義派信仰。

〈費米悖論〉還要我們去想想這個宇宙的年紀，按照目前的估計大概是一百三十億年，而地球大約是在四十五億四千萬年前形成。我們完全可以假設有一個類似地球的行星，它或許在八十億年前形成，並且環繞著一個更古老的、類似太陽的恆星運行。現在，讓我們想像這個行星在同樣的時間內——四十五億四千萬年——進化到我們當前的智能和科技等級，那就意謂著，這個行星還有三十四億六千萬年的時間可以從我們目前所達到的水準再更進一步。在這樣一段時間裡，科技、智能、各種精細的文化，能夠發展的程度可能遠遠超過我們的理解程度。

二〇一五年三月五日，NASA宣布火星有超過一半的表面積曾經被海水覆蓋，就像地球一樣，海水的深度高達一．六公里②。接著，二〇一五年九月二十八日，NASA又宣布在今日火星的地表仍然有一些液態水，只是為數不多③。最後，二〇一五年十一月五日，NASA再度發出聲明，宣稱以前的火星就像地球一樣被大氣層覆蓋，但是這樣的大氣層後來消失了，很有可能是受到某些太陽活動的影響④。冥王星也有著怪異的、和地球類似的大氣。英國廣播公司（BBC）在二〇一五年三月十二日發布了一篇引述NASA官方資料的文章，這篇文章指出木星的衛星木衛三／加尼米德（Ganymede）有個地下海洋，其他的衛星也是：「包括了矮行星冥王星和穀神星（Ceres）；還有木星的其他衛星——木衛二／歐羅巴（Europa）和木衛四／卡里斯托（Callisto）；土星的衛星土衛二／恩克拉多斯（Enceladus）、土衛六／泰坦（Titan），以及土衛一／彌瑪斯（Mimas）；此外可能還包括了海王星的衛星海衛一／特里頓（Triton）。美國太空總署行星科學的負責人吉姆．格林（Jim Green）笑稱：『太陽系現在看起來還蠻濕潤的。』」⑤

這些官方的發現改變了一切我們曾經信以為真的概念。在我們的太陽系之內，單純就形式來說，就有好幾個適合生命繁衍的地方。火星在過去似乎就像是地球一樣，可能有過繁榮的智能文明。這些可以讓生命完全改觀的新發現，在各個媒體上、一次一個地發布出來，它們會被當成一兩天的小頭條，但按照現代新聞的訊息密度，它們很快就會被忽略、被遺忘。僅僅只是把這些線索放在一起，我們便能建構一種全新的世界觀，而這樣的世界觀和大多數人所信仰的絕對真理有著完全不同的面貌。

宇宙種子

另外一個科學進展發生在二〇一三年的九月，就在《美國國家科學院院刊》發布佩蒂古拉團隊研究結果的一個月前，那時候我想把這筆資料放到《同步鍵》，但是已經來不及了。

當時我坐在飛機上，正在閱讀《量子雜誌》（*Quanta*）⑥的一篇文章，標題是〈量子物理學的核心瑰寶〉（*A Jewel at the Heart of Quantum Physics*）。這架飛機的每個細節如今依然歷歷在目，那時候飛機還在攀升，但是我想解開座椅的安全帶，想在走道奔跑大叫，因為我實在是太高興、太驚喜了。多年來我埋首於科學研究和寫作，今天終於有了代價——說真的，我從來沒想過它會這樣發生。數以百計的拼圖在我的腦海裡結合起來，這是我第一次找到完整的解決方法，可以把所有的線索結合起來，將它們整合為一個單一的整體。

大多數的人相信宇宙起源於「大霹靂」（Big Bang）。這個模型告訴我們：「一開始，沒有東西」（in the beginning, there was nothing）。接著，「沒有東西」（nothing）變成了「某些東西」（something）。事實上，在這個宇宙當中，應該「沒有東西」會因為一次突然的爆炸——比如說「大霹靂」——然後就創生出所有的物質。「沒有東西」爆炸了，然後在那個瞬間整個宇宙就被創造出來了，這樣的說法顯然有很大的問題。讓我們回到核心的問題，科學告訴我們，我們從沒有東西裡頭得到了某些東西。如果我們同意這個說法，那麼，為什麼物質只有在宇宙開始的時候創生了一次呢？為什麼不會有某些看不見的能量，或是「無物」，持續地進行轉化，然後演變成我們今日所看見的物質呢？

大霹靂理論背後的科學依據是史蒂芬．霍金的黑洞理論。然而，大霹靂仍然是一個沒有被證明的假設。幾乎沒有人會想到霍金自己的教授羅傑．彭若斯爵士（Sir Roger Penrose），就宇宙起源和本質這個題目提出了一個相當不一樣的理論。有好幾年，霍金和彭若斯公開地就他們各自的理論模型進行爭論，但是媒體對於彭若斯的觀點幾乎視而不見。彭若斯研究量子層次中能量的運動，尋找其中可以統合這些運動的隱藏模式。他發現了非常有力的證據，認為我們在這個宇宙之中所見的一切——所有空間和所有時間——都是從單一的點、一個片刻接著一個片刻生成。這可能意謂著我們所知的空間、物質、能量、時間都不存在——唯一存在的只有這個單一點的各種「扭曲」。意思就是，這個宇宙的開始、中間和結束均同時存在。

更奇怪的是，彭若斯認為這個「點」實際上是一個形狀古怪、主要由三角形構成的立體幾何圖形，如圖1所示：

彭若斯以數學證明這就是宇宙的運作方式，一度獲得了令人注目的進展，

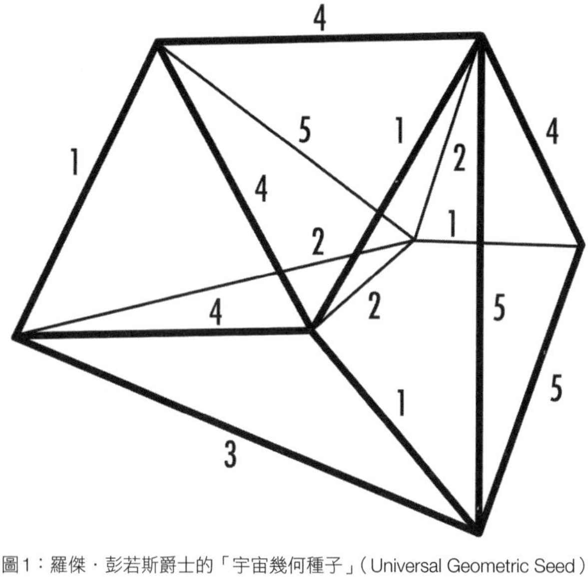

圖1：羅傑．彭若斯爵士的「宇宙幾何種子」（Universal Geometric Seed）模型。

不過最後還是碰到了死胡同。他的理論成了引人入勝但是缺乏證明的科學謎團，直到加州理工學院（California Institute of Technology/Caltech）的兩位科學家尼瑪・阿卡尼－哈米德（Nima Arkani-Hmed）和雅洛斯拉夫・特恩卡（Jaroslav Trnka）重新對此展開研究。因為他們的數學天才，證明了彭若斯的基本假設是正確的——不過彭若斯沒有找到正確的形狀。最後透過正確的數學運算，這兩位科學家有效地證明了我們所知的宇宙並不存在。這個宇宙就像是一個全像圖（hologram）：它看似堅固而又立體，但是事實上那裡什麼都沒有。這也意謂著，如果我們可以把它放大來看、進入更深的量子層次，我們最終會在那裡發現一個單一的「質點」，它自成一個宇宙——其中包括了所有的空間和所有的時間。這個「質點」看起來就像是一組四個被黏在一起的三角金字塔或四面體。

這個宇宙中有一千億至四千億個銀河系以及一兆億個類似地球的行星——地球上的每一粒沙都對應著一百個水世界行星——而我們現在有證據可以說明，它們都起源於這個單一的幾何圖形。這個宇宙就像一顆巨大的樹，它有著無窮盡的分枝，然而它們卻都是從這個微小到不可思議的種子所長出來的。這看起來可能相當令人困惑，然而種子才是唯一真實的存在，這棵樹只是一個幻象。宇宙沒有開始，也沒有結束，種子和樹同時存在。

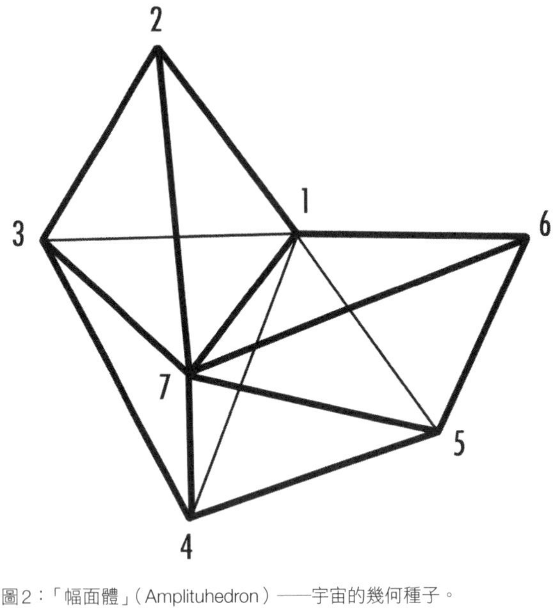

圖2：「幅面體」（Amplituhedron）——宇宙的幾何種子。

神聖幾何

接下來的問題是：**宇宙是什麼？**我們該怎麼解釋我們所看到的那些似乎相當堅實的物質？在我的第一本書《源場：超自然關鍵報告》，我提出了廣泛的證據來說明原子和分子並非由粒子所構成，而是由呈現為幾何形式的能量所構成⑦。科學告訴我們原子核由質子和中子組成，原子彈的發明人之一羅伯特．穆恩（Robert Moon）博士在一九八七年發現，如果我們把每個質子看成一個簡單幾何圖形的幾個角落——像一個正方體，那麼和原子相關的幾個重大謎題都會獲得解答。這個看法從容地解開了「波粒二象性」（wave-particle duality）這個謎題，即次原子粒子可以表現得像波，反之亦然。穆恩博士得到一個結論，他認為原子裡頭沒有粒子——只有表現為特定幾何圖形的能量波。最簡單的一個例子是氧，一個氧分子有八個質子，穆恩博士指出這八個質子就是正方體的八個角落。意思就是，如果我們可以看見一個氧原子的原子核，它看起來就像是一個正方體，這個正方體沒有實質——它只是一道波（參見圖3）。

接著我們看更重一點的元素，正方體依然在原子核中，但是新的幾何形狀開始覆蓋於其上，從八面體開始，接著是二十面體，然後是十二面體。這些形狀的集合構成了地球上一些最穩定以及數量最多的元素——氧（正方體）、矽（八面體）、鐵（二十面體），以及鈀（十二面體）。這樣的集合同時也解答了許多量

圖3：羅伯特．穆恩博士的原子幾何模型。

子物理學問題。

雖然我很樂意探索這些技術上的細節，但是《源場：超自然關鍵報告》已經出版。我們還是會重新溫習某些概念，我並不打算在這本書繼續提出和意識、生物學以及物理學相關的科學論述。

此時此刻我們非知道不可的重點就是，幾何圖形乃是振動的可見形式，漢斯．傑尼（Hans Jenny）博士以一種非常優雅的方式證明了這一點（參見圖4），他用一滴水就製造出許多美麗的幾何圖形——包括正方體。一開始，傑尼博士使用漂浮在一滴水上的細沙，製造出帶著白色的混濁液體。接著，他用純粹的音頻來振動這一滴水，像是我們彈奏鋼琴白鍵所聽見的那樣。這時候奇蹟出現了，沙粒排列出了美麗的幾何波形——就好像有某種神祕的、看不見的力量在對它們產生作用。

同一滴水，同樣的沙，根據你輸入到水裡的聲音，卻可以製造出完全不一樣的幾何圖形——包括正方體。如圖所示，在特定的音頻之下，水中出現了一個由三角形組成的六芒星圖形。這個形狀和加州理工學院的科學家們所發現的三角形宇宙種子，有著驚人的相似性。

大多數人依然相信物質是由堅實而具體的粒子所組成，如果我們重整科學的模型，並且將原子視為幾何能量圖形，那麼就意謂著所有的物質可能都是由像聲波一

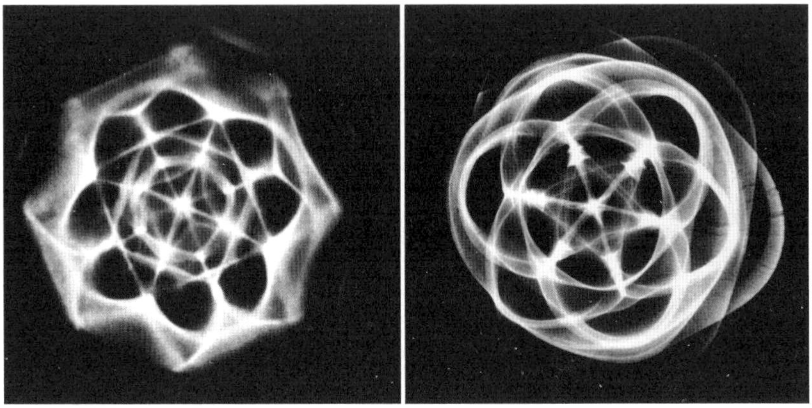

圖4：漢斯．傑尼博士在一滴振動的水中觀察到的幾何圖形。

樣的東西所構成——這些聲波迴盪在整個宇宙，這恰巧就是古代的靈性教導告訴我們的事。印度教徒和佛教徒相信宇宙起源於一個原始的聲音，它們稱之為「嗡」（aum）。

他們會花好幾個小時唱頌這個聲音，並且相信這個聲音可以讓他們更接近造物主。〈創世紀〉也寫著：「太初有字」（In the beginning, there was the word）❶。美洲原住民也會透過打鼓，對母親的心跳表示敬意——母親即是這個宇宙。

讓我們暫時這樣假設：加州理工學院的科學家們說的都是真理，而且整個宇宙是從一個種子創生出來。我們知道自己是活生生的、有意識的生物，我們的身邊也圍繞著許許多多的生命。表面上，我們和周遭的每一件事物分開來，不過實際上我們都在量子的層次上被看不見的能量連結在一起，這樣的能量流經一切並且創造萬物。如果這樣的新理論模型是正確的，那麼地球上所有的生物在本質上都是這個宇宙種子生出來的果實。因此，這個種子應該具備製造生命和意識所需的所有成分，它本身必須是活的而且擁有智能，用來發展像地球一樣的智能文明所需的一切，都應該要包含在這個種子裡頭。這代表著創造智能生命的元素在本質上是宇宙性的、有情的生命，很有可能在這個宇宙裡遍地開花。這也意謂著生命由能量所構成，不一定要任何具體的生物物質才能存在。這股能量本身就是活的，構成了我所說的「源場」——宇宙中所有的物質都是這個活生生的宇宙的一部分。

如果你已經讀過《源場：超自然關鍵報告》和《同步鍵》，你應該已經看過不少支持這些說法的科學證據了。宇宙不是一團黑暗的虛空，它充滿著因為核融合而四處散射、不具思想的氣泡。這個宇宙有生命、有覺知、有智能，它具備了創造生命所需的一切設計。創造出ＤＮＡ、蛋白質以及細胞的密碼，都直接被寫在量子物理的法則裡頭。關於這一點，我最喜歡的證據來自諾貝爾獎得主路克．蒙塔尼耶（Luc Montagnier）⑧。他成功地把一個密封容器裡頭的普通水分子變成了ＤＮＡ，他所做的只是把一支裝著水和ＤＮＡ的密封試管放在附近，然後加上一些靜電。不知道是什麼緣故，清水裡的氫和氧轉化成了複雜的胺基酸，然後組成了DNA。蒙塔尼耶的實驗非常完善，而且他反覆實驗了許多次都得到相同的結果。也許你可以預料得到，幾乎沒有什麼媒體報導這則新聞，即使這個研究在二〇一四年就在聯合國獲得正式發布。⑨

如果清水真的會生出DNA——記得，蒙塔尼耶可是得了諾貝爾獎——那我們的DNA有何特別之處？創造人類生命的密碼可能就存在於宇宙自身。在宇宙裡一兆億個類似地球的行星當中，其中絕大部分可能都有人居住。

稍後會在這本書裡頭探索一部靈性著作——《一的法則》（*The Law of One*）。這本書說，宇宙中約有百分之四十的智能生命是人類，或是至少外表看起來像人類的生物——意思就是他們有頭、眼睛、鼻子、嘴巴和耳朵，可以站著用雙腳行走，兩隻手臂上也有類似手掌的構造可以製作工具。書裡還說，單單就我們的銀河系來說，就有六千七百萬個（**67 million**）適合居住的世界——以佩蒂古拉的計算來說，在所有類地球行星當中占了大約百分之六十七。

如果這個宇宙從一粒種子當中創造出我們全部，那我們生在這裡做什麼？我們生活在地球上有沒有什麼更偉大的目的？為什麼我們的星球看起來這麼殘破——似乎正在走向一場全然的災難？為什麼有那麼多人遭受極端的痛苦和寂寞？為什麼我們看起來那麼無助，但是也沒有辦法確切證明我們在這個宇宙裡並不孤單？如果其他的智能文明真的存在，他們也夠安靜的了——無論我們知不知道他們是不是真的在那裡。他們為什麼不直接現身，告訴我們他們是誰，告訴我們這個宇宙真正的本質？也許作為一個行星我們還不夠成熟，所以還沒有辦法擁有這個祕密。

揭開幽浮被隱藏的真相

我們還要在這本書裡探索另外一個重要的謎題，那就是美國政府祕密的黑暗世界。二〇一三年六月，就在我寫完《同步鍵》之後，史諾登檔案（Snowden documents）曝光，同時預告了還有更多類似的訊息將要被揭露出來⑩。在過去被戲稱為「陰謀論者」的內幕揭發者，一夕之間變成了透露某個恐怖真相的勇敢先知。光是在最初的六個月，就有排山倒海的消息被發布出來，然後這樣的揭密就持續至今。現在我們才明白我們持續地處於各種監視當中，毫無隱私可言。如果我們拍攝了自己的裸照，如果有個像是史諾登一樣在美國國家安全局（NSA, National Security Agency）工作的人想要看這些照片，隨時都可以透過軟體來看，只要透過手機或是筆電的鏡頭就可以看到我們。我們和別人的對話也能夠被一個像是蘋果公司Siri這樣子的系統轉錄成文字，這些記錄會被彙整到資料庫，方便關鍵字的搜尋。這樣的「全能之眼」（all-seeing eyes）已經存在了好幾年，沒有人知道。史諾登證明這些驚人且精心策劃的祕密刻意地被隱藏起來——因為它們會深深地改變我們對於地球上每一件事情的認知。

在這本書裡，我會綜合許多位揭密者的證詞，和這些證詞相比，史諾登透露的訊息簡直就像是兒戲一樣。我們有壓倒性的證據可以證明幽浮和外星生物確實存在——不只存在於我們這個時代，也存在於被記錄下來的歷史。對大多數人來說，「我們在宇宙裡孤不孤單？」仍然是一個引人入勝、但是沒有確切證明的問題。不過，我曾經和許多揭密者會面，他們和各種長得像人的外星人有過面對面的接觸——因此失去了懷疑幽浮是否真實的權利。

有些揭密者已經把他們知道的事情公開了，我會給你所有的連結，讓你可以跟進，自己聽聽他們怎麼說。另外一些揭密者則是私下向我說明，他們的故事絕對會讓你目瞪口呆。這些內幕消息人士都提出了一個吸引人的想法，那就是許多其他的智能文明已經來到這裡——但我們都被蒙在鼓裡。有幾百萬人熱情地追蹤著我的工作，不管是Youtube的影片、電視節目、我的網站或是其他地方，絕大多數的人都想知道這些內幕消息人士說了什麼。這些故事非常驚人，而且，為了能夠以一種適當的方式來說這些故事，我必須要把來自許多迷人人物提供給我的——橫跨二十二年的「祕辛」變得簡短一些。為了部分人士的安全，我無法透露他們的姓名，不過在這本書的後半部我會把重點放在他們告訴我的故事——以及這些故事是怎麼契合我在這本書的主要論點。

現在問問你自己：如果我們早在一九六九年就已經擁有可以登陸月球的科技，那麼為什麼我們沒有再回去過呢？這個太空計畫就這樣結束了，好像月球上沒有什麼好看的，這不是很奇怪嗎？

你知不知道美國政府曾經透露它們擁有一架名為「X—37B」的祕密太空船，在返航前曾經繞行地球整整兩年？美國人在那裡做什麼？有沒有可能，月球任務甚至火星任務仍然還在進行，而我們已經在月球上建立了基地？我曾經和幾個內幕消息人士談話，他們說自己曾經在月球、火星、太陽系之內——還有太陽系之外的太空基地上生活、工作過，他們之中有許多人和外星生物打過交道。和他們的對談當中，最讓人訝異的，莫過於這些外星生物絕大多數都長得像人類一樣，或是至少看起來像人類。

亨利・迪肯（Henry Deacan）說他見過大約四十三種長得像人類的外星生物，皮特・彼得森（Pete Peterson）則是說他見過大約三十種外星人，這兩個人在我經常參與的《亞瑟圓桌會議》（*Project Camelot*）節目都曾經現身說法。克里夫・史東（Clifford Stone）中士在二〇〇一年五月的「大揭密計畫」（Disclosure Project）公布了他的訊息，據他所知，有五十七種外星人在地球的領空運作。我剛好參與了這個別開生面的事件，史蒂芬・戈瑞爾（Steven Greer）博士帶著三十九個高層級的揭密者，到華盛頓特區的全國記者俱樂部（National Press Club）分享他們所知道的祕辛——面對著來自世界各地的媒體。每個揭密者都自願在國會作證，宣誓說真話，並且同意接受嚴格的盤問。不過沒有什麼事情發生，也沒有人收到傳票。但是當我在那裡的時候，我有機會和他們多數人進行談話。這些故事相當引人入勝，而且對於大多數人來說都是前所未聞。這本書裡還有另外一些揭密者後來才出現，他們手上的訊息甚至比「大揭密計畫」裡任何一個揭密者都還要多。

我知道這聽起來一定顯得非常荒謬，特別是如果你第一次聽到這些東西。我要請你保持開放的心態，不要立刻斷定這些都是胡說八道。關於這個研究，其中最引人入勝的一點就是不同的揭密者在過去的二十二年間，都在反覆地訴說同樣的事情。我刻意不公開他們告訴我的絕大部分事情，藉此來區別誰是真的揭密者，誰又是騙子、假內行或是冒牌貨。有太多人會在網路上編故事，希望藉著短暫的名聲獲利，比如說在幽浮社群講了一個有趣的故事因此「爆紅」，這樣的例子不勝枚舉。

我從來都不想去指控誰在編造故事，對於可能是騙子的人我也儘量不去說三道四。很久以前我就知道，這麼做只會觸怒這些人的追隨者，他們會無所不用其極地在網路上試著毀滅你或是破壞你的名聲。有許多人假裝知道內幕，然後在我發布一些新東西的一、兩個禮拜之後，也發布了他們的「新訊息」。接著我就會收到一大堆電子郵件，人們興奮地告訴我他們剛剛才知道的消息，卻不知道我就在一、兩個禮拜之前才發布過同樣的訊息。

在單次的對話中，如果對方能夠提出二十至三十個其他揭密者和我分享過的訊息，但是這些訊息從來沒有在網路上曝光過，我就會說這個人是個貨真價實的揭密者。如果這些人各自接觸過某個共同的真相，上述的事情就很有可能會發生。有些懷疑論者會說，要政府官員在檔案櫃裡找一份文件都找不到了，更何況要他們去保守一個祕密。不過這樣的說法並非完全正確，「曼哈頓計畫」（The Manhattan Project）就說明了政府的確可以瞞天過海。在歷時十年的曼哈頓計畫中，有超過十三萬人受雇發展核彈，包括發現了原子幾何特性的羅伯特．穆恩博士，但是他們之中許多人根本就不明白自己在做什麼。所有的設備都在保密範圍之內，包括技術也是，沒有一個雇員透露過一點祕密。只有當核彈真的被引爆了，他們才知道這些年來的工作是為了什麼。

同樣地，我有個內幕消息來源透露他在一個軍事基地工作，他的主要工作內容就是解剖各種外星生物的遺體，並且尋找可辨識的內臟系統。在最初九個月，他的上司交給他一些像是小塊「鮭魚排」的生物組織，並且要他對此進行解剖和分析。到了第二個為期九個月的工作期，他開始得到身體組織，像是手臂和腿，看起來像是人類的組織，但是又有點不一樣。接著在第三個九個月的工作期，他得到了完整的或是半完整的大體。從來沒有人告訴他這些大體屬於外星生物，詢問一些像是這些大體從哪裡來或是到底他做的是什麼工作的問題，也不在允許範圍之內。他說他個人解剖了大約超過兩千具各式各樣狀似人類的外星人，從身高小於零點三公尺的到比十三公尺還高的都有。最後，一個工作級別比他還要高的朋友，偷偷帶他進去基地裡的一個機房，讓他看一架長得很奇怪、鑽石形的飛行器。後來他被抓起來毒打，這些人告訴他，如果他膽敢把這些事情告訴任何人，就會丟了小命，接著他就被解雇了。後來他又被抓了一次，再次受到威脅、毒打，只因為他在之前工作地點的山區騎腳踏車。這些經驗讓他患上嚴重的PTSD——「創傷後壓力症候群」（post-traumatic stress disorder）——到今天他依然深受其害。他從來沒想過要站出來講話，這麼做對他來講一點好處也沒有。同時他也知道許多其他真正的揭密者，私下和我分享過的特定機密。

在這諸多的內幕消息之中，有一則「重點故事」浮上枱面，在這本書裡，我會同時從個人層次和從宇宙的層次，對這個故事做個簡要的介紹。首先，外星人有分好外星人（good ETs）跟壞外星人（bad ETs），在我們的太陽系裡頭，他們已經彼此爭戰了數十萬年。兩派外星人在地球上都有各自的聯絡人，就是那些對於他們要分享的資訊具有高度接受性的人。邪惡的外星人傾向於和那些有錢有勢的人聯繫，並且會給這些人一些工具來加強他們的控制。善良的外星人則是會找上有著特定品質和德行的個人——像是寬容、接受性、耐心和愛。在這本書裡，我會根據我個人的直接體驗，完整地列出與他們進行接觸的方法。首先他們會透過想像來刻意地接近你，你會搞不清楚自己看到的或聽到的是真的或是在作夢。你的生活開始充斥著越來越多的怪異巧合。你會懷疑某些事情，但是又無法完全確定，有時候你覺得自己了解了，有時候又覺得充滿疑惑。這些都是好外星人為了不讓你感到恐懼，以一種溫柔、平和的手段引導你進入更廣大的實相當中。

兩種類型的外星人，在過去的許多時代都曾經在地球上生活。我們生為人類所做出的選擇，就個人和集體層次而言，都會為我們每一個人決定這場戰役的結果。正邪外星人兩方同時受制於一個「最高指導原則」（Prime Directive），就像《星艦迷航記》（*Star Trek*）裡頭提到的一樣，外星人不能公開地顯露在我們面前或是干預我們的發展，除非大多數人歡迎他們這麼做。我們這個時代的科學探索者在面對原始部落的時候也遵守著類似的策略，因為如果他們現身並且自我介紹，就會產生一種叫做「濡化」（enculturation）的現象。這麼一來，原始部落很快就會放棄自己的語言、文化、習俗，並且開始採用這些訪客的飲食、語言、技術、資訊和信仰。

有許多知道內幕的人都說，為了揭露真相，有個漸進式的計畫已經悄悄進行了許多年——至少從一九五〇年代就開始了。有些人稱這個計畫為「訊息加工發布計畫」（Processed Release of Information），或是PRI。大家都公開地說幽浮不存在，但是無數的電影和電視節目都把它當成一種真相來談論——甚至會戲謔地說，怎麼可能會有人懷疑這件事。隨著時間過去，最大的懷疑論者最後看起來反倒像是宗教的狂信者。

在過去，我藉著整合大量的科學資料來進行這個調查，同時我還廣泛地研究古文明的神話。在這些神話中，「神」與我們同行，據說祂們建造了巨大的石頭建築，一直到今天我們還能去參觀。許多這樣的建築由非常沉重的石頭所構成，目前地球上依然沒有任何起重機有足夠的能力可以把它們抬起來。黎巴嫩的巴貝克（Baalbek）有一座古老的神廟，裡面有三塊巨大的長方形石板，每一塊都超過一千噸重，在下面支撐它們的是另外一個建築結構，讓這些石板比地面還高了零點三公尺。

二〇一五年，考古學家又在附近找到另一塊更大的長方形雕刻石板。令人吃驚的是，它有一千六百五十噸重，邊長有二十公尺。這塊石板被壓在另一塊差不多重但是比較鬆的石板下面，意思就是，如果要雕刻下面的石板，可能必須要把上面那一塊移開。主流的考古學家試著用下面的說法蒙混過關：他們說原始的野蠻人把這些石頭放在加了潤滑油的圓木上，藉著滾動圓木來搬運石頭，然後組成一個大團隊，用一些當地材料做出來的繩子把這些石頭抬起來。在《源場：超自然關鍵報告》，我重新審視了某些證據，這些證據在在說明了這樣的說法幾乎不可能，甚至是很荒謬的。為何這些巨大的石頭建築出現在世界各地這麼多不同的文化中，但是彼此卻又完全分離？還有一個很顯然的問題，為什麼原始人要去進行一個在當代——即使有目前的技術——都幾乎難以達成的工程計畫？如果原始人覺得把幾百噸或是幾千噸的石塊組合起來、變成一個又巨大又美麗的紀念碑很容易，那麼為什麼今天沒有任何原始文化這麼做？

問自己這些問題，同時願意去尋找答案，就靈性的角度來說，都是成長的一部分，我們必須要培養這種力量，即使會被親朋好友取笑或是調侃。在我們的歷史中有著無數這樣的例子，我們以為自己知道所有的事，然而只要幾次重大的發現，就可以完全改變我們的世界觀。我們以前從來不知道眼睛看不見的微小生物就能造成感染，因此那時候的醫生不知道在動手術的時候也要洗手。我們過去曾經以為許多病症是由於「壞掉的血液」（bad blood）所造成，因此藉著「放血」就能夠讓病人恢復健康。我們以前認為地球是平的，而且是太陽系的中心，認為太陽會繞著地球轉，其他行星也是。牛頓還沒出現之前，我們都認為物體之所以會落下是因為魔法，因為我們對於重力一無所知。即使是在二十世紀，一些有名的科學家依然認為比空氣重的飛行器（heavier-than-air flight）是飛不起來的。萊特兄弟第一次在小鷹市（Kitty Hawk）成功試飛之後，這些人依然持續地批評這項發明，整整有四年之久。

對善良外星人來說，他們認為你所必須知道、最重要的一件事，就是世界各大宗教所蘊含的靈性訊息。

這個世界看起來令人不可置信的破碎，每天我們都面對許多看似無法解決的問題。但是無論一個人的生活如何悲慘、抑鬱和絕望，每個人都有脫胎換骨的潛能。我的許多讀者觀眾把我當成權威來仰望，卻不知道我受了多少苦才走到這裡。現在你就要知道我的過去，如果你把我的青少年時期放大檢視，你會看到一個似乎不可能有任何成就的人。我很胖，留著一頭懶得整理的長髮，穿黑色的搖滾T恤。我不想跟任何人講話，因為我極度害羞，很怕被拒絕，所以總是被朋友和班上的同學欺負。霸凌者基本上可以對我為所欲為，他們根本不怕我會反抗。二十年之後在高中的同學會上，那些人看到我，知道我如何翻轉了我的生活，都感到非常吃驚。

一開始，我根本就不打算在這本書裡寫任何關於我自己的事情。有一次，在我成年後第一次真正的假期裡，我去了加拿大艾伯塔省（Alberta）班夫（Banff）那一帶的山上住了幾個月，然後一切都變了。我回來以後確確實實地念了《新約聖經》裡頭四個主要文本——〈馬太福音〉（*Matthew*）、〈馬可福音〉（*Mark*）、〈路加福音〉（*Luke*）、以及〈約翰福音〉（*John*）。我對於整個基督教感到十分陌生，好像我以前從來沒有讀過這些書一樣。當我真的開始閱讀這些文字，我才明白裡頭有許多和靈性揚升有關的指涉——就個人而言和就這個世界而言都一樣——那是我以前從來沒有注意過的。

我非常不情願，不過還是得承認，我的研究裡面一些最重要的關鍵，都可以在《聖經》中找到。我們這個世界有個大壞蛋，它邪惡到大部分的人都不敢看它一眼。它滲透了這個社會的每個角落，包括政府、軍隊、金融系統、主流媒體以及各大企業。知道內幕的人士透露，它受到一群非常、非常邪惡的外星人暗中支持——如果不是挾持的話。這些外星人憎恨我們，他們的恨是如此純粹，使得他們看來就像是邪惡的完美化身。在這個光譜的另一端，我們看到耶穌，他給世人的教誨就是這些年來我持續聽見並且分享的，那就是愛與寬容——耶穌說，愛就是拯救這個世界的關鍵。在《聖經》中許多的段落指出，當我們經歷一次自發性、大規模的進化，便會來到某個神聖的「真理時刻」。

在這樣的片刻，太陽似乎會異常地釋出讓人眼睛為之盲目的亮光，讓我們完全被轉化，進入人類進化的新層次。

當我在《聖經》中看到這些新的證據，我立刻回頭去翻閱印度教和祆教（Zoroastrian）的經文，裡頭對於類似的事件也有著墨。印度教徒稱這種太陽閃光為「滅世之火」（Samavartaka fire），祆教徒則是稱這樣的事件為「重生之日」（Fraso-kereti）。我在《源場：超自然關鍵報告》簡短地提過這些故事，也在《同步鍵》書末引用了幾段來自《古蘭經》指涉同類事件的段落。現在我回頭看各種靈性和哲學經文，希望能夠找到更多的細節。有些關鍵字開啟了一整個新世界，裡頭盡是一些被遺忘的資料，我從來沒有看過。我開始搜尋學術論文，這些論文的線上點閱次數可能只有二十七次，但是卻以學術的語言來討論同樣的太陽事件。我也在各個文化中找到許多其他關於這個事件的文獻——相當特定的文獻。結果，我覺得自己終於破解了過去這些年來，我一直在探索的靈性揚升之謎。有壓倒性的證據可以說明，我們正在朝向一個重大事件前進，它將會完全地轉化地球上的生命。如果這是真的，那麼就會發生一些無法避免的自然現象，而我們所能做的，就是把自己準備好來面對它。如果我們在個人的層次上為揚升做好準備，那麼在集體的層次上，這個事件也會因為我們的「授權」而越快發生。

強迫性重複

關於這個主題，我看到的許多靈性資料都認為，要為靈性揚升做好準備最重要的方法就是「做功課」：在日常生活中，對自己和對別人更有愛心、更寬容。這個練習聽起來簡單，做起來難，因為我們會不自覺地沉溺在內心的小劇場、壓力和不健康的情境當中，心理治療之父佛洛伊德博士稱這種症狀為「強迫性重複」(repetition compulsion)。

在一九八九年,貝賽爾・A・范德寇(Bessel A. van der Kolk)博士發表了〈重複創傷之強迫行為〉(*The Compulsion to Repeat Trauma*)這篇論文,就這個主題做了非常完美的介紹。這份研究報告在許多語句的結尾有著大量的學術引用資料,為了方便閱讀,我把它們都刪除了:

許多受過創傷的人,似乎總是強迫性地、把自己暴露在會讓自己聯想到原始創傷的情境之中,很少有人想到這些重現的行為是和早期的生活經驗有關。自「強迫性重複」這個觀念問世之後,雖然它常常出現在臨床的文獻中,但是令人訝異的是,七十年以來幾乎沒有人對它做過系統性的研究……受害情節重現是暴力犯罪的主要原因。罪犯通常在兒時受過身體或是性虐待……自我毀滅的行為在受虐的孩子當中相當常見……在一份針對最近發生意外的成年人所做的研究當中,有百分之五十七的人表現出重現受害情節的行為,百分之五十一的人則是週期性地受到受害回憶所侵擾……至少有四份關於家庭暴力的研究指出,兒時受虐的嚴重程度和後來的婚姻暴力有直接的關連。有趣的是,幼時受到虐待或是剝奪的非人靈長類動物,在長大之後也會比較容易對同儕暴力相向……

有些受創傷的人會持續地遭受創傷纏擾,代價就是失去其他生活體驗,並且還會為自己或是讓其他人以某種形式再現這個創傷。退伍軍人可能會自願成為傭兵,亂倫的受害者可能變成妓女,兒時身體遭受暴力對待的人,似乎會在寄養家庭挑起新的虐待,或是成為一個自殘者。還有其他受害者會認同加害者,並且對其他人施以發生在自己身上的事。臨床上,醫師觀察到,如果這些人沒有從事能夠再現過去創傷的行為,他們的理解能力就會降低,並且感到空虛、無聊和焦慮……許多觀察創傷性依附關係的醫師,都懷疑受害人變得對加害人感到上癮。

艾爾歇克(Erschak)問,當傷害和痛苦是如此明顯的時候,施暴者為何不停止,而受害者為何不離開呢？他認為：「他們對彼此成癮，也對虐待成癮。這樣的系統、互動和關係於是有了基礎；牽涉於其中的個人就像癮君子一樣無力抗拒這一切。」⑪

范德寇博士繼續說明，這樣的成癮行為事實上有著生化學的基礎。身體有天然的「類鴉片系統」（opioid system），它會釋放和海洛因或是嗎啡一樣的化學物質。當我們開始強迫性重複特定創傷，事實上會感到非常興奮。這樣的成癮相當危險，它會讓人產生一種全身性的痛苦釋放感受，名為「因壓力導致的鎮痛效果」（stress-induced analgesia）：

> 史達（Starr）、所羅門（Solomon）和艾爾歇克認為，人們會因為生理學的因素而對彼此成癮，他們或許是對的……高度壓力，包括社交壓力，也會激活人體的鴉片系統。遭遇到無法逃避的驚嚇的動物，如果隨後又遭遇壓力，便會開始產生因壓力導致的鎮痛作用（SIA）……我們觀察了八個有創傷後壓力症候群的退伍越戰軍人，當他們在看一部越戰電影的時候，其中有七個人對於痛苦的感受降低了百分之三十……看十五分鐘的戰爭電影所製造出來的鎮痛效果，相當於注射了八公克的嗎啡……根據造成鴉片反應的刺激來源，自我毀滅的行為可能包括了和施暴者產生長期關係、性受虐癖、自願挨餓，還有對自己或對別人暴力相向……下面是沃克（Walker）所述「虐待配偶」這一行為的創傷再現模式：「緊張關係逐漸加深，虐待（自虐）爆發出來，然後緊接著『平靜的、充滿愛意的』短暫休兵時期。」⑫

在我們這個星球的劇本中，大壞蛋總是以恐懼和創傷來攻占頭條新聞。嚇人的媒體播出恐怖的事情，像是用大規模毀滅來威脅人們，以之引發了一種讓我們興奮的嗎啡效應——我稱之為「恐怖A片」（fear porn）。有些人受了影響而去虐待別人，有些人則是因為覺得自己成了受害者而感到興奮。要了解這樣的現象，並且讓這樣的系統停止運作，我覺得最好的方法就是去研究某個個案的證詞，他辨識出這樣的成癮，而後從中復原。我相信，打破慣性就是靈性揚升這個過程的重點，而這也是為什麼我要在這本書裡分享那麼多關於自己的事情。要回憶我兒時的許多重要細節，必須耗費許多時間、靜心和專注。我的回憶中，某些事情的時間點常常可以用一些事件來計算，像是電影、相簿和電視節目，這樣我就可以上網找到某些事件確切的發生時間。這個世界和我家裡所發生的重大事情，同樣提供了一些線索。相當有趣的是，一個回憶會立刻引發另外兩個、三個回憶。因此我能夠重建許多我已經忘記的事情，不過只要我想起來，記憶就會變得像水晶一樣清晰。這是一趟偉大的療癒之旅，我發現當西藏的僧人經年累月地在洞穴裡閉關時，也會進行一個類似的「生命回顧」。

大壞蛋會用盡一切心機讓你忘了自己的靈性，並且陷入嫉妒、物質主義還有恐懼當中，不讓你為這個史詩般的轉變做好準備。要打破創傷成癮，唯一的方法就是學著去愛，保護你自己，然後試著去原諒那些曾經傷害你的人。善良的外星人不會就這樣出現在天空，然後告訴你我們的未來會變得怎麼樣。然而他們會提供你訊息，讓你根據自己的自由意志去接受或是拒絕。在我寫這本書的時候，最讓我覺得著迷的，就是有時候生命看起來搖搖欲墜，幾乎嚴重受損到無法修補的程度，然而和我們工作的高等存在（higher beings）依然處於完全的寧靜之中。他們知道這條路上的每個轉折，從最光明到最黑暗之處，然後幫助我們從看似難以解開的矛盾中逃離出來。有人告訴我，藉著分享我自己覺醒的故事，你或許會知道就算一個相當痛苦、破碎、一無是處的生命也可以翻轉過來，創造出真正的價值並為其他人帶來啟發。

最後，你不必然要變得完美。如果你可以學著愛自己和愛別人，你的生活就會轉化，彷彿被施了魔法一樣。如果你還是對創傷成癮，要知道新的創傷會隨之而來，而你從中獲得的興奮是無法持久的。或許為了應付日常生活，你會沉溺在各種成癮的行為當中，包括暴飲暴食、強迫性消費，或是依賴化學藥物。如果你表現出愛心、耐心、人性、接受性、寬容，以及面對真相的勇氣，靈性揚升就離你不遠了。你可能正要躍入人類進化一個全新的層次——並且獲得靈性大師的所有能力，就像耶穌一樣。

譯註

❶ 譯按：應該是《約翰福音 1:1》"In the beginning was the Word"。

02 正邪之戰

我發現自己從床上飄浮起來，圍繞著我的每一件事物彷彿都因為一股看不見的能量而脈動，每個人都有可能發生這個經驗。當前的世界有些事情錯得離譜。利用這種潛力，就能夠旅行到遠方、觀察別處發生的事情，並且獲得重要資訊。這種令人吃驚的新實相，能夠為人類帶來真正的希望——打敗世界惡霸。

那是一九七八年一個寒冷、陰暗的秋日夜晚，我發現自己從床上飄浮起來。天花板變得好近，圍繞著我的每一件事物彷彿都因為一股看不見的能量而脈動。我想撐著手臂坐起來，但是手臂下面什麼都沒有。接著我抬起左肩、放下右肩、扭轉身體，結果就在空中翻了一圈。最讓我感到不可思議的是，我看見五歲的我乖乖地躺在床上睡覺，胸口不斷起伏，顯然還沒有死掉。腦海裡出現的第一個念頭是：「如果下面那個人是我，那麼我究竟是誰？」當我發現自己飄浮的身體穿著衣服，一種驚奇的感受很快就席捲了我——飄浮的我和在床上睡覺的我穿著同樣一套有著紅色反折褲腳的黃色睡衣。天知道這一套簡單、有「彈性」的聚酯纖維睡衣怎麼會突然變成兩套？這樣的經驗持續了幾分鐘，周圍的一切在這幾分鐘裡就像現實一樣穩固而又生動。

當我從這個不可思議的事件跳脫出來，我感到目眩神迷，幾乎沒辦法再繼續睡覺。當下我就知道我發現了一個新的領域，那是大多數人完全不知道的。我再也不用去猜想死後的世界是否存在，我知道即使我的肉體死亡了，這一層能量的身體——我的靈魂——還會繼續存在。生命不僅僅只是這副血肉之軀，關於我們是誰、我們的本質是什麼，我們內在有某種更偉大的東西，超越了我們平常的認知。這個事件深深地轉化了我，我把這套睡衣保存下來，它現在依然在我的櫃子裡。這件事情最讓我感到驚訝的是，它似乎是一個再自然不過的事件，每個人都有可能經驗它，但是真的有過這種體驗的人卻是少之又少——許多人甚至不相信有這回事，這件事情很能夠說明當前的世界有些事情錯得離譜。利用這種潛力，我就能夠旅行到遠方、觀察別處發生的事情，並且獲得重要的資訊。同時我也想到，我內在一定有某個部分無時無刻都在這麼做，只不過在意識的層面上我沒有辦法記得，或是認為這樣的經驗只是個夢。那時候我不知道，我初次瞥見的這種令人吃驚的新實相，能夠為人類帶來真正的希望——打敗大多數人幾乎無法想像的世界惡霸。由於我們對於「床底下的怪物」懷著某種集體恐懼，因此每當有新的威脅產生，便會感到興奮不已。除非我們一起清醒地面對真相，才有希望從這樣的成癮解脫出來，並且開始療癒我們的世界。

英國入侵

當極為受人愛戴的甘迺迪總統在光天化日之下被子彈爆頭射殺，舉國同悲，我的父母亦然。這樁暗殺顯然是因為好幾顆子彈從不同的地點向甘迺迪射擊所導致，然而調查這個案件的「華倫委員會」（the Warren Commission）卻說罪魁禍首是一顆蜿蜒前進的子彈，以此敷衍了事。就像許多美國人一樣，我的父母覺得華倫委員會的說法沒有什麼說服力。讓槍手李·哈維·奧斯華（Lee Harvey Oswald）一個人承擔所有的罪責實在是太便宜行事了，況且奧斯華在還沒接受審判之前就被槍殺身亡。那個時候，沒有人會想到美國政府可能和甘迺迪的謀殺案有牽連。這個事件造成的恐怖為人們帶來了嗎啡效果，他們選擇睜一隻眼閉一隻眼、低著頭不聞不問。就算有什麼大規模的抗議或是要求政府重啟調查的要求，也沒有產生什麼具體的結果。甘迺迪的副總統林登・貝恩斯・詹森（Lyndon Baines Johnson）宣示就任成為新的總統——並且加速推行一項新的「警察行動」，後來演變成了我們熟知的越戰。一九六五年三月，詹森部署了第一波海軍，總共有三千五百名。同年十二月，在越南的美國部隊已經增加到二十萬。

甘迺迪在一九六三年十一月被暗殺之後，不到三個月的時間，一波新的「英國入侵」（British Invasion）以「披頭四」（the Beatles）的形式來到美國。就像我在《同步鍵》裡說的，披頭四的女粉絲們震耳欲聾的尖叫和哭喊，似乎是一次大規模的淨化儀式，用來清理甘迺迪暗殺事件所帶來的創傷——美國政府和媒體則是參與了這場拙劣的掩飾活動。約翰・藍儂、保羅（Paul McCartney）、喬治（George Harrison）和林哥（Ringo Starr）突然間成了新的英雄，他們不只填補了甘迺迪留下的巨大空虛，也創造出至今無人能複製或與之匹敵的音樂傳奇。在某個意義上來說，披頭四創造出了一個新的高潮，讓人們遺忘不久之前才發生過的創傷——然後再也不回頭。這個樂團被又哭又叫的歌迷團團包圍，因此他們在第四張專輯發行之後便停止巡迴演出，把大部分的時間都花在錄音室裡頭。在《橡皮靈魂》（*Rubber Soul*）和《左輪手槍》（*Revolver*）兩張經典專輯之後，披頭四在一九六七年初發行了《比伯軍曹寂寞芳心俱樂部》（*Sgt. Pepper's Lonely Hearts Club Band*），這張專輯對於後來被稱為「夏日之戀」（Summer of Love）的文化潮流有著強烈的影響。

一九六七年六月二十五日，披頭四發行了單曲《你需要的只是愛》（*All You Need Is Love*），運用自己的名聲和當代的玩命強權（death-dealing powers）對抗。這支單曲在《我們的世界》（*Our World*）這個電視節目現場播出，這是第一個完全使用新的衛星傳播科技製作的節目①。這次播出成了電視史上收視率最高的時段，有來自二十五個不同國家、超過四億觀眾一同收看。披頭四在上台前的最後一分鐘更改了演出曲目，並且在這樣的過程中觸發了一場屬於年輕世代的革命。和兩次世界大戰不同，英國沒有徵兵，只是派遣了大約兩千名士兵到越南——但是披頭四顯然相當關心發生在它的美國兄弟姊妹身上的事。我的父母親是幾百萬年輕人當中的兩個，他們深深被這個時代的變革所影響。這時候事態已經變得相當清楚，保持沉默就等同於死亡，他們必須起身對抗當權的勢力，才能保障自己的未來。

英國陛下的請求

在風雲變幻的六〇年代末期，唯一可以和披頭四相提並論的另一個英國樂團是滾石樂團（Rolling Stones）。在神奇的一九六七年，就在「夏日之戀」的餘波蕩漾之中，滾石樂團在十二月八日發行了一張奇怪的專輯，名為《魔鬼陛下的請求》（*Their Satanic Majesties Request*）。這個標題玩弄了每本英國護照上都有的一段文字，第一句就是「英國女王陛下的請求」（*Her Britannic Majesty requests and requires*）。該樂團的主唱米克·傑格（Mick Jagger）在宣傳照片中帶著「笨蛋高帽」，意謂著他是個傻瓜或是弄臣——在莎劇裡頭，這個角色通常會揭露祕密的政治訊息。因此這張專輯看起來就像這個「弄臣」在介紹大英帝國，稱其為「魔鬼陛下」（Their Satanic Majesties）。這張專輯的封面設計和音樂風格，顯然是要模仿披頭四在同一年發行的經典專輯，但是由於滾石的成員在那時候嗑了太多藥，因此《魔鬼陛下的請求》並不像《比伯軍曹寂寞芳心俱樂部》有著超越時間的魅力。

奇怪的是，滾石的鼓手在宣傳照裡頭打扮得就像是亨利八世（Henry VIII）——英國的傳奇帝王。亨利有六個妻子，其中兩個被他殺掉，他還因為和羅馬天主教廷決裂而知名。亨利為英國的憲法帶來了根本上的變革，創立了「君權神授」這個理念，宣布英國君主對於英國的教會有著完全的管轄權——這個作法成功地讓他和他的繼位者在基督教世界裡成為像神一樣的角色。亨利還透過「褫奪公權法」（**bills of attainder**）為許多反對者冠上叛國和異端的罪名，在異議者無法辯駁而且未經審判的狀況下處決了許多人。披頭四透過《你需要的只是愛》觸發了一場革命，然而在六個月之後，它的主要競爭對手卻發行了一張公開提起魔鬼並且支持撒旦崇拜的專輯，還暗示撒旦就在大英帝國裡，這實在是令人費解。

《魔鬼陛下的請求》也引發了許多其他聯想，有人認為它是用來向墜落在地球上的外星文明致意。在這張專輯的封面，一個有環行星或許是土星就出現在樂團後面。因為版權法，我無法在這裡列出所有的歌詞，但是這些歌詞值得我們看一看。

在〈兩千人〉（*2000 Man*）這首歌裡有這樣一段合唱：「哦，爹地，為你的行星喝采，哦，媽咪，為妳的太陽喝采……你們降落的時候墜毀了嗎？」我在二〇一四年得到一些內幕消息，我會在本書的後半部討論這些內幕，直到那個時候我才明白這些歌詞或許描述了另一個文明，它來自別的太陽系，後來迫降在地球上——它的領導者是一個我們現在稱之為「路西法」（Lucifer）的外星人，路西法帶著他的支持者們，也就是《聖經》裡頭的「墮天使」（fallen angels），一起來到地球。

在地球上怎麼會有人支持路西法？這看起來根本就是無稽之談。即使是現在，如果你敢說自己相信這種說法，就等著被朋友和家人嘲笑、排擠吧。我花了許多時間和精力做研究、尋找內幕消息，此外還賭上個人的風險，才發現地球上有一個巨大的、祕密的信仰集團，它的信仰者認為路西法是好人。有些人稱之為「新世界秩序」（**New World Order**）、「畢德堡俱樂部」（**Bilderbergers**）、「三邊委員會」（Trilateral Commission）、或是「光明會」（Illuminati），不過在這本書裡我會用「陰謀集團」（**Cabal**）來稱呼他們。

陰謀集團的信仰者，相信基督教的上帝是邪惡的化身——祂壓抑了知識、自由、性慾以及科學的進展。更加瘋狂的是，這個集團累積了令人難以置信的權力——它對媒體、金融系統、西方世界政府以及軍事工業複合體（military-industrial complex）都有著驚人掌控能力。就算我們可以坦然面對這樣的事實，它還是令人非常沮喪的——不過與其當個縮頭烏龜，希望這種事情會「自己消失」，還不如好好地了解它，這樣反而可以降低風險。一旦你有了足夠的證據相信這件事情的真實性，「靈魂的暗夜」就會降臨在你身上——那是一種深沉的悲傷，你會明白自己被騙了一輩子，而恐怖的世界惡霸就在你的四周虎視眈眈。這是覺醒的過程中非常重要的一步，最終，你會知道自己住在一個充滿幻覺的世界裡——絕大部分的你被教導要去相信的事情，都是當權者刻意操弄的結果。

許許多多的揭密者冒著生命危險來透露這些被掩蓋的真相。今日的年輕世代被迫要面對這個問題，其所涉入的程度比過去任何一個世代都還要深。和《魔鬼陛下的請求》這張專輯中出現的微小警訊不同，千禧年世代似乎充滿了永無止盡的魔鬼象徵，這些象徵充斥在電影、音樂錄影帶、超級盃中場表演、音樂頒獎典禮、電玩遊戲還有電視節目裡。流行音樂偶像，像是Lady Gaga、凱蒂·佩芮（Katy Perry）、蕾哈娜（Rihanna）、妮琪·米娜（Nicki Minaj）、麥莉·希拉（Miley Cyrus），她們的音樂錄影帶和現場表演充滿了驚人的「光明會」象徵，例如「全知之眼」（All-Seeing Eye）。現在這個「陰謀集團」採取了相當激進的宣傳策略，想要讓它們的信仰看起來既新潮又時髦②。不過，這不代表這些明星自己信奉這樣的訊息。有內幕消息來源透露，這些明星通常都受過嚴重的虐待，歌手凱莎（Kesha）就公開指控她的前製作人對她性侵。當這個案子在二〇一六年草草了結之後③，許多流行音樂界的明星，像是愛黛兒（Adele）、泰勒絲（Taylor Swift）還有Lady Gaga，都對她表示同情，至少有十八位名人公開表示對凱莎的支持。④

許多內幕消息人士向我透露，這個「陰謀集團」正打算向世人昭告他們的存在，這個計畫叫做「大揭密」（The Great Revealing）。幸運的是，現在有為數眾多的YouTube影片揭穿了這個陰謀——其中許多影片都有上百萬次的點閱率。這是新一波的年輕世代革命——和最早的胡士托音樂節（Woodstock）相較，它的人數更多、影響力更大。許多在過去被忽略、遺忘的線索，現在都被挖出來重新檢視，這個世代對這些謎團進行了一次廣泛的調查。

值得注意的是，這些菁英份子不覺得自己做了任何壞事，他們認為自己所做的一切乃是為了要將我們從軟弱和無知當中解救出來。為了通往他們所認為的「覺醒」，即使在追求「新世界秩序」的路上有任何傷亡，那也是可以接受的損失。他們死守著一個祕密，那就是他們相信自己乃是遠古外星人的直系血脈，這些外星人比我們還要進步，到了地球之後成為法老、國王和神祇。這樣的「神奇血統」是一種藉口，讓他們覺得自己高人一等，因此也賦予了他們統治地球的權力——以及統治地球的需要。目前我所擁有的最佳情報都是來自這些組織高層的揭密者，他們說這些外星難民大約是在五萬五千年前墜落在這裡。他們在某個戰爭中輸慘了，但是到了地球以後，卻又沒有任何技術或是方法可以離開。他們的人散布到全世界，建立了控制系統，他們經歷了好幾次文明崩毀、反對者起義，但依舊繼續存活下來。

《魔鬼陛下的請求》中的〈兩千人〉這首歌也提到了「繞行的太陽」（circling sun）——也許是在另一個太陽系——「我們都從那裡來」（where we all come from）。另一首歌〈燈籠〉（*The Lantern*）裡有這樣的歌詞：「我們……知道星星是對的……穿越黑夜的汪洋。」這樣的訊息在〈離家兩千光年〉（*2000 Light Years from Home*）這首歌裡達到了高點，這首歌的歌詞寫著：「我們……朝著一個有著燃燒海洋的星星出發……這實在是太寂寞了，離家兩千光年。」為什麼這些顯而易見的太空旅行術語會出現在一張叫做《魔鬼陛下的請求》這樣的專輯裡？我們之後會在書裡介紹一位關鍵的揭密者，布魯斯（Bruce），他告訴我：「大衛，重要的不是你相信這件事，或是其他人相不相信這件事。這件事情是不是真的也不重要。重要的是，**他們**真的這麼相信。這是一種宗教——而他們是非常虔誠的信徒。只要知道這一點，你就會比較能夠理解他們的所作所為。他們相信，藉著信教他們就會獲得超自然的神奇力量，這能為他們帶來聲望和財富。擁有更多的金錢和權力，就代表你更加地覺醒。」這不必然意謂著這些樂手本身是撒旦的信徒，不過對於這些權力菁英來說，當他們的身分要曝光的時候，找個替罪羔羊來承擔一切罪過是相當常見的事。他們的謊言不計其數，都是為了讓他們的信仰看起來充滿吸引力。

《流行音樂排行榜》（*Top of the Pops*）這個節目將搖滾樂引進了英國，每週唱片銷售量第一名的樂團，就會獲得在這個節目現場演出的機會。讓人吃驚的是，滾石樂團在這個節目的現場演出了三十三次——包括一九六七年十二月二十一日〈離家兩千光年〉的演出。在二〇一三年，大家才知道這個節目的主持人吉米・薩維爾（Jimmy Savile）是個連續性侵犯。有超過四百五十名受害者站出來，講述他們如何被薩維爾侵犯的恐怖故事，據估計，真正受害者的總數恐怕是三倍以上。薩維爾資助了許多兒童醫院，而其中一名受害者告訴英國的《每日快報》（*Daily Express*），薩維爾把她帶到其中一家醫院的祕密房間，那裡很暗、只點著燭光，薩維爾和一些其他人穿著長袍和面具，並且用拉丁文的「Ave Satanas」或是英文的「Hail Satan」唱頌「撒旦萬歲」。我絕對不是說滾石樂團在撒旦儀式當中虐待或是性侵其他人，但是很顯然，這個陰謀集團利用了滾石樂團的音樂來傳播負面訊息。被薩維爾侵犯的人太多，英國廣播公司不太可能什麼風聲都沒聽到——然而一直到一九九〇年代，薩維爾仍然是相當受歡迎的一個電視明星。自二〇一三年以降，有另外一些消息亦透露英國政府高層也有一些戀童癖人士——意思是，在某個強大的祕密文化裡頭，這樣的癖好是可以被接受的。在二〇一五年五月二十日，英國警方宣布有兩百六十一位「知名人士」因為兒童性侵案件而接受調查，其中包括了一百三十五位影視廣播人員、七十六位地方性和全國性的政治人物、四十三位音樂產業的工作者、以及七位和運動相關的人物。⑤

二〇一六年三月二十六日，《紐約時報》曝光了一則退休法官簡內特・史密斯（Janet Smith）

女爵——針對英國廣播公司、為期三年的獨立調查結果：「在這一份超過七百頁的嚴密報告當中，簡內特．史密斯女爵……說英國廣播公司的員工，對於有人投訴薩維爾先生這件事都表示知情，但是這樣的控訴卻因為公司內部的『閉嘴文化』而沒有傳達到高層……簡內特女爵說一種『恐懼的氛圍』仍然瀰漫在英國廣播公司內部，許多員工不願意接受訪談，除非他們的名字不會被刊登出來。她說這些人可能害怕會遭受某種形式的報復。」⑥

關於宇宙戰爭的公開線索

直至一九六八年的上半年，已經有五十五萬美軍部隊駐紮在越南，許多士兵根本就不想到那裡去。當時美國的情勢相當低迷，就在這一年，我的父母因為都在紐約州斯克內克塔迪市（Schenectady）的「通用電氣公司」（General Electric）上班，於是遇見了彼此，很快就陷入愛河。我的母親生長在一個基督教基本教義派的家庭，後來她離家到費城《聖經》學院就讀，從此開始對於過去所學到的一切感到幻滅，進而與之決裂。因為她明智地開始質疑過去所習得的信條，學校當權者將她砲轟得體無完膚。最後她被迫簽署一份文件，要求她以永生的靈魂發誓，不再懷疑他們所教導的一切，不然她就拿不到學位。由於她過去極度嚴格的教養背景，她幾乎不接觸流行文化，不聽任何音樂，也不看任何電影或電視節目。

我的父親則是非常喜歡恐怖電影，他說服我的母親跟他一起去看《失嬰記》（*Rosemary's Baby*）。這部電影真的讓她受到不少驚嚇，我在孩提時代聽她說過好幾次。這部電影相當有說服力地描述一些撒旦信徒混跡於人群之中，和主角夫婦住在同一棟大樓裡的慈祥老人，竟然會在晚上進行恐怖的撒旦儀式。在電影裡頭，撒旦信徒告訴掙扎的男主角，如果他和妻子生個小孩，而且把孩子奉獻給撒旦，就可以改善他的事業。於是他的妻子被下藥，並且被帶到撒旦儀式裡，惡魔以人形出現並且讓她懷孕。在電影最後，她發現自己的孩子有著紅色的眼睛，內心充滿了恐懼。這個邪教告訴她，她是「被選中的人」，他們會膜拜她，因為她的孩子是撒旦的子嗣。他們還說，如果她不想，可以不用加入這個邪教。最後她還是決定要愛這個孩子、養育這個孩子，即使他的外表長得很恐怖。撇開惡魔幻化為人形這種超現實概念不論，這部電影有著極度壓迫人的真實感和恐怖感。觀眾慢慢地被引導去相信撒旦的信徒就生活在我們之間——那時候滾石樂團剛發行了《魔鬼陛下的請求》，它的標題對於這種狀況實在是雪上加霜。

《失嬰記》的導演是羅曼．波蘭斯基（Roman Polanski），他原本想要他的妻子莎朗．泰特（Sharon Tate）來擔綱女主角。波蘭斯基沒有要求製片公司一定得照他說的做，但還是希望他們可以錄用他的妻子，雖然最後並沒有成真。泰特為電影腳本提供了許多筆記，像是為魔鬼讓女主角懷孕這一場戲提供了許多建議。她也常常出現在拍攝現場，並且接受《君子》雜誌（*Esquire*）的拍攝為這部電影作宣傳。

一九六八年十一月，就在尼克森贏得總統大選之際，披頭四發行了一張既複雜又充滿情緒的專輯，名為《披頭四》，又被稱為「白色專輯」。白色專輯的主打歌是〈革命一〉（*Revolution 1*），公開呼籲政治轉型，這又一次具體地表現了年輕世代對於變革的渴望。這張專輯也有一些非常陰暗的主題，那時候約翰．藍儂的藥物成癮越來越嚴重——因此產生了一些歌曲像是〈幸福是一把溫熱的槍〉（*Happiness Is a Warm Gun*），這首歌大剌剌地描述了注射海洛因的情節，還包含了粗野的藍調音樂。藍儂在這個作品裡大聲尖叫，表示自己覺得寂寞、想要自殺，還告訴聽眾他有多麼討厭自己的搖滾樂。保羅．麥卡尼的歌〈狼狽〉（*Helter Skelter*）也有著狂野、粗俗、暴力的況味。這張專輯裡最奇怪的歌莫過於〈革命九〉（*Revolution 9*），這簡直就是一場四處蔓延、深度混亂的聲音「地獄之旅」（bad trip），其中包括了機關槍聲、尖叫的人聲、還有恐怖電影那種縈繞心頭的詭異聲音。保羅．麥卡尼在他的自傳《多年以後》（*Many Years from Now*），透露自己曾經強烈地要求把這首歌從專輯中拿掉，但是沒有成功。白色專輯最後成了披頭四最熱賣的一張專輯，不過《滾石》雜誌認為《比伯軍曹寂寞芳心俱樂部》、《左輪手槍》、《橡膠靈魂》這幾張專輯的品質比較好。

滾石樂團在一九六八年十二月六日發行了經典專輯《乞丐盛宴》（*Beggar's Banquet*），和前一年的《魔鬼陛下的請求》相較，這張專輯在製作水準上有著極大的進步。一九六九年二月，他們的唱片公司將其中一首歌〈憐憫魔鬼〉（*Sympathy for the Devil*）作為單曲發行。這似乎是繼《魔鬼陛下》之後，對於專輯背後隱藏的謎題一次直接的補充或是進一步的揭示。當米克．傑格以路西法的身分唱著歌——路西法向這個世界介紹他自己，並且請求我們的了解和尊敬——大部分的人都認為這相當令人震驚，而且值得進一步分析。「傑格—路西法」（Jagger as Licifer）認為自己是個非常富有、有教養的人，就像英國貴族一樣，並且指出，如果你想要和他說話，就要對他拿出最高規格的禮遇。

傑格—路西法聲稱自己主導了好幾個重要的歷史事件。照順序來說，包括了誘惑耶穌；在聖彼得堡刺殺俄國沙皇，因而導致了一九一七年的俄國大革命；納粹德國的侵略；一場為期百年，由國王和女王們對抗「他們所創造的神祇」的戰爭；甘迺迪的謀殺案；英國士兵到印度孟買一路上的慘烈傷亡；此外他還暗示了自己與越戰有關。根據現有的研究資料和揭密者提供的訊息，的確有某個集團對俄國大革命、納粹德國、甘迺迪謀殺案以及大英帝國提供資助——這個集團擁有並且掌控著第一次和第二次世界大戰作戰的各個勢力國，我在自己的電子書《金融暴政》（*Financial Tyranny*）中簡單地介紹了這些事情的相關證據。因此，滾石樂團的這首歌顯然是要說服大家來「憐憫惡魔」。更有趣的是，傑格—路西法還說，那些最讓人感到不解和迷惑的事件，都有著遊戲般的本質。路西法——或是在英國陛下這個例子中，路西法被視為他們的守護神——造成了地球上許多重大傷害。有些內幕消息人士後來告訴我，路西法最大的把戲就是讓這個世界相信他並不存在。米克有一句歌詞也頗有透露些什麼的意味，他用很高的假音唱道：「我曾經告訴你，你只能怪自己。」——意思就是，如果我們不去解開這些謎團，便是間接地容許這些犯罪繼續發生。[1]

當我的母親還在因為對基督教感到幻滅而覺得痛苦，我爸帶她去一個主打門戶樂團（The Doors）的現場演唱會，那時候吉姆．莫里森（Jim Morrison）正處於顛峰時期。莫里森正在嘗試迷幻藥（LSD），這個樂團的名字就是為了向阿道斯．赫胥黎（Aldous Huxley）嗑藥的回憶錄《眾妙之門》（*The Doors of Perception*）致敬。莫里森對我的母親有相當大的影響，在那個晚上，她整個人生都變了——她的態度、她的價值觀、還有她的目標。面對自己成長的宗教、她母親壓抑的態度，以及這個國家毫不在乎地把年輕人丟到可怕的煉獄中，她曾經感到深深的不滿，但是這樣的不滿一夕之間獲得了轉變。她幾乎是立即而且全然地接受了六〇年代的音樂，以及反戰運動的思潮和理想——有些人會說這是一種覺醒。莫里森成了這個運動的英雄和代表人物，毫不畏懼地在舞台上表現他對於權威的叛逆，並且創造出一種超越性的、改變生命的音樂。

在吉姆．莫里森悲劇性的死亡之前，他內在的陰暗面變得越來越明顯。門戶樂團一九七一年的單曲〈暴風雨中的騎士〉（*Riders on the Storm*）描述一個吃了迷幻藥的人，「他的腦子就像蟾蜍一樣蠢動」。這個角色後來殘忍地謀殺了他的姊妹、兄弟、父親和母親。他同時也被描繪成一個以搭便車為作案手法的連續殺人犯——「如果你讓這個男人搭便車，甜蜜的家庭便不再」。在至少一個訪談中，莫里森說連續殺人犯比利．庫克（Billy Cook）是這首歌的靈感來源。庫克在搭便車到加州的路上殺了六個人，包括了年幼的孩子。奇怪的是，就在〈暴風雨中的騎士〉打進「告示牌百大單曲榜」第三名的同一天，莫里森卻因為使用藥物和酒精過量而死——為這首歌還有歌中讓人感到不安的訊息，增添了一筆強力、縈繞不去的謎團。

歡迎來到越南

我父親去看莫里森現場演唱會的時候，心裡正因為害怕會被送到越南的死亡陷阱而感到恐慌。他報名了陸軍預備隊，希望可以藉此躲過徵兵。因此，他只得在一九六八年搬到維吉尼亞州的李堡（Fort Lee），後來他和我媽結了婚，最後在一九六九年六月被派遣到越南——他最害怕的夢魘成真了。他的父親對他說，從來沒有為他感到如此驕傲，對我爸來講，這聽起來像是一種難以置信的背叛。我爸坐一般客機而不是坐軍機出國，飛機降落的時候，迷人的空姐用一種平淡無奇的語調說：「現在時間是早上八點半，本地的氣溫是攝氏三十七度。歡迎來到越南！」

下了飛機，所有的士兵被要求站成一圈，圍繞著點燃在柏油路上的一團篝火。這是上級給他們的最後機會，如果他們帶了什麼違禁品，可以丟到火裡，就不會惹上任何麻煩。如果不這麼做，他們就會被搜身，如果找到違禁品，懲罰會相當嚴重。我的父親偷偷帶了一些安眠藥，那是祖母給他減輕焦慮用的——但是在戰區裡，帶著這些藥物可能不是一件好事。他把安眠藥丟到火裡，放棄了他前半生所有的祕密和依戀。接著，他的上級告訴他們漢堡高地（Hamburger Hill）的故事，任何被派遣到那裡的士兵都要去攻打一個被越共士兵包圍的山丘，有很大的機率會戰死。士兵們當場就開了賭盤，賭多少人會被送去那裡赴死。我爸很幸運，他不用去，但是這樣的經驗以及毫無預期的熱浪撼動了他整個人。人們告訴他，他已經成了「美國政府的資產」，而且他們對他有完整的控制權——包括他的生與死。

我爸駐紮在龍平（Long Binh），那是越南最大的美軍基地。幸好他先加入了陸軍預備隊，所以他可以當軍事記者，避免前線的戰火。他會從「電報」收到許多故事，像是來自美聯社的消息，然後把它們整理成每天的報紙供士兵閱讀。我爸還負責寫一些自己的文章，比如說每日戰地傷亡的報導。

我爸勇氣十足地寫了一些搖滾樂正在為世界帶來的變革，這很有可能會讓他上軍事法庭、甚至死於「意外」。如果不是因為我父親，駐紮在越南最大美軍基地的士兵，不太可能會知道在一九六九年這樣的關鍵時刻當中，音樂界發生了什麼事。這讓他成了像電影《早安越南》（*Good Morning, Vietnam*）裡頭羅賓．威廉斯演的那個廣播員的角色。我媽會把最新的唱片寄給他，然後他會就他聽到的音樂寫點東西。他也會寫一些家鄉發生的重大社會議題——這些士兵在美國本土的朋友正在努力地想辦法終結這場戰爭，包括了一場即將在紐約州貝賽爾（Bethel）舉行的超大型音樂節——後來因為貝賽爾的農夫反悔，於是這個音樂節在最後一分鐘移師到了胡士托。

祕密信號

就在一九六九年八月九日，也就是胡士托音樂節開始的六天之前，夢想成為搖滾巨星的吉他手查爾斯．曼森（Charles Manson）帶著他的追隨者一同謀殺了羅曼．波蘭斯基的名人妻子莎朗．泰特。那時候泰特懷有八個半月的身孕，她和腹中的胎兒死於這場攻擊，同時還有另外四個人也被殘忍地殺害。泰特除了協助她的丈夫寫了《失嬰記》，也在一些以邪教為主題的電影當中演出，包括了《惡魔之眼》（*Eye of the Devil*），她在片中飾演一個女巫，想要透過血祭讓一個沒落的葡萄園起死回生，還有《風月泣殘紅》（*Valley of the Dolls*），這部片描述使用藥物的極度負面效果，以及一九六七年的《天師捉妖》（*The Fearless Vampire Killers*）。

一個身懷六甲的名媛連著腹中胎兒一同被謀殺實在是令人震驚，時間就在她幫忙寫作情境相當類似的《失嬰記》兩年之後。在《失嬰記》中，女主角的孩子必須被犧牲來成就丈夫的演藝事業。如果說有個實際存在的惡魔邪教策劃了她和她腹中嬰兒的獻祭，相信大部分的人都無法承受這樣令人沮喪的想法。曼森說當他和他的追隨者在實行這一樁大謀殺的時候，還播放著披頭四的白色專輯，他還特別指出部分歌曲，像〈快樂是把溫熱的槍〉以及〈狼狽〉，對他發出祕密信號，引導他去做了那些事情。

二〇〇〇年代中期，有內幕消息來源告訴我，曼森的謀殺案是刻意被製造出來，用來摧毀嬉皮運動並且將嬉皮妖魔化，暗示社會大眾這些人可能是暴力的連環殺手。這些謀殺意在為胡士托音樂節製造出一種恐怖和恐懼的氛圍，並且破壞它的動力。在胡士托音樂節的前六天，每天的頭條新聞都是這些令人毛骨悚然的謀殺案——上面寫著這些殺戮是由愛搖滾樂的嬉皮所為，這些嬉皮還說他們是為了樹木和大自然才這麼做。內幕消息來源告訴我，這些暴虐行為背後有人暗中策劃，他們希望可以藉此產生一些嚇阻效果，嚇跑那些準備接受這一場新革命、和菁英集團作對的人——並且藉機把披頭四貶為惡魔的化身。儘管發生了這些非常可怕、規模又大的創傷，胡士托音樂節依然產生了那麼深遠的影響力，這是任何人都料想不到的——我的父親冒著極大的個人風險，在越南最大的美軍基地完整地報導了胡士托音樂節的來龍去脈。

你可能不會覺得訝異，一九六九年十二月六日，就在胡士托音樂節的幾個月之後，滾石樂團在舊金山的演唱會當中，一位名為梅若迪斯・杭特（Meredith Hunter）的黑人，就在觀眾席的前排被一個叫做「地獄天使」（Hells Angels）的摩托車幫派分子用刀子活活刺死。最具爭議的是，地獄天使是專門被聘請到這個演唱會來負責維安工作的。杭特想要靠近舞台，於是被地獄天使使用暴力驅離，她拿出一把槍指著他們，然後就遭到地獄天使的成員以刀子刺死。關於這個有人稱為「活人獻祭」的影像，可以在滾石樂團一部相當受歡迎的紀錄片《給我庇護》（*Gimme Shelter*）裡看到。

儘管有這些爭議，滾石樂團還是在一九七三年八月三十一日發行了另一張以路西法為主題的專輯，名字是《羊頭羹湯》（*Goat's Head Soup*）。在專輯封面，米克・傑格裝扮成一個戴著面紗的女人，頭髮是英式的高髮髻造型，頭髮上還別著許多不明顯但無可否認的惡魔角裝飾。這張專輯收錄了滾石樂團的熱門歌曲〈安琪〉（*Angie*），還包括了一首叫做〈與D先生共舞〉（*Dancing*

With Mr. D）的歌，整首歌充滿藥物與死亡的意涵，描繪歌手和一位戴著顱骨項鍊的人在墓地裡「幽會」——發生性行為。還有一位身著黑衣的女人用充滿欲望的雙眼看著我們的歌手，結果她的皮肉自骨架脫落，眼睛就如火焰和地獄硫磺一樣地燃燒。

生在水門

自從我的父親從越南回來以後，我的父母花了一些時間想要懷一個孩子，最後終於在一九七二年的六月初如願以償。那之後不久，就在六月十七日，尼克森的總統競選團隊為了想要贏得第二個任期，闖入民主黨全國委員會的總部裝設竊聽器，卻被逮個正著。這是為人熟知的「水門案」（Watergate scandal）骨牌效應的開始，最後導致了好戰的尼克森政權事跡敗露並且一敗塗地，也終結了殘害一整代年輕人的可怕越戰。我母親懷孕的時候，有過一些夢境和靈視，告訴她肚子裡的這個孩子將會成為一個靈性導師，而她也必須把這孩子當成未來的靈性導師來扶養。她一直到二十世紀的最後幾年才跟我提起這件事，她認為除非我成為一個謙虛的人，不會因為聽到這件事情而自我膨脹，不然她寧死也不會把這件事告訴我。

九個月後，在一九七三年三月八日，我出生了。三個禮拜前的二月十四日，我的父親遭到通用電氣公司裁員。那天他帶著玫瑰花和巧克力回家祝我母親情人節快樂，然後告訴她他被解雇了。他被迫要在緊急的狀況下找一份新工作，但只有在紐約州的水牛城（Buffalo）那裡才有機會。要到水牛城，從我們位於斯克內克塔迪的家裡開車過去少說也要四個鐘頭。

就在我出生後，他只得快點去工作，不過我媽和我的外婆、外公則是留在斯克內克塔迪。

水門案的政治醜聞帶來了一九七三年五月十七日到八月七日的參議院聽證會，許多前政府官員都出面作證。三大新聞網——美國廣播公司（ABC）、哥倫比亞廣播公司（CBS）、全國廣播公司（NBC）——以直播的方式、一天由一個新聞台負責報導聽證會的內容。據估計，全美國百分之八十五有電視的家庭，均打開了電視並且收看了部分聽證內容。有百分之八十五的美國人還沒辦法從驚嚇之中平復過來，他們無法想像他們所認識、投了票甚至被許多民眾愛戴的政府，居然表現的像是獨裁的暴政——製造祕密、謊話連篇、為了贏過政治對手還使出小手段。在聽證會開始十四個月之後，尼克森就被迫辭職下台。八個月之後，越戰結束，這個腐敗的政府再也不能把年輕人送到會導致高度創傷並且致命的戰區。

奇怪的是，我的母親發現，每次只要水門案的聽證會開始，還在搖籃裡的我就會開始哭，就算我本來已經睡著了也一樣。除此之外，只要我媽開門出去，即使只是在我熟睡的時候下樓去拿洗好的衣服，在她的手碰到門把的那一刻，我也會立刻哭起來。這些事情發生了太多次，所以「只是剛好而已」這種想法反而變得不可能。只有在那些時候我才會哭，其他時候，我是一個非常安靜和放鬆的小嬰兒。即使是在我很小的時候，我的母親就覺得我可以直覺地，同時在個人和集體的層次上，感受到周圍其他人的想法和感覺，並且對此做出回應。

譯註

❶ 坐電椅處決（譯按：這個標題「坐電椅處決」〔Riding the Lightening〕是金屬製品合唱團的一首歌，和內文提到單曲〈暴風雨中的騎士〉〔*Riders on the Storm*〕不符，不知道是不是作者誤植）。

03 觸碰無限

在我們的周遭可能有另外一種真實存在，冥冥之中有看不見的靈性力量在指引著我們。透過適當的靈性教導和練習，便有可能進入「第二注意力」，並且和靈性實體取得直接的接觸。

一九六〇年代的嗑藥文化引發了一般人對於美洲原住民薩滿信仰的興趣，尤其是在卡洛斯·卡斯塔尼達（Carlos Castaneda）的暢銷書出版之後，卡斯塔尼達在書裡公開了他和一個印第安亞奎族（Yaqui）巫醫唐望（Don Juan）的對話紀錄和經歷。他的密友透露，書中許多牽強附會的故事，尤其是後來出版的那幾本書，都是虛構的，不過這些故事背後隱含的一些概念，對於許多人來說仍然相當受用——包括我的母親。她開始意識到，在我們的周遭可能有另外一種真實存在，冥冥之中有看不見的靈性力量在指引著我們。透過適當的靈性教導和練習，便有可能進入「第二注意力」（second attention），並且和靈性實體取得直接的接觸。這些概念激勵了我的母親，她在床頭放了一本筆記本，開始記錄她的夢，並且發現夢以一種象徵的方式給了她許多指引。從小我就常聽她這麼說，所以我也開始記下我自己的夢——通常有著許多清晰的細節。

我爸想要在通用電氣找另一份工作，所以我的爺爺奶奶協助我們搬到紐約州斯高夏（Scotia）

一個三房一衛浴的房子，就在莫霍克河（Mohawk River）的另一邊，和斯克內克塔迪遙遙相對。這讓我爸在通勤上變得容易許多，就算在尖峰時刻也不會超過十五分鐘。我們搬到新房子的日子剛好是一九七三年十月三十一日——萬聖節。我很幸運可以在這個房子裡度過我剩下的童年以及青春期，我媽則是一直住在這裡，一直到我的小弟在一九九七年從大學畢業為止。新家離格倫威爾（Glenville）的軍事基地非常近，偶爾可以看到巨大的C—130力士型運輸機以一種嚇人的姿態低低地飛過院子。你可以在胸口感覺到它帶來的巨大噪音以及振動，它是如此之大，幾乎遮蔽了整個天空。看它從後院飛過是一個非常強烈甚至嚇人的經驗——每次都是。我開始夢見一些像這樣的巨大飛機過院子——在夢裡，這些飛機很大，長得像圓柱狀的雪茄，但是沒有雙翼，它們也不會發出任何聲音。此外當他們飛過陸地的時候，會造成一種奇怪的振動。我的母親在她的夢裡也看過類似的飛行器。

電視和音樂的力量

對於後來的千禧年世代來說，可能很難想像我們那時候只有四個電視台——哥倫比亞廣播公司、美國廣播公司、全國廣播公司，以及沒有廣告但是要依賴觀眾捐獻才能營運的公共電視台（PBS, the Public Broadcasting System）。最重要、製作最精良的節目，都在晚間八點開始的「黃金時段」播出，但是只有三大電視台加上公共電視台的節目可供揀選，選擇並不是很多，這意謂著大多數美國人都看同樣的節目。我的父親絕對不會錯過的兩個節目是以韓戰為主題的《風流軍醫俏護士》（*M*A*S*H*）以及呈現五〇年代理想文化觀點的《歡樂時光》（*Happy Days*）。我的母親受不了電視，唯一能夠容忍的是教育性的兒童電視節目，當電視機打開的時候，她通常會起來走動，不然就直接離開房間。

從我還是嬰兒的時候，我的母親就會坐下來讀書給我聽，一邊指著字一邊大聲唸出來。後來她讓我看公共電視台的教育性節目，尤其是吉姆・亨森（Jim Henson）的經典作品《芝麻街》（*Sesame Street*）。從我有記憶開始，我們從來沒有錯過任何一集。這個節目教孩子閱讀的方法很棒，我記得當節目在介紹某些字母或是音節的聲音時，會出現一些人的頭像，然後這些字母的圖案就會從這些人的嘴巴跳出來。有時候這個節目也會這樣教拼字，你會看到某個字怎麼被拼出來，還有這些字母組合起來是什麼聲音。其中有一個叫做「伯爵」的角色，它是一個吸血鬼人偶，當螢幕上出現數字的時候它會唸出來，並且教你怎麼依照順序數數。因為這個節目，加上我每天的故事時間，我在兩歲的時候就能夠閱讀。到我五歲去念幼兒園的時候，已經比班上大部分的同學還厲害。

我的父親在一九七〇年到一九七一年之間創辦了他自己的地方流行文化報刊《風箏》（*KITE*），他會寫文章推薦一些要到城裡來開演唱會的搖滾樂團。對於當地的唱片公司來說，他變得相當有價值，一個樂團的商業演出成不成功，端看能不能在他的報紙獲得宣傳的機會。結果，每個下午都會有一輛咖啡色的美國郵局郵務車停在我們家旁邊，然後卸下厚薄不一、半公尺見方的紙箱，每個紙箱的深度大約是在二・五公分到五公分之間。箱子裡面有許多珍貴的寶貝：每個大唱片行最新發行的專輯，一天收到兩箱或三箱是常有的事。我們會收到幾乎每一張最新的搖滾專輯，無論它們受歡迎或是不受歡迎——絕大部分都賣得不好。每張專輯都做了某種記號，像是在紙板做的唱片封套打個洞，或把封套的一角撕下來，或是蓋一個大大的章，寫著「僅供宣傳使用」。這些唱片公司包括愛瑞斯塔唱片公司（Arista）、哥倫比亞唱片公司（Columbia）、哥倫比亞廣播公司附屬的唱片公司（CBS）、大西洋唱片公司（Atlantic）以及華納兄弟唱片公司（Warner Brothers）。這些公司也會給我爸免費的演唱會門票，以及後台的通行證——讓他可以直接和製造音樂魔法的英雄會面。

我爸爸從通用電氣下班回到家大概已經晚上五點二十分了，穿著西裝，在餐桌上吃我媽為我們準備的晚餐。接著他會上樓，換上T恤、牛仔褲、球鞋和法蘭絨襯衫。他總是會在飯後播放最棒的搖滾專輯，有條不紊地填滿四十四分鐘的時間，錄音帶分成兩面，一面各二十二分鐘。接著電視會在七點整打開，播放哥倫比亞電視台《華特・克朗凱特晚間新聞》（*Evening News with Walter Cronkite*），克朗凱特被公認是「美國最值得信賴的人物」。我爸從來不會錯過晚間新聞，他覺得藉著看新聞來確定「這個世界讓民主很安全」是很重要的，這是克朗凱特經常掛在嘴邊的一句話。我在那幾年總是和他一起看晚間新聞，因此我對於這個世界上發生了哪些事情都一清二楚。

週五晚上在華特・克朗凱特的節目之後，通常都是搖滾樂馬拉松。播放最多的就是齊柏林飛船（Led Zeppelin）的經典專輯，尤其是第一、第二以及第五張專輯，我爸很喜歡他們的重藍調風格。滾石樂團的所有專輯我幾乎都聽過，還有史密斯飛船（Aerosmith）的前四張唱片——史密斯飛船是美國人對於齊柏林飛船的回應，他們也因為重搖滾藍調的風格而大受歡迎。我還聽過許多六〇年代的經典，像是吉米・罕醉克斯（Jimi Hendrix）、珍妮斯・賈普林（Janis Joplin）、門戶樂團、憂愁藍調樂團（Moody Blues），還有七〇年代的迷幻經典，像是平克・佛洛伊德（Pink Floyd）的《好管閒事》（*Meddle*）以及橘夢樂團（Tangerine Dream）的《紅寶石》（*Rubycon*）（不知為何，我爸不喜歡披頭四，因此沒有播放過任何他們的音樂作品，他覺得披頭四曝光過度了——因此披頭四大部分的歌我都沒聽過，直到二〇一〇年當我開始研究披頭四為何有那麼大的歷史影響力，才開始去聽他們的歌）。當我的父親播放這些專輯的時候，他會站起來跳舞，我媽和我也是，因此這些音樂給了我一種深深的幾乎是潛意識的正面聯想。那時候我還不知道滾石樂團的音樂有著那麼多相關的負面聯想，但我爸並沒有把這種事情當真，那時候很多樂團都遵循著類似的模式，為聽眾創造出一種謎一般的氛圍。要知道的是，陰謀集團並不希望對媒體的收視觀眾製造任何立即的改變，他們的目標是緩慢但是持續地把路西法的象徵介紹給社會大眾。按照他們的計畫，他們最終會以惡意奪取這個世界，並且建立「新世界秩序」，到時候，每個人都必須接受這種新的信仰，不然就等著被囚禁、折磨或是殺害。

每個禮拜六，我父親會把客廳那張極少使用的折疊桌打開，坐在前面，然後用他灰藍墨水的史密斯可樂娜（Smith Corona）打字機寫作他稱之為「專欄」的新文章。在這種時候，他會嚴格禁止我跟他講話或是在附近製造噪音，直到他的工作完成為止。他會用電話和許多樂團進行訪談；他從「電台小屋」（Radio Shack）賣場買了一個看起來很滑稽的黑色電話吸盤，把它黏在話筒上，這樣就能把音量極小的通話錄到錄音帶裡，同時還能做筆記。有一次，我爸有一篇文章真的被《滾石雜誌》錄用，那是每個搖滾記者的最終目標，然而卻心碎地發現單篇稿費只有二十五美元，想要一邊費時費力地為《滾石雜誌》寫稿，一邊還要養家，這似乎完全行不通。

我的父母在我兩歲的時候就帶著我去搖滾演唱會，那是感恩至死樂團（Grateful Dead）的演唱會，他們把我放在一輛哈雷摩托車上。那時候每張經典的搖滾專輯都恣意地宣傳嗑大麻這件事，像是罕醉克斯就唱著：「紫霧在我腦中盤旋」，而齊柏林飛船的主唱羅伯・普蘭特（Robert Plant）則是在經典的〈前往加州〉（*Going to California*）這首歌曲中唱道：「抽了我的東西還喝光我所有的酒。」在我去過的每一場演唱會中，大麻菸甜甜的、複雜的香味，是一個總是在那裡、無法逃避的味道。只要警衛一走開，所有閃閃發光的菸管和大麻葉就會出現，厚厚的菸霧就在空氣中翻騰。各大樂團成員也常常在後台抽大麻——因為我爸的關係，我從小就親眼看過許多著名的搖滾樂團。在這些表演中，我很少看見其他孩子，當人們看見我襯衫上頭那塊閃亮、充滿色彩的後台通行證，他們常常對我投以討厭的眼光。

幽浮夢和麥可小弟

我的弟弟在一九七五年四月七日出生，我記得母親給我看她懷孕的肚皮，向我解釋我的弟弟要來了。有天晚上我跟她說我好愛她，而且我覺得很難過，因為我知道當弟弟出生之後我們就不會這麼親密了。我天真的對她說了這些話之後，她故做堅強，但是隨後就離開房間，悄悄地哭了好一會兒。一直到我長大之後，我才想到那天晚上發生了什麼。當我母親肚子裡懷著麥可（Michael）的時候，她做了一些極度真實的夢，夢見自己走到後院，看見令人敬畏的幽浮，包括那個我在夢裡看到的圓柱狀飛行物。

在我的某些夢裡，我和我媽手牽著手一起站在夜晚的院子裡，看著這些飛船飛過院子。我母親的夢境如此栩栩如生，讓她相信幽浮現象背後一定有什麼道理，對她來說這是個偉大的謎團。

我很喜歡有一個弟弟。麥可有自己的天賦，和我的不一樣，他對於藝術創作表現出了極大的興趣。當他大到可以拿起紙筆的時候，他就開始以塗鴉的方式創作一些複雜的迷宮，這些迷宮是真的迷宮，只有一條路可以出去。隨著時間過去，要破解他的迷宮越來越困難，所以我常常作弊從出口往回走；他還會設計一些非常精緻的東西，像是圖片和文字，其中一樣藏著迷宮。麥可小的時候比我還愛哭，有人建議我媽就讓他哭，用不著每次都去安慰他，不然反而會造成他的依賴。到了麥可五歲還是六歲的時候，他偶爾會有讓人嚇一跳的情緒崩潰，像是突然變得非常生氣，因為憤怒而發抖，有時候如果我不小心惹到他，他還會咬我。我覺得有點害怕，但是我試著保持冷靜，不讓他有機會傷害我。

就在麥可出生不久之後，我的幽浮夢就變得更加生動和個人化。我會鉅細靡遺的向母親描述這些夢，她則是會訝異我竟然能夠記得這麼多的細節。在許多這樣的夢境中，最後我都會來到一艘非常具有未來感的太空船，從窗戶看出去，會看到許多其他飛船經過。我和一個有著灰色頭髮和灰色鬍鬚的智慧老人有過多次會面，他穿著一件連帽的長袍，但是通常不會把帽子戴上。一次又一次，他告訴我有個神奇的事件就要發生在地球上。這個事件會以一種相當正面的方式轉化這個世界，並且賦予我們超能力。他告訴我，我在有生之年就會看到這件事情發生。他還告訴我，我會在這其中扮演一個重要角色，而且會變得很有名——就像我父親見過的那些搖滾巨星，甚至比那還更有名。在另外一些夢裡，我會來到一個看起來像機場的地方，那裡有著高聳的控制塔台，停在那裡的飛行船看起來十分神奇——和我在其他地方見過的都不一樣。

個人實相的本質

我記得我媽告訴我她的宗教養成背景，還有她如何對於重生的基督教（born-again Christianity）感到幻滅。她告誡我，基本教義派的信眾經常比任何人都還會妄下判斷和刻薄，如果你的想法和他們的不一樣，他們真的認為你將會永生永世在地獄被烈火燒灼。她還告訴我，當一個好人、對其他人仁慈是很重要的事。她說不管我們相不相信，我們每個人都是來蓋房子的，一次一塊磚頭。每次只要我們懷著愛的念頭，或是為別人做一件好事，我們就是在牆上疊一塊新的磚頭。每次我們對某人懷恨在心或是傷害別人，就是拆掉一塊磚頭。我覺得這聽起來很合理，我在心裡深深地感覺她是對的。

我的母親在山葉音樂教室教授鋼琴，從我還很小的時候她就帶著我一起去。有一次我伸手去摸那裡的牆上一個粗大的黑色管子，結果受到嚴重的燙傷，因為那個水管裡有滾燙的水流過。我媽只好取消上課，帶我回家。這是最早讓我學到生命非常脆弱的一個教訓，我很容易就會受傷，而有時候看起來無害的東西可能是非常危險的。這次受傷之後，我媽開始讀一本叫做《個人實相的本質》（*The Nature of Personal Reality*）的書。她告訴我，有個名叫珍．羅伯茲（Jane Roberts）

的女人，知道怎麼和一個叫做賽斯（Seth）的高等、幽靈般的存在說話，唯一的工具就是她的心智。她能夠說出賽斯想要她說的話，而她的先生羅（Robert）則是負責把這些話寫下來。據稱，整本書都是賽斯寫的，這本書主要的訊息可以用一句話來表達：「**你創造你自己的實相**」。我媽對於這個概念感到非常興奮，它為她帶來了強烈覺醒的感受，並且以一種全新的方式來看待自己的生命。

差不多在這個時候，我爸媽的感情不睦越來越明顯。我幾乎沒有看過他們對彼此表現愛意，空氣中總是存在著某種緊張，有時候在他們把我和麥可送上床之後，我會聽見他們吵架，甚至是大吼大叫。這為我帶來了很大的焦慮，並且導致我這輩子第一個成癮行為：吸我的大拇指，而且我只吸右手。到了我五歲的時候，這個行為對我的臉造成了完整的破壞，比如說我的鼻子向右移位，壓壞了我左側的呼吸道，上顎的骨頭被往上推，於是整個下巴歪向一邊，它的角度變得有些歪斜，右臉變得比左臉還要高一些。這些是相當常見的細微變化，大部分的人都不會注意，但是呼吸道的阻塞讓我呼吸困難，同時也讓我只要一生病，任何疾病都會變得更加嚴重。

謎樣的記憶

我開始經常夢見我可以輕易地飛起來。在某些夢裡，我飛起來大概只有離地三公尺到六公尺，但是在另外一些夢裡，我就像鳥一樣飛越我的家鄉。在許多夢裡，我會帶著一條跳繩，雙腳踩在上面，然後從兩邊往上提，不知怎麼地，我就這樣把自己抬到了空中。這些夢對我而言有一種奇怪的效果，當我醒著的時候，我會在家裡的車道不斷嘗試，想要製造出同樣的效果，但是當然從來沒有成功。有時候我帶著跳繩站在車道上，最後崩潰大哭，不斷地拉呀拉的想要讓自己飛起來，卻一點用也沒有。然後我就會做另一個夢，在夢裡我成功了，這又給了我隔天再出去試一次的靈感。

我還記得我們全家在一九七六年七月四日這一天，一起慶祝美國兩百週年的獨立紀念日。我們從家裡一路走到莫霍克河邊的跳跳傑克速食餐廳，走過西門大橋到斯克內克塔迪看表演。街上有許多小販販賣美國國旗，各種以紅、白、藍為色調的商品，還有各式各樣的自由女神像。許多人玩著仙女棒，或享用從跳跳傑克買的奶昔、漢堡、熱狗和薯條。我記得自己的心裡有一種深深的困惑，我覺得自己曾經當過美國人，但不是現在。而且我無法相信美國建國已經過了兩百年。我不知道自己為何會有這些想法，但是這些想法在當時非常強烈。

玩世界上的第一個電玩遊戲

我非常清楚地記得在一九七六年夏天的尾巴，我第一次見識到了讓人極度上癮的、彷彿社會革命的發明。我母親帶我到我最喜歡的保母茱莉家，那時候她住在同一條路上的幾個街口之外。她的廚房亂七八糟，全部都是麵粉的味道。在廚房的工作檯上有一台黑白電視機，連接著一個奇怪的黑色盒子。這個盒子上面有兩個圓圓的按鈕，當你打開它，電視螢幕便會出現一條濃淡不均的白線，那是一個叫做「乒」（Pong）的電玩遊戲，才發售沒多久，就在一九七五年的十二月聖誕節的前夕。他們叫我玩玩看，我很怕會把它弄壞，但是他們說試試看沒關係。當我打開按鈕，螢幕上有一道會移動的白線是球拍，一個小方塊是球。每次球發出來，我必須讓球不要跑到我的拍子外面。

就在我越玩越上手的時候，廣播上剛好播出一首火紅的新單曲〈舞蹈皇后〉（*Dancing Queen*）。這首歌活力四射而且充滿歡樂，有很棒的合聲和節奏，被視為七〇年代最成功的單曲之一，不過我在家裡從來沒有聽過這樣子的歌曲。這首歌曲和「乒」這個遊戲結合在一起，把我提升到一種純粹的狂喜狀態。一陣訝異之中，我幾乎無法呼吸地問茱莉：「在廣播裡唱歌的是誰？」一邊仍然努力移動球拍。「阿巴，」（ＡＢＢＡ）我的保母說，「那是一個叫做阿巴的樂團，他們很有名。」在〈舞蹈皇后〉之後，廣播繼續播放阿巴合唱團的其他歌曲作為音樂馬拉松的一部分，我不敢相信我的父母居然從來沒放過他們的歌。我問我媽，為什麼我們不聽阿巴合唱團，她回答：「你得去問你的父親。」我一回到家就問我爸，他說：「那是迪斯可音樂，我們不聽迪斯可，那簡直是垃圾。」討論就這樣結束了。

重大健康危機

一九七六年十月，我三歲的時候，我的母親打了流感疫苗，然後就開始發生一些奇怪的事情。在打了疫苗一週或是兩週之後，她沿著斯克內克塔迪的州街步行，卻發現自己並非筆直地走著，幾乎就要撞上建築物的牆面。她也發現她在彈鋼琴的時候，本來要用左手去彈下個音階，手卻伸過頭。比如說，她想要彈降Ｅ大調，卻彈成了Ｃ調。她覺得身體不太舒服，在打完疫苗的兩到三個禮拜之後最為嚴重。當我和她一起坐在長沙發上，她手上隨時都得拿一個用來裝嘔吐物的塑膠盆。她病得很重，頭部只要移動超過兩三公分就會吐。她要我打電話給一位鄰居，華納太太（不是她的真名），她清楚地記得電話並且大聲把數字唸出來。華納太太接著打電話給在通用電氣工作的爸爸，他趕回家，帶著媽媽直奔急診室，我和麥可則是和保母待在一起。

我媽最後離開了一整個禮拜，我爸沒有帶我和麥可去看她，請了一個保母在這個禮拜全天照顧我們。保母有一個傀儡木偶鳥玩具，用保麗龍和橘色的羽毛做的，當她使用這個傀儡來和我們說話的時候，它白色眼睛裡頭黝黑的小圈圈就會轉動。她讓我們吃肉桂土司，這像是很棒的獎賞。那時候我和麥可都不知道，我爸和保母都覺得媽媽快要死了，他們希望我們這段時間可以開心、平靜地度過。醫生認為她有腦瘤，所以做了很多檢查。後來他們排除腦瘤的可能性，認為她有多發性硬化症（multiple sclerosis）。她堅持這些狀況是流感疫苗造成的，但是院方認為不太可能——他們認為流感疫苗是完全沒有問題的。不過她隔壁床的女病人和她有著一模一樣的症狀，也才剛接種了流感疫苗。我媽還發現，她高中的朋友荷普，那時候是個農夫，也在打了流感疫苗之後發生了類似的病狀，但是他沒到醫院，自己在家裡硬撐。後來她和荷普通了電話，才發現還有許多其他人因為打了針而引發致命的病況。

從種種徵兆來看，就算這件事和某個駭人的陰謀無關，至少也說明了醫療產業想要掩蓋某種事實。

住院觀察了一個禮拜並且做了一堆檢查以後，我媽逐漸好轉。她一出院，就發誓以後除非是攸關生死的緊急狀況，否則她再也不會使用任何主流醫療系統的資源。她開始去看一位叫做李斯醫生（Dr. Leith）的整骨師，他的診所充滿了薄荷油的氣味，他要我媽每天服用維他命A、B、C、D、E，然後喝聞起來很噁心的啤酒酵母。我們從那時候起開始定期到佩頓（Paton's）商行買東西，那是一家當地的健康食品商店。她還開始游泳，基督教女青年會有個媲美奧運賽場地等級的游泳池，一次游個幾十公尺，每個禮拜都要去好幾次。因為上述這些活動還有健康飲食，她後來沒有再生過病、沒有再吃過藥，也沒有再去看過醫生。

我媽的健康飲食覺醒有個缺點，那就是她嚴格地設下禁令，不讓我們攝取太多糖分。電視總是不斷地促銷含糖的穀物脆片，像是「可可鵝卵石」（Cocoa Pebbles）、「巧古拉公爵」（Count Chocula）、「法藍肯梅」（Frankenberry）、「幸運符」（Lucky Charms）、「水果圈圈」（Froot Loops）、「笨兔水果麥片」（Trix），這些產品都用卡通明星來吸引孩子。不管我怎麼求她、拜託她給我買一點，她完全不肯讓步。我爸習慣每天早上都吃「方格爆米」（Rice Chex），我和麥可吃過最好的穀物脆片就是「快樂O」（Cheerios）、家樂氏的玉米穀片、「脆脆米」（Rice

Krispies）、「葡萄豆」（Grape-Nuts）還有「踢踢玉米泡芙」（Kix）。我媽總會先檢查標籤上的糖分說明，任何糖分稍微多一點的就不能買。那時候我因為這件事對她感到很生氣，我覺得她剝奪了我身為一個孩子的樂趣，但是現在我很感激她那時候不管我如何努力乞求，她都可以堅持說不。我記得很清楚——有一次我父母買了一種裝在藍色盒子裡後來就沒再出現過的穀物脆片，只是為了試試其中一種成分，可能是纖維，後來他們說那是「塑膠」。他們覺得很驚訝，我也是，竟然會有製造商把塑膠放到食品中。

買家請注意

我在一九七七年得到這輩子第一輛真的腳踏車。它的車身是閃閃發亮的靛藍色，上頭有個鍊罩寫著「兔子」，旁邊是一個正在做體操的兔子卡通圖案。

這輛腳踏車的兩個輪胎上都有輪圈，此外它還配備了側腳架和輔助輪，讓我不會在騎車的時候跌倒。我得到這輛兔子腳踏車以後，就開始做新的惡夢。這個惡夢的內容總是一樣：我媽和我開車經過西門大橋，突然間，我們的車子衝向一邊，掉下去就是死路一條，這個夢總是在我們快要掉到水裡的時候結束。在這個夢裡，偶爾變成我在開車，事實上我根本不會開車，這真的很恐怖——最後車子總是要往橋下掉。在我死掉之前我就會醒過來，常常附帶著尖叫。一直要到許多年以後，我才了解為什麼我會一次又一次、一直做同樣的夢。

那時候我看到一個凱茲牌（Keds）帆布鞋的廣告，廣告裡的孩子穿上這雙鞋就飛上天空，美麗的光線從他們的腳放射出來，讓他們可以往上跳二或三公尺那麼高，還可以跳到樹上去。我相信這是真的，因此我對我媽說，我一定得買一雙凱茲牌的帆布鞋。我去了莫霍克商場（Mohawk Mall）的童鞋販賣部，那邊有個有趣的男人，他有著捲捲的黑色頭髮，長相和說話都像是理查·

西蒙斯（Richard Simons）。我量了腳的尺寸，等不及回家把鞋子換上。我站在前院的老白樺樹前，盡我所能的跳……結果什麼事情都沒有發生。這就像是跳繩事件重演，我感到十分挫敗，我被電視騙了，這些鞋子根本沒辦法讓我飛起來。我開始明白，沒有東西可以讓我飛起來。如果我開始陷入死亡深淵，就像那個惡夢，我大概一點辦法都沒有。如今當我回顧這段往事，我明白飛翔的夢或許是在為揚升作準備。我的夢告訴我，這樣的揚升將會發生在我們身上，或許我已經在夢裡嘗試過這種可能性——但是現實的世界還沒有趕上作夢世界的進度。

歐比王．肯諾比

史詩電影《星際大戰》（*Star Wars*）在一九七七年五月二十五日首映，剛好趕上夏日電影季——我的父親承諾上映的那個週末會帶我們去看。這部電影讓我完完全全地感到目眩神迷，我彷彿被傳送到一個平行宇宙，裡面所有的一切看起來都像是真的。那些太空船、星球和恆星的樣子，在我看起來是那麼熟悉——所以我不太了解為什麼大家為了這部電影這麼狂熱。對我來說一切都很「正常」，路克被「原力」訓練，所以獲得了那些我作夢夢見過的相同能力。智慧老人歐比王．肯諾比（Obi-wan Kenobi）在對抗大壞蛋達斯．維達（Darth Vader）的時候顯然輸了，於是歐比王說：「如果你打倒我，我只會變得比你所能想像的還要強。」維達用光劍去砍歐比王，但是歐比王完全消失了，只留下地上的一團袍子。後來在電影中他以一種白光、像是幽靈的樣子回到路克身邊。

我立刻注意到歐比王很像是在夢裡對我說話的那個智慧老人。這部電影讓我的父母感到非常驚訝，因為就在電影上映之前，他們才幫我小弟取了一個綽號叫「歐比」，或是「歐比姆斯」（Obimous，聽起來就像《聖經》的〈俄巴底雅書〉〔Obadiah〕）。還有，這可能聽起來很瘋狂，他們也叫他歐比王。這個名字的確在某個片刻把我拉出了電影，我不敢相信我聽見的——這是我對榮格博士所說的「共時性」（syncronicity）的初體驗。我父母採用了這個全名，開始叫我小弟歐比王・肯諾比。在我看完《星際大戰》的隔天早上，我夢裡的老人開始以歐比王・肯諾比的模樣現身——而他的太空船內裝看起來和《星際大戰》的場景更像了。他現在看起來就像是歐比王在電影裡頭閃閃發光的樣子，這是為了要用現實世界一個能輕易辨識和詮釋的象徵，來連結夢世界中一個真實存在的努力。這個智慧老人告訴我，地球上許多人將會轉化進入一種就像這樣的光明形式，如果我聽我媽的話去成為一個好人，這樣的轉化也會發生在我身上。和我的父母比起來，我覺得和他更親近。當我醒來，發現這只是一個夢時，我開始哭泣，這樣的情況發生過好幾十次。

04 黑暗與光明

「宇宙一開始看起來像什麼？那裡真的什麼都沒有嗎？」每次只要這麼問，就會看見純淨的白光，這道白光可以看起來很大也可以很小，而且非常友善——事實上非常歡樂，看起來就好像在幸福中歡唱。

在我的夢裡，智慧老人以歐比王的樣子出現，要我盡可能地學習科學，因為那是我使命中一個重要的部分，這些話我都記在心裡。另一方面我還試著去蒐集更多的訊息，我會問我父親許多他也沒有答案的問題，像是天空為什麼是藍的，或是鳥兒為什麼能飛。他常常會被我搞得不知所措，然後直接跟我說他不知道。在一九七七年的《星際大戰》之後沒多久，我發現現代科學家相信一件叫做「大爆炸」的事情。這些科學家說，宇宙開始於「無物」（nothing）。我沒有辦法想像什麼東西都不存在——這簡直是一點道理都沒有。然後他們說「無物爆炸了」（nothing exploded），然後宇宙就在那個瞬間誕生出來。我心裡有個很強烈的感覺，不可能是這樣。我非常努力地集中心神，希望自己可以看到這個問題真正的答案。「宇宙一開始看起來像什麼？那裡真的什麼都沒有嗎？」每次只要我這麼問，就會看見純淨的白光。這道白光可以看起來很大也可以很小，但是這不重要，大小不是很重要，它就只是光，而且它看起來非常友善——事實上非常歡樂。它看起來就好像在幸福中歡唱。

宇宙記憶重現

我開始因為某些物品或是某些地方，而產生一種無法解釋的、深刻的宇宙感。其中一個比較早期的經驗發生在我去上托兒所以後，這個托兒所位在一座教堂裡。有天有個奇怪的、信奉基本教義派的男人來到托兒所，對我們說一些關於神的事情。我覺得他在騙人，就像是一個汽車業務員或是我父親在通用電氣的老闆。他用一種很強烈的銷售語調談論他的宗教，講完以後他給我們每個人一枚白色塑膠戒指，大小剛剛好可以套進我們胖胖的小手指。上面有個蜜蜂圖案，由一條浮起、閃亮的紅線描繪而成。不知道為什麼，當我看到這個戒指，我就覺得自己完全被席捲到另一個世界裡頭。那裡有些東西——非常強烈、非常古老、非常驚人。我不曉得那是什麼，不過這樣的感覺好強烈，強烈到我幾乎要昏過去。到現在我還是不知道為什麼這個戒指給我那樣的感覺，尤其是給我戒指的那個男人根本就和這種感覺搆不上邊，或許它看起來就像我在另一個實相中戴過的戒指吧。這些記憶不期然地出現，有時候看起來全然隨機發生而且令人費解。

後來當我在玩另一個木製玩具的時候，這個現象又發生了。那是幾部像火車一樣串起來的車子，會滾動的輪胎上了黑色的油漆。當我拉著這個玩具，又有什麼東西給了我一擊：夢裡出現的巨大機場在我眼前一閃而過，裡面盡是令人驚嘆的飛行物體。有些太空船就像我的玩具被串在一起——除此之外我什麼都想不起來。另外有一次，那是我生平第一次坐公車，我要和我的保母一起去保齡球館。因為是第一次，所以我嚇壞了。當我坐在公車上，看見其他人也坐著，咻——這種感覺又發生了。我覺得自己快要想起某件事情，彷彿我在一個更先進的飛行器上看到類似的景象，只不過我穿越的是太空。

每一年，名為藍天使（Blue Angels）的戰鬥機在進行特技飛行表演的時候，都會飛過我們這個街區的上空，因為這裡離他們進行空中表演的軍事基地很近。這些戰鬥機會排列成特殊的陣形，上下顛倒，彼此飛得很近，或是進行側翻，偶爾會離地面很近。

這些戰鬥機在正式演出開始前四或五天就會開始彩排，我每次都會去看。當我看到這些戰鬥機，總是會感覺到一種浩瀚的宇宙知識向我襲來，那是我無法解釋的——偶爾我們全家都會到表演會場，去看所有戰鬥機陳列在那裡，這甚至為我帶來更強烈的感覺。結果我迷上了組合式的飛機模型，有好幾年的時間，我房間的牆上還貼滿了各種飛機海報。

另外一次奇怪的「宇宙狂潮」發生在我和祖母在一起的時候，我們去拜訪她住在森林裡的朋友。這位女士給了我一個可以裝牛奶的咖啡色瓶子，就像小嬰兒的奶瓶，不過這個瓶子是給大一點的孩子用的。一開始拿到這個禮物，我覺得有點被侮辱。這個瓶子的最上面是一個塑膠製的卡通牛臉，它有著紅色的塑膠舌頭和幾乎是閉起來的黑色塑膠眼睛。然而，當我手裡握著這個瓶子，我覺得深深地受到撼動。現在想想，它看起來有點像《星際大戰》中路克的光劍，但是裡面有某種更為深刻的東西。這個瓶子看起來像是某種我知道的東西——或許是某種像光劍的科技。我不知道那是什麼，但是這樣的感覺深深地席捲了我，是那麼地不可思議。

另外還有一些場所總是可以為我帶來這種感覺，比如說石造的建築，或是像城堡一樣的房子，尤其是如果周圍還有樹木圍繞的話。或許我回想起了某個有著先進科技的社會，它們利用石頭蓋出令人驚嘆的建築結構。這樣一種特殊的影像強烈地和中世紀的音樂連結在一起，尤其是管樂器。僅僅只是聽著雙簧管的聲音，就能夠引發這種感受，特別是配上強烈的和聲，就像是在聽橘夢樂團的某些經典作品一樣。一些紅磚建築也能對我產生同樣的效果，像是我的保母茱莉的新家，離我們家有點遠，但是周圍有樹木圍繞。不過，最能讓我產生這種深刻的宇宙感和愉悅感的地方，是斯克內克塔迪的博物館和天文館，我總是一次又一次拜託我的母親帶我和弟弟去那裡，每次都會為我帶來這樣的感受。這棟建築物的內部有一個很高的漆成黑色的拱頂天花板，有些柱子露在外面。牆壁是白色的，帶著一種流暢的波浪曲線。

軌道燈安裝在很酷的地方，讓展示品看起來閃閃發光，每隔幾個月，館方就會更換展示品。

博物館裡常常有一些無聊的通用電氣展，比如說你會看到很大的渦輪機、愛迪生的照片、燈泡的原始模型、舊電器，還有和這些發明相關的歷史介紹。我最感興趣的是巨大水晶的展示品，為了保護它，它被放在玻璃櫃裡。有些晶簇是亮紫色，它們會折射燈光。看著它們，我會感到自己連結上某種相當深奧的東西，就好像我曾經知道某個水晶科技的世界——但是我想不起來。流線的、波浪狀的牆壁以及博物館的燈光，讓我想到某種太空船的內部，就像我在夢裡看到的——只是後者更古老、更有力量。

有一次博物館展出了全像圖，你可以在它的周圍走動，看著影像活起來——比如說，一個正在說話的女人。這些全像圖有著奇怪的彩虹顏色，大部分是黃色和紅色，你可以把手放進裡面。這或許是我所體驗過最深刻的一次能量狂潮和宇宙記憶，它實在是太過強烈，我幾乎暈眩在狂喜之中。

在那個時候，我越來越能夠知道別人在想什麼，根本不需要他們告訴我。我可以輕易地就知道別人的感覺，即便他們試著要把感覺隱藏起來。這用在我的父親身上相當管用，我可以在他真的生氣之前就知道他要生氣了。另外還有很多比較平和一點的例子，在某個人開口告訴我他的想法之前，這些想法早就已經進入我的腦袋。如果我腦子裡想著某個特定的人，接著人們就會開始談論起他來，或是就會接到那個人的來電。這件事情很自然，所以我從來沒有想太多，而且因為它是那麼簡單、毫不費力，我覺得這應該是每個人都會做的事。

「圖騰」嬉皮公社

我的母親在沙肯達加路（Sacandaga Road）的修伊特花園中心（Hewitt's Garden Center）遇見一些嬉皮，後來很快就知道他們和另外一群人住在一個他們稱之為「圖騰」（Totem）的農場，他們全部的人勉強擠進一間破爛的房子，就在森林裡面某條泥巴路的盡頭。

他們會聽一些奇怪的迷幻、科技音樂，像是「溫柔巨人」（Gentle Giant）樂團，在我家絕對不會聽到這種音樂。以一個成人的角度來看，我最多只能說它聽起來像是音樂的精神分裂症。圖騰農場種了很多大麻，多到他們得用烘衣機才能把它們都烘乾。當你經過那房子，濃烈的大麻菸味就環繞在你身邊。

我第一次去那裡的時候，一進廁所看到馬桶差點沒吐出來。馬桶本來應該是白色的，但是因為他們的井水裡有太多礦物質，於是整個馬桶變成深棕色。我以為那全都是糞便，還因為他們懶得清理而受到驚嚇。我根本沒辦法在這樣的馬桶上廁所，我大步走出去，用左手的食指指著廁所，然後大叫：「這是我這輩子見過最噁心的廁所了！」我不知道為什麼他們開始笑——接著繼續笑，不停地笑，至少笑了十分鐘，有些人甚至笑到岔氣、在地上打滾。我最後決定這麼想，沒關係，因為我讓他們笑了，就把這當成一個笑話吧。但我還是搞不懂，為什麼他們覺得這樣一個全部沾滿「髒東西」的廁所這麼好笑。

在我的母親開始和這個農場的人往來不久之後，這個團體發生了一件恐怖的事。其中有個人叫做拉爾斯，他的兄弟也在那，他嗑了一種叫做LSD的迷幻藥。在這之前，我從來沒聽過這種藥，但是據說這種藥讓他完全失去理智，發了瘋。連續幾天，圖騰的人試著把他關在房子裡。但是這種藥把他弄得一團糟，最後他們只好帶他去醫院。拉爾斯最後進了「精神病房」，在那裡待了很長一段時間才被放出來。後來他完全變了一個人；他變得很害羞、很恐慌。這整件事非常嚇人，我的母親對我耳提面命，要我絕對不能碰LSD，因為這種藥很危險，嗑藥的人完全不知道自己拿什麼東西在冒險。我答應她我絕對不會碰，她也要我遠離海洛因和古柯鹼，說很多人一旦試了就再也停不了，這些藥物會毀了他們的人生。

圖騰公社最後結束在一個叫做七／七／七七的派對，因為它舉辦在一九七七年七月七日，或許你早就猜到了。圖騰公社的幾個成員組了一個樂團，他們的舞台上有個芬德．羅德（Fender Rhodes）牌的鍵盤。他們表演了一些簡單的藍調搖滾即興，然後要我母親上台，在所有人的面前彈奏鍵盤。雖然她絕對有能力這麼做，但是想到要在觀眾面前演出，還有她從來沒有玩過搖滾樂，讓她有點害怕。剛剛還被拖著才要上台，不過一旦她開始表演，她就是個天生好手，觀眾都愛她。她立刻就愛上這種感覺，開始和圖騰公社裡的各個樂團合作演出。到了一九八〇年代中期，她已經成了專門在婚禮樂團表演的樂手——這一切都是從七／七／七七開始的。這是我對「數字共時性」（numerical synchronicity）的初體驗，意思就是重複出現的數字有著深層的意義。在未來的日子裡，這些數字會在我毫無預期的情況下出現，就像是這個宇宙知道我有某些重要的、具有靈性意義的想法，然後直接給了我回應。

揭露地球所有生命面臨的最大危險

在七／七／七七派對之後不久，發生了一件可以說是我童年時期最奇怪也是最恐怖的事。感謝老天我沒有親眼目睹這件事，但是在事發隔天，我就聽見父母鉅細靡遺地討論這件事。事情發生那一天，他們很晚才上床睡覺。我父親當時正在看他小小的黑白電視，那是從越南帶回來的。房間的燈光已經熄滅，只剩下黑暗。他們的臥房在二樓，有一扇窗可以看到外面的街景，那天晚上也有足夠的月光可以看見外面發生了什麼事。我爸注意到街上有些動靜，他靠近窗戶一看，發現一對夫婦併肩行走。他們沒有交談、對視或是移動手臂，走路的樣子就像機器人，彷彿進入了某種意識轉化狀態。他們走到對街房子的車道，轉了個九十度的彎，最後從側門上樓，沒有敲門就逕自開門走進去。那棟房子完全被夜色包圍，裡外都是。

我爸的心裡浮現了好奇和恐懼，他悄悄地但是急切地想告訴我的母親有事發生：「看！快看！」

他們繼續看，後來又有三對夫婦重複一模一樣的行動。因為房間裡面太暗，為了要看清楚他們在做什麼，他們必須點上蠟燭。那些人是我們一直以來都認識的，包括華納太太，那天我媽要去急診室時就是要我打電話給她。這幾對夫婦之中的先生都是高階的「共濟會」會員，共濟會是一個祕密社團——不過一直要到許多年以後我才明白，我父母那個晚上看到的事情可能和某些祕密社團有關。裡面有個男人是義大利人，他在我們的鎮上開了一家頗受好評的修鞋鋪。對街的那些人還擁有我們鎮上其中一個最受歡迎、最成功的汽車銷售據點，每年他們都會在這條街的另一邊為遊行進行彩排。因為他們是行蘇格蘭禮（Scottish Rite）的共濟會員，他們會在街上集會，穿著蘇格蘭格子短裙，並且吹奏回聲環繞久久不去的風笛。有些人同時也是「聖地兄弟會」（Shriners）會員，在遊行的時候，他們會戴著紅色的土耳其帽，並且開著小賽車在附近繞。我常見到他們在對街房子的前院坐著聊天，就在他們晚上去的那個地方的右手邊而已。慶幸的是，對街房子的屋主不到一年就搬走了——但是其他人還留在鎮上。

我真的沒見過我父母那麼驚嚇的樣子。他們一直說這就好像《失嬰記》的情節，我已經聽他們講過這部電影好幾次。我媽問我父親要怎麼辦才好，是不是要站出來說些什麼，但我父親說：「絕對不要。我已經看過太多有類似情節的電影，如果他們知道我們看見了，可能會發生可怕的事情。我們可能會被殺害，全家都會被殺害，而且沒有人會知道發生了什麼事，我們可能會就這樣人間蒸發。」我很訝異他們把這件事告訴我和麥可，因為我們年紀還小，這或許是我這輩子最強烈的一次經驗。我只能假設這些人屬於某個會在晚上聚會的祕密社團，而且他們很可能在做一些壞事。我爸說，下次看到這些人，我們最好表現得像平常一樣，對於我們看到的事情絕對不要說出來。一直到最近我和某個內幕消息來源談話，他告訴我這可能是某種「維納斯儀式」（Rite of Venus），人們會戴著面具來一場性狂歡，就像是史丹利・庫柏力克（Stanley Kubrick）的電影《大開眼戒》（*Eyes Wide Shut*）中演的那樣。

神話裡的事實

我的下一個重大生命事件就是去看《第三類接觸》（*Close Encounters of the Third Kind*），這部電影在一九七七年十二月十四日上映，上映之後不久我們就去看了。我的父親覺得這部電影實在是太棒了，他說我們一定得去看，於是就帶著我們去了電影院。我實在是太震撼了，這部電影就像我的夢一樣。看這部電影是我生命中最美好的經驗之一，在我看來它就像是真的，我對於電影裡的小男孩感同身受，覺得這樣的情節一定會在未來以一種更大的規模發生。我夢見過無數巨大的太空船出現在院子裡，而現在它們就在電影的銀幕上。在電影的結局，太空母船終於出現，還上演了一場別致的燈光秀，這不禁讓我淚流滿面。當小外星人走出太空船，我感到肅然起敬，當我看到那個高高瘦瘦的外星人，更是覺得目眩神迷。而當男主角走進太空船要和外星人一起離開，我幾乎哭到不能自已。那就是我的夢想——想得都要瘋了，結果它就在銀幕上，我無法相信我竟然可以看到這樣的電影。

金字塔學程

我在一九七八年開始到沙肯達加學校（Sacandaga School）上幼兒園。校方很快就知道我的閱讀能力比其他孩子還要好很多，於是讓我加入了一個名為「金字塔」的特殊資優班。幼兒園的閱讀教材叫《學習閱讀》，這本書有著芥末黃色的封面，上面是一張小孩玩遊戲的圖片，裡頭有個小孩掛在輪胎上玩，這個輪胎被懸吊在封面中間的一條繩索上頭。第一級的讀本叫做《三葉草》（*Cloverleaf*），主角是一隻用彩色紙做的牛，它的嘴裡有一片三葉草。老師要我和其他幾個孩子一起讀《三葉草》，其中一個孩子叫艾瑞克，我這才發現他住的地方離我家只有幾條街。

我們的外表看起來有點像，很快就變成朋友。我常常會騎腳踏車到他家找他。

大概在這個時間點，我開始迷上把舊玩具拆開這件事。我們家有各種螺絲起子，所以我可以把玩具上的螺絲拆掉，我對於事物如何運作感到興致盎然。我的第一個傑作是我們家壞掉的電動開瓶器，我媽本來要把它給扔了，因為就算把它的槓桿往下壓它也轉不動了。我要求她讓我把它拆了修理看看，她很樂意讓我試一試。我拔掉所有的螺絲，把開瓶器的背面拆開，看見那裡有很多來自罐頭的金屬污垢。我刷掉所有的污垢，再用一隻牙刷把灰塵刷乾淨，最後用螺絲起子那個工具箱裡的WD—40潤滑油給它上油。之後我把所有的零件組合回去鎖好，按一下槓桿，然後，太棒了——我把它修好了！我的父母看起來很訝異，我真的把它修好了，不過對我來說這一點都不難。

雖然我很會讀書，而且可以修好開瓶器，我在其他方面卻有點跟不上。第一年在上體育課的時候，老師會讓大家在體育館裡四處奔跑、大叫大笑。我很喜歡跑步，而且覺得和這麼多孩子一起玩、一起到處跑很有趣。不過，在一邊仔細觀察我們的老師，覺得我的肢體沒有同年齡的孩子那麼協調，或許我沒辦法好好接球或是丟球，就是因為這樣，我不喜歡和我的父母玩飛盤，每次他們把飛盤丟過來，只要我試著去接就會受傷。我的上半身沒有什麼力量，所以每當老師要我們爬繩子或是拉單槓，我就有麻煩了。我連拉一下單槓都沒辦法；看到其他孩子可以做好幾下，讓我覺得很驚訝，最後老師讓我去上一堂特別課，幫助我發展肢體的協調性。

神聖睡衣

當我還在讀幼兒園的時候，大約是在聖誕節之前，發生了一件或許是我整個孩童時期最正面、最驚奇的經驗：那就是我在第二章提過的出體經驗。在這個驚人的事件之後，我得到一個結論，那就是所有的一切，不只是人，都有某種幽靈般的存在，那是和肉體分開的。我現在終於明白，要進入這種另類實相是有可能的，就像我的母親在卡洛斯．卡斯塔尼達的書裡讀到的那樣。我突然想到自己實在是太傻了，竟然覺得害怕，以為自己就要死掉了，我的感受從驚奇變成恐懼，於是便彈回了身體。錯失這樣一個機會讓我覺得很糟糕，我想到，或許屋外有某些飛船正在等我，就像夢裡那樣。如果我沒有嚇到，或許就可以進入飛船，真的去見智慧老人——而不只是作夢而已。當我明白錯過了生命中這個天大的好機會，我開始哭泣。在接下來的兩年，每個夜晚我都祈禱上天能夠再給我一次機會。這件事會不會再度發生，我知道自己根本沒有辦法做任何事——只有「他們」可以。我把這套睡衣保留下來，沒有再穿過它們，直到今天，它們還在我的衣櫃裡。我也沒有再洗過它們，怕會把上面讓人同時存在於兩個地方的魔法給洗掉。後來我稱它為「神聖睡衣」，那是少數我從童年保留至今的東西。

之後我還是會做幽浮夢，夢見我常會在後院見到的那個圓柱狀飛行物。不過，夢裡發生了一些新的事情。其中一架幽浮會墜落在離我和我母親站著的地方不遠處，我想它應該是遇到困難，需要我們的幫助。我會拉住我母親的手，望著她的眼睛，告訴她我們必須去幫忙。這個夢總是在這裡結束——每次當我醒過來發現這不是真的，總是會淚流滿面。我越來越少在夢裡見到智慧老人，而夢本身則是變得更加神祕、具有象徵性。接著兩年的每個夜晚，我都會向智慧老人和他的朋友祈禱，希望他們可以再給我一次機會——不過這樣的經驗沒有再發生過。我最後決定靠自己想辦法——不過這是後來的事情了。

05 超感知覺可以拯救世界嗎？

常常深呼吸，試著讓大腦儘量保持安靜。躺在床上一次舉起一隻手臂，保持伸直，一直到累了為止。讓手臂落下，想像它不見了，接著用雙腳練習，一次一隻腳，最後，做一個緩慢的胸腔起伏運動，感覺身體已經消失了，你的存在變成腦袋裡的一個點，接下來想像看到一個電影銀幕，短時間內會看到很多影像，你的超感知覺會在這個時候出現。

一九七八年十一月十八日，就在我驚人的靈魂出竅飛行事件之後幾天，全世界都因為南美小國蓋亞那（Guyana）的瓊斯鎮（Jonestown）而震撼，那個村落發生了一樁集體自殺事件。美國國會議員李奧・瑞恩（Leo Ryan）率領了四名代表團成員在十一月十七日抵達了瓊斯鎮，目的是調查當地邪教教主吉姆・瓊斯（Jim Jones）的施虐案件。隔天就在瑞恩和代表團的四名成員要離開的時候，卻在機場遭到槍殺。根據最初的媒體報導，據說瓊斯說服他的四〇八名追隨者喝下摻有致命氰化物的「味味A」（Flavor Aid）飲料，後來經過誤傳就成了大眾所熟知的「酷A」（Kool-Aid）飲料。經過蓋亞那軍隊仔細計算，這個事件總共造成了四〇八具屍體，其中有八十二個孩童。酷熱的天氣讓這些軍人不得不在屍體上挖洞，讓內部氣體可以排出，這樣它們便能夠在大太陽底下迅速腐爛，不然很有可能會產生氣爆。在接下來五天，頭條新聞報導指出還有七百多名生還者逃到了森林裡。關於這一大堆死屍，總共有一百五十張照片被拍下來。電視新聞、雜誌、報紙持續地將一些最令人不安的照片發布出來：一整區的屍體俯臥在地上、整整齊齊地被排在一起。身為一個孩子，一次又一次地看到這些照片讓它們成了揮之不去的夢魘——我父母的感覺也好不到哪裡去。

在這個死亡事件的幾個小時之後，蓋亞那的頂尖病理學家萊斯里．穆圖博士（Dr. C. Leslie Mootoo）和檢查遺體的團隊，在沒有美國病理學家協助的情況下一起進入現場。穆圖博士發現其中有百分之八十至九十的遺體在左肩胛有著才施打不久的針頭痕跡，說明這些人是因為致命的注射而死亡。此外，這個地方不是一般人可以自己進行注射的部位，一定有其他人幫忙打針。另外有一些人則是遭到射殺或是因為窒息而死，有一個生還的目擊者表示，如果拒絕喝下氰化物，就會被武裝的警衛殺死。一個美國軍方的發言人表示：「沒有解剖的必要，死因就這個案件來說並不重要。」然而，穆圖博士在看過受害人之後得到一個結論，全部的人都被「不明人士」殺害，除了三個人，而這三個人之中有兩個人真的是因為自殺身亡。

在這個事件過後三天，《紐約時報》在十一月二十一日還是就這四〇八具屍體的照片進行了報導。美國軍隊在事情發生後的第四天，也就是十一月二十二日到達現場，據其報告死亡人數是四〇九人。美國陸軍少校賀爾明（Helming）在第五天，也就是十一月二十三日表示總共有「四百名死者」。到了第六天，十一月二十四日，《紐約時報》又報導總共有四〇九名死者①。在同一天，死亡的數字不知道為什麼突然飆高——先是上升到了七百名，接著七百八十名，最後變成九〇九名死者，七天之前原本的數字是四〇八名。在十一月二十五日，美國軍方給《紐約時報》的正式報告指出，他們又發現另外五百具遺體，因為蓋亞那人「不會數數」②。接著，美國軍方丟出另一個更荒謬的藉口，說新的遺體都是在舊的遺體下面找到的——然而沒有一張照片可以顯示那些遺體下面還藏著其他遺體，原本的遺體中有八十二具都只是孩子而已。

許多人懷疑逃到森林裡的七百名倖存者被美軍及其盟友有系統地追殺，其中包括了「綠扁帽」菁英部隊（Green Beret，美國陸軍特種部隊）、一百多個蓋亞那部隊，還有將近六百個剛好在當地進行「訓練」的「英國特種部隊」（British Black Watch commandos）。高階的內幕消息人士彼得·大衛·貝特（Peter David Beter），對那些訂閱他「錄音通訊」的聽眾，揭露了這件事情骯髒的真相。從一九七四年開始，貝特的錄音通訊就開始報導蘇聯在蓋亞那建立祕密的核彈基地，這能夠確保蘇聯對美國有強大的先發制人能力。

在不久之前，大家才知道古巴有一個蘇聯的祕密飛彈基地，這在甘迺迪就任為總統之後沒多久就引爆了古巴飛彈危機。在貝特第四十號錄音通訊，發布日期是一九七八年十一月三十日，他透露瓊斯鎮的大屠殺是由美國軍方所策劃③。這樣一樁大規模的公開慘案讓他們可以進入現場，殺光蘇聯祕密飛彈基地的成員，然後用幾批應該要裝著災難受害者的棺材，來處理掉因為作戰而產生的遺體和彈頭。這就是為什麼美國把十六架巨型的C—131運輸機帶進蓋亞那，宣稱要用來載運遺體，後來卻說每一架運輸機只能搬運三十六具棺材——即使這些運輸機絕對有能力可以把所有的坦克車、卡車、部隊以及軍需品都裝進去④。下面是貝特自己對於這個悲劇的部分談話：

關於瓊斯鎮的災難，其完整的細節可能永遠不會被公開。我可以告訴你，死在那裡的人，很少是自願、刻意地奪走自己的生命——而這就是自殺的定義。很多人被騙了，不知道這個死亡儀式是玩真的。更多人對此表示抗拒，但是他們又虛弱又無助，其所面對的是武裝的行刑隊。所以透過許多手段，有幾百個人被氰化鉀毒死。另外一些人試著逃走，更強力地反抗，裡頭很多人就像獸群被趕進了森林，然後被毫不留情地射殺而死。最後，當這場大規模的屠殺大功告成，這些行刑者開始執行最後的任務，那就是布置恐怖的死亡場景。在攻擊俄國的飛彈基地時，為了製造必要的突襲，最重要的就是把瓊斯鎮事件的初步報告描述成大規模的自殺。只有這樣，美軍可以暫時隱瞞自己的軍事目標，把俄國人蒙在鼓裡。所以那些沒有槍傷的屍體被小心翼翼地排列成行或是排成其他樣子，就是要讓你看到照片以後，會覺得每個人都是自願地、刻意地赴死。

直到九一一事件之前，這個事件是美軍策劃的所有行動之中單次死傷人數最多的。如果貝特是對的，那麼很顯然美國政府並不在乎大規模地謀殺那些無辜的人，他們懶得試試其他一些或許可以拯救無辜生命的外交或是軍事策略。在當時我只知道，這個極度讓人不安的事件，很顯然是另一樁由政府和媒體主導的黑箱作業，就像是水門案一樣。但是在這件事情發生之後，每個人只是回到床上去睡覺，繼續過著他們的日子。幸好，因為現在的智慧型手機，幾乎不太可能有任何團體可以製造這麼大的暴行而不被發現。規模較小的大眾槍擊事件，很快就會受到許多另類媒體的嚴厲批評，眾多部落客也會仔細地檢查驗證各種線索。

夢與真實

瓊斯鎮事件帶給我極大的震撼，那是我第一次在媒體上看到這麼令人毛骨悚然的恐怖故事，就像是我父母在那天晚上看見，他們認識的幾對夫婦安靜地、連門都沒有敲地就走進對街漆黑的房子裡。在瓊斯鎮事件過後，我開始夢遊，像是有天晚上我走到廁所，我媽正在那兒，我只是不斷地自言自語：「我一定要找到電話簿。」那時候我常常會發燒，伴隨著強烈而又嚇人的幻覺。在其中一個最恐怖的發燒夢魘裡頭，燒得高高的火焰在我的床邊肆虐，恐怖的白蛇向我逼近，屋頂突然不見了，露出一片星空，然後有個像是大腳怪的怪物從衣櫥竄出向我衝過來。我還會看見整個世界分裂成幾何圖形，像是白色和黑色的磁磚。每當這樣的夢出現，我就會一直尖叫，因為我想要用尖叫把腦海裡出現的巨大震動壓力給蓋過去——那種感覺就像是C—130力士運輸機飛過院子一樣。

有天晚上，我的床似乎又被火焰包圍，我的父親跑過來，卻因為踩到面紙盒滑了一跤，結果跌下樓梯。當他衝進房間，在幻覺之中我把他看成一隻有著人類特徵的恐龍，這讓我更加驚慌失措。我爸真的在那一晚受了傷，後來變成我媽要負責在我尖叫的時候過來安撫我。她會花十幾分鐘抱著我、唱歌給我聽，直到我腦中巨大的震動聲消失無蹤，然後我才會沉沉睡去。

那個聖誕節，我因為《超人》電影中描述的揚升能力感到驚奇不已。另外，我的外婆送我一本「讀者文摘」公司出版的書，書名是《奇怪的故事，驚人的事實》（*Strange Stories, Amazing Facts*）。我的外婆是個喜歡閱讀的人，她希望我可以像她一樣愛讀書。《奇怪的故事，驚人的事實》是一本全開、厚七．五公分的精裝書，那時候我才五歲，以我的閱讀程度我不太可能讀懂這本書。不過，我還是把它讀了一遍，而且我對於裡面的各種圖片都感到相當著迷。我最喜歡的是書末的某個小節，上面畫了一個小行星，它的內部有個很棒的太空站，還有看起來非常真實的幽浮照片。我光是看著這幾張圖片就花了好幾個鐘頭，在整個孩童時期，它們為我帶來好幾次、不可思議的宇宙感受。有生以來，我第一次發現書上有我夢中那種飛船。我的閱讀能力很快就進步了，同時我有一個領悟，那就是幽浮不只是你在假裝的電影裡看到的那個東西，真的有人看過這些來自其他世界的飛船，而且還幫它們照了相。

在學校，老師讓我們讀《遊俠瑞克》（*Ranger Rick*）雜誌，裡面大部分都是動物的照片，但是我在裡頭看到一則兒童天文學雜誌《奧德賽》（*Odyssey*）的廣告。這個雜誌的吉祥物是一個叫做尤利西斯的機器人，操縱它的人是一個自稱為TCE的女人，意思是「火爆編輯」（The Crabby Editor）。我說服爸媽讓我訂閱這本雜誌，而且每天都帶著最新的期數到學校，一有空我就會讀。因為這樣，還有因為我每次考試和作業都拿到很高的成績，其他小孩很快就開始討厭我——還給我取了個像是「奧德賽男」的綽號。

外星人和人質

差不多在這個時候，如果運氣好的話我可以看到一個叫做《大搜索》（*In Search Of*）的電視節目，主持人是李奧納德·尼莫伊（Leonard Nimoy）。這個電視節目的片頭是一系列古代遺跡的影像，包括復活節島的巨石頭像、英國的巨石陣，還有埃及的金字塔。每次看到這個節目我都會變得「宇宙嗨」，好像內心深處有什麼東西被啟動了。我看另一個節目《失落之地》（*Land of the Lost*）的時候也會這樣，每當那個有著巨大黑色眼睛的詭異爬蟲生物「蜥蜴人」（Sleestak）出現，我都會陷入一種超自然的恐懼。這個節目的主要角色是一些小孩，他們透過藏在埃及方尖柱裡頭、像是星際之門的傳送門來旅行；我對這些東西感到很熟悉。每次我看《莫克和明迪》（*Mork and Mindy*），主角是羅賓·威廉斯，也會有這種宇宙嗨的感受。在每一集要結束的時候，莫克——他是乘著一個蛋來到地球的外星人——會和看不見的父親角色——奧森，說話。他會說一些好笑的事情，那是他觀察人類所得到的一些情報。每次我看到這裡，都覺得這非常重要，因為這些情節和我的夢境很類似，只是比較好笑。

一九七九年十一月四日，回教徒學生在伊朗的美國大使館挾持了超過六十個美國人當做人質，這就是伊朗人質危機的開始，後來持續延燒了四百四十四天。我的父親很關心這個事件，每天晚上華特·克朗凱特也會討論這件事。我記得一次又一次聽到這樣的論調：伊朗方面堅持要扣住人質，情況實在是太糟糕了，不知道他們有沒有獲釋的一天？

大約也是在這個時候，我和艾瑞克常常在下課以後騎著腳踏車在住家附近遛達，越騎越遠。

有天我們騎去班上一個女生家，我們就稱她為辛蒂好了。她邀請我們到車庫，說她想玩一個遊戲。接著她要我們趴在一張小小的長凳上，然後把褲子脫下來。我們覺得好笑，但還是照做了。她抓了一支威浮球的球棒，開始像家暴的父母一樣對我們大吼大叫，說我們很壞，所以我們慘了，她要打我們，讓我們哭。

即使她作勢要開始打我們，我們兩個都沒有拒絕或站起來。我們對於她的作為感到太過驚訝，所以就任它發生了。就在這個時候，她的母親走了進來，她被眼前的景象嚇壞了，所以開始對辛蒂大吼。事件過後我覺得宇宙間彷彿有一股善良的力量保護著我們，讓我們免於一頓挨打。後來我們再也沒有和辛蒂講話，有很長一段時間，我和艾瑞克再也不像朋友一樣可以一起出去玩。我後來又交了其他兩個朋友，但是他們兩個都對我很刻薄，這讓我母親很擔心。但是，不知道為什麼，就算事情已經明顯發展到我被霸凌的程度，我還是沒有辦法去傷害別人的感情，或是對他們說不。這成了我之後的生命中一個揮之不去的模式，讓我成為霸凌者的加害對象。

新的疆界

我七歲的時候會開始騎車到比較遠的地方，當我的母親要我回家，她就會走到車道的盡頭，把這樣的意念「傳送」給我。這是一個冥想練習，她會強烈地想著我，用她的意念告訴我她希望我快回家。這還滿管用的，我幾乎總是在她這麼做之後的五到十分鐘後就會回去。有時候我感覺得到她正在這麼做，其他時候則是會有一種我得快點回家的感覺。我媽跟我說每個人都會這麼做，所以我從來不覺得這件事不太尋常或是有什麼特別。

過沒多久我就和母親分享我深藏在心裡的祕密。「妳記不記得我有一天飛到身體外面，但爸爸說那只是一場夢嗎？自從那之後的每個晚上，我一次又一次地祈禱，希望這件事情可以再次發生——但是從來沒有成功過。妳覺得我可以做些什麼，讓這件事情再發生一次嗎？」她告訴我有種叫做「ＥＳＰ」或是「超感知覺」（extra sensory perception）的特殊能力，她有幾本關於這個主題的書就放在地下室，如果我想試試看，可以去讀讀這些書。她帶著我到地下室樓梯下面一個小小的空間，那裡放了三排書籍。我的眼睛立刻就鎖定書脊上有著「ＥＳＰ」字樣的其中一本書，我把它拿出來，書名是《第六感控制法》（*How to Make ESP Work for You*），作者是海洛・薛曼（Harold Sherman）。我還找到其他兩本和催眠有關的書，心想或許讀讀看也不錯——那時候我已經知道有些人在受到催眠的狀況之下，可以做出一些相當令人吃驚的事情。

接下來的兩年，我每天都會讀薛曼的書，並且盡可能地練習他在書裡面提供的習題。我記得有個段落讓我感到很驚訝，薛曼說很多人沒有超感知覺，也壓根不相信超感知覺是真的——然而對我來說，超感知覺卻是我日常生活的一部分。書裡有一些神奇的故事，我發現自己還可能獲得比現在更多的超感知覺——還能去控制它。我開始帶著這本書和《奧德賽》去上學，但是我不想要其他小孩知道我在讀什麼，所以我在這本書的封面跟封底都貼上了白色的紙，並且在封面寫上「自由讀物」。我沒辦法全都看懂，因為書裡沒有圖片，另外這本書的字體很小，那時候一些和我同齡的孩子都在看《大紅狗克里夫》（*Clifford the Big Red Dog*），裡面是一些字體很大、很簡單的句子——但是我沒有因為這樣就放棄。

後來我看了一個叫做《難以置信》（*That's Incredible*）的電視節目，它給了我一些靈感，讓我繼續讀這本書。這個節目的三個主角是約翰・戴維森（John Davidson）、法蘭・塔肯頓（Fran Tarkenton）以及凱西・李・克羅斯比（Cathy Lee Crosby）。這個節目主打各種奇怪還有超自然的現象，其中有一集尤里・蓋勒（Uri Geller）用他的念力移動了一枝鉛筆，為了防止他用吹的，他的臉還被蓋住。我對於他的示範印象深刻，因為這種能力和我夢見的很類似，《星際大戰》稱之為「原力」。我和我弟弟覺得有幾集很可怕，我們最害怕的一集就是臭名昭彰的〈鬧鬼的玩具反斗城〉（*Haunted Toys-R-Us*）。這個節目製作了玩具反斗城裡頭鬧鬼的片段，因為太像真的，嚇得麥可後來都不敢獨自上樓，因為他覺得會有鬼拿東西丟他。後來我們都會一起上樓，覺得這樣應該比自己一個人上樓還要安全一點。

當葉子開始落下，一個叫做湯姆的小孩在遊樂場成立了一個「俱樂部」，並且說只要加入這個俱樂部就會變得很「酷」。想要加入的人必須通過一個入會儀式，有十五個孩子同意這麼做，我是其中一個。湯姆和他的幾個朋友叫我們靠著籬笆排成一排，面對高中操場的跑道。然後我們必須讓湯姆在我們每個人的肚子上揍一下，他會使出吃奶的力氣，但是我們不准哭出來或是發出任何聲音。每個小孩都被打了，大部分的人都通過這個測試，包括我。不過，我們「過關」之後，這個俱樂部卻倒了。對於之後要做些什麼，湯姆一點想法也沒有——他可能根本就不在乎。我這才了解到我們可能被耍了，湯姆只是想要在我們的肚子上揍一拳罷了，根本沒有什麼俱樂部。沒多久我就想到，不是要被揍才能變得很「酷」，我早就有朋友了，我開始和他們要電話號碼。我在藥局買了一本小小的藍色筆記本，把它放在口袋裡隨身帶著。我用不同的字母做出了不同的分頁，然後把每個人的名字跟電話寫在相應的頁面上。

就在我開始製作自己的電話簿之後，我父母因為齊柏林飛船的鼓手約翰・博納姆（**John Bonham**）年紀輕輕就死去感到相當鬱悶。這個樂團說他們的故事已經結束了，此後再也不會發行任何新專輯——後來除了一張名為《終曲》（*Coda*）的專輯，專門收錄過去沒有公開過的舊歌，他們真的再也沒有發行過任何專輯。事情到這裡開始變得比較清楚，我不應該為了想要耍酷就讓別人傷害我。我爸媽說齊柏林飛船是全世界最酷的樂團，而他們的鼓手現在卻死了，再怎麼酷也沒有辦法挽救約翰・博納姆的生命。

看著輪子轉動

當美國人質還被扣留在伊朗，新的總統大選在一九八〇年十一月七日舉行。吉米・卡特總統看起來太軟弱無法救出人質，所以隆納・雷根便獲得了壓倒性的勝利。一個月又一天之後的十二月八日，約翰・藍儂被一個向他要簽名的人射殺而死。他那時候才剛發行了回歸專輯，其中包括了一首名為〈看著輪子轉動〉（*Watching the Wheels*）的歌，似乎在為他離開一年向歌迷道歉。現在他回來了，很有可能會激起強勢的反戰抗議。我的保母艾倫對於他的死感到相當沮喪，她非常喜歡披頭四，後來我們再見到她的時候，她說了一個很棒的故事。

在藍儂死去的前一晚，艾倫做了一個夢，夢見藍儂穿著一套別著白玫瑰的紫色絨布西裝，頭上戴著一頂紫色的紳士帽，塗著紫色的口紅，臉上還有一副深黑色的圓墨鏡，皮膚潔白如紙。艾倫有種恐怖的感覺，好像他已經死了一樣，因為白色的皮膚和紫色的嘴唇讓他看起來就像一具死屍。她睡到半夜突然醒來，覺得有點害怕，似乎有某些事情就要發生在藍儂身上，結果隔天他就被刺殺了。這讓我更加認真地看待我的超感知覺研究，我在那時候獲得了一個領悟，那就是每個人都有看見未來並且獲得寶貴訊息的潛力。

那年聖誕節，我爸媽送我一本一九八一年的夜光米老鼠日曆。哈洛・薛曼說當你開始練習超感知覺以後，應該要把任何不太尋常的事情都記錄下來，所以我會在日曆上記下當天的事情。寫這本書的時候，我買了一本一模一樣的米老鼠日曆，三十多年之後再看到那些圖片感覺真是非常奇妙，它幫我想起更多童年往事。不過那個聖誕節我「主要」的禮物是「雅達利電腦系統」（Atari Computer System），或簡稱為VCS，在二〇〇六年的時候它又改名為「雅達利」（the Atari）。我很快就沉迷在電玩遊戲裡頭，常常一天要花好幾個小時玩《陷阱！》（*Pitfall!*）還有《運河大戰》（*River Raid*）。

一九八一年一月二十日，就在雷根宣示就職總統的那一天，伊朗終於釋放了人質，這實在是相當可疑。從那之後就有很多揭密者作證，指出喬治・布希賄賂伊朗，希望他們在一九八〇年十一月卡特輸掉總統大選後才釋放人質。雖然有許多人緬懷雷根政府，不過就在他執政的時候蘇聯核彈的威脅變得越來越嚴重。

一九八一年三月六日，就在我生日的前兩天，華特・克朗凱特被丹・拉瑟（Dan Rather）取代，此後電視新聞便充滿了核武競賽的消息。每個晚上，新聞不斷地告訴我們，我們應該支持政府花大錢來製造更多炸彈。新聞說如果我們擁有的核子武器比蘇聯還多，他們就不會想要攻擊我們了——即使雙方都擁有遠遠超過他們所需的導彈，這些導彈可以毀滅地球上所有的生命。在學校我們也開始進行政府規定的核戰演習，恐怖的警笛會透過擴音器響徹學校，我們全部都得按照規定躲在桌子底下——好像躲在桌子下面會讓輻射的危害小一點一樣。整個美國就像瓊斯鎮，成了一個有自殺傾向的邪教，而且似乎沒有人真的在乎，沒有人去做些什麼來阻止這種事情發生。

一九八一年三月三十日，一個刺客槍殺了雷根。雷根那時候才當了六十九天的總統，他的腋下吃了一記子彈，他的新聞發言人詹姆士・布拉迪（James Brady）往右一摔，擋住了原本會射中雷根頭部的子彈。布拉迪中彈，但是沒有死掉。很多年之後，我的一個高階內幕消息來源皮特・彼得森（Pete Peterson）告訴我，雷根知道幽浮是真的，也知道外星文明一直在造訪地球。那時候他決定要將這個真相公諸於世——因此那些試著隱瞞真相的人希望他死掉。在刺殺案件發生之後，這些人警告雷根，如果他敢再說一個字，下一次子彈不會再打偏——雷根聽話了。在這裡我要指出一個重點，總統這個身分在陰謀集團裡並沒有很高的地位，也沒有被賦予太多真實的權力。他們是公開的傀儡，刻意地保持無知，這樣就算他們遭受審判也無法揭露任何關於這個集團的要害。他們會受到經常性的威脅，如果他們拒絕遵從陰謀集團的指示，就會有不堪設想的後果。

就在雷根遇刺後不久，四月十二日，第一艘太空梭發射了。這對我來說相當重要，在它真的發射之前，我已經在《奧德賽》雜誌上面讀過所有相關的一切。我想要成為一個太空人，我相信我們的下一步就是殖民太空。美國政府後來花了二〇九〇億美金在太空任務上⑤。許多年之後，我的內幕消息來源向我透露，雷根政府利用核武競賽、太空梭任務以及大規模的國防預算，從中籌措用來進行「黑色預算」計畫的鉅額經費，藉此發展高度進步和機密的科技。

預知未來的人

HBO製作的《驚世啟示錄》（*The Man Who Saw Tomorrow*）讓我看得目瞪口呆，這部電影在一九八一年一月首映，並且在這段時間不斷地重播。這是我第一次聽說米歇爾·德·諾特雷達姆（Michel de Notre-Dame）的預言，他以「諾斯特拉達姆士」（Nostradamus）這個名字為人所知。這部片由奧森·威爾斯（Orson Welles）擔任旁白，他在一九三八年也為一個名為《世界大戰》（*The War of the Worlds*）的實境錄音節目擔任旁白，讓許多人相信大規模的外星人入侵正在發生。這一次，威爾斯再度讓眾人感到恐慌，包括我在內。這部片成功地將諾斯特拉達姆士建構成一個強力的靈媒，他準確的預言讓當代的人感到目眩神迷，在他過世之後還留下了許多神祕的四句詩，或「四行詩」，這些詩作似乎準確地預測了許多未來的事件，包括拿破崙和希特勒的興起和衰亡。根據這部片，諾斯特拉達姆士說，我們都會因為一場核子戰爭而滅絕，時間最晚大約會是在一九九九年。這個節目製作了好萊塢等級的影像，比如說太空中的核彈，讓觀眾可以很容易在腦海中想像這樣一場戰爭正在發生。

諾斯特拉達姆士特輯讓我相信自己有力量可以改變世界。我覺得如果我練習得再勤快一點，獲得更好的超感知覺，或許我就可以像諾斯特拉達姆士一樣預見未來，然後拯救世界。我心想，到一九九九年的時候我已經長大成人，那時候就會有人聽我說話了。我夢中的智慧老人常常要我發展這些能力，而現在我有一本書教我要做些什麼練習來達成這個目標。為了要註明這個新志願，我拿了一張美國肺臟協會（American Lung Association）在聖誕節之前寄來的貼紙，上面標明著一九八一年，然後把它貼在《第六感控制法》上頭——就在〈你的療癒力〉（*Your Healing Power*）這一章的標題下面。薛曼還說，你如果從小開始練習，你的超感知覺就會越好。我沒有機會在我很小的時候就開始練習，不過還是覺得我必須試試看，就算我只獲得有限的能力，或許還是可以幫忙阻止一場戰爭。

薛曼說，你必須常常深呼吸，試著讓你的大腦儘量保持安靜。他建議你躺在床上，一次舉起一隻手臂，保持伸直，一直到累了為止。下一步是讓你的手臂落下，想像它不見了。接著用雙腳來做這個練習，一次一隻腳。最後，做一個長長的、緩慢的胸腔起伏運動。這個練習的目的是去感覺你的身體已經消失了，你的存在變成腦袋裡的一個點。這個時候你會非常放鬆，呼吸會變得很深。薛曼說，接下來想像你看到一個電影銀幕，在短時間內你會突然看到很多影像，你得注意這些影像，因為你的超感知覺會在這個時候出現。這個練習我做了好幾次，但是我沒有辦法將電影銀幕這樣一個影像維持太久，我也沒有看過什麼影像出現在我的電影銀幕上。我覺得很挫折，不過每天晚上我都進行同樣的練習，並且持續地閱讀這本書，想找到更多的線索。

終於，有天晚上我想到一個有趣的點子。我想知道自己能不能把自己的「靈體」傳送到另一個地方，並且讓它留下一些確切的證據。我決定專心地集中念頭在我的朋友艾瑞克身上，我想這樣我的「靈體」不需要跑太遠就可以找到他。薛曼說，如果你想要把訊息送給某個特定的人，最重要的就是讓你的意念集中在那個人的臉孔，然後想著你所知道和那個人有關的一切，還有他讓你喜歡的地方。我在腦海裡頭注視著艾瑞克的臉孔，然後一次又一次地對他說：「艾瑞克，你會在凌晨三點半醒來。」這樣做了一會兒之後，我想我應該再加點東西當作額外的證明，我試著去想一些完全無法被反駁的東西——所以我決定叫他醒來，然後想著黃金。我在腦海裡持續地看著他的臉，並且以一種非常強烈的態度重複相同的要求：「艾瑞克，你會在凌晨三點半醒來，然後想著黃金。」

薛曼說，如果你的實驗成功了，你會覺得鬆了一口氣，整個身體會鬆弛下來，而且感到相當滿足。我的確有這樣的感覺，但是我非常想要確定這麼做行得通——所以我在接著的一個鐘頭繼續對艾瑞克提出同樣的要求。後來實在是太累了，我就昏睡過去。隔天吃早餐的時候，我把這個實驗告訴我的母親，她提醒我有件事情很重要，那就是不要告訴艾瑞克任何事情——我只要問問他昨晚睡得如何，然後看看他怎麼說。後來我和艾瑞克在學生餐廳見面，我們會一起喝盒裝牛奶，我媽只讓我喝原味的，但艾瑞克喝的是巧克力牛奶。當他用吸管喝著牛奶，我摟著他的肩膀，然後說：「嗯，艾瑞克，你昨晚睡得好嗎？」他整個人都嚇到了，倒退了幾步，把我的手從他肩膀移開。他說：「你為什麼這樣問？」我給他一個大大的微笑，接著回答：「我不知道，就是好奇而已。」

艾瑞克說他半夜醒了過來，感到很害怕。他覺得好像有個人站在房間裡瞪著他——像是一個鬼魂。我問他，他醒過來之後的第一個念頭是什麼？他說：「我想看錶。」我問：「你的錶是什麼顏色？」他回答：「金色。」我完全嚇到了。我床邊總是擺著一個電子時鐘，從來沒想過他會有一只金色的錶。我告訴他我前一晚做了什麼，他呆若木雞。即便如此，我還是沒有辦法完全確定這個實驗有否成功，因為他在四點半醒來，而不是三點半。不過，在我感覺身體完全滿足之後我又繼續試了一個小時，這可能會擾亂事情發生的時間點。如果我在身體剛放鬆的時候就停止，艾瑞克可能就會在三點半醒來了。即使有這一小時的失誤，艾瑞克和我都認為這個實驗是成功的。他在半夜醒來，在房間裡感覺到一個鬼魂似的存在，並且想到黃金——他的金色手錶。

我開始教艾瑞克我在書上學到的一切，每天放學後我們都會進行超感知覺練習。我們最常做的實驗就是把一些小樹枝丟到空中，然後告訴它們應該要朝著某個特定的方向落下。我們會把樹枝折斷，所以斷面那邊就是樹枝的指針，我們在操縱樹枝落下的方向上獲得了相當不錯的成果。我們還試著進行「求雨舞蹈」，還找了我弟弟來幫忙。每次只要我們開始跳求雨舞蹈，十分鐘之內一定會開始下雨。

超感知覺社團

諾斯特拉達姆士特輯在HBO一播再播，我看了好幾次，並且仔細地就每一分鐘的內容做了研究。我都知道這個節目什麼時候會播出，因為我父親訂閱了一本叫做《電視指南》（*TV Guide*）的雜誌。

我心想，雖然我跟艾瑞克一起練習的事情很酷，我還是得更加專心一點。我希望有更多人可以一起練習、發展超感知覺，這樣在將來會有更大的機率阻止災難發生。我想，如果我可以證明超感知覺真的有用，就會找到更多志同道合的人。薛曼說，如果你強烈地集中在某個念頭上，並且在裡頭挹注大量的情感，就能夠更輕易地把這個念頭像是心電感應一樣地送出去——就像我母親用這個方法叫我回家一樣。一群人比一個人更能夠傳送這樣的訊息，所以我和艾瑞克還有其他三個男孩子一起創立了「超感知覺社團」（ESP Club）。我們第一次的聚會是在下課的時候，在我的社團裡沒有人會被揍肚子——但是他們可能會獲得這輩子最大的驚嚇。

我們一群人站在校區裡頭靠近幼兒園和一年級教室的地方，我叫他們全部走到某個角落，從一到十選出一個號碼，用大約一分鐘專心地想著這個數字，然後再回來。我要他們講話小聲一點，這樣我就不會聽見他們說話。當他們都走了，我深深地呼吸和放鬆，試著把腦袋清空。接著，當他們走向我，我就選取第一個出現在我空白腦袋裡的數字。哈洛．薛曼說，如果超感知覺的練習很正確，你的第一個衝動總是對的，只有當你自己糾正自己的時候才會出錯。所以我的目標是，在他們走向我、而我直視著他們的眼睛之前，完全不要去想任何數字——然後接受任何在我腦海裡閃現的數字，即使它只出現了不到一秒。這些男孩子感到非常驚奇，因為每一回合我都猜到正確的數字。這麼做竟然有效果，這讓我印象深刻，但是我對此一笑而過，表現出這沒有什麼了不起的樣子。「每個人都可以學會，」我告訴這些男孩子，「剛剛我做的就是證明。」他們說我一定是聽到他們談話的內容，「那你們就走遠一點，講話再更小聲一點，」我告訴他們，「距離不是問題。」

他們再度前往建築物的角落，這一次當我讓自己的心智平靜下來，感覺相當不一樣。我可以感覺到他們想要捉弄我，我試著感覺他們到底想做什麼，但是徒勞無功。接著他們向我這個角落走來，我腦海裡出現了數字三。我大聲說出來，他們似乎感到很挫敗，看得出來他們的肩膀都垮掉了。「對，」他們說，「是數字三沒錯。」接著他們再一次背對我，開始走開。其中一個孩子靠著另一個孩子竊竊私語，好像因為什麼事情有點興奮。我的腦子仍然一片空白，但是當他這麼做的時候，我就看到數字七的影像飛進腦海，這個影像是由一些圓形帶著白色的黃色燈光所組成，就像搖滾演唱會舞台上的某種螢幕顯示器。這個影像來得非常突然、而且非常強烈，我立刻就知道發生了什麼事。我對他們大叫，「回來吧，你們這些傢伙，你們已經選好數字了，是七。」

他們完完全全地被我打敗了，因為我以一種完美的準確度破壞了他們的計謀。他們選了兩個數字，三和七。三是第一個數字，而七是第二個。如果我猜對第一個，他們就會回到校舍的角落，然後再給我一個假的數字。他們似乎覺得，如果我說了這個假的數字而不是真的數字，他們就能證明我在耍他們，而這整件事都不是真的。然而，我用超感知覺抓住了他們。我知道他們嚇到了，其中一個人說他們要走了，然後其他人就跟著離開了——留下我一個人站在原地。艾瑞克還是很感興趣，我們繼續一起做實驗，但是我們的超感知覺社團再也沒有下一次的集會了。沒有任何小孩想要提起這件事，他們的表現就像是這件事情從來沒有發生過。

我因為社團的失敗感到相當難過，居然沒有人想要學一個看起來那麼自然、那麼簡單的技能，而且這個技能對於我們的未來是那麼重要。參加的孩子裡至少有一個來自非常虔誠的基督教家庭，他們似乎覺得這樣的能力有點邪惡——在這個社團唯一一次的集會之後，他們再也不想跟我說話或是當朋友。對我來說這有點悲傷又有點荒謬，因為據說耶穌也會做類似的事情，他還有一些很棒的技能，像是在水上行走、把水變成酒、製造出足夠的麵包和魚來餵養五千人、讓拉撒路（Lazarus）死而復生，還有揚升——在死後把他自己的身體轉化成純淨的光。

這個星球的脈衝

在我的「超感知覺社團」倒掉以後沒多久，有天我自己一個人從學校走路回家，有一個比較年長的孩子真的打算要傷害我。他騎在腳踏車上悄悄地來到我身後，使勁地用他的背包從後面打我。我氣炸了——我要讓他好看。我立刻想到一個點子，我要用我的超感知覺來攻擊他，看看能不能讓他摔車。我讓自己安靜下來，請求我的第六感為我指引一條明路。我得到一個非常明確的答案，包括一個名字，這個方法叫做「脈衝」。我覺得這不太可能會成功，但我決定試試看，看看會發生什麼事。我做了一次深呼吸，把注意力集中在他的後腦杓，然後盡我所能突然地、猛烈地收縮身上每一條肌肉。當我這麼做的時候，我的嘴巴吐了一口氣，發出一個尖銳的噪音——並且同時把我的頭向前甩，想像我的額頭發出一道紅色的雷射光，射向他的後腦杓。這麼做的時候，我的心裡充滿了憤怒。

就在我用「脈衝」打他之後，他腳踏車的前輪突然以一種奇怪的方式顛簸了一下，或許是因為砂礫而打滑——總之，他跌下腳踏車，摔在一個水溝裡。他顯然受了傷，他回到腳踏車上，痛苦地把車騎走。講到這裡你可能覺得我在騙人或是編故事，我無法證明這件事情真的發生了，因為現場沒有任何目擊者，但我說的都是真的——而且這件事情給了我莫大的震撼。許多年之後，我從許多內幕消息人士那裡得知，有些天賦異稟的孩子被帶到一些非常黑暗的計畫進行訓練，運用他們的念力來暗殺特定人士，因為超感知覺以一個團體來進行效果更好。這些孩子受到深深的創傷，並且受藥物和洗腦控制。我所做的事情僅僅只是點出這樣的可能性——但是問題在於，這麼做完全是邪惡的。讓那個孩子摔車這件事情真的讓我感到有點害怕，看他站起來而且安全地離開以後，我跑步回家，躲到床上，就這樣哭了半個鐘頭。我向上帝祈禱，告訴祂我感到很抱歉，以後不會再用「脈衝」來攻擊別人了——我真的再也沒有這麼做過。這就是達斯．維達在《星際大戰》裡做的事，像是「原力鎖喉」——我知道自己一點都不想進入原力的黑暗面。

課堂示範

我仍然覺得有人可以成為新的諾斯特拉達姆士，幫助整個世界免於類似核戰的毀滅——但是他們必須先學習超感知覺。我覺得如果我可以向我們二年級班上的人證明超感知覺真的有用，就會有人想要和我跟艾瑞克一起進行訓練。我在某個電視節目上發現「齊納卡」（Zener card），每張齊納卡上面都有一個象徵，總共有五個象徵——星星、圓圈、三角形、正方形以及三條波浪線。科學家使用這些卡片來測試人們的超感知覺，而且頗具成效。我最後製作了屬於我自己的「超感知覺卡」（ESP cards），不過我在每一張卡上使用了完全不同的象徵，這讓這副卡變得更難解讀。我說服了我的老師史坦娜女士（Mrs. Steiner）讓我對全班同學講解超感知覺，包括它是什麼、怎麼發生作用，然後請艾瑞克幫我用卡片示範。艾瑞克幫我用這些卡片示範超感知覺，他會把牌拿在手上不讓我看到，讓我猜猜看牌上到底是哪個象徵符號。

史坦娜女士說可以，所以我們真的在課堂上做了示範。每個人都看著我，我覺得很緊張。正式開始之前我們洗了牌，我想至少會猜對幾次，但是我幾乎都猜錯了。這整件事情看起來相當失敗，我覺得很難為情。後來也沒有人問我任何和超感知覺有關的事情，或是要我教他們。那副卡片現在還在我的櫃子裡，我用我爸的報紙把它包起來，現在上面兩條橡皮筋都沾染了報紙的油墨。

06
邪惡勢力降臨

如果你挑起了一個會毀滅地球的戰爭，沒有人會贏，每個人都是輸家，這種無差別的恐怖，會為每個人帶來極大的壓力、恐懼和痛苦，意圖讓大家彼此傷害。

二年級的時候，我加入了為資優生而設立的金字塔學程，班上總共只有七個小孩。其中有個女孩子叫做塔拉，她是一個瘦瘦的金髮女孩，有著大大的眼睛，我覺得她很可愛。有一天，上美術課的時候塔拉來找我，她告訴我，另一個褐髮名叫蘿拉的女孩子想跟我約會。那時候我手上拿著一堆課本，雙手一軟，結果全部的書都掉到地上——但是我一點都不在乎。有一次，我和艾瑞克騎腳踏車出去玩，順道約了蘿拉和塔拉在附近見面，我們說好要一起去參加學校的溜冰活動。雖然我答應了，可是之前我從來沒穿過滑輪溜冰鞋，而且我的四肢一點都不發達。在溜冰派對的時候我很緊張，我幾乎整場都靠在舞台上，這樣才不會跌倒。艾瑞克和蘿拉後來來找我，讓我的手搭在他們的肩膀上，這樣我就可以溜冰而且也不會跌倒——我從來沒有過如此美妙的感覺。

溜冰派對結束之後沒多久，蘿拉就不跟我講話了。如果她發現我在附近，就會立刻走開。艾瑞克的母親是個忠實的基督教基本教義派信徒，他和蘿拉的母親一起在一家織品店工作，也會一起上教堂。艾瑞克告訴他的母親說了什麼，但是艾瑞克一定有跟她提起我們的超感知覺實驗。我很生氣，他明明知道他的母親跟蘿拉的母親一起工作，我問他到底為什麼要把蘿拉喜歡我這件事告訴他媽媽。

他只是笑了笑，顯然是嫉妒我，蘿拉不跟我說話這件事也讓他感到很高興。我們還是朋友，只不過事情變得很怪——後來幾年，他對我的霸凌越來越甚。六年級的時候，他把一堆雪胡亂塞到我臉上讓我不能呼吸，差點要了我的小命——他說這叫做「白色清洗」（white wash）。這不禁讓我覺得，我的母親對於基本教義派的看法果然是對的。

盒子的誘惑

有天我爸帶了一台很大的機器回家，把它放在電視上面，它的名字叫做VCR——或是錄影機——有了它你就可以把電視節目錄轉錄到一個很大的錄影帶上。我們是附近最早擁有錄影機的家庭，就在這之後沒多久，一個叫做MTV（音樂電視台）的新頻道誕生了。我爸很興奮，從這個頻道開始營運的第一天我們就開始收看。最讓我感到激動的音樂錄影帶是菲爾·柯林斯（Phil Collins）的〈今晚夜空中〉（*In the Air Tonight*），裡面有個夢幻的景象，一個走廊充滿了哪兒也到不了的門，結局也相當富有張力和情緒渲染力，他尖叫著，然後攝影機給他的臉部做了一個特寫。當他唱著：「這輩子我等的就是這一刻。」我腦海中不斷浮現智慧老人在夢裡對我說的話，在我有生之年地球上會發生一件大事——後來我才知道這件事情被稱之為「揚升」。

三年級的時候，我們班上來了一個新同學叫做比利，他也喜歡恐龍、太空旅行和科學。我們很快就變成朋友，每個月我都會請母親開車帶我去他家好幾次。和我一樣，他也有一台雅達利遊戲機，不過他的父親在法藍德利餐廳（Friendly's）當經理，所以有多餘的薪水可以給他買一堆遊戲。比利有個半公尺深的籃子，裡面全部都是遊戲卡帶，真的是堆到頂了——看起來就像天堂一樣。我們在一起就是玩遊戲——比較經典的像是《雅爾的復仇》（*Yars' Revenge*）、《鬼屋》（*Haunted House*）、《小精靈》（*Pac-Man*）以及《魔幻歷險》（*Adventure*）。我還注意到他母親給他買了許多我媽不准我吃的高糖分垃圾食物，像是「閃亮奶油夾心蛋糕」（Twinkies）、「齁齁瑞士捲」（Ho-Hos）、還有「鈴叮夾心蛋糕」（Ring Dings）。據說閃亮奶油的海綿蛋糕永遠不會壞掉，就算放一百年也一樣，但是它真的很好吃——所以每次去他家我都會吃一個。

差不多在這個時間點，我在學校的功課開始變差，我們三年級的老師史密斯女士希望我們用草寫體寫字，但我覺得這很討厭。我也不想背九九乘法表和除法表，我有一種強烈的感覺，我覺得算數的答案會根據你計算的時候人在哪裡而有所不同，唯一能夠確保你獲得正確答案的作法就是每一次都要重新計算。所以當我看到九乘以三，我會一邊在腦袋裡計算，一邊用手指頭確定自己有算對。我會在心裡數著十、十一、十二、十三、十四、十五、十六、十七、十八，看著剛剛好的九隻手指頭，然後再開始下一輪：十九、二十、二十一、二十二、二十三、二十四、二十五、二十六、二十七。這讓我算數的時候比其他孩子還要慢，然後我就開始跟不上了——不過有好幾個月的時間，我都覺得死記答案是一件很愚蠢、甚至很危險的事情。我的腦袋裡有某種印象，如果你旅行時必須使用數學，但是沒有每一次都重新計算，就算沒有因此掉了小命，可能也會完全失去方向。那時候我還不知道「高維度」空間，也不知道真的有某些地方，那裡的數學規則和這裡的完全不一樣。比如說，如果你使用六進位，那麼你就會數一、二、三、四、五、十一、十二、十三、十四、十五、二十一、二十二等等。你在某些地方可能必須使用不同的進位法，才能獲得正確的計算結果。

奇怪的科學

我開始盡我所能閱讀大量的科學書籍——除了在學校，也會去斯克內克塔迪市立圖書館借書。我和我的母親去那邊的時候，她總是要我們和那裡的一棵樹「說說話」。我們會走到樹的前面，對它說一些好話，這棵樹會搖動樹枝來「回應」我們。每次我們這麼做，這棵樹似乎是真的有反應。附近會開始起風，即使剛剛還很平靜，我相信這棵樹真的在對我們講話。有一天我的母親跟我提到克里夫．貝克斯特（Cleve Backster）博士的工作，當他試著去燒某株植物的時候，它竟然開始「尖叫」。她讀了很多書，相信這絕對是真的，這對我產生很大的影響。在這之前，我從來沒有想過植物也有感覺，但是我的母親全然地相信這些都是真的。多年之後我有機會親自訪問貝克斯特，並且總結了他的發現，以之做為《源場：超自然關鍵報告》的開頭。

我開始著迷於各種科學實驗，然後在家裡試試看。我媽買了一套化學工具給我，我最喜歡的材料是酚酞溶液（phenolphthalein solution）。你可以在試管裡倒一點這個魔法靈藥，再滴入某些化學物品，就會得到非常棒的結晶。

同樣在一九八一年的聖誕節，我的「主要禮物」是從莫霍克大道（Mohawk Avenue）洛伊．馬休斯（Roy Matthews）五金行買的一部小彩色電視。這真的很棒，這樣我就可以在自己的房裡打電動，把門關上就不會被任何人打擾。在這一段時間，我依舊會做一些關於飛行的美夢。

事情越來越複雜

大約是在一九八二年初，我在《奧德賽》雜誌上第一次看到惡名昭彰的「火星上的臉」照片，那是火星地表上的一處山丘，看起來就像是一個人的臉——雜誌說它看起來相當奇怪。我立刻就覺得一定是有人把它故意蓋成那樣的，這不可能只是一個幻覺。我真的好想知道到底那個臉是怎麼建造的、是誰建造的。我覺得答案很可能就藏在幽浮現象裡，也許在那裡有人存在，他們的年紀比我們更大、歷史比我們更古老——就像是我夢中的智慧老人。在地球上建造金字塔、復活節島巨石像、還有英國巨石陣的，很可能是同樣的一批人。我不了解為什麼有些孩子那麼討厭我把《奧德賽》帶到學校，我覺得裡頭有很多很棒、可以用來改變世界的東西——就像智慧老人說的。

那個夏天，《ET外星人》（*E.T. the Extra-Terrestrial*）在六月十一日上映。在首映之後沒多久，我父親就去電影院看了，回家以後，他說我們也得快點去看看。所以我們全家都去看了這部電影，可能是當天晚上，不然就是隔天。在這部電影裡，一個叫做艾略特的小男孩照顧一個看起來很好相處的小外星人，不久之前它的飛船才墜落在地球上。ET可以讓球漂浮起來，告訴小男孩他來自何方。他讓一朵枯萎的菊花死而復生，和艾略特之間也有一種奇怪的心電感應。當ET喝啤酒的時候，艾略特就感到微醺——當ET看到約翰·韋恩（John Wayne）在電影裡頭親吻一個女孩子，艾略特也親吻了班上的一個女孩子。

在電影中看到超感知覺還有隔空取物，讓我感到相當震撼——在電影最後，ET讓艾略特的腳踏車和他的朋友們都浮起來，飛在空中。當ET死了，我哭得好慘，沒有一部電影讓我哭得這麼慘。我後來才知道，史蒂芬·史匹伯把ET當成基督的比喻，讓它死而復生。在少年時期，我常常吹噓這輩子從來沒有因為情緒激動哭超過十次，這就是其中一次。我對外星人入迷到我覺得自己就是艾略特，當ET死了，我也彷彿失去了此生唯一的摯友。

阿法隆之旅

同一個夏天，我爸帶我們到麻州的鱈魚岬（Cape Cod）進行第一次的家庭度假，我們住在一個叫做「船長行酒店」（Captain's Row）的地方。我們去拜訪我爸爸大學時期的好朋友包柏（Bob），他在海邊有一棟小屋，就在海恩尼斯港（Hyannis Bay）的岸邊，那裡實在是棒極了。不過那邊的沙地裡都是海蟶，我不小心踩到一個，結果腳就流血了。我媽和麥可決定使用「意念走路」，她說如果我「設定好我的意向」，就算我走路的時候沒有注意看，也不會再踩到另一個海蟶。我有點生氣，說我才不要這麼做。她和麥可走開了，就用了這個方法走路，還開心地揮動著手臂。當然，他們兩個都沒看路，也沒踩到任何一個海蟶。這讓我討厭他們兩個好一會兒，但是當他們一停下來我就不生氣了。

我的母親把她在《賽斯書》裡頭讀到的智慧拿來應用，主要是「創造你自己的實相」這個概念，也有人稱之為「吸引力法則」。我當然不是在鼓勵你讓自己陷入類似的危險處境，不過，生活充滿了未知的危險以及讓人分心的事情，培養一種正面的態度可以大大地轉化你的經驗。共時性的現象教會我一件事，當我把注意力放在事物的積極面，就會有令人驚奇、無法解釋的事情發生。同樣地，當我故意傷害別人或是傷害自己，那麼「惡業」就無可避免，負面的事件會以一種驚人的準確度和時機，顯現在我的生命之中。我升高中的時候，就已經相信「業力」這樣的概念是完全真實的——覺知業力的存在是非常重要的。

她用科學糊弄我

一九八二年的秋天，我成了一個「大孩子」，所以必須待在小學高樓層奧斯汀女士四年級的班上。在這個時期，丹．拉瑟每天晚上都對我們發出警告，說我們很可能會死在核戰裡。我越來越常聽見父母爭吵——就在他們把我和麥可送上床之後。我們覺得非常沮喪——我失去了我巨大、實木的雙人床然後搬到麥可的房間，換了一組新的雙層床，那是我媽樂團裡的貝斯手為我們做的。我之前的臥房變成家庭娛樂房，但是我們很少進去。我在學校的成績一落千丈，受到的霸凌也越來越嚴重。一個叫做克里斯的小孩想到一句話，後來就一直被用在我身上：「他太聰明了，所以很笨。」每個人都覺得很好笑。

在這段時間，我父親帶我到演唱會後台拜訪湯瑪斯．道比（Thomas Dolby），他因為一首火紅的單曲〈她用科學糊弄我〉（*She Blinded Me with Science*）大獲好評。和他見面非常愉快，但是我可以看得出來他對於發生的一切感到壓力很大。他很客氣，但是看起來很累而且魂不守舍。我爸帶我到後台見過許多樂手，這樣的情況相當常見。那時候我完全沒有想過，我成年之後也會成為一個公眾人物，而且要把大部分的時間花在類似的挑戰上——雖然在夢裡，智慧老人已經告訴我好幾次。

如果我們能夢想，我們就能做到

那個聖誕節，我爸送我們一本全部由他親自手繪的雜誌，我和麥可都覺得很激動。封面是一張米奇和米妮的照片，標題寫著：「猜猜我們要到哪裡去？」把書翻開以後，我們才知道他二月要帶我們去迪士尼樂園。他畫了一些迪士尼的卡通人物，裡頭有彩色的文字，一步一步地把這件事情告訴我們——書的後面還有一個小袋子，裡頭裝著一本厚厚的、彩色的迪士尼樂園的小冊子。另外他還給了我們一人一盒通用電氣贈送的拼圖，它的主題是一個神奇的飛行城市，還有一架像是幽浮的飛行船從這個城市的天空飛過。拼圖的上方寫著：「如果我們能夢想，我們就能做到。」我在廚房的桌上拼拼圖，這句話對我來說完全正確，要發明出我夢中那些城市和太空船只是時間問題而已。

我們在二月初前往迪士尼樂園，幸運的是，這段時間可以不用上學。我爸和我媽兩個人都染上了嚴重的病毒，他們一直拉肚子，身體很不舒服。我媽幾乎都躺在套房裡，由我爸開車帶我們去玩，但是路上還得一邊喝著裝在牛皮紙袋裡的一瓶止瀉藥。我爸到那裡是去出差，因為通用電氣贊助了迪士尼「未來世界」（Epcot）主題樂園裡的一個場館——我們還能參觀某些房間，那是只有高階主管才能看到的幕後場景。

混合動力轎車

我爸本來希望藉由迪士尼之旅來改善他和母親的關係，但是情況越變越糟。我媽現在每天吃完晚飯之後就會離家，和她的「混合動力轎車」（Hybrid Sedan）樂團一起排練，留下我爸陪我們玩、哄我們上床。我爸因為隔天要上班不得不去睡，這時候我媽才會回家。我爸每個晚上都會說故事給我們聽，他會先要我們給他一個點子或主題，然後他會用這些點子創造出一整個故事，故事裡頭總會有兩個小男孩——我們都很喜歡這樣的故事。

洗劫後

一九八三年十一月二十日，一部叫做《洗劫後》（*The Day After*）的電影在電視上首播。它的廣告打得很兇，所以每個人都知道這部電影。廣告上可以看到核戰過後啟示錄般的場景，還有那些倖存者。我的父母不讓我和麥可看這部電影，但是我想知道它到底在演些什麼，所以當我爸媽在樓下看這部電影的時候，我和麥可就偷偷溜進家庭娛樂房打開電視偷看。其中的影像實在是太嚇人了，才看了幾分鐘，我們就有點受不了。我知道這樣子的事情一旦發生，地球上的一切生命就會毀於一旦。不過，每天晚上的電視新聞說得就像這種事情隨時會發生一樣——在我們還不知道飛彈已經發射的時候，可能就死了。

我不懂為什麼有人會認為核彈是一個好主意，如果你挑起了一個會毀滅地球的戰爭，沒有人會贏，每個人都是輸家。如果美國和蘇俄都會因此而滅亡，它們為何要這麼做？這種無差別的恐怖為每個人帶來了極大的壓力、恐懼和痛苦，意圖讓大家彼此傷害。很多年之後我才發現有人建造了一種大規模的地下基地系統，用來保護我們的「領導人」，當地面上的人都死了，他們卻能在核戰中倖存下來。這些地下城市以地下鐵系統互相連結，車子被打造成蛋型，叫做「地下接駁車」。這樣的地下鐵系統可以讓這些領導人旅行到任何地方，從而協助那幾十萬個經過他們挑選可以存活下來的人。

去吧，買個蘋果

一九八四年四月底，蘋果公司發行了一款非常好看的新電腦，叫做「蘋果IIc」（Apple *IIc*），我的鄰居布瑞特（Brett）立刻就入手了。這台IIc可以執行學校裡的任何遊戲，也可以玩艾瑞克他家IIc主機上的各種遊戲。我費盡唇舌告訴我的父母這台電腦有多棒，沒想到一個月之後我爸真的買了一台給我。為了公平起見，麥可也可以選一個大禮物，於是他買了一台叫做「PK撕裂者」（PK Ripper）的高級特技自行車。

我們去買電腦的那一天，我坐在一家餐廳裡，一顆很大的耳屎突然從我的耳朵裡滾出來。我覺得這是個很奇怪的象徵，就像是在說一旦我開始使用這台電腦，便會有更好的超感知覺——因為我可以「聽得」更清楚。這台電腦一直陪著我到一九九五年，那時候我大學剛畢業，生平第一次連上網際網路就是在那個時候。電腦買回家的時候主機裝在一個大箱子裡，我把它拿出來放在家裡一個用塑合板做成的電腦桌上。電腦桌是我自己組裝的，我沒有把螺絲孔用一種小小的、圓形的木紋貼紙貼住，這樣如果有一天桌子開始搖晃，我可以再把螺絲鎖緊。幾個禮拜之後，我陷入了一個大麻煩，結果這些貼紙拯救了我。

燃燒吧，糖！

在我買了新電腦之後沒多久，有天我和麥可一起看了「尼克國際兒童頻道」（Nickelodeon）一個叫《怪才先生的世界》（*Mr. Wizard's World*）的節目，然後變得興奮不已。怪才先生拿著一瓶裝著白色粉末的瓶子，然後說：「瓶子裡裝的是硝酸鉀……我們要用它來燃燒糖。」太棒了！我們金字塔學程的一位老師——蕭特曼教授，從他的閣樓找出了一盒充滿神祕化學物質的盒子給我，讓我拿去做更多的實驗——裡頭就有一瓶硝酸鉀。怪才先生用一個小鋁箔烤盤把硝酸鉀和糖混和在一起，然後讓一個小孩用火柴在一根一公尺長的棍子末端點火，進行的時候他們都戴著護目鏡。這些混合物發出嘶嘶聲，開始燃燒，製造出微小的火焰和黑色煙霧——全部就是這樣了。我告訴麥可：「我們一定要試試看，現在。」我跑到地下室拿了硝酸鉀，從廚房的櫃子裡拿了我媽的鋁箔烤盤。因為怪才先生的實驗全部都在室內進行，所以我想把這些東西放在廚房桌上應該沒什麼關係。

我們從車庫拿了我爸所有的舊報紙，在廚房桌上疊了一公尺高。「你知道我們要用多少硝酸鉀嗎？」麥可說，「我不知道，也許一半一半吧。」

我們混合了足夠的硝酸鉀和糖，在烤盤的整個底部鋪滿了厚厚的混合物粉末，然後把烤盤放在堆得高高的報紙上。我試著點火，總共四次，但是沒成功，後來我想我們需要更多的火。火柴剛點燃的時候最熱，因為那時候鎂正在燃燒。我點了一根火柴，然後立刻把它丟進去。突然間，硝酸鉀——硝酸鹽和鉀的化合物，也是火藥和甘油炸藥的活性成分——開始滋滋作響。大約不到三秒，我們就看到一團有著一公尺高、〇．三公尺寬的巨大圓柱狀藍色火焰狂暴地旋轉，看起來就像是某種來自地獄的DNA模型。熱氣暴衝到我們臉上，像是搖滾演唱會的閃光燈。火焰開始侵犯掛在廚房檯面上方的玻璃球燈，留下焦黑的痕跡。過去幾年我們在這裡吃晚餐的時候經常帶著緊張的氣氛，面對我們釋放出來的能量和狂暴，我和麥可開始尖叫哭泣。我們不知道這樣會不會把整個房子燒掉，只能以一副不敢置信神情看著這一切發生。火焰往上竄升不停地燒，過了整整兩分鐘才終於熄滅。沒有其他東西著火，謝天謝地。

我把整疊報紙抓起來——上面還有一些小小的火焰，然後從側門跑出去。火焰一碰到氧氣立刻竄燒到我的右肩，不過沒有燒傷我，我在車道上把它們踩熄了。整個房子充滿了濃厚的灰色煙霧，聞起來就像燒焦的臭雞蛋。有些黑色、融化的膠狀物占滿了所有報紙，也在桌上〇．五公分寬的地方弄出了痕跡——就在鹽罐旁邊。彷彿由於某種共時性的奇蹟，我的木紋貼紙和桌子的顏色一樣。我用其中一張把燒到的地方蓋住，結果看起來天衣無縫。後來每個晚上我們都很擔心我爸會發現我們做的好事——但是他從來沒有發現。我們的保母艾倫剛好經過，幫我們把所有的門窗打開，然後用扇子把討厭的煙霧都搧出去。

等到我媽回家的時候，已經沒有煙了。我和麥可嚎啕大哭，跪著請她原諒我們。她說：「我想你們已經夠難過的了。」我們都同意不要把這件事情告訴爸爸。

苦往肚子裡吞

幾個禮拜之後，母親要我和麥可在客廳坐著，她有重要的事情要對我們說。麥可立刻就嚇到了，不過我已經知道她要說什麼。「我和你們的父親要分開一陣子，」她說，「從現在開始，他會搬到別的地方去住。」麥可哭得唏哩嘩啦，不過我幾乎要問她：「為什麼拖了這麼久才分居？」但是我默不作聲。不到一個月，我們又到鱈魚岬度假兩個禮拜。第一個禮拜我媽帶著我們去那裡玩，這樣爸就可以和朋友一起把他的東西搬出去。第二個禮拜換成我爸和我們度假，我媽則是自己回去打掃、整理房子。

假期很棒，我從來沒有和爸爸的朋友——包柏一家人，如此親近，但是回家對我而言是一大驚嚇。我爸以前會把成排的唱片放在客廳，擺在地上、還有放在用煤渣磚塊撐起來的木頭架子上，上面還有一組很大的立體聲音響，聽起來非常棒。我爸還有大概一萬五千張唱片放在地下室的架子上——那是一間巨大的搖滾樂寶庫。現在什麼都沒有了，客廳看起來荒蕪一片、死氣沉沉，牆上還有黑色的刮痕。後來我上樓到家庭娛樂室，發現我聖誕節得到的彩色電視不見了，雅達利遊戲機還擱在那裡，但是沒有連線，看起來灰頭土臉。我問媽媽為什麼會這樣，她相當沮喪。「你的父親想要帶走一台電視機，所以我要他拿小的，不要拿大的。」我對她很生氣，也對我爸很生氣，他們私底下做了這樣的決定，竟然沒有問我。她向我道歉，說糟糕的事情太多，她只想趕快結束一切。她說我應該要感到高興才對，因為我們還有大電視機。我覺得快崩潰了，因為那台電視機是我的聖誕節禮物——而且我還在用吶。

我開始狂吃奧利歐（Oreo）巧克力夾心餅乾，我媽把它放在靠近廚房門口的一個鍍鋅不銹鋼大抽屜裡，用它來治療這整件事為我帶來的痛苦。我可以快速地打開抽屜，而不讓她聽見一點聲音——即使她就在隔壁家教教學生彈琴，離我只有兩公尺遠。因為我新的偷竊技巧，我覺得我吃再多餅乾都不會被發現，這讓我的體重直線上升——就像是比利的弟弟，在他母親因為癌症過世之後，他很快就變胖了。我變得非常憂鬱，搬回「家庭娛樂房」，也不太洗澡。我的母親一開始還編了幾句饒舌歌來取笑我：「你聞起來好可怕，」就像饒舌樂團「跑跑—DMC」樂團（Run-DMC）唱的：「你病了」。我還是聽不進去，情況越來越糟，所以她後來直接命令我去洗澡。即使是這樣，我還是會好幾天不洗澡——我一直這麼做，直到六年級要開學的時候，我媽說因為爸爸離開了，家裡沒有那麼多錢，我們必須少花一點才活得下去。現在什麼事情都變了，我們必須小心一點。

這個時候，我生命中的第一個「核心創傷」開始出現。所有的人都會在生命裡遇見這樣的事情，我們生活裡的純真和驚奇因為嚴酷的現實而崩盤了。這就好像小嬰兒第一次聽見「不」這個字，只是更加強烈。這些事件規範了我們的潛意識，然後透過「強迫性重複」再次製造出同樣的創傷。我已經對電玩遊戲成癮，後來我家也沒有足夠的錢再買一台新的電視。因此，缺錢、把有價值的東西丟掉、遭到背叛的感覺，還有想要沉溺在特定事物裡的欲望——比如說「安慰性的進食」——成了我這輩子一再反覆的迴圈。

我媽變成一個超級工作狂，從來不休息，收入都是從教授鋼琴、發聲課程還有樂隊伴奏而來。她收了很多學生，這意謂著每次我放學之後，每個禮拜有三天，我幾乎不能待在樓下——但現在樓上已經沒有電視機了，我覺得自己的房間就像監獄一樣。另外，她還對我爸留下來的一堆雜誌、報紙和信件表示厭惡。她創造出很多新的規則，像是所有的東西都要保持得超級乾淨——到了幾乎是博物館的乾淨等級。現在我和麥可得負責幾乎所有的家事，還要打掃院子——如果哪裡沒有弄乾淨，就會挨罵。

現在生活對我來說就像是個惡夢。我們一個禮拜會連續四天或五天都吃同樣的食物，把它反覆加熱——通常都是我媽做的起司通心粉，我們很少去餐廳吃飯。現在整個房子都充滿了詭雷

——所有的一切都要一塵不染，只要沒有做到就會招致立即的懲罰——但是不管我們兩個再怎樣小心，還是天天挨罵。如果我媽在浴室的洗手台發現了水漬，或是在廚房的檯面找到一小塊麵包屑，我們就會被嚴厲地懲處——而她覺得她生氣的理由非常正當。後來我去上廁所乾脆就不洗手了，因為要不留下一點水漬實在是不太可能。我知道大部分的人不會這樣，但是她既然這麼要求了，我們也只能照做。她的態度相當強硬，我們知道自己無法跟她作對，跟她作對可能只會讓事情更糟。我的家庭生活變成一種日常的掙扎，每天都得想辦法試著不要把事情搞砸，然而卻總是以失敗告終。

因為強迫性重複，在我接下來的人生當中，總是會無意識地吸引一些具有高度主導性的人，在他們面前我變得驚慌失措，不敢和他們正面衝突。後來我發現這些創傷，再從這些創傷痊癒，這給了我許多力量，讓我能夠對抗我們這個星球上的超級惡霸——即使其中充滿許多凶險。

就叫牠「哈士奇」吧

我媽帶我們到位於斯克內克塔迪市鬧區州街上的路德尼克（Rudnick）服飾店買幾件上學穿的新褲子。店裡面又暗又冷，還有著強烈的皮革味。隔壁的奧藍德（Olender）家具店正在「倒店大拍賣」，每隔一、兩年就會來一次。現在家裡的錢不是很多，我只能買一條牛仔褲。在那裡工作的店員太太對我很刻薄，彷彿這樣就能夠鼓勵我減重似的。她看了我一眼然後說：「你得穿超大尺碼的哈士奇褲（husky pants）。」像是Lee還有Levi's牛仔服飾公司，我真的不懂為什麼，它們竟然覺得把胖小孩和看起來相當粗壯的阿拉斯加雪橇犬放在一起是一件很酷的事，我討厭這個說法。我還得把褲長改短，所以我們只好繼續待在那裡——這整件事情就像是一個恐怖的折磨。

第一天上學，身材巨大的前海軍陸戰隊老師科薩斯先生看到我，身後還帶著他的五年級班，對我大吼：「看來你吃得相當不錯。」全部的孩子都歇斯底里地笑了起來，讓我覺得很崩潰。我是全校唯一一個過重的孩子，現在好了，那些霸凌者終於找到一個可以用來對付我的藉口。他們動不動就叫我「肥驢」、「脂肪球」、「肥仔」、「肥屎」（fat shit），還有其他類似的稱號。我們六年級班上有個叫做喬伊的小孩，幾乎每天都會架住我的關節，讓我痛苦萬分。他會齜牙咧嘴，露出歪七扭八的牙齒，笑著等我求他停下來——但是他比我強壯太多了。那年我又交了一個新朋友，一個叫尚恩的孩子，才剛搬到這裡。那時候沒人喜歡他，因為他家很窮，而且他身上有時候很臭。大家會幫他取一些綽號，像是「垃圾袋」，不過我們相處起來非常融洽。

黑色運動長褲

開學後不久，有個晚上我坐在書桌前，突然間就拉屎在褲子上。這種事情從來沒有發生過，我抓了一件黑色運動長褲——這是剩下唯一一件還合身的褲子——然後踉蹌地走到浴室。我身上這件長褲滿目瘡痍，我一點也不想把它留下來，我也不想和我媽說這件事。我下樓拿了一個塑膠袋，把這件褲子跟內褲都丟進去，彷彿裡頭是某種輻射污染物。我把袋子綁緊然後把它丟到外面的車庫，這麼做的時候我經過我媽，但是她不知道我在做什麼。

這件事太尷尬，我無法告訴她發生了什麼事，而且也很害怕自己會因為弄壞昂貴的褲子而遭到責罵，我只好每天都穿著黑色運動長褲上學。我要自己洗衣服，但是我不知道黑色衣物必須要用冷水洗，所以運動長褲很快就褪色變成暗淡的咖啡色。

這件事幾乎立刻讓霸凌升級，每天我都因為體重被暴力地羞辱，他們還要我去買條新褲子。喬伊會在教室裡抱住我的頭，把我的臉拉到他汗濕的腋下，聞起來就像洋蔥跟狗屎，不過沒有人會理我們。這件事情就這樣延續了好幾個禮拜，我媽從來沒發現我穿什麼衣服上學。這段時間我在學校裡受到的折磨幾乎是無法想像的，有個晚上我終於崩潰大哭，告訴她發生了什麼事。她對這一切表示理解，對我也很寬容，馬上就帶我到路德尼克的服裝店買了另一條哈士奇褲。最後我買了一條中看不中用的「傘褲」，走路的時候會發出沙沙聲，那是很酷的人會穿的褲子——最後只穿了不到一年。

我媽有一台拍立得相機，在一次科學博覽會中，我參加一個電腦展覽，她幫我拍了一張照片。我展示了一個舊的電腦程式，那是我在就讀金字塔學程的時候學會寫的程式。它會畫出一條直線，然後開始旋轉成同心圓，就像雷達一樣，螢幕的中心點就是圓心，過後便會留下錯綜複雜的、彎曲的幾何圖案——後來我才知道這叫「摩爾紋」（moire pattern）。發現摩爾紋是個意外，而且沒有人可以解釋為什麼這些圖案那麼精緻、那麼美麗。每個人都對我的展示印象深刻，但是當我看到我媽的照片，我馬上就知道真相是什麼。我真的很胖，但是我照鏡子的時候就是沒辦法看見這一點。我只會看著自己的臉，然後和身體斷開連結——但是照片不會騙人。我覺得很糟——但這只是讓我吃得更多。

五月的時候，扭曲姊妹樂團（Twisted Sister）發行了搖滾樂的國歌〈我們不會再忍受〉（*We're Not Gonna Take It*），立刻就在MTV台反覆播放。這整首歌是寫給那些遭受家長和老師虐待，於是起而反抗的孩子們，我和我弟都很喜歡這首歌。那一年最後幾個月，他們發行了第二首單曲〈我要搖滾〉（*I Wanna Rock*），依然大受歡迎，所以我們可以去看現場演唱會——這是頭一次我對某個知名的樂團真心感到敬畏，所以我去後台和我父親會面。他們很顯然喝了不少酒，但是心情很好，還會做一些好笑的事。他們對我和麥可很好，因為那裡只有我們兩個小孩，我們獲得特別的待遇。和他們相處的訣竅就在於，不要表現出你覺得他們很有名的樣子，如果你把他們當成搖滾明星，不用三十秒鐘他們就不理你了。如果你把他們當成普通人，你就可以和他們聊上一整個鐘頭。這件事就我遇過的名人來說，都非常一致。

當我們不斷地在媒體上看到某些人，就會覺得他們像家人一樣。我們大腦邊緣的爬蟲腦，沒有辦法辨別相片或電影的影像和真實之間的區別。這些人成了我們社群的一部分——當我們和他們在現實中沒有面對面的接觸，便會感覺到一種像是被拋棄的持續性傷痛。和一個公眾人物見面可以是很棒的體驗，幾乎像是某種神祕經驗，為我們的大腦帶來不可思議的、天然鴉片的浪潮。我們變得如此興奮，以致於不知道自己緊張兮兮的過度熱情，會給另外一個人帶來什麼樣子的感受。有些公眾人物一開始還會享受這種注目，但是沒多久他們就會因為人們不肯停止說話或是不給他們任何隱私，而感到非常痛苦。要和他們交往，其中一個必須銘記在心的重要祕密就是，他們是一些有著不尋常經驗的普通人。我早些時候靠著這樣的訓練，慢慢地放掉「英雄崇拜」的衝動，幫我做好準備，讓我後來可以和外星生物進行直接的心電感應。如果你像嗑了藥那樣興奮，彷彿你是「被選上」的「特別人物」，這種狀態會讓任何確切的通訊變得完全不可能。外星生物和靈性存有說到底也是人，他們過著他們的日子，並且盡其所能來幫助我們——如果他們屬於正義的一方。邪惡的一方依賴崇拜者的能量來存在，並且從製造害怕、恐怖以及痛苦獲得強烈的快感。

07 進入武術世界

懂得自我防禦，我可以毫無畏懼地在任何地方行走，知道在任何情況之下都能照顧自己。我知道恐懼是可以被「推開」的，就算無法消滅，也可以把它大幅度地調小。這樣的訓練給了我勇氣，讓我在後來面對世界惡霸時，也能挺身而出。

就在電影《二〇一〇太空漫遊》（*2010*）在一九八四年十二月七日上映後不久，父親就帶著我和麥可去電影院看。這是亞瑟・C・克拉克（Arthur C. Clarke）還有史丹利・庫伯力克拍攝的史詩電影《二〇〇一太空漫遊》（*2001: A Space Odyssey*）的續集。看到海伍德・佛洛伊德（Heywood Floyd）博士坐在海邊用我剛入手的蘋果電腦打字，讓我覺得非常激動。在電影裡，俄國和美國進行了一個聯合任務，要去調查《二〇〇一太空漫遊》最後被拋棄的那艘太空船發生了什麼事。這艘船的前指揮官大衛・包曼（David Bowman）成了一種你可以稱之為「揚升生命體」的存在：他在電線裡移動，然後出現在她母親的電視螢幕上，和他的母親說話，眼裡還閃著星光似的火花。他告訴他的母親，某件大事就要發生，我們所有人都會受到波及。他的母親請他說明到底是什麼事，他笑著說：「是某件很棒的事。」那個場景的肅穆和力量深深地震撼了我，讓我想起了深深埋藏在記憶裡的某些夢境。

電影裡也鋪陳了核子戰爭的恐怖威脅，當美國和俄國的緊張關係變得白熱化，兩國的調查團隊分道揚鑣——但是最終他們需要彼此才能存活下去。他們發現了一個神祕的、古老的東西，叫做「巨型黑色獨石」（the Monolith），它就漂浮在廢棄的太空船旁邊，我不敢相信這被拍成了電影。後來木星上的黑斑變得越來越大——當他們靠近查看，發現這個黑斑是由數不清的巨型黑色獨石所組成。這神祕的、神一般的東西正在吞噬整個行星，要把它轉化成新的東西。

這兩個團隊收到明確的訊息，說他們必須離開。廢棄太空船上的電腦「赫爾」（HAL）犧牲了自己和整艘船來拯救所有的人。整個行星往自己的內部塌陷，然後爆炸，形成了我們太陽系裡頭一個閃亮的新太陽。某個神祕的力量把訊息透過光傳遍整個地球，這樣的訊息許是來自已經揚升的大衛．包曼，他說：「所有世界都是你們的，共同使用這些世界，和平使用這些世界。」

有好幾個禮拜，《二〇一〇太空漫遊》在我腦海裡揮之不去。智慧老人告訴我有個類似的事件就要在這裡發生，只不過那是和太陽有關，而不是木星。這些夢開始在我的記憶中褪色，但是我沒有忘記它們。我出門去買了《二〇一〇太空漫遊》原著小說，而且我非常喜歡它——雖然我覺得有些地方實在是太荒謬了，像是克拉克說地球上的每個人都「必須」同意把新的太陽稱為路西法。那時候我不覺得這有什麼重要的，後來內幕消息人士告訴我，克拉克知道許多機密的訊息，並且用這些訊息來讓我們為最終的大揭密做好準備。陰謀集團早就知道某個「遠古建築者氏族」（ancient builder race）已經在我們的太陽系建造了許多令人驚奇的建築物，並且密切地引導我們度過揚升的過程。把這些訊息傳遞給克拉克的陰謀集團，有著路西法信仰，其中有些信念已經滲透到他的作品之中。無論如何，我相信就整體來說，這部電影有著正面的影響，它引導人們去見識揚升的祕密以及地球上和太陽系中的古老人造遺跡。

我說服母親把《二〇〇一太空漫遊》影帶租回家看，這讓巨型黑色獨石變得更加有趣，它似乎代表了某種遠古的外星科技，被設計來幫助人類進化到新的層次。結局時，大衛．包曼穿越星門，成了「星孩」（starchild）——那是我們在《二〇一〇太空漫遊》遇見的同樣生命體——我陷入了全然的狂喜。沒多久我又去讀了《二〇〇一太空漫遊》原著小說。

猴子山

聖誕假期的時候，有個孩子邀請我和幾個朋友一起去滑雪橇，他的名字是布萊德，他有著方正的下巴和不尋常的自信心，是一個強壯、自負、受歡迎的孩子。我在幾年前就認識他，因為他住的地方離我家只有幾條街。他的父母會燒柴取暖，還在家裡牆上貼了一張標語：「別相信一個不會喝酒的人。」這個滑雪橇的邀請像是天外飛來一筆，自從有一次我去他家，看見他用BB槍打死一隻麻雀之後，我就再沒跟他講過話。想出「他太聰明了，所以很笨」這句話的克里斯也是他的朋友——他在過去幾個禮拜不斷地要我買條新的褲子，一直嘲笑我很胖。

布萊德還有另一個朋友叫艾迪，他在學校選修打鼓課，這堂課我只上了一下就退選了，因為李柯波諾先生什麼曲子都不讓我打，只是叫我在練習鼓板上打緩慢的四分音符，左右左右，一天要打二十分鐘。在幼兒園的時候，我已經可以在鼓上敲出美洲原住民的曲調，所以打四分音符就像是個令人驚訝的無聊玩笑。我覺得退選的感覺很糟，但我實在沒有辦法忍受這種沉悶的練習，我想或許我自己在家練習還比較好一點。那時候我媽開車帶著我們四個人到柯林斯公園，他們一路上都在談論恐怖的「猴子山」。猴子山是一處極度危險、陡峭的斜坡，在滑過最初的七公尺之後有個九十度的大轉彎，之後是另外三十公尺的坡道。猴子山的左側還有一大片味道鮮明的冬青樹牆。

我們在一條相對安全、難度比較低的小路上滑了幾輪雪橇，然後就前往猴子山。我在旁邊看著他們滑，他們一直說，重點就是要在大轉彎的時候順著它的彎度傾斜身體。我立刻就下定決心，我才不要從猴子山滑下去，這實在是太危險了。接下來，他們強迫我用我的橘色塑膠滑雪盤來滑，還叫我「娘娘腔」。我還是拒絕，他們抓住我，逼著我坐到滑雪盤上，離賽道開始的地方大約還有四公尺。接著，他們三個開始推我，把這四公尺當成跑道，讓我越滑越快。

從山頂滑下去的一整路我都在尖叫，最後全速撞上那個九十度的轉角。順著彎度往前傾一點用都沒有，轉彎的地方有個斜坡，讓我直接飛到天上。我穿越一片虛空，往下落了三十公尺，在離地四公尺的地方飛行，最後以流暢的拋物線降落。這讓我在天上飛了一段驚人的時間，我只能抓住滑雪盤的邊緣，當它慢慢地旋轉飛過翠綠的冬日天空，我感到難以置信。因為太震驚、太神奇，反而不覺得害怕。這是在我清醒的時候最接近靈魂出體的一次經驗。

當我墜落到地面的時候臉朝著天空，所以我不知道自己要落地了。我坐得直挺挺的摔在堅硬的積雪上，撞擊是如此強烈，我的滑雪盤裂成二十五塊大大小小的碎片，有很多呈現三角形。我的尾椎和腰椎感到劇烈的疼痛，我不知道自己是不是還能走路。我躺在那裡，動也不敢動，怕弄斷什麼骨頭。我的整個身體從頭到腳都因為痛楚而顫抖，頭部也感受到劇烈的疼痛，耳朵還能聽見自己心跳的聲音還有嗡嗡聲。那些小孩趕緊滑下山看看我是不是還好。

像是奇蹟一樣，他們扶著我站起來，似乎沒有什麼骨頭因為這樣斷掉——雖然我的尾椎很痠，全身都很痛，而且幾乎不太能走路。我一拐一拐地走到山頂找我母親，請她帶我回家，接著幾天我根本沒有辦法好好坐著。她沒看見發生什麼事，但是當我告訴她滑雪盤沒有了，她看起來很擔心的樣子。後來我再也沒有靠近猴子山一步。

這就是朋友

在我們這個星球的腳本裡頭，大壞蛋用隨時都可能發生的核子毀滅和迫近的死亡來恐嚇我們。有人選擇尋找光明面並且保持仁慈，有人則是無法不去重複他們在別人身上感受到的創傷和痛苦。自從艾瑞克決定給我「白色清洗」之後，我就一直在為那一次的創傷進行療癒。在媒體上，當政府犯了罪而且還試圖掩蓋，那就叫做「白色清洗」❶。

就在我的保母艾倫她家前面，艾瑞克抓住我，踹我的腳，逼我低頭面向雪堆。他抓了一把雪，把它糊到我的臉上，以轉圈的方式在我臉上摩擦，就這樣進行了很可怕的一段時間。他不讓我呼吸，臉上的雪冰涼刺骨，我一次又一次地尖叫，試著用這種方式告訴他，再這樣下去我就要死掉了。我不斷甩手，但是我再也發不出聲音——而他就繼續這麼對我。我越來越無法呼吸，也不知道自己可不可以撐下去。最後他終於放手，我飽受折磨的肺臟一次又一次用力地喘息。

我跪在地上，大約做了七次大大的、吼叫似的喘氣，全身都在發抖，我站起來，然後用一種陰沉的、飽受折磨的語調告訴他，他剛剛差點殺了我。我飆出了最難聽的髒話，問他是不是傻到不知道人沒有空氣就活不了，如果他爸媽知道自己的兒子是個殺人犯，心裡會作何感想？我非常想要還擊，但是我怕自己真的會把他撕成碎片，不過其實我不太確定自己能不能打贏他。從此以後，我們再也沒有一起走路上學，但是出於某種瘋狂的原因，我還是繼續跟他當朋友，因為其他人都討厭我們，我們兩個至少可以互相保護。

一個月之後，艾瑞克說服我在戴安娜的椅子上放兩支圖釘來惡作劇，戴安娜是一個高高瘦瘦的、心腸很好的農家女孩，她看起來很喜歡我。我當然不想這麼做，艾瑞克似乎嫉妒我，因為沒有女孩子喜歡他。我想如果我拒絕他，他可能又會傷害我。於是他把圖釘放在戴安娜的椅子上，我站在旁邊盯梢，沒有阻止他這麼做，其他孩子都目睹了這樁犯罪。戴安娜一坐下便發出了痛苦的尖叫聲，我們兩個都被送到校長室。奧黛莉・范斯沃斯（Audrey Farnsworth）校長很明白地告訴我們，我們麻煩大了——艾瑞克當然哭了，我也是。這只是讓我更加痛恨他，我們的友情就這樣結束了一陣子。

我很抱歉，范斯沃斯女士

一九八四年的聖誕節，我獲得一套在電子零售商「電台小屋」買的電子用品組，作為聖誕禮物，它裝在一個四公分寬、七．五公分高的藍色塑膠盒裡。這一套電子用品的頂部是一片硬紙板，上面依序排列著一些電子元件，每個電子元件的兩端都接著一條兩公分長的電線。盒子裡頭還有許多長短不一的各色電線，如果你按照指示，便能夠打造出許多不同的機器。我從來沒拿這些東西來製作一個完整的收音機，不過我還是進行了一些比較複雜的計畫。比如說，測謊器至今仍是我的最愛，它會偵測你體表的「電導率」（electronic conductivity），或是「膚電反應」（galvanic skin response），簡稱為GSR。你得拿著兩條白色電線，因為它們的長度最長，接著你就會得到一個高低起伏的音調。如果你說謊，變得緊張，音調就會上升。如果你放鬆，音調就會下降。

有一天我帶著這組工具去上學，結果遇到校長范斯沃斯女士，還有這個學區的督學和一些我沒看過的長官。對她來說，問問我手上拿的是什麼不失為一個作秀的好機會。當地的這些長官彼此交換了心知肚明的眼神，好像他們心裡在想，這個機器會有什麼用處。我榮幸之至，校長抓住了電線，但是機器一點聲音都沒有——可能是她手指上的保養品擦得太厚了。「我很抱歉，范斯沃斯女士，但是看來妳已經死了。」這些大人物全都爆笑出聲。接著我讓我的科學實驗夥伴來試試，證明了當正常人握住電線的時候，這個機器的確會發出聲音。這實在是讓人感到非常困惑，我們學校最有權力的那些人，他們好幾次以一種充滿毀滅性的恥笑來懲罰我，但是這台機器居然不把他們當人來看。這似乎是宇宙開的一個惡趣味的玩笑，暗示那些掌握大權的在位者很可能「沒心肝」。這樣的共時性很顯然是因為她手指上的化妝品才成形，這是測謊器的發明者始料未及的。

家庭恐慌

我的父親在離婚之後深深地陷入憂鬱，整個人瘦了一圈。他在斯高夏有一間小房子，我和麥可會在週五和週六晚上去那裡看他。我爸有一道拿手菜——倫敦烤牛排配上白飯和蘑菇，但是我們通常都會點一片西西里風格的香腸和蘑菇披薩來吃。我爸很喜歡恐怖片，他覺得我們已經長大，可以跟他一起看限制級電影。不過很多恐怖片都很可怕而且讓人覺得不太舒服，我想我還太小，這些電影沒辦法為我帶來「嗎啡效應」，我從來沒看過也沒有經歷過這些電影裡的恐怖創傷。我很快就學到我必須從這些電影抽離出來，要記得裡面演的全都不是真的。另外我學到的一個訣竅就是，要記得每個出場的角色，不管我有多麼喜歡他們，最後都會以一種恐怖、驚悚的方式死去。這樣的話，當他們死了，我就可以說：「哦，我早就知道會這樣。」恐怖電影還有另外一件讓我感到不安的事，那就是只有大壞蛋才有超能力，而那些受害者、還有努力和壞蛋奮戰的人都沒有。內幕消息人士向我透露，陰謀集團會特別贊助這樣子的影片，所以人們便會覺得只有「黑暗的一方」才能讓人類獲得強大的、如同揚升一般的能力。

西恩是學校另一個孩子，他那時候正狂熱地閱讀史蒂芬．金（Stephen King）的小說，還會跟我說這些小說有多棒。我後來也買了好幾本來讀，包括《四季奇譚》（*Different Seasons*）、《三張預言牌》（*The Drawing of the Three*）、《寵物墳場》（*Pet Sematary*）、《燃燒的凝視》（*Firestarter*）、《牠》（*It*），還有《末日逼近》（*The Stand*）。其中一些故事相當令人不安——和恐怖電影比起來有過之而無不及。我對於史蒂芬．金感到非常驚奇，竟然有人可以創造出這麼寫實、活生生的角色。他書裡的許多大壞蛋和笨蛋就像我在學校面對的霸凌者一樣，只不過是成人的版本——其中一個短篇小說〈總要找到你〉（*The Body*）後來被拍成一部經典電影《站在我這邊》（*Stand By Me*），描述了類似的霸凌角色，只不過他們都是孩子。史蒂芬．金的藝術像是一種對生活的模仿，我有一種很強烈的感覺，那就是他在上學的時候也被叫過「肥驢」，就像我一樣。

就在艾瑞克幾乎讓我窒息而死之後，我和一個新來的小孩變成朋友，我們就叫他托比吧。托比帶我到莫霍克河玩，他希望我們一起從河上碎裂的冰塊走過去。這很危險，不過我同意了，只是盡可能小心地走。就在我讀了〈總要找到你〉之後——內容是一些孩子在樹林裡發現一具屍體——托比真的死了。那時候他在一輛他父母農場的乾草車後面，就坐在一堆乾草的最頂端，大約有四捆乾草那麼高，結果車子顛簸了一下，他就被甩出車外。托比頭部著地，當場就死了。這是第一次我認識的人死了，我覺得很震驚。有好幾個禮拜都被憂傷壓得喘不過氣來，特別是我幾乎沒有朋友。那一瞬間，生命看起來比我想像中還脆弱。想到猴子山還有艾瑞克的白色清洗，我覺得自己非常幸運。我得開始反擊，不然那些霸凌者遲早會把我給殺了。

恐怖電影和史蒂芬．金的小說讓我開始沉迷於一個想法，或許托比仍然以一種幽靈的形態存在著。當母親帶著我到莫霍克商場的凱蜂（Kay-Bee）玩具店，我發現了「通靈盤」，和經典的棋盤遊戲放在一起，像是「大富翁」、「印度宮廷十字戲」、「全民猜謎大挑戰」、還有「妙探尋兇」。包裝的正面可以看到一張詭異的棕色紙板，上頭有所有的英文字母、一個淚滴造型的奶油色指針，還有一些人把手放在上面。我把它拿起來，看看上面的說明，發現這很顯然是用來和死者聯絡的——而且看來的確有用。我說服我媽讓我買回家。

通靈盤沒有辦法一個人玩，我一直等到我媽去樂團伴奏，我的保母瑞秋來我家的時候，找她一起試試看。瑞秋進入了深度的冥想狀態，眼睛向後轉，然後斜視。她的睫毛顫動著，整個頭往後傾，但是手依然放在指針上，不過她不知道通靈盤表示什麼或指針要往哪裡走。我開始問問題，指針自己動了起來。我試著問一些我不知道答案的問題，結果是相當著迷的，至少可以這麼說——但是這整件事也讓我覺得有點毛骨悚然。我真的覺得我透過這塊板子和某個靈體搭上線了，而且死後的生命確實存在。不過，我幾乎找不到人和我一起玩，要玩這個遊戲至少要有兩個人，但我沒什麼朋友。

有天一位朋友來找我，說我一定得看看他在圖書館找到的這本書。它的作者是法蘭西斯・克里克（Francis Crick），最初發現DNA分子的幾位科學家之一。DNA裡藏著所有的生命密碼，只要有一小段正確的DNA，你便能夠創造出一個複製人。在這本書裡，克里克認為DNA分子實在是太過複雜，不太可能因為隨機的突變就發生進化。這本書讓我極度興奮，我不知道為什麼這種發現沒有被大幅報導，特別是克拉克還是最初發現DNA的人。我花了無數的時間去思考，到底是什麼樣子的宇宙智能創造了DNA，但是我想不到什麼好答案。之後許多年我持續地思考著這件事還有尋找線索，最後這個問題成了《源場：超自然關鍵報告》這本書還有其他會議、文章、電視節目的主要題材。

我們不會再忍受

強迫我滑下猴子山的布萊德，希望我跟他一起逃學。當最後一堂課大約在兩點四十五分結束之後，大家會收拾書包，我們這些「走路回家的人」必須站在體育場等著——「坐公車回家的人」則是先離開，布萊德和我剛好是最後一批可以離開的人。我們從來沒有在下午三點半以前呼吸過外頭的新鮮空氣，布萊德說這真是太荒謬了——就像扭曲姊妹樂團的歌〈我們不會再忍受〉。後來布萊德想到了一個點子，他有個朋友叫歐佛，歐佛的爺爺每天下午兩點四十五分都會開他的道奇轎車（Dodge Dart）來接他，所以格林德梅耶女士和維雅歐先生都會讓他直接出去，從來都沒有檢查外面是不是有車子在等他。布萊德說，我們只要跟老師說有人要來接我們——因為他們從來不會檢查。我有點害怕，不過還是決定試試看——這麼說還真的有用。我們出了校門，躲在窗戶下面，所以不會被人看到，到了馬路上拔腿就跑，一直急速狂奔直到舍莫霍恩街

（Schermerhorn Street）才停下來。受雇在半山腰指揮交通的老太太人很好，從來不會問我們為什麼比其他學生還要早下課。在這個學校的最後幾個月，我們每天都這麼做——從來沒有一次被抓到。這變成一種成癮的行為，而成癮總是和「隱藏起來的東西」有關。如果我們繼續忽略一路上的種種徵兆，註定會無法逃離越來越扭曲的現實。

布萊德是第一個叫我說謊和拿生命去冒險的人，在這之前我總是實話實說，後來他就開始勸我吸大麻了。

我的成績越來越差，當我「認知能力測驗」（COGAT）的成績出來的時候，我和幾個老師都嚇了一跳。那個學年的最後一天是「運動會」，我很討厭這一天，因為它包括了拔河、兩人三腳還有一些我不是很在行的體育活動。國中部的教室就在操場盡頭，圍欄的另一邊，左邊則是一個小小的軍事基地，是一些鋼鐵建築。白天的時候，常常會聽見士兵在外面行進的聲音，我從來不知道為什麼那裡有個軍營，或是這個軍營裡面到底在進行哪些事情，但是我記得當我還在就讀金字塔學程的時候有到那裡參觀過，那裡就是個無聊的辦公空間，牆上掛著一些裱框的軍人照片和旗幟。

在小學的最後一天，我騎著腳踏車在校園晃蕩，其他人都已經離開了。當時我離四年前「超感知覺社」的集會地點只有四公尺遠，所有的書和作業都裝在身上的棕褐色背包裡。一個塊頭很大、面帶惡意的小孩，騎著他的腳踏車對我咆哮，他的腳踏車在我前面吱吱作響地停下來，他下了車，然後拿小石頭丟我。他使勁地搶走我的背包，把我所有的作業撕成碎片丟在車道上，還命令我哭，不然他就要把我打得屁滾尿流。我只能照做，他不斷地笑，用各種難聽的字眼罵我，嘲笑我的體重，最後才揚長而去。這讓我對於上國中這件事情感到更加害怕，因為那邊會有來自各個不同小學的「大孩子」——除了我讀的沙肯達加小學，還有林肯（Lincoln）小學和格倫達爾（Glendaal）小學。

三人成虎

一九八五年的秋天我開始上國中，事情變得越來越糟。我在學校有個用密碼鎖的置物櫃，就在尚恩的置物櫃旁邊。在國中每天要上七堂課，所以每個小時都要帶著不同的書本到不同的教室上課。現在的體育課都要到一個有置物櫃和淋浴間的地方上課，不過很少人會使用這些設備。學校規定我們要打躲避球，這是一個非常野蠻的遊戲，那些四肢發達的孩子會用力地把大型的紅色草地球砸在你臉上，即使這樣做是犯規。他們很少被抓到，就算他們讓某些孩子哭著到保健室，最多也只是被罰暫時出局，下一回合又回到場上。

老師會選兩個運動高手來幫忙組隊，他們可以一個一個點名他們想要的隊員。艾瑞克和我總是最後才被點到名，他們兩個還會公開爭執到底誰要我們兩個，讓所有的人都知道我們兩個對他們而言完全就是沒用的廢物，其他人也會跟著附和他們的嘲笑和厭惡。國中再也沒有下課時間了，下課時間是我之前還勉強願意上學的其中一個原因，我喜歡下課的時候躺在草地上放鬆一下。另一個讓我喜歡上學的理由是金字塔學程，現在連這個也沒有了。

從格倫達爾小學來的孩子家裡都很有錢，住在格倫維爾（Glenville）的鄉村，在學校的表現也都很好——來自林肯小學的孩子大多住在斯高夏高地比較便宜的排屋，通常成績也比較差。和我一樣來自沙肯達加小學的孩子大部分都住在河邊，就經濟狀況和學業上的表現來說，剛好在格倫達爾小學和林肯小學之間。多虧我的認知能力測驗成績，我被分發到資優班，上課的內容都比較難——大部分班上同學都是從格倫達爾小學來的。上學的第一天，有個高大、留著棕色長髮、穿著重金屬單寧夾克以及邋遢藍色牛仔褲的八年級學生，清了清自己的喉嚨，然後把痰吐在我的腳上，留下一大團噁心的黃色黏液，我真的覺得自己被打入地獄。學校成了監獄，而我無路可逃。

即使布萊德曾經和我在六年級的最後幾個月一起逃學，但他現在卻表現出一副不認識我的樣子。他的櫃子就在我的隔壁，但是他千方百計地逃避我。他想要耍酷、運動、把馬子，但是和一個願意跟他試膽的小孩玩在一起，對他而言沒有任何好處。尚恩和我依然是朋友，不過大家依然覺得他是「人渣」，因為他家很窮，沒什麼好衣服可以穿。

這樣的復仇太超過了

有一天我在圖書館看見一個格倫戴爾的學生在和其他同樣來自格倫戴爾的書呆子，正在玩「龍與地下城」（Dungeons and Dragons）遊戲。這個學生非常聰明而且看起來對自己超級有自信，已經到了有點自大和過度自我感覺良好的程度。他看起來相當聰明，而且和我一樣胖，我們就叫他凱文吧。凱文有深棕色的頭髮、棕色的眼珠、大牙齒，而且他總是露齒而笑。我試著和他講話，他很快就讓我知道他是全校最聰明的小孩。事實上，如果他有哪一次考試低於九十五分，就會被父母嚴厲地懲罰，他的父母都在諾爾原子能實驗室（Knolls Atomic Power Laboratory，簡稱KAPL）工作。凱文和我很快就變成朋友，因為我們兩個家裡都有灌滿遊戲的蘋果電腦，我們還有很多共同的興趣，此外，因為我們很聰明，幾乎每個人都因為這樣討厭我們。凱文很快就徵召我加入他的童軍小隊，讓我可以參加露營，我非常樂在其中。我生命中的第一次露營就是那個冬天，那是我在鱈魚岬玩得最開心的一次。

不過我很快就知道，凱文也會做一些奇怪而且殘酷的事情。我第一次去他家的時候，他餵他家的蘇格蘭牧羊犬「石中劍」吃辣椒，當石中劍因為痛苦而掙扎，他還笑出聲來。不只一次，他被我說的某些事情激怒了，然後就突然不跟我說話——大概有二十分鐘或是更久。他說這叫「躲起來冷靜一下」，但是我覺得這樣很荒謬，以前從來沒有人這樣對我，而且這樣很浪費我去他家的寶貴時間——要到他家，通常我都要騎很久的腳踏車才會到格倫維爾。當他來我家玩的時候，他也會做一堆壞事讓我惹上麻煩；但是他一點都不在乎，因為他的父母不在那裡，無法處罰他。有一次我用澆花的瓶子開玩笑地噴他水，接著他就消失了。當我上完廁所出來，他用一個大水罐倒了我滿身水，也不管這些水在地板上流得到處都是。他一直笑一直笑，就算我說：「這樣的復仇太超過了。」他也不理我。

我發現凱文的父母有一些相當奇怪的地方。他們從來不會跟凱文談論他們的工作，總是會留意凱文是不是在附近，只要凱文一靠近，他們就會停止談話，他們也不會帶凱文去他們工作的地方。不過他們對於先進的物理學和科幻電影相當著迷，尤其是和外星人有關的主題。他們顯然相信幽浮的存在，還引導凱文去閱讀各種相關的書籍。他們希望他去研究愛因斯坦稱為「時空連續性」（space-time continuum）這樣一個主題，還向他介紹這樣的概念：你可以在宇宙這塊「布料」上製造一個「蟲洞」（wormhole），並且透過它來旅行。後來事情變得清楚——他們認為外星人很危險，我們都受到他們的威脅。許多年之後，我發現許多被稱為「核能工程師」的人只是用這個職稱作為掩護，實際上卻在從事高度機密的計畫，其中包括幽浮科技的反轉工程（reverse-engineering）。他們都被下了封口令，如果他們敢透露和計畫有關的一字一句，全家人都會有生命危險。親眼看見這些人有多麼奇怪、口風很緊、還有猜疑心很重，這對我來說是一種相當個人的感受。

我母親的樂團現在都在我們家的地下室排練，意思就是那裡有一整套的搖滾樂鼓組。於是我又開始打鼓，很快就自己學會基本的搖滾樂節拍。那個九月，一些參議員夫人組成了「父母音樂資源中心」（Parents’ Music Resource Center，簡稱ＰＭＲＣ），試圖要審查那些不見容於其極端基督教價值的各種音樂，這讓我和我弟弟都非常生氣。當扭曲姊妹樂團的主唱在這些聽證會作證，對我來說，他瞬間成了一個更偉大的英雄——後來我們去後台看他，也對他這麼說。我想要讓自己的鼓技變得更好，所以開始固定和休伊上課，他是母親樂團裡的鼓手。他會帶我到他的閣樓，那裡有另外一套鼓，還有各種擴音器和喇叭。那裡的每個東西都沾染著香菸和啤酒的味道，整面牆上貼滿了裝雞蛋的泡棉墊。我和他上了好幾堂課，這些課比學校的打鼓課還要進階很多，但是我都能跟上。

新的超級壞蛋叫做賈許，每天放學他都跟在我後頭，想要找機會打我一頓。所以我又和艾瑞克還有另一個認識很久的朋友戴夫一起走，我們集結在一起互相保護，抵抗賈許，但是這樣也沒有好到哪裡去。每天我們都會用最快速度從學校跑掉，賈許會在後面用超人的速度追趕我們。艾瑞克想要反擊，用他的背包打賈許，我則是試著說服賈許不要打我們。我告訴他，我知道他的父母對他不好，他很痛苦，我懂，因為我也是。每天我都得想辦法說服他不要打我，或許賈許每天都在我後面追趕，是為了得到我的心理諮商——但是這樣的狀況相當恐怖，而且還持續了好幾個月。

從秋末一路到冷冽的冬天，我的老師恩比先生讓我們在體育課進行一種叫做「火雞操」的活動。整堂課我們都在跑，一開始的時候還會經過軍營。他希望我們每天都可以跑得比昨天更快一點，但是天氣很冷，我實在討厭這堂課討厭到了極點。我會無法控制地咳嗽，總是跑在最後面，覺得自己快死了，氣喘吁吁。每次都跑在最前面的孩子是個健步如飛的運動高手，有一些孩子叫他史基特，打躲避球的時候他也是最後出局的人。一直到高中為止，許多人都認為他是個真正的英雄，因為他是我們學校最好的運動員之一，即使他的身高只比一公尺半多一點點。

我很快就學會，只要我持續地對周圍的環境保持覺知，我就能夠閃過躲避球。有些孩子會被球打到頭上，就是因為他們連球飛過來的時候都沒有注意到，而那些體育好手就會刻意找這種人下手。我像老鷹一樣盯著線外的每個孩子，讓他們沒有機會拿球砸我。艾瑞克會在遊戲一開始沒多久就故意讓一顆慢球打到自己，用他的背面或是側面去碰球，這樣比較不會那麼痛——但是我不願意這樣離場。每次我都玩得很認真，我是場內最後一個孩子，另一邊則是剩下史基特。他會用一隻手臂夾著一顆球，然後用另一隻手拿剩下的球丟我——我在場內活這麼久，其他小孩都氣爆了。我沒有辦法用球把他「殺了」，當史基特最後「殺了」我，每個人都會歡呼鼓掌，然後這樣討厭的循環又會重來一次。

恩比還讓我們玩一個類似的遊戲，叫做「醫護兵躲避球」，我們要假裝自己在戰場打仗，紅色的橡膠球現在變成了子彈和大砲。我想恩比一定是個越戰老兵，利用我們來重現他可怕的回憶。只要被球打到，我們就得蹲下然後呼叫：「醫護兵！醫護兵！」直到穿著黃色運動服的孩子過來拯救我們。唯一能夠獲勝的方式就是「殺死」醫護兵，然後「殺死」所有人。當恩比開始覺得無聊，他就會吹哨，兩根食指互相指著彼此，他稱之為「到對面」——有時候他會直接把這幾個字喊出來，意思是現在兩隊的孩子可以衝過中線，前進到另一條線，這樣輸掉的那一邊能跑動的空間只剩下原本的三分之一不到，這簡直是太要命了，場上的倖存者在幾秒鐘內就會被剷平——就像是一把巨大的鐮刀砍倒麥子的莖。恩比通常用這種方式幫助史基特快點把我解決掉，這樣他們才能開始下一輪。或許是因為這樣，史基特在接下來的幾年一直出現在我的夢裡。

艾瑞克的行為開始變本加厲，他所遭遇的種種霸凌真的把他變成一個混蛋。當我們經過莫霍克大道時，他會朝十八輪大貨車丟石頭，並且慫恿戴夫和他一起這麼做，但是我拒絕了這種同儕壓力。他也覺得打雪仗很好玩，但是我一點都不想玩。某個陰鬱的下午，天空降下冰冷的凍雨，整個地上積著七．五公分高的半融雪水，艾瑞克開始和一個他隨便挑上的孩子打雪仗。這孩子的一頭黑髮梳得尖尖的，臉上有許多雀斑，會輕蔑地露齒而笑。他很顯然是個危險的孩子，而且年紀比我們還大。後來我們才知道，他雖然個子不高，但是是一個很棒的棒球捕手，而且心理變態。這個孩子做了一顆高爾夫球大小的堅硬冰球，外面裹上一點雪，然後用他最大的力氣朝我的臉上砸過來。他丟得非常用力，打得我左眼上方的額頭骨頭都裂開了，在那裡留下一道明顯的凹痕，許多年以後我才發現。我這輩子沒被這麼用力打過，這樣的打擊幾乎讓我失去意識。我跌在地上，痛苦地尖叫，眼淚直流，在嘴裡嚐到金屬的味道。這孩子像隻鬣狗咯咯地笑，然後帶著勝利的姿態揚長而去。艾瑞克根本不在乎我受傷了。

一九八六年一月二十八日，以前的一個朋友比利在放學後突然打電話給我，雖然我們以前根本沒講過什麼話。他說：「太空梭爆炸了。」

我衝到電視前面，當我看到「挑戰者號」（*Challenger*）太空梭在天空中爆炸的影像，我覺得非常可怕。更讓人絕望的是，這個太空計畫是為兒童而設的特別計畫，太空梭上有一位叫做克莉斯塔・麥考莉芙（Christa McAuliffe）的老師。就在這件事情發生之後，大家就開始講一些和這個事件相關的可怕笑話，像是佛羅里達的天氣預報就把「四處散落的太空梭」拿來開玩笑。我沒多久就明白，這種殘酷、諷刺性的幽默是一種處理痛苦的方法，特別是那些難以想像的痛苦。科學研究指出，幽默是一種革命性的機制。我們會不斷地檢視環境，尋找錯誤、弱點、問題還有各種失敗，如果我們能夠辨認出這些問題，我們就會覺得愉快，我們的體內會產生更多的腦內啡（endorphin）和腦啡呔（enkephalin），暫時為我們止痛，並且帶來天然的振奮感受，接著我們就能夠繼續尋找有待改善的弱點。不過從別人的痛苦獲得歡樂有個明顯的問題，那就是它會阻礙我們的揚升之路。

不斷遭受霸凌讓我得了嚴重的憂鬱症，我的課業成績直線下滑。學校會把用打字機打出來的成績單寄到家裡，裡面有老師寫的針對性、討厭的評語，讓你的父母知道你有多失敗。我的父母幾乎每天都會因為這樣找我麻煩，我的生活越來越像是一個活生生的地獄。我的成績單寄來了，而我的成績並沒有好到讓他們滿意的程度——大部分都是B和C，只有少數幾個科目得了A。我開始進入青春期，這也讓我變得更加憂鬱。每次我的父親見到我，都會強烈地譴責我的壞成績——通常都是用大吼大叫的方式。

玩得開心

那個夏天，艾瑞克和戴夫發現了一個用樹枝搭成的巨大的拱頂建築，就藏在當地的腳踏車道裡頭。它蓋得很差，蓋它的人用一些電線和老舊的破布把樹枝綁在一起，如果真的有暴風雨來襲，它大概沒辦法為任何一個人擋風遮雨。它的前面有一塊小告示牌，上面的字是用白色和藍色的吸管做的，然後以釘書機釘在一塊平滑的木板上，上頭寫著：「玩得愉快」。這個樹枝帳棚的內部是泥土地，中間的地上還挖了一塊可以生火的地方，大約有十五公尺寬、六公尺高。

蓋了這個地方的人顯然是年紀比較大一些的孩子，他們可以在裡頭喝酒、嗑藥還有性交，因為「玩得愉快」這個告示牌上面有啤酒瓶蓋，也有一些象徵男性和女性的性別符號。艾瑞克說我們必須徹底摧毀它，但是如果我們被抓到，後果不堪設想。我和戴夫拜託他不要這麼做，但是他相當堅持。接著三天我們每天都得花上四個小時弄得自己腰痠背痛的，在夏天熱得汗流浹背地把這個堡壘變成垃圾。整個拆房子的過程我都感到非常害怕，我怕如果被那些大孩子發現，很可能被打甚至被殺害，我的心裡充滿了恐懼。但是艾瑞克不在乎這些，過程中他一直笑著。不管怎麼樣，我們拆完這個地方以後還活著。

一個禮拜之後，我說服了我爸和麥可一起參加一個在波伊哈芬營（Camp Boyhaven）的童子軍露營。我們住在我的便宜的三人圓頂帳棚裡，它是天藍色的，當我們三個人擠在裡面，一點多餘的空間都沒有。第一個晚上，天空突然下起傾盆大雨，但是這個帳棚完全不防水，我們的睡袋全都濕透了。我們只好到另一個童軍小隊搭起來的大帳棚，很多人都在那裡躲雨。這次旅行完全是一次可怕的災難——從此以後我們再也沒參加任何露營。看著自己的帳棚因為下雨而被摧毀，這就像是某種「立即的果報」，因為我也摧毀了其他大孩子的堡壘——即使我這麼做是受到逼迫，而非出於自願。

八年級的時候，尚恩經常跑到企業公園（Corporations Park）去玩，那之前是一個軍營，後來被改建成工廠，就在國中部和高中部校舍的另外一邊。他會進入那些沒有上鎖的建築物裡面，拿走裡頭的東西——像是電鑽。我很訝異他會這麼做，但是他看起來非常享受這個行為所帶來的刺激感，他會用盡全力奔跑，結果變得很會跑步。那一年他的成績很差，於是被退學，不過事後證明，這件事情或許是他個人生命或是社交生命中所能夠發生的最棒的一件事。年級比我們低的孩子不知道我們對他的看法，但是他將他驚人的跑步技巧運用在田徑場上，成了相當知名的明星田徑選手。關於他為什麼可以跑得這麼快，我是少數幾個知情的人之一。

他是我所認識的人當中第一個有具體犯罪行為的人。尚恩後來甚至還偷我的東西，包括一張「金屬製品樂團」（Metallica）的CD，但我還是原諒了他。我問他為什麼這麼做，他說他覺得我應該沒有在聽這張CD了。後來許多年我花了很多力氣才知道，他在童年所受到的創傷有多麼嚴重，以至於傷害朋友對他來講一點也不是問題。我絕對相信業力存在，某些人明明知道這麼做會為自己在日後招致同樣的痛苦和傷害，卻還是要這麼做，對此我感到相當震驚。

體育課的霸凌越變越嚴重，尤其是在更衣室。有個孩子說他要讓我看看什麼是「超級飛踢」，我對他說「不用了，謝謝」，但他還是不放棄——接著他就做了一個完整的迴旋踢，踢在我的肚子上。我幾乎倒在地上，一些在旁邊訕笑的孩子抓住我，他們覺得把我拖到淋浴間、然後用水來淋我是個好點子。當他們抓著我的手和腳、讓我離地半公尺的時候，我的手上仍然抓著課本，鼻子裡都是更衣室刺鼻的汗酸味和霉味。我放掉所有的力氣，讓他們覺得我放棄了，於是他們鬆開手，就和我預期的一樣。我突然狂暴地甩開他們的手，書掉了滿地，頭也不回地逃離那個地方。我想他們一定會把我的書拿到淋浴間毀掉，但是幾分鐘之後我回到現場書還在那裡，這真是個奇蹟。

那個下午，我告訴母親我真的需要學學怎麼打架，因為情況變得太危險了。她之前就鼓勵我去上一些防身課程，而且說她願意親自帶我去，還有幫我付學費，她的確也有點擔心我會有生命危險。我翻了翻電話簿上的黃頁，看看上面有哪些教室。

武術教室

我的目光被一隻有著狂暴臉孔、齜牙咧嘴的老虎抓住，那是一張武術教室的廣告，老闆是朗尼．萊布藍茲（Ronnie LeBlanc）。我媽打電話給他，告訴他發生在我身上的事，接著我必須和他面談。他說這個武術教室會教你如何在生死交關的情況下活命，他稱之為「街頭戰鬥」。大部分的空手道教室都教授一種「比賽戰鬥」，其中許多規則是為了避免讓人受傷，因此對於我所遭遇的情況一點幫助都沒有。因為這一次的談話，我就加入了。當我爸知道這件事，也決定來上課，並且說他要幫我出學費，後來他每兩週就會帶我和麥可去上一次課。

萊布藍茲先生在至少三種不同的武術項目，都有著五星等級的黑帶實力。他的牆上掛滿了徽章，顯示他在每一種他參加過的武術項目都拿到冠軍。在那裡他教我們用拳頭和飛踢擊打一個八十磅的沙袋，像是踢沙袋的底部、用整隻腳的力量把沙袋踢高，結束以後我的脛骨痛到讓我連走路都覺得困難。但是因為這樣的「骨質調節」，輕微的骨折會恢復得比以前好，脛骨後來也會變得異常強壯。我們必須用手抵擋用力的打擊，這也能讓我的手腕進行骨質調節。他也教我們破解各種你想像得到的擒拿招數，這樣以後再也不會有「白色清洗」了，我知道如果我用力打擊霸凌者身上三個地方，就會讓他嚴重受傷，這樣他就不會有機會把我撂倒。

最重要的是，我們要學著進入一個叫做「出神」的狀態，在這個狀態之中，你的身體便不會因為肉體疼痛而受到影響。即使你的骨頭斷了，或是身上被劃出一道深深的血痕，你依然能夠奮戰到底。我們教室裡有個人，他的肚子被一個穿著鋼頭靴的騎士踢破了，一直到這場架結束以後，他才發現自己的小腸像跳繩一樣垂在外面。即使在那種時刻他依然試著結束戰鬥、讓自己逃出去。

為了要發展「出神」，我們要學習一種叫做「形」的功夫，那是從我們練習的一系列名為「剛柔拳」（Pangai-noon）的武術發展出來的動作。這些動作以三種動物為基礎：老虎、鶴和龍。據傳說，古老的中國人在兩千年前曾經研究五種動物——老虎、鶴、龍、熊和蛇——看牠們如何打架，不過我們這個門派的練習不包括「熊形」和「蛇形」。「虎形」會使用一些「硬」技巧，像是用拳頭猛擊還有用腳踢——這需要耗費很大的力氣，但是準確度比較低。「鶴形」必須協調「手」和腳來掃蕩對手的腳，手腳齊攻。「龍形」則是使用一些「軟」技巧，你必須要以極致的精準度來打擊某個特定的點，這樣的技巧非常具有破壞性，而且不需要用到很大的力氣。我們一開始先學習虎形，當我們升級到飾帶（sashes），而不是腰帶（belt），老師就會安排我們去學習鶴形和龍形。

萊布藍茲先生告訴我們，霸凌者不喜歡感覺到痛，所以他們會去找「容易下手的對象」，這樣他們就可以用恐懼完全控制一個人。如果你反擊並且對他們造成傷害，那麼即使你最後輸了，他們大概也不敢再來找碴。他繼續說明，即使是穿著皮衣、帶著鎖鍊，個頭大又嚇人的重機騎士，當他們被打了一記好拳，或是被擒拿的招式架住，也只能投降，也會哭得像小孩一樣。我們練習的目標就是要在三秒以內讓對手受到打擊，然後趕快逃走，不過這只能用在有生命危險的時候。他還教了我們一些只要一擊，赤手空拳就能要了對方小命的招式，不過我不會在這把它寫出來。他也告訴我們，在真實的戰鬥中，除了對方身上的幾個「目標點」之外，其他地方絕對不能打。打擊目標點會擾亂對方的神經系統，讓他的身體沒辦法繼續戰鬥。有警察曾經在某個毒蟲的胸部射擊出一個七．五公分寬的洞，那時候他嗑了像是「天使塵」（PCP）的毒品，結果在他死去幾秒鐘之前還把這個警察給殺了。不過如果你攻擊這幾個目標點，他一定會倒下。

萊布藍茲先生還就打鬥的合法性為我們進行了大量的開導，他說如果你殺了人或是讓人嚴重受傷，你最好可以完全證明對方對你造成了同樣嚴重的威脅。他還說，即使你在法律上站得住腳，而且還有目擊證人可以證明你的說法，最後很可能還是得坐牢——但這比失去了小命要好一點。不過，最好的策略就是進入「出神」狀態，打擊對方的「目標點」，然後在三秒之內離開現場。萊布藍茲先生遭遇過許多生死交關的狀況，因此他沒辦法看電影，他受不了一再打鬥的場景。他的血液會開始沸騰，時間彷彿慢下來，他的視線會聚焦在眼前的圓錐形範圍之內，整個人變得充滿警覺。當你成功地進入了「出神」狀態，這些都是會發生在你身上的現象——這非常累人而且非常強烈。

上了幾個月，我們開始進行一種特別的「形」的練習，叫做「機械的形」（Form with Mechanics），我們會以一種很緩慢、很精準的方式，專心地練習每個動作——就像靜心一樣。下一個練習是「速度的形」（Form with Speed），我們以比較快的速度來做同樣的動作，並且把力量灌注到每個動作之中。幾個禮拜之後，我們開始練習「出神的形」（Form with Spirit），老師教我把腹腔的肌肉用力繃緊，這樣即使我的太陽神經叢遭到完美的打擊，也不會倒下。在那裡我看過某些人正確地進入了「出神的形」，這樣的狀態真是非常嚇人，因為這些技巧是基於對動物的觀察，當動物必須為了生存而戰鬥時，牠會進入一種狂野、咆哮的憤怒——尤其是老虎，所以最後你的表情會變得像是教室商標上那隻有著狂暴臉孔、凶猛的老虎，在這種狀況下你發出的怒吼是非常可怕的。只要看到這種表情或聽到這種聲音，沒有人會想要跟你打架。

萊布藍茲先生說，當你這麼做的時候不應該帶著生氣的情緒，雖然表面上看起來是這個樣子，這是「出神的防衛」（Spirit of Protectiveness）——用來保護你自己和你所愛之人的生命。在動物身上這種情況很自然，這樣牠們就會有比較高的機會從殊死戰當中存活下來，即便身受重傷。大部分的人，就算被捲入了一場可怕的戰鬥也不會達到這種境界，這和我們過去所受到的制約有關，比如說害怕或是試圖避免受傷。如果有人刻意想要製造出這個狀態，通常他會以一種完全狂野的方式變得盲目地憤怒，這反而會讓他無法有效率地移動或是採取策略。通常他們會顫抖得太厲害，結果沒兩下就被擊倒或打敗。老師教我們在瞬間就進入這個狀態，紮穩下盤，一旦進入這個狀態，就會對周遭的環境產生完全的掌控和覺知。每件事情都慢下來，即使是三秒鐘也變得綽綽有餘，足以讓你結束這場鬥爭。

我非常討厭這麼做，但他是對的——我會覺得時間變得好慢，有一種像是「酷A」飲料還留在肚子裡的感覺，然後我會對周圍的世界變得高度覺知——幾乎是超級覺知。就算我看起來和聽起來一副很害怕的樣子，也會試著完全掌控這樣子的感覺。

因為「出神的形」針對動作速度和精準度進行了訓練，我動作變得很快，我的敏捷度獲得了顯著的提升。就像萊布藍茲先生說的，現在去看電影裡的打鬥場景變得很難受，因為那太慢了。在《駭客任務》（*The Matrix*）裡頭，當我看到莫菲斯告訴尼歐：「你還可以更快」的時候，我感到相當害怕，然後他們持續地以一種比蝸牛還慢的方式移動。這部電影在某個場景使用了電腦動畫，所以尼歐的手變得比較快，但他的肩膀——這也是重點所在——仍然以一種緩慢的方式移動。因為這個訓練，我可以用超快的速度進行擊樂獨奏，大學畢業的時候我的副修科目就是爵士樂。

在練習「出神的形」的時候，我的確感覺到某種像是極限跑者的興奮，但是之後便覺得精疲力竭——不過我們還是繼續練習這個技巧。老師還對我們說了一件重要的事，那就是不要告訴別人我們學了「出神的形」，不然你很難避免有人找你單挑。在我們這個流派，每個練習都涉及了如何用最低限的一擊讓對方無法繼續行動，目標就在於讓對手的身體機能暫停運作。這意謂著，在學校打架的時候我必須非常小心，這樣才能避免嚴重地傷害別人甚至是取人性命。我用這本書和你分享這些，是因為我覺得學習自我防禦是非常重要的。懂得自我防禦，我可以毫無畏懼地在任何地方行走，知道我在任何情況之下都能照顧自己。我知道恐懼是可以被「推開」的，就算不像靜心可以把它消滅，你也可以把它大幅度地調小。我的靈魂出體經驗，讓我相信死後還是有生命，因此我甚至不用害怕自己可能會送命，我會一直存在。這樣的訓練給了我勇氣，讓我在後來面對想消滅數百萬人的世界惡霸時，也能挺身而出。

回擊

我所遭遇的下一場戰鬥發生在我接受訓練的初期，那時候我還沒學過「出神的形」。一個瘦瘦的小孩，他有著長長的棕色頭髮和參差不齊的牙齒，有天在教室裡找上了我，那時候現場只有其他幾個小孩。他用髒話來羞辱我的體重，不斷地對我訕笑。

當我突然衝向他，他著實地嚇了一跳。我抓住他的肩膀，把他的身體推到七張桌子之外，同時還發出獅子般的怒吼。他的背部撞到牆壁——非常大力。我剛剛才重新整理過教室的這個角落，把桌子排在一起，左右兩邊各一排。這樣的撞擊讓他一下子喘不過氣來，我讓他停在那裡，用殺人猛虎般的眼神盯著他，讓他知道如果他敢再對我做什麼，我可以把他撕成碎片。他真的嚇到了，眼睛睜得大大的，還倒吸了一口氣，接著就撤退了。我讓他離開，從此以後他再也沒有找我麻煩。流言傳得很快，說事情變了，而我受到霸凌的次數立刻直線下降。

在我下一次戰鬥之前，我已經針對「近身作戰」——或叫做「擒拿」——做了很多練習。這個技術的重點在於入侵對手的空間，讓他的臉離你只有一步的距離，這會讓他非常不舒服，他會先試著後退，然後再對你展開攻擊，而這就是他完蛋的時候了。這時候你得用你的手腕架住他的手腕，這樣你就可以知道他的手要往哪邊移動。接下來我們會使用一些老師教的、行雲流水的動作，讓我們可以在擋住他的手的同時，還可以找到機會進攻。這就像是一場武術西洋棋賽，在一次成功的攻擊當中，通常對方有一隻手會被你牽制住。我們花了好一陣子用慢速度來進行這個練習；這樣在你需要的時候，這個技巧就會像是直覺一樣自然地到來——那時候它會以一種更快速的方式發生。

有一天，有個四肢發達叫做史提夫的小孩盯上了我，他覺得把我找到體育館外面來羞辱我可能會很好玩，上體育課的時候他已經不斷地用曲棍球棒使勁地挑釁我。我不怕他，當他試著要打我，我毫不費力地擋住他每一次的攻擊，臉上帶著微笑，同時還不斷地用我的手指輕戳他的額頭，一次又一次，雙手並用。藉著這麼做，我要讓他知道我完全有能力可以打垮他，其他孩子看到這一幕都笑了起來。我的速度至少是他的兩倍快，他要打我一點機會都沒有。當他越來越喪氣，我就像個霸凌者嘲笑他，但這讓我失去了我的專注。他振作起來，在我的左臉上打了一巴掌——他打得很重，在我的臉上留下了紅色的掌印。我把他往後推，結果他無助地跌倒在地上，我對他說：「看你下次還敢不敢。」他再也不敢了。事實上，他覺得對我友善一點比較安全，這件事情過了以後他還會跟我嘻嘻哈哈的——不過兩年之後，他在一場曲棍球賽裡可把我打慘了。出來跑總是要還的，你不只要擔心你的業報，你還得擔心這些人——還有他們的朋友。

譯註

❶ 譯按：有粉飾太平寓意。

08 靈魂的暗夜

我開始進入「強迫性重複」——讓我將我在這個世界上見識過的各種負面行為，反映在我的思想和行動上——許多年之後我才能辨認出這一種潛意識過程，並且看出它如何在這段時期運作。

就在那次打架過後不久，我參加了這輩子最後一次童軍露營。我們去了普拉茨堡空軍基地（Plattsburgh Air Force Base），在單營裡過夜，也去參觀了一些建築物，只有被徵召或是派到這個單位的士兵才有機會進去。我的父親曾經嚴厲地警告我不要當兵，因為有個軍隊的教官曾經告訴他：「一旦你簽下去，就是我的人了。」我們穿著類似軍人的制服，也進行了一些可以提高童軍級別的訓練，這樣就可以得到一些用來佩戴在身上的徽章。童軍就像是一種要引誘你進入軍隊的誘導性毒品——在這個空軍基地裡頭，有些地方就像是在鬧鬼一樣，非常恐怖。我仍然有足夠的超感知覺，可以清楚地感覺到這個地方充滿了死亡的腐敗氣味。這個基地的士兵都為了自己的小命擔憂，對於離家、離開家人朋友感到相當沮喪。

一個禮拜之後我去凱文家玩，我們打算在他家後院搭帳棚露營。他堅持我們一次就要把所有的東西從家裡搬出來，這真的是累死人了。我想幫忙，但是我不知道他的帳棚要怎麼搭。「走開，大衛。你根本不知道你在做什麼。」我走到他的吊床，大剌剌地倒身進去，現在我終於可以好好躺下來，之前我來他家的時候就想這麼做了，但是因為害怕所以一直沒有嘗試。現在他在忙，而我在放鬆，他叫他的狗「石中劍」來突襲我、想要把我弄下來，但是一點用都沒有。

「你這個懶鬼快點來幫忙！」我下了吊床，但是又花了一些時間來清理我留在那裡的樹葉，因為我一點都不喜歡他霸道的態度。

突然間我聽見背後傳來一個咻咻的聲音，我一轉頭，眼前閃過一道銀色的光線，是一記重擊！有個東西打到我的頭——非常、非常用力。這一次是在頭的左邊，就在耳朵那裡。這種疼痛難以言喻——這比上次被冰球砸到還痛。我耳朵的外圍痛到了極點——就好像被一把刀刺穿，同時又燃燒著炙熱的火。我直覺地抓住耳朵，在院子裡尖叫狂奔。他笑著，還要石中劍來追我：「去抓他，好狗狗！」這隻蘇格蘭牧羊犬看起來就像電視的明星狗「靈犬萊西」，牠快樂地追在我後面跑。當我持續尖叫、哭泣，凱文開始叫我娘娘腔，說又沒有怎麼樣，我沒事，最好快點閉嘴。我倒在地上，石中劍來舔我的手，這在我的耳朵裡形成巨大、恐怖的聲響。我把手抽開，看到一片紅色，整個手掌看不見一點皮膚的顏色，我的白色T恤到處都濺滿了紅點。讓我覺得更恐怖的是，這隻狗像吸血鬼一樣喝我的血。好幾年以後我才明白，牠這麼做是為了救我，牠想幫我清理以及癒合傷口。

凱文跑過來，看到血，開始像唸咒一樣地跳針：「哦，我的天啊，我的天啊。」然後一邊把我趕到屋子裡面。他讓我自己待在浴室裡，關上門，然後打電話給他的父母，問他們該怎麼辦才好。他說他們家有HMO醫療保險，應該可以幫到我。他要我不要照鏡子，然後打開浴室櫃子的門，讓鏡子對著牆壁，接著他就走了。我的顱骨和耳朵因為難以言喻的痛覺而發顫，這讓浴室裡頭的混合著漱口水、用過的肥皂、黴菌等等的氣味，令人聞來更加難受。我在那裡站了幾分鐘，聽到他在門後面抓狂的聲音。我冷靜地把鏡子轉過來面對自己，我的耳朵外緣有著一道完美的圓形血痕，就刻畫在我的血肉和軟骨上。

我沒有哭。事實上，在這個時候我的頭腦反而非常清楚：這件事情就這樣發生在我身上，我承受了傷害，但是我還活著，而且我會好好的。

凱文顯然朝我丟了一支鋁製的帳棚支架，因為他覺得我慢吞吞的，沒有幫他的忙。這是他「復仇太超過」的另一個例子——現在他可笑的霸凌以一種悲慘的方式結束了。他的爸媽告訴他，他們家的HMO醫療保險不能用在我身上，我應該打電話給我的母親，請她過來接我。我告訴我媽，凱文「把一支帳棚支架扔到我耳朵上」，她以為這個支架刺穿了外耳道，所以當她看見傷口局限在耳朵邊緣的一個圓形範圍，她大大地鬆了一口氣。我們把我的腳踏車裝上車，回家，用紗布覆蓋耳朵。但是在接下來的三天我的耳朵腫得很嚴重，而且痛得要命，最後整個都變成藍黑色。

我們沒有把這件事情告訴我爸，後來他知道的時候，簡直就是氣瘋了。他帶著我火速地趕到斯克內克塔迪市聯合街（Union Street）的一個外科美容診所，醫生告訴我，支架的主體從我耳朵的一側切穿到另一側，就像是一個餅乾模型切割刀一樣。傷口中間的耳朵組織有足夠的血流可以保住活力，不過也很容易就會壞死——無論如何，他都要從我身上其他部位移植一些軟骨和皮膚，來為這隻耳朵進行重建。我得盡快動手術，手術就安排在兩天之後。在手術室，我躺在手術床上就像一隻受傷的動物，當醫生在我耳朵幾個地方注射奴佛卡因（Novocain）麻醉藥，我因為害怕而全身發抖——但是我沒有哭。每次他把針頭打進來，我都能夠感覺到它「波、波、波」地穿過許多層的皮膚和軟骨，這實在是痛死了。那個時候，他只能切除傷口邊緣軟骨多餘的疤痕組織，他認為中間的組織應該可以繼續存活。

他說我必須儘量按摩我的傷疤，無論有多痛，不然耳朵只會越來越腫。他還說，我的耳朵在接下來的一個月隨時都要包著紗布，只要有人碰到那裡，我就得再動一次手術。對於那些討厭我的孩子來說，會有這麼一天真是讓他們愉快。除了我持續上升的體重之外，對於那些霸凌者來說，我現在是個絕對脆弱而又可口的新目標。大家開始叫我「梵谷」還有「溫尼」。每次這些小孩看到我，就會在走廊的另一邊興高采烈地喊我「溫尼」。

我一點也不怕和任何人打架，不過如果我讓他們打到我的耳朵，可能就得重回手術房——動手術真的痛到像是要死掉一樣。有一次，有個新來的小孩問我的耳朵究竟怎麼了，他在想我是不是因為騎腳踏車摔車才變成這樣。那個上次打架被我拍了額頭的小孩就跟他說：「凱文把車道丟到他身上了。」因為這個爛笑話，大家爆笑開來，他們每個人都知道事情的經過。

剛受傷的時候，我的整個耳朵又紅又腫，像小番茄一樣。接著的兩個月我的耳朵上都包著紗布，所以其他小孩都沒看到我受傷的耳朵。幸運的是，耳朵中間那塊小小的圓形組織復元了，不過我決定在頭髮長到可以蓋住整個耳朵之前，都不要剪頭髮。我爸找了一個律師，我們打算對凱文家還有他們家的保險公司提出告訴。不管哪個科目，凱文只要成績低於九十五分，他的父母就會吼他，像我這樣對他們「完美」的兒子窮追猛打，他們覺得非常受不了。

我們的律師是一個說話不留情面的老猶太女士，她的辦公桌和辦公室堆了滿滿的文件，只有少許光線能夠穿透老舊的木百葉窗，你會看見空中飛揚的塵埃，這也讓室內蒼白的日光燈看起來沒有那麼陰暗。我試著問她有什麼打算，但是不管我怎麼問，她只是反覆地用一種強烈的口氣告訴我：「你說得越少越好。」我覺得很生氣，不過這顯然就是她要我做的唯一一件事。

我和保險理算員的會議被安排在凱文家，真是恐怖。我爸陪我一起去，提醒我要記得老太太律師說的話。這個理算員有著濕濕的、捲捲的棕髮，閃閃發亮的牙齒，運動員的身材，黝黑的皮膚，而且穿著毫無瑕疵的西裝。當我用盡可能少的話語——如果不是單字的話——回答理算員史麥爾斯先生問我的問題，凱文的父母都以一種十分強烈的厭惡眼光瞪著我。每個人都知道我要什麼，但是史麥爾斯對此無能為力，他沒辦法抓到我任何把柄。保險公司付了我的醫療費用，還給我兩千美元的和解金，我爸把這筆錢拿去定存，直到我上大學定存才會到期。這件事是我生命中另一次重大創傷：我必須和一個好朋友反目成仇，而我所得到的就是一筆小錢，這筆錢我見不到也摸不著，等到我的年紀已經夠大，這筆錢對我來說也沒有那麼有價值了。因為這樣我的父母節省了一筆醫療費用，但是在這個過程當中，我卻失去了最好的朋友。凱文再也不跟我講話了，打「贏」這場仗，我一點也沒有滿足感。凱文的確做了一些惡劣的事，但是如果我沒有對他家提出法律告訴，他或許會變成一個更好的朋友。偉大的靈性教誨告訴我們，寬容能停止業力之輪——讓同樣的喜悅與災難不會反覆地以新的場景和新的角色，在我們的生命之中重現。寬容與自我保護之間的平衡，是揚升路途上的一大「灰色地帶」，現在正是我們對它進行無限沉思和學習的時機。

伊朗軍售醜聞聽證會

一九八七年的夏天，電視開始在六月三十日播放伊朗軍售醜聞的聽證會，從那之後事情就變得很奇怪。我已經十四歲，雖然蘇聯已經朝著和平跨出了一大步，提出了像是「開放」的口號和「改革」的新戰略，但是我們依然生活在核戰的威脅之中。奧利佛．諾斯（Oliver North）中校在國營電視台公開承認，他在尼加拉瓜為一個名為「反抗軍」（Contra）的古柯鹼販毒及恐怖集團提供資金。更糟的是，他在私底下販售武器給伊朗，就美國法律而言這是不合法的，因為伊朗被美國視為一個獨裁政權。諾斯收到指示，把伊朗賺來的這些黑錢拿去資助和訓練反抗軍的恐怖分子，這同樣違反了美國法律。美國政府希望這些反抗軍可以藉著游擊戰來推翻尼加拉瓜當時親蘇聯的政府，這個政府由桑帝諾民族解放陣線（Sandinista）所領導。事情就是這樣，當我們必須去喜歡一群恐怖分子的時候，媒體就會稱他們為「鬥士」或是「起義者」，彷彿這樣他們的行為就沒有問題了。有美國撐腰的「起義者」還有賓拉登和塔利班，當時前蘇聯還握有阿富汗的掌控權。在一九八五年三月的一場國會聽證會，透露了這些「反抗軍」實際上就是恐怖分子，「國際人權法小組」（International Human Rights Law Group）蒐集了由二十八名目擊證人提供的一百四十五份宣示證詞，並且指出：

「這份文獻顯示了反抗軍對於許多手無寸鐵的平民，進行了可以被查證的暴行，包括強暴、嚴刑拷打、綁架兒童、殺害以及其他虐待行為。」①在這個時期，雷根總統還說反抗軍「和我們的建國先烈有著同樣的道德情操。」②

這個醜聞受到美國國會以及一個由雷根總統指定的三人小組「高塔委員會」（Tower Commission）的調查。當雷根上電視，他就和史麥爾斯先生一樣聳聳肩，說他一點也不知情，但是他相信自己的下屬只是在履行他們的職責，對抗蘇聯，並且保護我們免於核戰。我認為奧利佛．諾斯受到嚴重的霸凌，因為我知道被霸凌的人是什麼樣子。我直覺地認為，如果他不當代罪羔羊，承擔所有的罪過，說這一切都是他的主意，他的整個家族都會受到強暴、凌虐、謀殺的威脅。幾年之後，有內幕消息來源告訴我，這種事情在陰謀集團裡相當常見，每當有人站出來承擔過錯，通常都是因為他們的整個家族都受到相當嚴重的虐待和死亡威脅。陰謀集團之所以可以長時間地維持它的權力，這是其中一部分原因。對於不知情的人來說，要了解這個組織有多麼邪惡並不容易。雷根和他的副總統老布希就這樣撇清所有的控訴，即使國防部長卡斯帕．溫伯格（Casper Weinberger）在他一九八五年十二月七日手寫備忘錄當中指出，雷根知道美國銷售武器給伊朗，乃是為了換取被扣押在黎巴嫩的七名美國人質的自由。

最後只有五個人因為支持尼加拉瓜的恐怖分子而遭到起訴，但是由於行政單位以「國家安全」為由，拒絕將可以證明此事的相關文件解密，這些控訴後來就被輕易地撤銷了。我認為五角大廈裡頭有一些好人在為我們奮鬥，他們知道這些文件的內容，認為他們可以藉著扳倒整個行政機關來阻止核戰的威脅——但是這並不管用。好幾年之後我才認識在這個祕密同盟裡工作的人。最後總共有十四名官員因為一些小罪被起訴，而腐敗的跡象則可以一路上溯到國防部長溫伯格。

後來總共有十一名官員被定罪，其中有些人提出上訴，就此脫身。這個比水門案還糟的醜聞才過了一年，老布希就贏得一九八八年的總統大選，我對此感到非常訝異。尼克森只是竊聽民主黨人的辦公室，而雷根政府卻是被逮到積極地資助、武裝以及訓練兩批不同的恐怖分子。那些被指控或是被定罪的人，在老布希四年任期要結束的時候都被赦免，那時候已經太晚，沒有人可以阻止他這麼做了。③

我想，如果政府可以隱藏或是摧毀文件，並且逃過懲處，那麼我也可以。每天我放學的第一件事情就是檢查郵件，可怕的成績單如預期一樣裝在電腦打字的信封裡，收件人的名字都是用大寫的字母打的。我現在可是混合化合物的高手，我會在後院混合燃燒的硝酸鉀和糖，然後在小酒杯下面點燃鞭炮——因為「馬鈴薯槍效果」（potato gun effect），小酒杯會被炸到天上去。我把這些邪惡的成績單燒成脆片，再把它們壓成灰燼。這和我的「國家安全」有關，現在我唯一擔心的就是成績單，我的政權會因為它而被定罪、被起訴、被貿易制裁、被禁制令切斷所有的補給——被關在我的臥房監獄裡。我開始進入「強迫性重複」——讓我將我在這個世界上見識過的各種負面行為反映在我的思想和行動上。許多年之後我才能辨認出這樣一種潛意識過程，並且看出它如何在這段時期運作。

最後四回合

一九八七年秋天，我開始上高中。上高中幾乎和上國中一樣恐怖，如果不是更糟的話。高中裡至少有三個年級以上的人都比我年長，我也變得越來越胖，最重的時候，身高是一七五公分，體重是一〇二公斤。我的肚子很大，有些人叫它「備胎」，或是還有另一個也很討厭的說法——「男乳」。如果我收下顎，就會出現討厭的雙下巴。

每個人都問我有沒有去看三樓的游泳池——但是根本就沒有三樓，這是用來捉弄第一天上學新生的典型伎倆。

在這個時候，MTV上有越來越多的樂團公開使用撒旦意象，包括上下顛倒的五角星、惡魔等等。惡魔意象竟然可以這樣公開地受到推廣，我感到很驚訝。不過我也發現，這些音樂能夠幫助我釋放憤怒，讓我覺得好過一點。聽這些音樂我會獲得一種淨化的興奮感。這很像范德寇博士舉的例子，那些有創傷後壓力症候群的士兵在看戰爭片的時候，會體驗到一種興奮感，和打了八公克嗎啡的效果一樣。現在我每天都穿黑色搖滾T恤上學，那是我和我爸去聽演唱會的時候買的，一件二十美金。我的頭髮已經留得很長，耳朵也不用再包紗布了，這讓我看起來就像個「重金屬搖滾樂迷」。

我覺得自己一個朋友也沒有。尚恩在八年級的時候就被退學了，沒有和我們一樣上高中。艾瑞克和戴夫加入了一個我稱之為「怪咖幫」的小團體，我們唯一的共同點就是其他人都討厭我們。現在如果有人找我打架，我都會打贏，但這不代表有人會喜歡我——我很悲慘。我開始畫一些以自殺為主題看起來奇怪而又讓人不安的素描，內容是我用一種非常詭異、有創意又厲害的方式殺死自己。我知道自己絕對不會自殺，但是我真的覺得自己不知道為了什麼而活，我的這種行為反映了美國集體意識當中核戰「自殺邪教」（suicide cult）創傷。我越來越胖，我的皮膚看起來很糟，我動不動就會陷入憂鬱的狀態。

命運的鬥士

上高中的第一天來了一個新同學，我們就叫他唐吧。他像我一樣胖胖的，留著捲捲的、淺棕色的頭髮，皮膚有些蒼白，臉上有雀斑，戴著大大的雙邊鏡框眼鏡，他以前學校的霸凌者都叫他「蛙仔」。唐就坐在我旁邊，頭低低地垂在桌面上，看起來就像昏倒一樣，有點嚇人。當艾瑞克走進教室，讓我難以置信的是，他一拳打在這個新同學的桌子上。

唐猛地坐起來，開始對艾瑞克罵髒話，就好像他們互相認識一樣。後來我開始和唐說話，才知道原來他每個夏天都會待在艾瑞克他家的山中小屋，所以和他很熟。從某個方面來說，他看起來像是艾瑞克的朋友，但是艾瑞克對他的態度就像對我一樣，又傲慢又頤指氣使的。我們立刻就成了最好的朋友——因為對艾瑞克懷著深深的厭惡感而結成同盟。有時候我們會把他的名字叫成「艾瑞寇」，聽起來就像是幫派份子一樣。

我很快就發現唐對於忍者、武器、軍事這一類事情非常感興趣。他訂閱了《命運的鬥士》（*Soldier of Fortune*）這本雜誌，他稱之為ＳＯＦ。他對各種武器的照片充滿幻想，像是手裡劍、飛鏢、劍、彈簧刀、雙截棍，還有各種槍跟子彈。他特別著迷於一種叫做「天使之刃」的武器，那是一種法律完全禁止的彈簧刀，你一按鍵，刀子就會彈出來。他告訴我要怎麼用銼刀把螺栓磨滑，然後刀子就會從裡頭射出來，像子彈一樣。他和我一樣受到嚴重的霸凌，常常幻想著要對那些欺負他的孩子來一場暴力的復仇。我告訴他，如果他傷害或殺害任何人，他這輩子就玩完了。我花了好幾個月的時間告訴他我父親在越南的故事，而且強烈地鼓勵他不要去當兵，因為很容易就會死在那裡。不過，我們還是花了許多時間殺電玩裡的壞人，像是任天堂的遊戲《綠色兵團》（*Rush'n Attack*），和雅達利遊樂器比起來，這更讓人上癮。放學以後，我會和艾瑞克、戴夫還有另外一個也住在附近的「怪咖幫」小孩一起到唐他家去。

被永恆地獄之火灼燒的青少年

那一年我還認識另一個孩子，叫做傑德．高德曼（Jude Goldman），比我大一個年級。上體育課的時候各年級會混著一起上，所以會遇到另外兩個年級的學生。傑德就像我一樣奇怪、有創意、聰明，他留著一頭狂野的棕黑色頭髮，前面留得很長、兩邊則是修得短短的。

他還染了一部分的頭髮，讓棕色的頭髮帶著點金色的光澤。他矮矮瘦瘦的，戴著像藍儂的圓形眼鏡，臉上長滿鬍子，而且有著低沉的嗓音，女生都覺得他很迷人。他會溜滑板、穿奇怪的衣服、玩音樂，不知道怎麼能在那個年級還保持一副酷樣。他有著和我一樣反應快速而又機智的幽默感。一開始上體育課的時候，他就像其他人一樣嘲笑我，但是當我們互相取笑，他開始了解我們兩個有著比學校任何人都還要多的共同點。最後他給了我一捲錄音帶，那是他在家裡自己錄的，他將之取名為《噪音序列》（*Organized Noise*）。

我發現他的母親以前是個嬉皮，還演過小電影，加入過公社，但是後來帶著強烈的反彈離開公社，最後成了一個極端基本教義派的基督徒。結果就是，傑德討厭一切和嬉皮音樂和文化有關的東西——但我們還是很好的朋友。他的母親日以繼夜地播放她追隨的講道者的佈道錄音帶，這個傢伙有著可笑的、極度南方的口音，比小布希還嚴重，而且他真的是個狠角色——他是你所能想像得到、用極度誇張的口吻，宣揚地獄磨難的瘋狂教徒。狂喜隨時都會把他的信徒送到天堂去，而那些非信徒都逃不過被永恆的地獄之火燒灼的命運。我們偷偷地拿了一卷錄音帶，下面是我最喜歡的段落：「年輕人——你看看這些年輕人——走進了沒有基督教信仰的地獄。我講的是那些要永遠被烈焰之湖灼燒的年輕人。你幫不了他們，但是你可以為他們祈禱——然後把他們所損失的重擔和悲傷變成是你的收穫。」他還有其他經典的台詞，像是：「他會帶著一群人去，但是不是每個人都能去，不是每個人，因為你就是不夠格啊。」

傑德的母親動不動就因為一些荒謬的小事吼他，也不准他聽任何不是百分百重生基督徒的音樂，此外也沒有任何事情可以阻止她二十四小時反覆播放佈道錄音帶——所以他的床墊下面藏滿了他喜歡的樂團的錄音帶。他母親有一次發現了歌手「王子」（Prince）的專輯《骯髒心靈》（*Dirty Mind*），結果教會長老們只好召開一場「緊急會議」。這些長老要傑德再也不要聽王子的音樂，不然就會變成同性戀。這件事情只是讓他把錄音帶藏得更好，他的母親再也沒有發現他珍貴的違禁品。他的祖父母有錢，所以幫他買了一組艾列西斯牌的殘響效果器（Alesis Midiverb），讓他可以在樂器和聲音上加上回聲，另外還買了一組多軌的卡式錄音機以及卡西歐SK—1型號的電子琴給他。傑德有嚴重的過敏，但是每次一吃藥，他的大腦就會變得怪異而混沌，就是在這樣的時刻他創作了《噪音序列》。除了使用有著可怕聲音的廉價鍵盤，他還做了一些非常特別、有趣和詭異的嘗試，聲音樣本是主要的關鍵，他把各種找到的聲音混進去，然後變成音樂。

我的高一生涯在一九八八年的夏天結束，我仍然非常憂鬱。我花在打鼓的時間越來越多，我和傑德正在考慮要組一個樂團，因為他有個便宜的山寨版保羅．麥卡尼風格的低音吉他，他在上面畫了各種文字和圖形，包括他自己的名字。他的低音吉他和電子琴都是自學的，演奏起來還算過得去。

那個夏天我去聽了多肯樂團（Dokken）的演唱會，在後台我看到醉醺醺的主唱被十一個穿著迷你裙的辣妹包圍。從我的觀點來看，她們其中任何一個人都是此生值得交往的對象——不管他去哪裡，她們全都跟著，就像小雞一樣。他會講一些很蠢的話，一點也不好笑，但是每次只要他試著表現幽默，這些女孩子就會笑得花枝亂顫，好像真的很好笑一樣。不過他會用立體音響系統播放齊柏林飛船的音樂，這點真的很棒。

這又是同樣的故事。搖滾明星只是努力工作的普通人，他們學著唱歌或是彈奏樂器，創立了樂團，寫了一些還不錯的歌，和唱片公司簽約，幫公司賺了很多錢，然後開始巡迴演出。巡迴演出簡直要毀了這些人，我見過的每個樂手都累得要命，經常得想辦法不要生病，像是坐牢一樣關在巡迴小巴上面。所有城市的印象都混在一起，回家似乎成了一個遙不可及的夢想。一次巡迴可以花上一整年，每一場演出二到三天，沒有假期——最後剩下的時間剛好只夠用來錄下一張專輯，然後再重複整個過程。邦．喬飛在他的經典歌曲〈要死要活〉（*Wanted Dead or Alive*）完美地捕捉了這種進退兩難的情況——每個月有兩三天我都能親眼目睹這些人究竟經歷了些什麼。這看起來是相當艱難的生活，不過如果每天晚上都有數也數不清的女孩子對你投以注目的眼光，還有群眾對你大聲尖叫，我倒是很樂意接受這種折磨。這和長相沒有關係，只要你站上舞台就可以了。

這就是媒體教我們要去嚮往的榮耀。我們許多人就像是癮君子一般，渴望高度的名聲和認同。因為社交媒體的興起，這樣的渴望在當代成了一個主要議題。不過，每次我遇見的「成功人士」都生活在十足的悲慘之中。我後來發明了一個詞彙來描述這個現象——「貓王—夢露症候群」（**Elvis-Marilyn Syndrome**）。貓王艾維斯．普萊斯利和瑪麗蓮．夢露是二十世紀兩個偉大的名人，不過他們兩個最後都孤伶伶的死去，除了藥物成癮，還過著悲慘的生活。我在搬家到洛杉磯之後，和許多知名的電影演員聊過天，他們告訴我這兩個人即便已經成名，依然受到好萊塢高層主管的粗暴對待。只要他們的電影票房不夠好，就會被棄如敝屣——之前的名人常常會叫自己「退伍明星」。許多有名的樂手也告訴我同樣的事情，看清楚你想要出名的幻覺還有「貓王—夢露症候群」的真相，學著如你所是的接受自己，是揚升過程中的一大關鍵。不管你達成了多少目標和成就，最終你還是會希望自己能夠快樂——一個簡單的生活比身為公眾人物但是身陷混亂之中，要來得有價值。

失控

一九八八年的夏天，我爸帶著我和麥可到喬治湖（Lake George）去幫他的朋友瑞克・西西里安諾慶生。瑞克是「失控」（Out of Control）節奏藍調樂團的鼓手和主唱，此外也是一個專業攝影師。他長得很高大，肌肉相當發達，有著圓睜睜、像動物一樣的眼睛，而且他是我在那個時間點所認識最有趣、最聰明、最會諷刺的人。你很難和他一較高下，他不時會說出一些讓人受不了的話，直到我和其他人都因為按捺不住而爆笑出來。

我們一起搭乘瑞克有著奇怪味道的綠色休旅車出門，當我們到了阿迪朗達克山（Adirondacks），他就在駕駛座上刷牙。他一邊開車，時速一〇四公里，一邊試著把漱口水吐到窗戶外面。牙膏水在休旅車的側面流下一道長長的白色水痕，他還對此大開玩笑。在瑞克旁邊，你只能一直笑，笑到肚子都痛了。

瑞克的第一個生日蛋糕是巧克力口味的，上面沒有蠟燭，我爸把蛋糕砸到瑞克臉上。包括瑞克在內，每個人都瘋狂大笑，他完全享受了這個蛋糕的價值。第二個蛋糕比較大，上面有白色糖霜和蠟燭。在瑞克把臉擦乾淨以後，我們就前往他湖上的帆船——然後悲劇就發生了。雲開始聚集，風開始咆哮，轟隆的一道閃電之後雨水開始落下，中斷了我們原本的計畫。突然間有個可怕的聲響，直立的船身開始傾斜，船的側面幾乎要碰到水面。我爸和瑞克要我和麥可躲在船艙裡，這樣才不會被水沖走——但這並沒有什麼幫助。

我和麥可站在原本是牆壁的地方，往下就會看到窗戶外面都是水——那本來是和眼睛位於同一個水平面的地方。這個過程至少有十五分鐘那麼久，我真心覺得自己要完蛋了，我們因為恐懼而哭泣、尖叫。我們看著對方，覺得水隨時都會淹進船艙。即使我們身上穿著救生背心努力求生，也有可能因為水太冷導致體溫過低而死——我們離岸邊太遠，也不可能游回去。突然間我感到頭腦變得無比清晰，即使我一邊大聲尖叫——我知道我還不想離開這個世界。我向上帝祈禱，請祂拯救我的生命。我為我所做的一切錯事向祂懺悔，希望祂再給我一次機會——雖然我不覺得自己是個基督徒。在那突如其來的一瞬間，當你覺得自己就要死了，你會很驚訝自己回歸某些基本需求的速度是那麼快。當我臣服於上帝，發自內心地送出請求，事情就變了。我爸他們找到一個辦法把船身扳正，我們就這樣狼狽地回到了岸邊。我因為神經緊張、腎上腺素激增不斷發抖，但是我確實注意到我的禱告和船難問題獲得解決這兩件事，有某種共時性。我爸說，和沉船比起來，更可怕的是閃電可能會打到船。

對我們所有人來說，這個事件給了我們難以置信的創傷。

這是我兒子

當我在一九九八年升上十年級的時候，很想要一個校徽戒指，我想要銀色的戒台配上藍色的寶石，所以就到當地的珠寶店訂做。我的頭髮已經留得很長，長到珠寶店的老太太問我媽：她的「女兒」想要哪一種戒指。我媽說：「這是我兒子。」氣氛變得很尷尬，這讓我覺得非常受傷，更加地自我封閉起來。

幸運的是，我有著不可思議的好運，我和傑德被分發到同一堂化學課，老師是奧森先生。我們就坐在隔壁，除了在學校餐廳一起吃飯，這堂課是我們高中友情大幅開展的時期。不過後來我在化學課遇到很大的困難，因為我無法想像小小的粒子繞著一個原子核轉。當我在學習科學的時候，通常超感知覺都會發生作用，我會看見一些圖像，知道它們長什麼樣子——但是面對這堂課教的這些化學模型，我的腦袋卻一片空白。好幾年之後我才發現一些科學證據，可以證明我看見的圖像就是神聖幾何的網格。上了將近一年的化學課，我最後被當掉了——我必須參加暑修，我從來沒想過我會有這一天。凱文的父母不准他任何一科低於九十五分，我的實力和他相當。當掉一科還要暑修幾乎是難以想像的，尤其是我的父母對於成績的要求也是很高的——但這件事還是發生了。

重訪薩勒姆女巫小徑

就在學年開始之後沒多久，外面的天氣還相當暖和，我們十年級的英語優等班師生，一起去麻州的薩勒姆（Salem）進行一整天的郊遊。

我們拜訪了《紅字》（*The Scarlet Letter*）裡頭所有事件發生的地點——我們在課堂上讀過這本小說。數棟有許多折磨、處決認為具有巫術的女人的建築物，依然在那裡，我觸摸那些陰暗池子上扭曲的木頭，人們因為宗教的幻想被溺死在裡面。我知道這樣的霸凌在今天依然存在，因為我自己就是受害者——要感恩的是，我尚未死去。這整個地方因為過去發生的事，充滿著一種邪惡的氛圍——都是以上帝之名而發生。

我們全部的人一起搭長途巴士，後來我終於和我的夢中情人說話——我們就叫她布蘭達．費雪吧。她看起來和我是完全不同類型，感覺連和她講話的機會都不太可能，但是因為她的機智、幽默的嘲諷、以及對抗阻礙她的老師和人的能力，我極度受她吸引。她顯然是我們這個年級最強大的女人，如果有人要把她當成女巫來審判，她會把他們殺得片甲不留。我從國中起就開始研究手相，感謝伊蒂絲．奈爾斯（Edith Niles）的著作《手相學》（*Palmistry*），我告訴她好幾件和她有關的事，而且都很準。大部分的人覺得掌紋沒有道理可循，但是許多年來，我交叉比對了書裡的資料和數百隻手的掌紋，我發現它在描述個人的特色、人格、還有未來都有著相當的準確度。薩勒姆的旅行讓我知道布蘭達就是我的「真命天女」。

有人躲在那裡

就在從薩勒姆回來之後，某一堂課的實習女老師突然在禮堂外面的走廊和我打了個照面。她有一種可以解除任何武裝的吸引力，不知道為什麼，她在走廊把我攔住，有一分鐘的時間，她只是安靜地看著我的眼睛，然後說：「你有著不尋常的美麗眼睛。」

接著她開始調侃我：「有個美麗的男人躲在那些體重和長頭髮裡面，你應該放他出來。」語畢她停頓了一下，而我因為她剛剛說的話渾身感到驚訝。她碰碰我的手臂，給了我一個迷死人不償命的笑容。我得承認，面對她這麼直白的陳述，我真的嚇呆了，但是並不覺得生氣或是受到冒犯，我知道自己非常謝謝她的恭維。當我看著鏡子，想像自己沒有長髮或是多餘的體重，開始看見那個樣子——就是我現在的樣子。在那半年之內我就開始了嚴格的飲食控制，一直持續到我減掉三十八公斤為止。

後來在十年級的法文課，布萊德就坐在我旁邊。她知道我媽之前參與過一個叫做「圖騰」的公社，我也讓他看過藏在我家地下室冰櫃裡一大包「圖騰」的大麻，我現在看起來完全就像是一個抽大麻的十五歲少年——長頭髮、黑色的搖滾T恤，還有「不要惹我」的態度。這是布萊德第三次想要重燃與我的友誼，每天他都不厭其煩地要我試試大麻。他說大麻能讓我自由，抽大麻可能會是我這輩子最棒的經驗了。我做了一件傻事，告訴他我喜歡布蘭達．費雪，我不知道他已經在某個派對上和布蘭達有過親密關係，甚至更進一步，但是那時候他已經甩了她。他又去找布蘭達，然後告訴我一件聽起來根本不可能的事：「布蘭達想要和你出去玩，和我們，我們兩個！」他看著我好幾秒鐘，我一臉不敢置信的樣子，然後他繼續說：「但是你得讓她跟我們抽一點你媽圖騰公社的大麻，她覺得這一定會很棒——希望你可以答應。」

我覺得自己陷入了一個無底洞，我問他，如果不嗑藥，布蘭達還會跟我出去嗎？他說不會。

雖然對於搖滾樂迷來說，抽大麻再平常不過了，但是我才十五歲，那是違法的，而且在那個時候沒人知道大麻有什麼醫療效果。和今天不一樣，那時候多數人都對大麻抱持著反對的態度。在健康教育課，老師說大麻具有極度的毀滅性——沒有人會想要主動地去承受那些不良症狀。有半分鐘的時間我陷入了無言以對的沉默，我的腦子裡計算著數千種令人絕望的可能性，然後我告訴布萊德，我需要二十四小時想一想再給他回覆。

他只是笑一笑，我就像是一隻美味的小白兔，完美地踩進他的陷阱，要逃走已經太遲。

十月的尾聲，我們在松樹下冷得發抖，但是燃燒的大麻菸點亮了布蘭達美麗的臉龐。她從學校的珠寶工藝課偷了一塊金屬片，布萊德則是從他媽媽的地下室偷了一些銅管零件，然後設計了一只看起來粗糙但是堪用的菸管，他用強力膠帶把菸管包起來，在一端黏了一只打洞的電子菸嘴，這樣就可以拿來抽了。所有的事物看起來都以光和幾何形狀脈動著，我不可思議地興奮，唯一可以拿來相比的大概是小時候拆聖誕禮物時的那種感覺。因為布蘭達也在，這可以說是我青年時期最棒的一個時刻。她給我一片箭牌的薄荷口香糖，然後——我的天——這是我嚐過最棒的混合味道，我彷彿從一座美麗的高山往下滑——就像廣告演的那樣。當我們搖搖晃晃地走到她家門口，她突然問我可不可以再多弄一些大麻給她。我試著摟住她的肩膀，靠近她，然後告訴她：「我可以給妳任何妳想要的東西。」

她家很熱、很明亮，有很多大學生。布萊德太嗨了，有點嚇到，而我也沒辦法承受這些。當他說：「我媽希望我五分鐘之內回家，我們得走了。」我回答：「沒問題。」然後我們就走了，就這樣。他堅持我們跑回家，就像平常放學那樣，但是地上有結冰、濕滑的葉子，好幾次我差點就要跌倒，不過我還是試著追在他後面。我們一邊滑一邊溜，整路笑個不停。

我一回家就攤在沙發上，大腦裡激增的血流讓藥效發作得就像是火箭升空一樣。我打開電視，HBO的《越戰獵鹿人》（*The Deer Hunter*）正播到一半，畫面上是一片下雪的原野，一個痛苦的傢伙緊緊抓著槍。電影在演什麼我一點頭緒也沒有，我也不在乎。一切都在旋轉，牆壁在脈動，電視看起來就像是3D的，所有來到我耳朵的聲音都彷彿穿過了長長的隧道。嘴巴的口香糖成了一片死的、毫無味道的東西，但是我一直嚼它，彷彿我的整個生命都有賴於此。我想把它丟掉，但是我完全動不了。

在一陣靈感爆發當中，我非常用力地把口香糖吐了出去，它就降落在我前面兩公尺的地毯上。對於自己驚人的喜劇天分，我笑了十分鐘。接著我拿起電話，打給唐，然後模糊其詞：「唐，你現在一定得過來，你不會相信的。」當他看到我的狀態，就這樣，他也加入了。

09 尋找出路

我現在把大麻叫做「五片葉子的教訓」，基於目前的個人經歷，我已經不再需要這個教訓了。身為一個成年人，抽大麻幾乎讓我失去了快樂、健康的能力。

就在我家客廳，我和唐、布萊德還有布蘭達共用一只水煙管。這個一九七〇年代的老古董藏在地下室裡，不過被我們找到了。它是深藍色的，看起來就像是兩個小的熔岩燈從底部連在一起。布蘭達抽水煙的時候發出汩汩的聲響，火光以一種完美的光輝反映出她純淨無瑕的臉，不過一秒鐘之後她就爆炸性地把煙都咳出來了。屋子裡到處都是濃厚的煙，不過這一次不是因為硝酸鉀——而且我也不急著把這些煙搧出去。當所有人都抽得差不多了，布蘭達問我她能不能把剩下的都抽掉，我說「當然可以」。她使勁地抽，這時候唐想到了一個好點子，他把水煙管上下顛倒過來，將裡頭剩餘的一些冷卻灰燼都倒到她手上。「哦，唐，你真是個天才。」她話還沒說完，水煙槍發出了一陣咕嚕聲，裡頭可怕的褐色水就這樣噴到她合身的酸洗牛仔褲。「哦，唐，你這個混蛋！」每個人都笑了，笑到快要不能呼吸。

那之後布蘭達只來了一次，我知道我不可能和她在一起，布萊德也沒有說要再帶她來。不過沒關係，因為我現在正在進行心智的大冒險，我還不想停下來。這件事情完全是真的；這種感覺可以持續四到六個小時，我現在清楚地知道嬉皮們到底在興奮些什麼了。我曾經想過大麻或許讓他們感覺很好，但是我完全想不到它的效果那麼強大。它的香味、味道、花樣、顏色、音樂——每一樣都比我想像的還要更棒。

抽大麻真的是一項很驚人的技術，我完全沒有理由要把它藏起來不讓其他人知道。我把這件事告訴怪咖幫——艾瑞克和其他人——我讓他們享受自由，就像我之前讓唐享受自由一樣。

把話傳出去

艾瑞克、戴夫和其他幾個人坐在我的房間裡，我把這件事情告訴他們，但是他們幾乎沒有說話。對於這個新的成癮，我已經有了自成一套的了解。當我告訴他們政府欺騙了我們，就像水門案和伊朗軍售案一樣，他們都覺得非常焦慮。大麻是上帝創造出來的，它從地上長出來，它是一種神聖的工具，可以改善你的心智，讓你的精神重獲新生。生命中有這種供你使用的技術，你沒有權利或是理由感覺不開心。不去試試看是很荒謬的事，我們可以抽它一輩子，同時依然可以成為完美的、快樂的、有生產力的社會一份子。健康教育課老師說過的那些吸食症狀只是一種政治宣傳。在我發表這個宣言的當下或是之後都沒有人說話，那時候我不知道我接下來的生活會有多麼的沉淪。奇怪的是，最後艾瑞克說：「我們得走了。」於是他們所有人就起身離開。隔天，這件事就結束了，沒有人想再和我多講一句話——除了在走廊調侃地喊我：「嘿，毒蟲。」沒有關係，反正我不需要他們。但是在心裡面，我覺得自己遭受背叛，因而感到前所未有的孤單——但是大麻的化學成分把這些感覺都燻到我的腦海之外。

我想要傑德和我一起抽大麻，但是他和他的母親已經有過嬉皮公社的經驗，所以一點嘗試的欲望都沒有，而且他正在服用一些抗過敏藥物。現在我們練團練得很認真，傑德彈低音吉他，在下負責打鼓，我弟弟當主唱，麥可的朋友安迪負責電吉他。一開始我們叫自己「傑德和下水道老鼠」樂團（Jude and the Sewer Rats），我們不排練，就像《噪音序列》一樣，如果我們可以用這種方式錄一首歌，找到自己的路，那就是了——這樣我們就成功了。

其實我們根本不知道自己要做什麼，所以我們選了一些簡單的搖籃曲，像是〈瑪麗有隻小綿羊〉（*Mary Had a Little Lamb*）還有〈字母歌〉（*The ABC Song*），然後把它們重金屬化。它們慢慢演變成一些原創素材，一些長長的、即興的歌曲。我和傑德會用這些歌曲做一些不一樣的嘗試，用力搖滾，做出來的作品和MTV上面的東西都不一樣。我們會傾聽彼此在做什麼，我會配合他一開始的鼓聲，然後在過程中加入一些有趣的東西。我們還需要一張樂團照片，用來紀念此情此景。傑德把我右邊的頭髮都剃掉了，我把剩下的幾撮頭髮噴上「水網」（Aqua Net）髮膠，讓它硬得像「岩石」一樣，就這樣去上學，結果大家都嚇到了——但是沒有人敢當著我的面說什麼，除了數學老師。有一天，我在數學課算錯一題，結果老先生考西就對我說：「如果你把另一邊的頭髮也剃掉，腦袋可能會靈光一點。」全班都爆笑出來。

我不想再向我媽「借」大麻，意思就是我得自己去買。有一天，一個留著長髮、上學總是穿著「鐵娘子樂團」（Iron Maiden）單寧夾克，名字叫做丹尼斯的孩子，在化學課上課之前告訴傑德他嗑了五顆咖啡因片劑——這個東西只要一片就會讓你很嗨了。每次奧森先生問同學問題，丹尼斯連氣都來不及喘立刻就大聲回答，快到連字都說不清楚——但是他每次都答對。下課以後，我問他知不知道哪裡可以買到大麻，他跟我說如果我有二十五美金，隨時都可以到他的置物櫃，那裡有我想要的東西。

班和嬉皮貨車

在我還沒哈完丹尼斯給我的第一批貨，我就知道它的效果太強了，比圖騰公社的大麻還要厲害很多。我躺在床上，整個房間都在搖晃，這種感覺實在是太棒了。我完全不知道自己被敲詐了，一直到唐帶他的大哥包柏來找我。包柏是一個高大的橄欖球球員，相當受到傑德那個年級——也就是一九九〇年畢業班——班上女生的歡迎。「這傢伙把你騙得團團轉，」他說，「你應該去找班，他是我的拜把兄弟，就像家人一樣。他會幫你安排，讓你嗨翻天。」

班是個很出色的技工，有著壯碩的胸肌和運動員身材，長長捲捲的黑色頭髮在背後綁成馬尾，有著單薄的尖下巴、藍眼睛，一顆牙齒上裝著他早就忘記、從來沒有拿下來過的金屬牙套。他身上總是有著機油的污垢，手上滿滿的硬繭，牛仔褲髒兮兮的。他非常害羞，臉上總是掛著微笑；看起來就像是一個迷茫的人形無尾熊。他以前是計程車司機，據說可以一邊開車一邊抽水煙管，然後用他的膝蓋控制方向盤。他修復了一台福斯的嬉皮老爺貨車，兩邊是藍色，內裝是白色，前面還有著大大的福斯標誌。裡頭很髒，對我們來說簡直是太完美了。

我們把車停在斯克內克塔迪市的埃利斯醫院（Ellis Hospital）後面，那裡是一個空曠的停車場，放眼望去一個人都沒有。當我用新的水煙管抽了第一口——水煙管本來是用來抽香菸的——我看見又圓又清晰的月亮。水煙管是我在「獵戶座」（Orion）買的，那是斯克內克塔迪市捷街（Jay Street）上充滿菸味的一家地方毒品店。班的東西比丹尼斯的貨更厲害，這是我生命中最棒的時刻，所有的東西都融合在一起了——月亮、樹、貨車、涼爽的夜間空氣。我全然地、深深地陷入其中，產生了某種神祕的、近乎宗教的體驗——當我喃喃自語：「我要這樣過一輩子。」還以為沒有人會聽到，結果所有的人都開始笑：「你他媽就是要這樣過一輩子！她永遠不會離開你，但是會燒完。」

我現在把大麻叫做「五片葉子的教訓」，基於目前的個人經歷，我已經不再需要這個教訓了。身為一個成年人，抽大麻幾乎讓我失去了快樂、健康的能力。

尋找祕密寶藏

現在我有新的責任，我得為我新的探險隊成員去探索我父親的地下室、挖掘其中的寶藏。我弟已經幫我用他的錄音機，把我爸所有齊柏林飛船的黑膠唱片都錄到卡式錄音帶裡。我自己也想到他的地下室找一些唱片，像是平克·佛洛伊德的《月亮的黑暗面》（*Dark Side of the Moon*）、《好管閒事》、《迷牆》（*The Wall*）；憂愁藍調樂團（Moody Blues）的《過去未來》（*Days of Future Passed*）以及《尋找遺失的和弦》（*In Search of the Lost Chord*）；所有罕醉克斯的專輯；披頭四的《比伯軍曹寂寞芳心俱樂部》；還有橘夢樂團的《彈跳》（*Ricochet*）和《紅寶石》。我已經先做了研究，問我爸媽一九六〇和一九七〇年代最棒的迷幻專輯有哪些，這幫了我一個大忙。到目前為止，我最強的迷幻體驗來自橘夢樂團的專輯。事實上，有些大麻的藥效太強，唐還會拜託我關掉音樂，他真的因為感到恐怖而握拳，握到指節都變成白色。當我按了停止鍵，所有的境界都消失了，但不到幾秒鐘他又會拜託我把音樂打開。我從來沒有拒絕他——我們就這樣一起飄遠。

因為某些奇蹟，傑德幫所有很酷的高年級生還有幾個很酷的低年級生弄到了一個私人聖誕派對的邀請函——雖然他自己才二年級——男生都要穿燕尾服，女生則是著晚禮服，這個派對比一般的舞會還棒。派對在我們城裡一個有錢孩子家的豪華別墅裡舉辦，他的父母允許我們在那裡喝酒。不知怎麼地，傑德說服他們讓我一起去，因為我是「他的鼓手」。我在我的衣櫃裡發現一件很棒的黑絲雪茄夾克，上面是用唱片形狀構成的搖滾星星圖樣。派對場地的地下室有一個由二年級和三年級生組成的家庭樂隊，他們相當不賴；他們演奏當時流行的「長髮金屬」風格樂團的主打歌，像是「毒藥合唱團」（Poison）的《對我講髒話吧》（*Talk Dirty to Me*）。整個地下室都被擠爆了，大家的身體靠在一起，漂亮的女孩子緊貼著穿燕尾服的男孩子，這對眼睛和其他感官來說都是一大饗宴，空氣中還飄著煙霧。傑德獲得主辦單位同意，我們可以在這個樂團離場後上台演奏。我很緊張，不過我用我的武術訓練來保持冷靜，試著歸於中心。傑德把低音吉他的失真效果調到最大，我們就開始表演一首非常大聲、有趣的硬式搖滾曲目，他不斷嘗試一些新的點子，而我的鼓則是時時刻刻地追隨著他。

每個人都為我們大聲喝采——當我下了舞台，儼然成了一個新的英雄。傑德班上的同學還有一些學長不知道我是誰，也不知道我們班上同學對我的看法。他們在某些課堂有看過我，現在終於知道原來我是一個「搖滾巨星」。消息很快就傳了出去，他們知道我見過許多他們崇拜、在MTV上赫赫有名的樂手。

一夜之間，我從一個幾乎沒有朋友的人，變成學校裡頭最怪、最酷的孩子——不過只限於一九九〇和一九八九年畢業的兩個年級。現在女生和我講話都會用大大的眼睛看著我，希望有機會可以和我一起到演唱會後台看名人。我試著不要傻傻地盯著她們的胸部瞧，但是我想這樣應該沒關係吧。一個非常迷人的金髮女孩，穿著緊身的紅色洋裝，幾乎和我一樣高，在樓上的聖誕樹旁邊找我講話，看起來就像是我們之間會有所進展，但是後來我發現她只有十三歲。不知道為什麼，因為這場派對，一個年紀比我小的女孩子看上了我，她可以進來參加派對顯然是因為她的長相。我可不想因為和未成年的女孩子發生關係而陷入牢獄之災，所以我對她很客氣，但是也沒有努力再更進一步了。

在那之後沒多久，一個四肢發達、綽號叫做「小布雷克」的孩子來找我，他的長相和調調就像是年輕的法蘭克・辛納屈（Frank Sinatra）。他喝得很醉，叫我「考克斯」，就像把我的姓氏結尾威爾考克唸錯，然後伸手摟著我。他的嘴巴充滿了走味啤酒、起司和死亡的臭氣。「考克斯、考克斯、考克斯，你得『挑舞』。」我不懂他到底在胡說些什麼。「你得挑舞，考克斯！如果你想跟女生上床，你得挑舞。」小布雷克開始帶舞，很快我們就領著一群非常火辣的女孩子跳著你想像得到最荒謬的舞步——像是耙地、鏟雪、游泳、潛水、扭動、挖東西。當音樂終於停下來，沒有什麼事情發生，不過小布雷克讓我知道我該做些什麼：我必須開始運動、節食、減重。一旦我開始這麼做——他也知道只要我願意這麼做，我只要彈彈手指就能夠得到任何我想要的女孩子。他跟我說他會陪著我，當我一個仰臥起坐接著一個仰臥起坐，他會在我的面前大吼大叫幫我打氣。我這輩子從沒像討厭他那樣地討厭過別人——但是後來我的世界因為這樣開始有了轉變，我成了一個「男人」，我開始真心喜歡他。

派對之後，我立刻被推上學校自助餐廳的「舞台區」，那邊只有學校最酷的風雲人物才可以坐。我發現他們當中很多人都會在週末喝酒，讓我訝異的是也有許多人會抽大麻。對他們而言我相當富有娛樂性，我會告訴他們我到搖滾演唱會後台的精彩故事。傑德也在那邊，我們會互相關照，讓整桌的人都覺得很歡樂。

安全屋

總之我說服我媽讓我邀請朋友到家裡來抽大麻。她之前對我說過，希望我十六歲以後再試，我已經快十六歲了，所以她雖然不情願，還是同意了。她的主要規定就是我不能在週間這麼做——然後無論如何都不准在家裡喝酒，我同意這些條件。布萊德的「大計畫」就如他預期的一樣進行，我現在有了一個理想的、大麻友善的「安全屋」可供大家聚會。尚恩本來是我們這個年級「完全的失敗者」，但是多虧了他的運動能力、奇怪的滑板裝還有個人特質，後來成了一九九二年畢業班上最受歡迎的孩子。他在八年級被退學完全是天賜的禮物，這讓他獲得一個新綽號：「小亂」（Baner）❶克里斯，那個在猴子山把我推下去還有每天嘲笑我運動褲的孩子，每個禮拜也會到這裡來。唐一直都在這裡，我們就像連體嬰一樣。

傑德不太會過來，因為他交了一個很火辣的年輕女友，她出生在一個基督教基本教義派家庭。每次只要我們計畫一起做些什麼，她就會誘惑他，答應偷偷和他整晚做愛，讓他在最後一分鐘取消我們的約定。在高中剩下的日子裡，這件事情每次都會讓我非常難過。我們會一起計畫事情，我會為了他把所有事情排開，這樣我們就可以一起玩音樂，不過我們約了七或八次，他總共只來了一次。這件事情，伴隨著我因為嗑藥而快速變得遲鈍的感覺，在那次聖誕派對之後一兩個月內就毀了我們的樂團。

受損的正義

一九八九年三月十五日，我爸帶我和麥可到倫斯勒理工學院的田徑館（RPI Fieldhouse）看金屬製品樂團「受損的正義」（Damaged Justice）世界巡迴演唱會，支持他們新的暢銷專輯《正義無敵》（*And Justice for All*）。這是只有真正的「輟學生」——像是丹尼斯——才會聽的音樂。但是後來他們出了音樂錄影帶以及單曲〈唯一〉（*One*），描述一個士兵的大腦被困在無法行動的身體裡，於是這個樂團一夜之間就變成當紅炸子雞。我們去看演唱會的時間點，就是在它攀上了名氣的高峰，開始馬不停蹄而又疲憊地進行年度世界巡迴的第四個月。我把一台柯達閃光相機藏在褲子裡帶進去，神奇的是，警衛對著每個東西都揮揮他的掃描器，但是我的相機卻通過了。

演唱會非常吵雜而且相當粗糙，好在唱片公司只讓一小群人到後台去。吉他手科克·哈密特（Kirk Hammett）因為太害羞，躲在走廊，不願意跟任何人講話。主唱詹姆斯·赫特菲爾德

（James Hetfield）長得相當高大，但是他喝醉酒，走起路來搖搖晃晃的。當我擺好姿勢和他合照，他大聲地打了一個嗝，我聞到滿滿的啤酒和膽汁的味道。我們都笑了，我的小弟因為這樣動到相機，結果毀了這張照片。鼓手是拉爾斯．烏爾里希（Lars Ulrich），他比我還要矮很多，我有很多問題想要問他。一開始他看起來不太想理我，因為我是個大塊頭、毛髮很多、又汗流浹背，不過我很快就發現這又是同樣的故事——他們已經過度疲勞，對於成名有點難以調適，而且因為巡迴演出已經筋疲力竭了。我被囚禁在高中裡，他們則是被關在巡迴小巴裡。

拉爾斯告訴我他本來想成為一個職業網球選手，但是失敗了。當他加入金屬製品樂團，他才剛開始打鼓三、四個月，不過他打鼓可以打得很快。他運用了他的腳，在爵士鼓的雙踏板上跳舞，發展出了他們專屬的樂音。

當我把金屬製品樂團演唱會的照片洗出來，我知道自己看起來很糟，我得想個辦法改善自己的儀容。我已經嚴重超重，不管我的頭怎麼擺，還是看得見雙下巴。自從耳朵被打到之後我就沒剪過頭髮，以前都是我的母親幫我修剪。我現在的頭髮是撒手不管的結果，在我把半邊剃掉之前，我從來沒想過要梳頭髮或是給它作個造型。我帶著這個新髮型到學校大概只有十二次，因為大家對它的反應太激烈了。現在我希望自己的頭髮更有造型、更飄逸一點，但是長度維持不變——這會讓我看起來更像一個重金屬樂迷。

小亂的媽媽總是醉醺醺的，講話講得不清不楚，但她是一個髮型設計師。小亂幫我和他媽談好價碼，請她在下班之後幫我剪頭髮，只要五塊錢。唐就坐在她家鋪著亞麻地毯的廚房，這個地方的味道聞起來就像生病的小狗，我告訴他媽媽最多只能剪掉五公分，要剪好看一點，不然就保持原來的樣子。她含糊地說：「就五公分。」而我說：「對，就五公分。」

她剪了很久，我有些驚訝，因為整個地上都是頭髮。唐一直微微笑著，像是在忍耐不要笑出聲來。恐怖的是，當她剪完，我發現她給我剪了一個只有人渣才會留的髮型，又叫做「漁夫頭」

——頭頂和兩側短短的，叫做「前面正經」，後面留著鼠尾辮，叫做「後面放蕩」。現在我看起來就像每天上學之前會躲在角落抽菸的小孩，他們想留長髮，但總是無法下定決心。我對唐氣瘋了，他沒告訴我她在做什麼，也沒有試著阻止她。當我看著鏡子裡的自己，我感覺到一種當初耳朵受傷的時候，那種如夢初醒的人生的大轉變。我的耳朵現在看起來顏色均勻，如果沒有仔細看，你不會知道那裡有個傷疤。「剪掉，」我跟她說，「剪掉老鼠辮，給我一個正常、整齊的髮型就好了。」

隔天我帶著新髮型上學，用我新學會的髮膠造型方法讓它看起來很完美。我穿著一件時髦的襯衫：一件有著藍色領子的鞣革襯衫，沒有黑色。一位總是精心打扮、四肢發達叫做布萊恩的孩子，在走廊看到我的時候，因為太吃驚，真的倒退了兩公尺。那個晚上傑德抗拒了女朋友的誘惑來找我，因為有這樣的突發狀況，他說我必須趕快做些什麼事情來補救：之前我的長髮「掩蓋了體重」，讓我看起來很酷，但現在我看起來就只是個「胖小孩」。我再也沒有身為一個狂野的搖滾巨星的優勢、故事或理由了。我想到之前助教跟我說我的眼睛非常漂亮這件事，心裡知道傑德說得沒錯。我剪了頭髮，現在該是減重的時候了。我必須當自己的個人教練，即使我討厭把自己逼得那麼急——就像小布雷克在派對上建議我的一樣。我知道怎麼在短時間內降低身體的疼痛敏感度，現在我決定要努力節食，不管要花多少時間。在那個時候，我之所以這麼做，就是要用我新建立的明星風采來交一個像布蘭達一樣的女朋友。

我開始一種非常激進、不健康的節食。我早餐再也不吃牛奶加玉米脆片，上學前也不再喝一大杯柳橙汁。每天早上，我除了V8牌蔬果汁什麼都不喝，兩堂課中間只喝水來填飽我的胃，這也讓我每個小時都要跑一次廁所。我一整天都餓到不行，這讓上學變得十分痛苦。放學我會到唐家裡，然後烤個起司三明治來吃。我媽的晚餐一如往常走健康路線，像是蘋果切片、蔬菜以及一道主菜，通常都是起司通心粉。我把一個禮拜五美金的零用錢還有一塊兩毛五的午餐費都存起來，拿去買大麻。略過學校午餐，代表我不再吃成堆的薯條配上加糖的蕃茄醬——雷根政府還說這是「蔬菜」——於是我的體重開始往下掉。在體育課上了兩年的火雞操之後，我實在是恨死慢跑，自那之後再也沒做過什麼運動——連一個伏地挺身、仰臥起坐或是拉單槓都沒有。

在頭幾個月我減掉了大部分的體重，一個禮拜最多可以瘦二．五公斤。後來我又花了六個月，才減掉最後三分之一過重的體重。我開始明顯變瘦，每個週末家裡都擠滿了抽大麻的兄弟，這時候唐開始有了自殺傾向，我不知道到底有多嚴重，但是看來一點都不妙。平日放學之後就我們兩個人在一起，我決定讓他寫遺書，把想要對朋友說的話都寫出來——包括女生。我要他因為自殺向所有人道歉，並且告訴大家為什麼他得自殺。我覺得這麼做能幫他釐清狀況，然後知道自殺是一件很糟、很蠢的事情。有天體育課我坐在地板上，有個留著漁夫頭的孩子突然跑來，跟我說唐從他的桌子跌到地上，還哭著說他吞了八十六顆阿斯匹靈，但是還不想死。他們趕緊把他送上救護車，壓他的胃，餵他吃藥用炭片，這些都做了，他應該不會有事。我覺得很沮喪，他真的做了，一句話都沒有跟我說。當我陪他寫遺言的時候，他還拒絕寫幾句話給我。

在這一次自殺失敗以後，除了抽大麻，唐開始抽萬寶路紅牌香菸，還有喝酒。我曾經試過喝酒，不過不喜歡，我發現烈酒除了傷胃，還會帶來讓人動彈不得的疼痛。我這輩子抽過的菸不到二十支，沒兩下我就覺得抽菸很噁心，第一次抽菸的時候我就昏昏沉沉的，幾乎沒辦法走路。我知道香菸的效力總是這麼強，而人體會漸漸適應這樣的尼古丁劑量。我不希望自己的身體變成這樣——但是唐和他的哥哥已經戒不掉了。那一天我抽了這輩子第一根香菸，我們去見包柏的一個朋友，他已經離開學校，那時候他正處於興奮狀態。我跟他說我只有在週末才抽大麻，他看起來真的有點困惑，問我說：「你怎麼能夠等那麼久？這樣很好，雖然我不知道為什麼你不會想要每天都來一點。」

我冷笑：「這不可能發生，我沒有上癮。」不過，不到一年的時間，證明了他是對的。因為這輩子不斷地遭受霸凌，而且在一個生病的社會裡長大，我已經成了「強迫性重複」的囚徒，讓我一次又一次地吸引同樣類型的霸凌者找上門。然而，我沒有採取行動來保護自己，反而繼續使用越來越多的藥物來減輕這些事情造成的痛苦。我越是這麼做，就變得越脆弱，也變得更容易受到攻擊。這真的是一個惡性循環，事態像是滾雪球一樣越滾越大。我幼年時期歡樂的日子，現在看起來彷彿是遙遠的、幾乎被遺忘的記憶。

二十六年

有人告訴我一個和換氣過度有關的技巧，可以讓你非常嗨。那時候我還不知道，這個技巧的主要原理就是，為你的大腦製造「血流阻塞」的狀態。我受過武術訓練，知道如果這種狀態持續太久會造成致命的效果。但是從來不會有人真的用手或是手臂勒住你的脖子，所以我不曉得原來這個技巧會產生和嗑藥一樣的效果。關於這個技巧有個不太明確的傳言，說只要讓朋友勒住你七秒鐘就可以了。我想要一趟迷幻之旅，所以拜託傑德幫我進行這個任務，還告訴他：

「不要管七秒鐘，直接十五秒試試看吧。」當他這麼做的時候，我靠在一道聞起來很古老的拱頂木門上頭——但是我根本撐不到十五秒。我的身體在十秒之後就無法控制地軟倒，以一種滑稽的樣子倒在我的左腳上，讓連接小腳趾的跖骨突然斷開二．五公分，就在小趾頭和腳背中間下面那裡——我的腳趾往旁邊折到，幾乎呈九十度角。我以為腳趾頭只是有點脫臼，多年以後我才知道我真的把它弄斷了。

突然間，我陷入了一種非常古怪的狀況，我的眼前出現了「人生的跑馬燈」——不過那不是我的人生。我體驗到二十六年的人生，它呈現為一連串炫目的快照集錦。隨著每一幅景象閃現過去，那一段時間的完整經驗就被載入我的記憶之中。我是住在河邊某個原始部落的一份子，幾乎所有的人都不識字。我們那邊的每日新聞，就是一個傢伙站在城鎮中心的一個平台上，使用戲劇性的說故事技巧，告訴我們今天發生了什麼事。這個部落在灌溉上有很大的問題，我們試著讓河水流過磚造的渠道，到達作物那邊，但是大部分的水都從渠道的裂縫流走了。我使用我的超感知覺，和一個像是我孩提夢中的「智慧老人」聯繫，他教我製造一種燒得焦黑而具有黏性的材料，可以防止堤防漏水。

我有一個妻子，我們年輕時就在一起，在我們還搞不清楚自己在幹麼的時候，我們就生了孩子。她會照顧這些孩子，我則是像失聯一樣，只管自己還有工作的事。家裡很溫馨，但我總是在外頭做些別的事。我深深著迷於出體經驗這樣的想法，也能夠以靈體的形式出遊，只要我想要隨時都可以。有人教我拿著一朵像蓮花的花朵，然後緊盯著它。如果我可以在蓮花裡看到自己的臉，我就可以利用自己的星光體（astral body）移動到別的地方，而我正看著自己的眼睛。蓮花的圖案擴張變成了一條隧道，我可以飛越它，到任何我想去的地方。

我的生命終結在一群入侵的游牧野蠻人手裡，他們騎在動物身上，還帶著武器。我們完全無法與之對抗，我知道他們會殺光村子裡的每一個人。我不能跑，也不能躲——我跌坐在地上，拿著花，比以前都還要努力地在花的螺旋圖案裡找到自己的臉。大地因為侵略部落的力量而震動，最後我終於看見自己的臉——但是有些東西不對勁。我的眼睛看起來和平常差不多，然而我有著黝黑的皮膚和不同的長相。這朵花擴張成了一條隧道，我開始聽見傑德和我弟弟大叫我的名字。對於我看到的事情我感到相當困惑，因為那是我的臉，又不是我的臉。我決定飛過隧道，飛向那些聲音，而不是等著讓野蠻人把我殺掉。

我砰地回到身體，而且我知道自己麻煩大了。我的眼珠不停地上上下下、上上下下，從左上轉到右下，一秒鐘大約兩次。同時我還感到巨大的疼痛，一開始我還不知道，但是當我發現自己用一種奇怪的姿勢倒在地上，我開始尖叫。我試著動一動要把腳趾頭扳正，卻只是讓自己叫得更大聲。我發瘋似地命令傑德把腳趾扳回去，他也照做了——這簡直痛不欲生。然後我大叫：「二十六年！我離開了二十六年！我究竟是怎麼回來的？」他們根本不知道我在說什麼，當我重新取回身體的控制權，我用膠帶把小腳趾和其他兩個腳趾頭黏在一起，然後向他們解釋發生的事情。那時候我不相信有輪迴——雖然這在未來會變成我生活的主要成分。不過，無可否認，我用快轉的速度重新經歷了過去某一世。最奇怪的是，我的眼睛看起來就像現在一樣，雖然那時候我是個黑人。我為這整個經驗深深著迷，但是也知道自己差點就死了——後來我再也沒有試過這個技巧。

大約在這個時後，有些非常詭異的事情開始發生在我身上，每個月會發生一到兩次。我和過去一樣，一早起來準備上學，我去淋浴、穿衣服、下樓、整理書包、吃早餐，最後從側門走出去，結果外面一片漆黑，時間是半夜。「到底發生什麼事？」我回到屋子裡，知道我剛剛陷入了某種意識轉變狀態。我以為我聽見鬧鐘在響，但那是一個幻覺。我所有的動作都以一種機械性的方式進行，我盯著微波爐上的時鐘，但是完全沒有意識到那時候到底是幾點。

這段時期我正在聽滾石合唱團的〈嗎啡姊妹〉（*Sister Morphine*）。當米克・傑格唱「為什麼醫生沒有臉孔」，我的眼前突然閃過兩個「醫生」在我的上方的影像。他們兩個都有著不尋常的大頭以及尖尖的下巴，身體非常削瘦。當他們彎腰看我，我看見他們頭上有三盞圓形燈光，排成三角形。我在美術課把這個場景畫下來，但是我給他們畫了方方的軍人下巴，而不是我看到的樣子，也幫他們畫了寬闊的軍人肩膀。我沒有幫他們畫任何臉部細節，因為在一閃而逝的畫面裡頭，我沒有看到他們的臉。這幅畫畫的不錯，我還因此拿到一個獎，它還放在走廊上展示了一段時間。後來我把這幅畫裱框起來，到現在還掛在我房間牆上（參見圖5）。當母親買了惠特利・史崔伯（Whitley Strieber）的第一本書《ET交流》（*Communion*），我渾身起了雞皮疙瘩，因為這本書封面上的大眼睛生物長得很像我畫的「醫生」，在這本書裡，他們會綁架人類來進行醫學實驗。這讓我覺得毛骨悚然，每次我看到這本書就要把封面蓋住。外星人和方下巴的人類特徵這樣的組合，可能也暗示了軍方人員也是我經驗裡的一部分，這表示「MILAB」的存在，也就是「軍事綁架行動」（Military Abduction）①。但是如果我真的被綁架了，到今天為止，我還是沒有辦法想起任何相關細節。

不過，母親說她有天夜裡醒過來，感覺到房裡有個非常恐怖的邪惡生命體，還看到一個一公尺高的東西安靜地走出去。這個東西有著正常大小的頭，和有著大頭、大眼睛、細長身體的外星「灰人」一點也不像——但這已經讓她非常害怕。一直到十年之後我才開始了解，我的畫也和埃及的「有翼圓盤」（winged disc）有所關連。

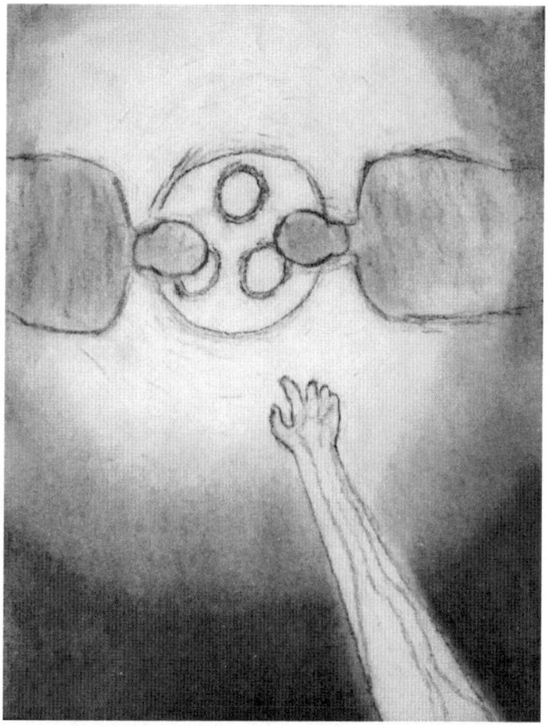

圖5：大衛・威爾科克高中的繪畫，像是ET的生物。

荷魯斯之眼

一九八九年的夏天，有個和我一起抽了幾次大麻的輟學孩子打電話給我，說有個東西我一定得看看，立刻就要去，不然我不會相信他。但是他得帶我去那個地方，我們一起衝到光明路橋（Sunnyside Road bridge），這座橋跨越火車鐵軌，他之前騎摩托車曾經經過這裡。這樣的懸疑讓我心癢難耐，我們走下斜坡——就在那裡，一個巨大的、埃及風的荷魯斯之眼就被畫在橋下的水泥斜坡上，這個斜坡往上一直通到山頂。這幅畫大概有十五公尺寬、九公尺高，用了至少四種顏色的塗料——很多紅色，一些藍色，黑色用來畫紅膜，還有白色作為它的反射。這些顏料相當有光澤，而且還很新，像是剛剛才畫好的，不然就是有人很仔細地在維護它。

要到那裡不是很容易的事，而且這樣的塗鴉需要好幾公升的顏料才可以完成——而且它被畫得完美無缺。誰會有時間、金錢還有精力來做這樣一件事呢？大學生嗎？為什麼？他們到底是著了什麼魔，讓他們願意耗費這麼多心力來製作這樣一件巨大的作品，而且除了列車長，根本沒有人會看見？

我試著使用超感知覺來連結這個作品，結果感覺到不可思議的邪惡與黑暗。我的眼前閃過穿著長袍、戴著面具的人，他們圍繞著火堆在吟唱。可能有一些動物的祭祀，以及奇怪的性交儀式。我發現那裡適合生火的地方已經被整理得乾乾淨淨，就像有人故意把它清理乾淨，想要掩埋證據。突然間我有個領悟，這可能是一個像是《失嬰記》中描述的團體，就是我爸媽在房子對街看到的、用來進行儀式的場地。幾年之後有些知道內幕的人告訴我，這樣的場地就是用來進行邪教儀式的場所。

現在我充滿了恐懼，我迅速地掃視了周圍的樹木，看看有沒有隱藏的照相機，不過放眼望去沒看見什麼特別顯眼的東西。「我們得快點離開，就是現在。」這個輟學生就走在我後面，我們離開之後，都很想知道那個埃及眼睛到底怎麼會在那裡。這個詭異的、崇拜撒旦的邪教，他們安全地躲在橋下生火、進行儀式，和這個圖案有什麼關係？那個時候，我一點頭緒也沒有。埃及宗教和撒旦崇拜應該是完全不相干的兩碼子事。我想，超感知覺給我的那些暗示應該只是我的想像——但是這個經驗在往後幾年一直縈繞不去。我最後才發現「陰謀集團」的主要信仰是「路西法教」（Luciferianism），他們採用了埃及的三位一體，也就是伊西斯、歐西里斯和荷魯斯，做為路西法在地球的主要化身。

譯註

❶ 譯按：Bane有敵人的意思。

IO 水能載舟，亦能覆舟

不管我往哪看，都會看到我們正在毀滅地球的證據。我感到樹木在尖叫，地球本身是活的，而且對我們感到非常害怕。我們就像是一個大型的自殺邪教，最後或許會摧毀這個美麗的存在。

看到荷魯斯之眼不久之後，我做了一個或許是整個青少年時期最強烈的一個夢。夢一開始，我來到山林裡一間美麗的旅館，它被圍繞在白雪和雄偉的長青樹之間。進了旅館，到處都是青少年，每個人手上都有一些強力的藥，有點像是迷幻蘑菇。因為嗑了藥，他們不知道自己在哪，也不知道發生了什麼事。在裡面有個房間，所有的青少年圍成一個圓圈坐著，面對一個平台，上頭有個三十公分寬的金屬球體。有個人站在那裡，穿著黑色、連帽的斗篷，看起來就像死神——不過沒人看到他。所有的孩子都陷入一種完全的催眠狀態，因為那顆球會發射催眠波。

看到那個穿斗篷的人讓我很焦慮，我必須要在他們對我下藥之前趕快逃走，以免變成像其他孩子那樣——我知道裡頭有些人是便衣警衛，他們不會容許這種事情發生，此外所有的門窗都緊閉著。我衝到某個管制區，突然間一切事物看起來都很高科技——我彷彿置身於某種先進的宇宙飛船裡。我看見遠方有個巨大、圓形的電梯，我想我應該到那裡去。就在我試著前進的同時，許多戰鬥機器人開始攻擊我，它們用雙腳走路，有兩隻胳膊，而且非常凶猛。不知怎麼地，我一邊打一邊逃掉了。我似乎找到某種先進的武器，還獲得一些揚升般的技能。

我成功地進了電梯，看到一個操作平台，才知道原來這個旅館是一個巨大地下基地的頂樓，往下還有好幾層樓。不知道為什麼，我知道逃出去的唯一機會，就是要去打敗位於最底層的外星人大魔王。我讓電梯往下，非常訝異到最底層竟然要那麼久。電梯門打開，眼前是一個廣闊的黑暗區域，映入眼簾的只有兩道巨大的、華麗的雕刻木門。它們應該有二十四公尺那麼高，上面刻著許多奇怪的花紋，似乎還布滿了鐵絲網，看來如果沒有得到允許，沒人可以走得過去。我知道管理這個地方的人或是東西就在門後，我鼓足了我所有肉體和精神的力量——我把這道門給轟開了。

我走進一個辦公室，看起來就像白宮，還有一張總統辦公桌。椅子旋轉過來，上面坐著一個像是政客或是資深軍事將領的男人。他穿著藍色西裝，領子上還別著美國國旗的別針，他的頭髮梳得油亮，就像雷根一樣。他承認他們管理著這整個機構，並且用激烈的手段想要說服我加入他們。他們說能夠給我無限的權力以及使用所有先端科技的完整權限。當我拒絕，他就笑了起來，說我一點選擇權都沒有——因為我哪裡也去不了。我心裡知道「自我創造」是唯一的解決之道：我彎下身子，把自己捲起來就像是一顆球一樣，就這樣進入了深深的專注狀態。我離開自己的身體，在身體之外創造了七層光明的能量體——一層比一層還要更大。接著，我把自己的意識注入最大的能量體之中。

突然間，我發現自己在一艘雄偉的太空船上，裡頭有個開放的大房間，房間裡有著長長的、彎曲的牆面，上面都是超級先進的電腦終端機。每個終端機都配備一個巨大螢幕，大約一公尺半寬、一．二公尺高。螢幕上有著全像圖，顏色飽滿，解析度非常高。我坐在我的終端機前面，看到了地球的影像。我可以在地圖上清楚地辨認出剛剛到過的那個地下基地，因為它在螢幕上顯示為一個亮點。在這艘船上，透過科技，我擁有巨大的力量。

我對基地裡所有的孩子說話，把他們傳送到安全的地方。接著我前往這個基地，把它搬走，彷彿它的大小就像顆豆子一樣，然後再把它彈回它本來的地方。因為我的所作所為，地球受到深深的療癒和轉化——就像沐浴在光裡。

當我醒來，我心裡充滿敬畏。這讓我記起兒時的夢，夢中的智慧老人，關於人類大規模進化的訊息，以及我在觀看《二〇〇一太空漫遊》和《二〇一〇太空漫遊》當時的感受，我可以將自己直接轉化為光的存在。這麼多年來，我第一次獲得比童年時期還要多的訊息，有某種異常邪惡的勢力正在控制美國政府——我們必須進化成全新的人類，這是打敗它唯一的方式。那時候，我懷疑這會不會只是個夢，或者它有更多的意義。遲早，這個世界會成為我所做過最為深刻的一個揚升之夢——後來傑德把這一切以連環漫畫的形式都記錄了下來。

露西在鑲滿鑽石的天空中

有天放學之後，我和唐被一部披頭四的黑白紀錄片嚇呆了，裡頭有當時的人服用LSD迷幻藥的復古影像，我們從來沒有像他們那麼嗨過。保羅．麥卡尼在片中說明他最後是怎麼戒了LSD，他說：「LSD能給我們的，我們已經都知道了。」我和唐是《比伯軍曹寂寞芳心俱樂部》的狂熱粉絲，我開始知道為什麼很多人都認為〈露西在鑲滿鑽石的天空中〉（*Lucy in the Sky with Diamonds*）暗中指射LSD，答案就藏在歌名的字首裡。這首歌的歌詞非常詭異，充滿了迷幻的魅力。裡頭有用報紙做成的計程車、橘子樹、橘子果醬天空，還有一個不斷現身的、有著萬花筒眼睛的女孩。披頭四嗑了某些藥——紀錄片暗示，所有的嬉皮都知道LSD非常神奇。我們喜歡聽的兩張憂鬱藍調樂團經典專輯，本身就是關於LSD的完整信息式廣告以及號召工具。

在卡洛斯．卡斯塔尼達的書中，迷幻藥被當成一種接觸靈性意識的工具——我覺得我的母親完全避開它或許是種錯誤。

我的史詩夢境說，我必須在能量體的層次上「自我創造」，這讓我想起一個早就被我遺忘的目標。在小時候，我總是希望能夠再獲得另一次出體經驗，但是這個希望從未成真，或許這個夢是我獲得另一次出體經驗的關鍵。拉爾斯是圖騰公社的一個嬉皮，曾經有服用LSD過量的經驗，我找了很多像他一樣吃過LSD的人聊天，先去了解有哪些事情最好要避免。基本的原則就是，對於你沒吃過的新東西一次只吃一點點，這樣就不會有問題。那時候我從來沒想過，夢裡被關在旅館的那些年輕人，一開始就是吃了某種迷幻藥。

我和唐還有小亂，每個人都從淺藍色的LSD吸墨紙取了四分之一來吃，那是我從「感恩至死」樂團（Graceful Dead）最新的演唱會弄來的，他們在一九八九年七月九日和十日在紐澤西巨人隊的主場表演。每次只要「感恩至死」樂團到附近巡迴，就會有人開始賣迷幻藥，他們買進塊狀的LSD，然後再用更高的價錢轉賣出去——一錠大概賣個三至四美金。我們吃了四分之一片之後，十五分鐘很快就過去了，但是什麼事情都沒有發生，所以我們每個人再吃了一片，不過十五分鐘之後還是一樣。我們得到一個結論，這些藍色的藥是假貨。我們不想錯過任何讓事情發生的機會，所以又吃了另外買的一種粉紅色叫做「聲波」的迷幻藥的一半。傳說只要你吃了它，你就會看見聲波飄盪在空氣之中。十分鐘過去，奇怪的事情真的開始發生了。

我在房間裡吞雲吐霧，我媽突然朝樓上大叫：「大衛，晚餐煮好了，你的朋友們必須離開了！」我最害怕的惡夢成真了，LSD的效力很有可能在我吃晚餐的時候發作，因為我吃下去的兩種藥，至少有一種是真的——而這是我第一次吃這些藥。我走下樓，母親在桌上擺了大概十來碗各種食材，用來配墨西哥口袋玉米餅吃。我想到我忘了尿尿，所以就衝回樓上，一起解決。當我站在馬桶前面，我的心臟猛烈地跳動著——藥效來了。像是被閃電打到，我的視線一片漆黑

——但我的眼睛張得大大的。這種感覺就好像有人用遮光簾遮住了我的視線，實在是非常恐怖。

我試著穩住，才不會尿得到處都是，但是我的視線越來越模糊。現在，所有的東西看起來都像是泡在水裡，我把這稱之為「游泳池幻覺」。到處都是閃爍的光點，顏色比一分鐘之前還要強烈許多。我覺得身體變得十分古怪而扭曲，我走向樓梯，知道自己正在經歷強烈的幻覺。整個樓梯看起來不斷地延伸，一下打開、一下關起來，一下窄、一下寬，每秒都在變化，就像是活的一樣。光點往這條隧道的底部噴射過去，我完全嚇呆了，不敢相信自己要走下去，但我還是做了決定。我用雙手撐住兩邊的牆面，確定它們不會關起來把我壓扁。每個台階都以一種讓人覺得想吐的方式上升和下降，不過一旦踩上去，它們就會穩定下來，我就這樣慢慢下樓。當我終於走到最下面，我有一種感覺，我得幫自己「創造」出前面的地板，不然我就會踩空——所以我準確地計畫好踩出每一步的時機，在真的踏出腳步之前，先在腦海裡把這一步視覺化。

好不容易走到餐桌，但我整個人簡直就是一團糟。我腦子裡的每一件事情都高速運轉，這使得正常人類對話的速度變得讓人難以忍受的慢。我坐在餐桌前面，但是根本沒辦法把手抬起來，我得把手抬起來才能做墨西哥口袋餅，表現出一切正常的樣子。母親把一塊口袋餅放到我的盤子裡；它還是溫的，所以餅皮開始慢慢塌下去。它看起來就像一張活的嘴巴，想要吃掉各種餡料。我使出了巨大的努力，像機器人一樣舀了一湯匙的牛肉，讓它掉在口袋餅中間，接著又灑了一些切碎的切達起司。所以現在我的口袋餅中間有一顆直徑大約二．五公分的小肉球和起司。

就在這個時候，我被可怕的幻覺襲擊。肉和起司變成某種像是蝦子的甲殼類生物，它們在殼裡要死不活地痛苦扭曲著，還瞪著我瞧。我沒法控制，直覺地對它們表現出畏懼的樣子。現在我變得非常多疑，我母親和弟弟的對話充滿了不可思議的緊張，有著非常耐人尋味的停頓，以及許多弦外之音，他們似乎知道我因為嗑藥而變得一團糟——所以他們覺得非常沮喪。這種狀況一直持續下去，彷彿永恆一樣，所以我決定離開那裡——而且是立刻——小時候如果我覺得身體不舒服，我的父母會同意我離開餐桌。在吃了大概半小時之後，我試著為接著要說的話做計畫，包括字眼、語調還有表達方式，讓它聽起來盡可能正常一點。「媽，我人不太舒服，可以先離開嗎？」她說：「當然。」我逃到地下室，那邊有一支電話。我打給唐，跟他說：「兄弟，我嚇呆了，你們最好快點回來這裡。」當我和他講電話的時候，牆壁很顯然在呼吸，彷彿我在什麼奇怪野獸的肺裡。我媽的麥克風架就像海裡的水草，前前後後地搖晃。我覺得自己在鯨魚的肚子裡，這一切都是從我下樓的時候開始的，樓梯就是牠的嘴巴，催促我下樓的閃光就是牠的口水。不知怎麼地，這一切都很合理。唐答應我他們很快就來，我知道他身上也發生了類似的事情。我走上樓，但沒辦法回到房間——我頂多只能走到客廳的沙發上。燈罩現在成了令人目眩神迷的風景畫：三角形裡頭還有螺旋的三角形、城堡、可以飛過去的高山，還有可以在腦子裡玩的、《巨蟲入侵》（*Centopede*）風格的電玩遊戲。我媽過來和我說了再見就出門練團了，沒多久我的朋友也來了。之後狀況稍微好一點，但是這樣的經驗仍然讓人感到相當不安。

回想起來，還是有一些稱得上有趣的片刻，所以我們決定再試一次。這一次我們做了萬全的計畫，當藥效發作以後大約會有十二小時一點力氣都沒有，我做好安排讓我可以不用應付我的父母。我知道「高峰」時間大約在服藥後四十五分鐘才會開始，在那之前，看起來什麼事都沒有。當藥效開始發作，所有不舒服的症狀都來了——我的整個身體都在顫抖，覺得非常焦慮，胃痛，某些種類的ＬＳＤ還會讓我的關節嚴重痠痛，時間變得極為緩慢，還有許多我無法控制的強迫性念頭。我的腦袋會同時困在四到五種思考迴圈裡頭，它們以不同的速度一次又一次重複，完全停不下來。

你無法完全避免「地獄之旅」（bad trip），身在其中，你會經歷前所未有的恐懼。

另外一個勉強可以拿來和「地獄之旅」比較的經驗，就是我差點死在瑞克的船上那件事。任何「地獄之旅」都比那個經驗還要糟糕許多，即使在現實裡什麼事都沒有發生——但是就心理時間而言，它持續得非常久。有幾次我躲在角落，自己一個人，動也不敢動——我覺得自己如果沒有完全靜止，或是暫時停止呼吸，就會被看不見的惡靈消滅。服用LSD造成的恐懼比我經歷過的任何事情都還要嚴重，在這之前，我不知道自己可以害怕成這個樣子。我和所有朋友分享了一句名言：「一個沒辦法承受『地獄之旅』的人，不能算是真的大人。」就我而言，我完全沒辦法阻止「地獄之旅」發生，每一次我吃了LSD，總會產生一些特別嚇人、特別可怕的片刻——而且似乎沒完沒了。事後我會和朋友一起回想過程當中比較有趣的點，然後再嗑一次，最後總會來到同樣的地方，然後問自己：「天知道為什麼我還要再來一次？」

我聽過一些嬉皮口號，像是「心態和場景，老兄，一切都有賴於心態和場景。」意思就是如果你在對的地方做這件事，有著正確的心態，你就會獲得正面的體驗。「它只是放大原本就在那裡的東西。」在今日世界，誰的心裡沒有藏著有待療癒的惡魔呢？當它們集中火力一起衝向你，比任何時候都還要強悍，會發生什麼事呢？我還聽過有人說：「純的酸，老兄，不可能有純的酸。」就我來說，不管我買的「酸」[1]有多「純」，我從來沒有體驗過徹頭徹尾的「天堂之旅」——我也試過其他迷幻藥，像是迷幻蘑菇。

面對無法想像的恐怖，時間總是會變得特別長。我只能希望整個人陷入顫抖的恐懼時間可以減少一些，這就是為什麼很多人只試過一、兩次，然後就再也不碰了。這很顯然是拉爾斯後來會變成那個樣子的原因，如果劑量太大或是藥效來得太快，你所經歷的痛苦可能會永久或半永久地損害你的心理健康。

每次我吃迷幻藥，就會陷入和地球有關的思想迴圈，我把它稱之為「生態之旅」。不管我往哪看，都會看到我們正在毀滅地球的證據——我無法忽視它們。我完全沒辦法再忍受電視：那些面帶微笑的銷售員、行銷用語、華而不實的廣告詞，要你「現在就買」等如此恐怖、決絕的語調，就像是童話魔笛手的笛聲，領著我們跳下懸崖，走向人類的末日。「三種分期付款方案，只要一九・九五元。限時搶購，要買要快。現在就拿起你的電話！」我聽見討厭、恐怖、不協調的低音和配樂混在一起，邪惡的感覺排山倒海而來，三十秒鐘的廣告就像是一輩子的折磨。

我感到樹木在尖叫，地球本身是活的，而且對我們感到非常害怕。我想到我在橋下看到的荷魯斯之眼，因為LSD的藥效，一元美金紙鈔上金字塔的全知之眼變成了一個黑暗的漩渦。它看起來就像是從那隻眼睛發散出來的能量龍捲風，撼動了圍繞著我的整個房間——這真的非常嚇人。我知道我們就像是一個大型的自殺邪教，最後或許會摧毀這個美麗的存在——因為先天的機制，地球只好被迫後退一步，只能希望上頭一些最好的人可以幫忙改變現狀。

一直以來，有很多人叫我試試「死藤水」（ayahuasca）或是其他藥物，他們說：「哦，這跟LSD一點都不像。它更好、更深刻、更充滿靈性意義。既然你已經戒了好幾年，一定會有更好的體驗。」但是當我就過程中發生什麼事問他們一些細節和特定問題的時候，我就知道他們都進入了一種迷幻空間，那是一種瀕死經驗——就像你在發燒的時候，因為大腦嚴重過熱，生命受到威脅，因此就生出了一些幻覺。有些真的非常奇怪而又詭異的事情會發生在你身上，但是就像保羅・麥卡尼說的，迷幻藥已經給了我所有它能給我的。在藥效過了以後，我會變得極度虛弱無力，而且總是會產生讓我動彈不得的背痛。我的脂肪細胞也會有LSD的殘留，這會讓我的腦袋偶爾閃過一些幻覺，像是在做運動的時候，或是抽大麻的時候——所以我永遠不會知道如果我繼續下去，到底還有哪些事情會發生在我身上。

這件事情給了我一個啟示，那就是我們正在毀滅地球，要解決這個問題，住在地球上的人們必須阻止這些作為。

真實世界裡沒有我夢裡的智慧老人這種喜劇角色，只要揮一揮魔杖就可以解決所有的問題。我們必須採取行動，這是我們的世界，我們必須為了它的存在而奮鬥。這也讓我開始覺得我身邊的人都是被洗腦的僵屍，每個人都看不見他們最害怕的事。當他們看到一些證據，知道我們離自我毀滅有多近，就會直接昏厥過去。沒有人願意承受痛苦，即使只有「地獄之旅」百分之十的痛苦。他們願意做任何事情，比如說全然地把負面的經驗從記憶中抹去以避免痛苦。藥物和酒精幫助他們保持麻痺——就這點來說，我也有罪。只要藥效開始發作，就算是十分鐘前才發生一件讓我極度沮喪的事，我也不會記得。但是，一旦回到現實世界，問題只是變得更嚴重，因為我完全沒有處理它。這樣下去，我變成一個非常內向、害羞到無法行動、多疑而且恐懼的人。

一九九〇年一月一日——新年的最初幾個小時——一個我從一年級就認識的女孩子死於一場可怕的車禍。她和幾個其他學校的孩子開一部車，他們全部都喝醉了。警方的調查報告指出，當車子撞上莫霍克大道一座橋附近的水泥牆，時速是一百六十公里。更糟的是，警察到達現場的時候她還在尖叫，她被活活燒死，警察也救不了她。這給了我們很大的震撼——這件事情以一種嚇人的方式提醒我們，我們的肉體並非永垂不朽。我想著這些年來和她談話的片刻，但她已經不在了。這件事情太可怕，所以大家沒多久就把它忘了——就像我們刻意忽略那些看來好像不可能但實際上威脅著地球所有生命的訊息。

感恩至死

一九九〇年三月二十四日，我和父親、他搞笑的朋友瑞克還有我小弟，一起到尼克博克體育館（Knickerbocker Arena）去看「感恩至死」樂團的演唱會，出發之前我吃了一整袋足足有八盎司的迷幻蘑菇。我心想，既然每個人在「感恩至死」的演唱會都會吃迷幻藥，我應該不會有事——但是我很快就明白，當我的父母其中一個在場的時候，嗑藥是很爛的主意。我決定再等一下，一直到上了車，我才開始把這個味道很奇怪的東西放到嘴裡。麥可看著我吃，一開始還以為我在吃糖果。我騙他，說我沒吃什麼東西，不過這樣他就知道我在嗑藥。這個味道讓我想到三天沒洗、發霉的臭襪子。它吃起來很乾，所以我得一直嚼才能把它吞下去。開車到奧爾巴尼大概要一個小時，進場之前，我們停在披薩店休息一下，這時候藥效開始發作——非常強烈。

那時候瑞克講了一個超好笑的笑話，我披薩上的起司突然活了起來，滑到桌子的另一邊。我試著不要表現出驚嚇的樣子，但是沒有辦法，還好大家的笑聲掩蓋了這件事。接著我望向廚房，看到一個穿著藍色T恤和髒兮兮白色圍裙的傢伙，他把一支烤肉叉插進一隻活跳跳的老鼠身上。當他把烤肉串放到炸鍋裡頭，這隻老鼠的四肢、尾巴持續地陷入死亡的痛苦震顫。每件事物彷彿都在穿過某種半透明的濾網，它由波浪的幾何圖案和光點所構成。顏色實在是太亮了，我覺得非常不舒服，同時很怕我爸會發現我嗑了藥。

當我們起身要離開，我看見一個完美的、真人大小的塔羅牌「隱者」——一個留著鬍子的男人，穿著灰色連帽的長袍，手上拿著一根枴杖和一個燈籠——就站在我爸旁邊。我看他看得清清楚楚，可以辨認出他袍子上粗糙像是麻布的紋路。這就像是一個死亡預告，讓我覺得更糟。另外還有一個濃眉大眼、像是地中海人的傢伙，他和朋友坐在一起，眼睛瞪著我瞧，但是他的臉亂七八糟的，一隻眼睛比本來應該有的高度還高十到十二公分，長在額頭上，而另外一隻眼睛則是長在臉頰下面。我直視著他，這個畢卡索風格的影像突然停住不動，他看著我，顯得非常害怕，我知道或許我的臉在他眼裡看起來也是那個樣子。我對他點點頭表示理解，讓他知道我知道他在想什麼，還有讓他知道他看起來也很怪。一進到體育館，我就想要尿尿，但是廁所裡的馬桶融化了，然後消失了——幾秒鐘以後才又出現。在演唱會現場，我看到擴音器朝著觀眾的方向融化，形成了一個巨大的黑色湖泊，吞噬了每個人。回家之前，我的迷幻之旅持續了好幾個小時，回家之後，我一直到天亮才睡著，這也是一個無法避免的副作用。

後來我還是有吃迷幻藥，但是我在用量上非常小心，避免讓自己看到「全視覺的幻象」。「地獄之旅」的作用力實在是太高了，我不敢完整地體驗一次——雖然只吃少量的迷幻藥也不會讓我好過到哪裡去。

清明夢

從我開始服用ＬＳＤ之後，我就希望自己可以獲得完整的、經常性的出體經驗——旅行到另一個實相。沒多久我就知道，ＬＳＤ不是答案，它沒辦法促成這件事。我不斷嘗試，想知道我能不能獲得「天堂之旅」，但是即便如此，我依然知道自己還在身體裡，還在這個現實中，然後覺得很糟。幻覺很奇怪、很可怕，但是當我回想我飛出自己身體的那個晚上，我就知道我還沒成功。幸運的是，我在書店發現了史蒂芬．賴博格（Stephen LaBerge）博士寫的《清明夢》（*Lucid Dreaming*），副標題是「如何在夢裡保持清醒和覺知」。賴博格博士教導一種技巧，稱為「清明夢記憶誘發法」（Mnemonic Induction of Lucid Dreaming，簡稱ＭＩＬＤ）。首先，你得試著記住你的夢，而且當你醒來的時候，身體不能有任何動作。你要問自己，剛剛你在哪裡，正在做什麼。接著，你要在腦袋裡重播你的夢，一次又一次。這時候，想像自己發現了一些奇怪、不可能的細節，然後知道自己正在作夢。賴博格博士解釋，每次你看著某個東西，先把頭轉開，再重新看一次，如果這是一個夢，你看的東西會變得不一樣——這是發現自己是不是在作夢最好的方法。

這麼做的時候，你還要在心裡重複同樣的句子，盡可能把某些意義和感覺帶入這個句子：「下一次當我作夢的時候，我要知道我自己正在做夢。」接著，如果你夠幸運的話，你會繼續睡你的覺，然後發現，當你還在說那些話的時候，你周圍的每一件事情都變了。

這個時候你就可以測試看看，環境是不是改變了，有沒有出現一些不可能的事物——如果你發現某些東西不一樣，那麼你就是在一個清明夢裡面。最棒的是，一旦你發現自己處於這個狀態，你在夢裡就會成為一個全能的神——包括飄浮術和隔空取物。你可以在真實的時間裡、清醒的生活中，直接體驗揚升——這真是非常神奇。

我花了很多時間讀賴博格的書，了解這個技巧，然後練習它——試了幾次以後，我得到了很棒的結果。我可以在天空飛翔，穿牆而過，旅行到任何我想去的地方，還有用意志力舉起龐然大物。我獲得了一種快感，那是我吃過的任何毒品都比不上的。這件事情第一次發生的時候，我發現自己站在房子的前門，就在我迷失了二十六年、身為黑人的那個時空。現在，天花板垂吊著一個裸管式的燈泡，看起來明顯不太一樣。有個黑人男子坐在那裡，全身都汗濕了，並且因為某些事情極度沮喪。這個燈泡已經破掉了，但是燈光依然從上頭流洩出來。我知道如果燈絲周圍的玻璃破了，燈泡是不可能發光的——突然間我就變得清明了。這是一個非常美好的體驗，我跑到外面，飛到房子上面，看看樹和屋頂從上面看起來是什麼樣子。

做了一次清明夢之後，我就入迷了。我知道我可以去任何我想去的地方，做任何我想做的事，還有創造任何我想創造的東西。在第二或第三次的體驗當中，我發現自己身在一處美麗的牧場，我變出一個很大的紅色穀倉，裡面裝了快要滿出來的大麻。我走向穀倉大門，打開它，結果被一堆有著甜甜香氣的大麻幼芽給撞倒。接著我又變出一個十五公分的沙拉碗，我在它的底部挖了一個洞，接上一支彎管，然後再變出一個吹管。我把它裝滿大麻，然後用力抽一口——但是沒有因為這樣變嗨，在醒著的世界裡這麼做總是會讓我很嗨。

還有另外一次，我創造了一部充滿未來感的汽車，然後開車去兜風，這部車子能夠以一種你在現實世界裡無法想像的速度前進。每一次的經驗都非常美妙，完全真實，而且在某些情況下可以持續到一個小時。我會飛越窗戶，探索建築物，看那些看不到我的人，這實在是太不可思議了。我必須找到足夠的時間可以讓我多睡一點，所以通常在週末才練習——結果相當不同凡響。

有一次作清明夢的時候，我試著把發生的事情都記錄下來——令人吃驚的是，我寫的竟然是標準的法文。在現實中，我的法文沒有那麼好，但是在夢裡一切都很自然，而且我知道自己的法文沒什麼錯。不過，作清明夢的時候，我的思考不一定很靈光，但是在那個夢裡，我希望自己可以把寫下來的東西帶回現實世界。當我醒來，想也知道，它們都不見了。在另一個夢裡，我來到一家當地的藥妝店大顯神威，讓一大堆垃圾桶飄起來，然後讓它們環繞著彼此轉動，像是電影《ET》的擴充版本。每次我都會試著找人說話，展示奇蹟給他們看，讓他們知道我們在夢中，所有的東西都不是真的——不過這麼做總會出現一些狀況。他們一開始還會聽我說，不過接下來他們就像是被什麼力量抓住，突然間腦筋變得一片空白，然後走開，好像不知道我剛才在說什麼。這發生在他們看著我把垃圾桶飄浮起來的時候，感覺相當詭異，顯然我沒有辦法完全控制夢裡的環境。

至少在其中兩個夢裡，我到處飛行、探險，結果被吸進非常先進的太空船裡。站在一片巨大的觀景窗戶前面，有個穿著長袍的人跟我說話，窗戶外面飄過幾艘你無法想像的神奇巨大太空船。賴博格博士的書指出，你在清明夢裡看見的所有事物都出自你的大腦，沒有一個是真的——因為他是科學家，所以我想他應該是對的。因此，當我發現自己在這些神奇的飛船裡頭，和那些長得像我兒時夢境中的長袍智慧老人說話，我認為他們只是我潛意識裡的產物。我會直接當著他們的面說他們不過是幻覺，而他們只是客氣地笑一笑。他們總是對我很好，並且鼓勵我繼續練習這個技巧。

他們還恭喜我減重成功，告訴我，我有完全地轉化自己生命的能力。

他們誇獎我做過一些幫助別人的事情，還告訴我，在他們的世界裡，這才是真正重要的事情。他們之中沒有人調侃我，或是要我停止嗑藥。即使這些夢境如此逼真，我依然不認為它們是真的，所以當我從這樣的經驗醒過來，我總是會笑自己做了這麼「奇怪的夢」，然後說「我的潛意識充滿了栩栩如生的想像。」在一九九六年，我已經可以用心電感應和太空船上同樣一批人進行直接溝通——我這才發現這些夢境原來那麼真實，這真的讓我非常吃驚。他們後來開始上門服務，出現在我弟弟還有另一位接受我靈性諮詢的客戶面前，以此證明他們真的存在。

撞到頭

在「感恩至死」的演唱會之後，一個跟我不太熟的傢伙打電話給我，問我要不要去參加布萊德的生日派對。我覺得很受傷，因為布萊德根本就沒有跟我說過這件事。我和唐混進派對裡頭，不過布萊德也不想解釋為什麼沒有邀請我們。派對上大概有四十或五十人，包括許多我從來沒見過的孩子，喝著一桶又一桶的啤酒。我決定要像他們那樣喝酒，沒多久我就喝了四、五杯用索羅牌（Solo）塑膠杯裝的啤酒。抽大麻的人都在地下室，這就是為什麼布萊德前一天還問我可不可以借他那支大型的紅色雙室水菸斗的原因了。我抽了一大口簡直要把肺炸掉的大麻，結果就暈過去了。我不知道自己往後倒，但是依稀記得我的後腦杓就像籃球一樣彈到水泥地。接著的幾秒鐘就像幾世紀那麼久，我的眼前擠滿了六張看起來很擔心的臉，他們大聲叫我，聲音聽起來就像是從六公尺長的瓦楞紙捲筒另一端傳過來的。

我花了一點時間才恢復完整的意識，不過我肯定有腦震盪，我站起來，繼續喝酒、抽大麻，就好像什麼事都沒發生一樣。我喝得太醉，當我走到廁所要站著尿尿，褲子卻一路往下掉到腳踝，我只好靠著牆壁以免跌倒。

就在那個時候，班上的搞笑傑瑞衝進廁所——開始大笑和歡呼。於是故事變成我「站著暈過去」，雖然我的意識還很清楚。

地獄般的代價

在這件經典的糗事之後，因為我瘦了很多，所以鼓起勇氣和布蘭達聯絡。我跟她說我們有一個樂團，還有派對的事，雖然我們已經幾個月沒練團了。我給她我父親家裡的電話號碼，跟她說我週五晚上都會在那邊，所以她就打過來了。我在我爸的辦公室翻來翻去，想要找一張紙把她給我的電話號碼抄下來，之後我們就繼續聊天。掛電話以後，我發現自己把她的號碼寫在傑夫·海利合唱團（Jeff Healey）最新專輯《地獄般的代價》（*Hell to Pay*）的傳單上，內容是宣傳將在一九九〇年五月二十五日發行的這張專輯，傳單上頭是一把著火的吉他。我和布蘭達的談話其實有一點奇怪，我有個強烈的感覺，如果我真的跟她在一起，她會不斷地挑釁和利用我。傳單上似乎就寫著答案——我得付出地獄般的代價。她之前交往的對象，就是在國中時候，某一次打架被我推到七張桌子之外的那個傢伙，他們後來就分手了。

那次聊天之後沒多久，有個孩子打電話給我父親，騙他我在某次買毒品的時候欠了他一大筆錢，還說如果我不付帳，就要殺死我和我爸。這給了我的父親很大的刺激，他本來就很愛管我，現在變得更嚴重。每次我和我爸見面，他都要針對我的成績和整體生活方式，花上十五分鐘，用一種非常激動的態度教訓我。他根本不管我到底做了什麼，但是每次我們見面都要來這一套，一個禮拜四次。偶爾他在開車的時候會突然變得很沮喪，我們只好靠邊停車。我的生活本來就已經不太容易，他的態度讓事情變得更困難。我被困在我爸、我媽還有同學之間，我覺得自己的生活就是個監獄——唯一的救贖就是變得更加頹廢。

一九九〇年七月五日，我到尼克博克體育館看羅伯·普蘭特（Robert Plant）的演唱會，演唱會結束以後我到後台，想要對他的《躁鬱涅槃》（*Maniac Nirvana*）專輯表示支持①。要到這個體育館的後台從來都不是一件容易的事，不過這一次警衛直接就放我們進去了。整個房間擠滿了廣播電臺比賽的獲勝者，他們獲得了可以和偶像見面的難得機會。我站在門邊，看著這狂亂的景象，普蘭特就站在那裡——離我只有〇．九公尺之遙。每個人都盯著他，這是我第一次和真心崇拜的樂手見面。他身邊有個禿頭、留著黑色鬍子的矮胖傢伙，這個傢伙對他說：「你覺得呢？」普蘭特回答：「我一定會被榨乾。」他們轉過身，然後就離開了。我試著表現出冷靜的樣子，不要打擾他們——但心裡還是覺得自己錯過了這輩子的大好機會。唱片公司顯然發出了太多張後台通行證，雖然每個人都想對羅伯表達他們的愛，但是那麼多人都想要獲得他的注意力，一定會讓他招架不住。又一次，我親眼見證名氣可能會讓人極度心煩意亂，即使對最老練的明星來說也是一樣。

十字路口的死亡一瞥

一九九〇年八月二十七日，傳奇的藍調吉他手史蒂維．雷．沃恩（Stevie Ray Vaughan）告訴他的團員，他夢見目睹了自己的喪禮。那一晚對他而言相當重要，他和他的樂團是「阿爾卑斯山谷劇院」（Alpine Valley Music Theatre）一個演唱會的特別來賓。艾瑞克．克萊普頓（Eric Clapton）、巴迪．蓋伊（Buddy Gay）和羅伯特．克雷（Robert Cray）等人都到場演出。我的父親為了他正在寫的一本書，也要到那裡訪問巴迪．蓋伊和其他人。演場會結束之後，主辦單位安排了兩架私人直升機，讓這些樂手遠離洶湧的人潮——我父親也受到邀請。就我們家裡人知道的，我爸也會搭乘其中一架直升機。

直升機沒有在預定的時間到達，當第一架直升機終於來了，克萊普頓的團員先上去。史蒂維等得不耐煩了，他的兄弟吉米和吉米的太太康妮，讓史蒂維坐上這架直升機的最後一個座位。在飛了大概八百公尺之後，史蒂維搭乘的直升機撞上了一座滑雪場的斜坡，當場所有的人都死了

②。我爸在前一天和史蒂維做的專訪，成了這位樂手生命中最後一個專訪。

墜機的消息公布以後，我們才知道我爸在最後一分鐘決定要訪問羅伯特．克雷，因此推掉了搭乘任何一架直升機的邀請。我在「感恩至死」演唱會看到的蓄鬍隱者，可能就是死亡天使（Angel of Death）的象徵，他以星光體的形式出現在我面前——我的父親很幸運地逃離了他的掌握。這是另一次讓人驚訝的提醒，我們並非不死之身——我感覺得到同一個老隱者也在追逐著我。他總是在附近，等著領取他的戰利品。

暑假的時候，布萊德、克里斯和小亂要我每天和他們一起抽大麻，因為我媽的週末禁令已經沒有用了，不過我也不需要有人說服我抽大麻。我在一種非常荒涼的心境中升上三年級，雖然我之前變成一九九〇年畢業班眼中的「酷」小子，但是現在他們都畢業了。我已經減肥成功，也參加了很多派對，但是班上大部分的同學還是把我當成怪胎。我的體重因為節食減輕不少，但是我的皮膚因為嗑藥顯得黯沉而又蒼白，眼睛下面還掛著嚇人的黑眼袋。我和父母之間的衝突幾乎是無時無刻都在爆發，我每天都在抗爭、辯駁還有道歉之中度過。我每天都穿著向全天下昭告我會嗑藥的襯衫到學校——比如明亮的彩色紮染襯衫，上面有「感恩至死」樂團的跳舞熊圖案，及充滿不同形狀、大小和色彩的圓圈。好不容易又撐過一天，回到家裡也不會好過一點，所以下課以後抽大麻成了我的例行公事。我開始在上學前也抽一下，很快我就發現，如果上學前有哈草，我的一天就會好過一點，如果沒有哈草，那天就會過得很糟。不過，每天上第一堂課「計算數學」的時候，我根本就神智不清，我得偷看隔壁的同學，才知道這堂課到底在上什麼。

你不可能什麼都贏

現在我修法文課已經滿五年了，我是我們這個年級法文講得最好的人之一。所以當我在課堂上和一個漂亮、紅髮的法國交換學生比鄰而坐，我有很大的優勢。

我開始用法文和她交談，一切看起來都很棒。有一天下課，她很快就起身離開，把她小小的粹革筆袋忘在桌上。我抓著筆袋追在她後面，想把筆袋拿給她。這是我們第一次在走廊講話，她提到畢業舞會，說還沒找到可以一起去的舞伴。

就在那一瞬間，我的恐慌症完全發作——應該是LSD的幻覺又閃過我的腦袋。我的腦袋充滿了多疑的、無限迴圈的念頭。雖然我已經減掉許多體重，但是對於多年以來受到的霸凌、還有別人批評我一無是處所造成的痛苦，我並沒有做任何事情來療癒它。我沒有時間好好地來思考這些問題，而且她已經講完話，我得說幾句話以示回應。我覺得自己大概誤會她的意思，她應該不是在約我一起去舞會。我覺得如果我真的問她要不要一起去，結果她說不要，我大概會因為被拒絕而崩潰想死，我沒辦法處理這種事。而且我對畢業舞會也沒什麼好感，我覺得入場費太高了——如果我有錢，我寧願拿去買大麻。唐就抱怨過這件事情很蠢——「花一百二十美金去吃冷掉的雞肉」，因此盡可能避免畢業舞會是我的信念。現在我一定得說些什麼了，但是我覺得非常恐慌，我沒有辦法鼓起勇氣問她。「啊，這真糟糕。」我跟她說，「希望妳可以找到人一起去。」

隔天，她完全無視於我的存在——很快我就知道，她真的很生氣。她再也不想跟我講話，一副我就是她見過最爛的人神情。最後她找到一個長得跟我很像的人陪她去，每個人都知道他們兩個要一起去舞會。這件事讓我覺得好痛苦，在之後的幾個禮拜，它還是在我腦海裡揮之不去。這是我第一次感到毒品嚴重地擾亂了我的生活，我總是告訴我的朋友，一旦我找到我的真命天女，我會很樂意把藥戒掉，而真命天女真的出現了——但是我的內心太殘破，因此錯過了這個機會。

對我來說，揚升過程的主要工作就是誠實地面對自己的問題，然後勇敢、堅強地去處理它們。因為追求女性完全失敗，讓我在大學的時候突然懂得了這樣一個說法：「種瓜得瓜，種豆得豆」。

如果你沒有勇氣奮力一試，你永遠不會知道試了以後，生活會有什麼樣的新變化。療癒是一個極度困難、痛苦的過程，它迫使你回頭審視最初的傷口——並且看清它們如何在當前不停地反覆出現。為了好起來，你必須面對生命為你帶來所有艱難的挑戰。大學時期我的另一句名言是：「靈性成長是最困難的事——不過也是最值得的事。」

盒子危機

有一天放學以後，我和一群不太熟的人一起嗑茫了。其中兩個人是背景很差、無惡不作的輟學生，另外兩個是他們的女朋友。我們有兩碗大麻傳來傳去，所以有時候我會一次拿到兩支菸管——然後我就一次抽兩支。回家的路上，我的腦子又閃過了LSD的幻覺。我站在街上，看著所有的房子排在兩側的路上，還有垃圾桶排在房子前面。我突然想到，我根本不認識住在裡面的人，他們就在那裡，在我周圍，但是我們每個人就像孤島一樣過自己的生活。

每個人都住在盒子裡，他們會坐進一個盒子，把它開去另外一個盒子，然後在盒子裡頭工作——辦公室隔間。然後他們回到盒子裡，再把它開回去第一個盒子，接著再打開另外一個盒子，裡頭有舞蹈和彩色燈光，他們稱之為「娛樂」。他們從盒子裡取食，把垃圾丟到另一個盒子，然後睡在盒子裡。當他們死掉，他們便永遠地睡下去——也是睡在一個盒子裡。所有的盒子都排在一起——房子和垃圾桶——對那些眼睛可以看見的人顯露出真相。祕密就大剌剌地藏在光天化日之下，我覺得這是自從地心引力被發現以來，最偉大的一個新發現。

當我走進家裡，在餐桌前面坐下，看著時鐘，這個領悟依然十分沉重地打擊著我。那時候藍色冷光的數字顯示著三點三十三分，就在那個片刻，我的意識突然有了劇烈的轉變。我感覺到耳朵內有一種不可思議的、波動的壓力，像是某種次音速頻率。現實似乎突然被打住，變成某種像是能量的東西。我覺得自己飛過自己的身體，到了餐桌上，這樣的感覺很清楚，我同時存在於兩個地方。當這個不可思議的經驗發生的時候，時鐘上的三點三十三分就在我面前閃爍，似乎這些數字本身在剛剛發生的事情中，有著獨特的重要性。那時候，我還不明白——不過這是我首次感受到「數字共時性」的重要體驗，我會在最奇怪、根本無法預期的場合中，看到重複的數字模式。當我後來覺醒，這樣的事情一天會發生四到五次，成為生活裡的一個主要成分。共時性帶給我一個訊息，那就是我並不孤單——我有強大、正面的靈性朋友，他們會在生命的路途上引導我、幫助我。

有一次我的油門卡住了，車子在路上毫無目標地加速前進——而我的靈性朋友保護了我。不管我多麼破碎、受傷、看起來一點希望也沒有，有個偉大的力量在照顧著我、護衛著我。不過，在祂能夠現身之前，我必須將自己從個人的地獄拯救出來。在我後來終於決定要好好照顧自己之前，我還必須再往下墮落得更深一點。

譯註

❶ 譯按：ＬＳＤ的別稱。

II 寫下第一部小說

「小說的主角是一個人類學家，有一天他去探勘一個據說是幽浮墜落的地點，結果發現了一個長得像大腦的仙人掌，就長在隕石坑裡……」我不知道自己寫的東西有什麼深層的意義——雖然它和我小時候作的夢有異曲同工之妙。

醜陋的真相是，現在為了支持我們共同的嗜好，唐花的錢比我還多。我每個禮拜只能貢獻十塊錢，其中包括五元的零用錢和每天從餐費省下來的一元。唐現在在麥當勞當經理，一個禮拜要工作好幾個小時，他幾乎沒有時間作功課，所以成績很慘。有天晚上，他在工作的時候嗨起來，踩到一塊麵包滑倒，整隻右前臂直接甩在烤爐上。結果他的手臂嚴重燙傷，必須包紮起來，裡頭還有許多超級大水泡——接著三個禮拜他都不能上班。後來他辭掉這個工作，改做電話行銷。他的公司每隔半年到一年就會改名字，慫恿老人家捐錢給收容所裡頭那些有肢體障礙的孩子，為他們舉辦一場魔術表演。一旦你捐了錢，即使你拜託他們把你從名單上劃掉，他們還是會不停地騷擾你。唐每天放學以後就做這個，這個工作實在很糟，因為接到這種電話的人都不太高興，還會掛他電話。他跟我說，我必須自己賺自己那一份，不能再靠他買大麻，他說得沒錯——所以我加入他，進了這家「全明星製作公司」（All-Star Productions）。

你得滿足需求

每天放學以後，我們就在唐他家的地下室抽大麻。他家旁邊就是公車站牌，在我們衝出去坐公車之前，會先煮一大壺有八杯分量的咖啡，把它們分到兩個派瑞克斯（Pyrex）牌的量杯裡，然後一口灌到肚子裡。唐也瘦了，跟我一樣，我們把這個方法叫做「咖啡因和大麻減肥法」。我們會坐五十二號公車到斯克內克塔迪市，然後再用轉乘券搭乘五號公車到州街。到站了我們就拉黃色的下車鈴，不過如果太早到，按照公司規定，我們不能站在房子前面。所以我們會走到隔壁的墓園，然後抽更多大麻。裡面有個墳墓已經塌陷了，實在是很恐怖，走在墓園裡教人毛骨悚然，但我們也只能這樣。

這家公司的負責人，我們就叫她蒂蒂吧，是個很胖的女人。她留著很短的灰色頭髮，有著巨大的雙下巴，嚴重的朝天鼻讓她的兩個鼻孔完全露出來。此外她還有一雙能夠看穿你的冷酷藍色眼睛，總是透過她老太太的眼鏡上下打量著你。她的老公法蘭克撐著大肚腩、頭髮都快掉光、駝背也很嚴重，完全屈服在她的淫威之下。在她鐵腕的統治下，每個禮拜我們都會拿到一個小小的馬尼拉紙信封，上面寫著裡頭薪水的數字。我就坐在一個小小的桌子前面工作，她的女兒坐在我後面。每個晚上，當我們的晚班開始，法蘭克都會大叫：「五點整，拿出笑容，開始打電話吧。」

大部分的人不是對我們大吼大叫就是掛電話，不過其中還是有一些善良的老人家，他們說自己的收入有限，對我們感到很抱歉。做這個工作的時候，我就像是一個機器人，我很少去想自己到底要說些什麼，讓剩下的腦袋可以自由自在地胡思亂想。通常一個晚上我都會成功幾次——有時候可以到二十五次，有時候十幾次。蒂蒂的女兒在電話中總是非常友善，業績也比我們好。每個禮拜二和禮拜四，我爸都會在武術課結束以後載我過去，這樣的話我會少掉九十分鐘的工作時間——禮拜五我也放假，這樣我才能在週末去找我爸。平均起來，我一個禮拜可以賺六十塊錢。

每天晚上我都泡在那邊，一整個晚上下來要到九點才能休息，我到家的時候都九點四十五分了，因為坐公車和走路，回到家已經一點力氣都沒有了。我得在學校的自習室先把功課寫完，才不會跟不上進度。

這是一個會讓人非常沮喪的可怕工作，但是當我賺到一些利潤，想到可以幫助那些肢體障礙的孩子，讓他們擁有更好的人生——即使只有一天——還是讓我覺得很開心。後來大學畢業以後，我真的花了一年多的時間去幫助那些身心障礙的成人和孩子。在工作這段期間，我心裡最大的一個壓力就是申請學校的事情，我真的不希望接著一輩子都要幹這種工作。我的父母在這方面給了我很大的壓力，我根本沒有辦法想像不繼續升學會是什麼樣子。我在父親收藏的一堆雜誌裡找到一本《滾石》雜誌，裡面列出了美國排名前十名的「派對學校」，其中一個學校離我家只有九十分鐘車程——紐約州立大學（State University of New York, SUNY）的紐伯茲分校（New Paltz）。我申請了這所學校，也被錄取了，因為我的學力測驗（SAT）成績很好，而且寫了一篇相當有創意、有深度的文章，告訴校方我想利用大學教育來成為一個專業的作家和心理學家。

最棒的是，紐伯茲離胡士托很近——紐伯茲校園後方有個開放的大草原，裡面的「歡舞廣場」在啟用的時候，邀請了傑佛森飛船合唱團（Jefferson Airplane）的格蕾絲．斯里克（Grace Slick）來主持開幕儀式。我想參加派對，而《滾石》雜誌說派對就在那個地方。天知道，根據《滾石》雜誌，我最後會住進這個國家中最愛喝酒的一間學校裡一棟最愛喝酒的宿舍內最愛喝酒的一間套房。一直到四年級，我才從學校職員那邊得知，我住的那間套房有多麼聲名狼藉。我另外還申請了一家名聲比較好的學校，不過我只收到紐伯茲分校的入學通知——所以事情就這麼定了。

康妮的詛咒

我在高中三年級，和一個叫做吉姆藍調吉他手組了一個新的樂團，他棕髮、剃平頭，體能很好，但是相當反文化。

我們在家裡練了幾首歌，聽起來真的很棒——簡直就像某些齊柏林飛船經典的原聲藍調。沒多久，我就發現吉姆原本是個龐克搖滾樂手，那時候他會穿著滿是鉚釘的皮衣和腰鍊，馬汀大夫牌的十二孔軍靴，留著一頭巨大的綠色「龐克頭」，兩邊剃得光溜溜的，兩隻耳朵還戴著許多耳環。有一次他在墓園裡服用LSD，結果有了非常可怕的經歷。那時候他的朋友躺在某個墳墓上面，突然間，似乎有個可怕的惡魔占據了這個朋友的臉和身體，這個惡魔怒視著他，還試圖攻擊他。這個經驗為他帶來嚴重的創傷，他的生活就此分崩離析——最後他被送到一個叫做「松柏園」的地方，這是一間位於格倫威爾、環繞在松林之中的大型磚造療養院。

在我們嗑藥的小圈圈裡，都叫這個地方「康妮」，對我們來說，它就是一個可怕的地獄。你的父母會拿出一萬塊錢，幫你向學校請假，然後在那裡關一整個月、任人管教。如果你嗑藥被抓到了，法官會強迫你去康妮，還要你父母買單——這比我母親半年的薪水還要多上兩千塊錢。最糟糕的是，有些去康妮的人，被洗腦到完全不想再嗨一次了，吉姆就是其中之一。他對我伸出援手，面帶笑容對我說：如果沒有大麻我會過得更快樂。我只覺得自己看到一個完全被康妮的邪教心靈控制的人，然後給他取了綽號，叫他「吉米基督」（Jimmychrist），這成了我們樂團非正式的團名。吉米是一個很棒的樂手，所以每次跟他見面，我都願意聽他講一遍那些大道理——不過當他知道我不會停止嗑藥，吉米基督就撤退了。我們還是會在學校一起吃午餐，但也就是這樣了。

有一次，我和唐買到一些黑色膠狀的鴉片，裝在一個小小的、方形的粉紅塑膠包裝裡。它的效果不是很強，聞起來就像是線香。我們在健美先生保羅他家的地下室抽這個，保羅說他做了一個惡夢，夢見他正在用一支菸管嗑藥，但是菸管突然變成死神的鐮刀，開始割他的肉。我知道夢境攜帶著重大的意義，吸食大麻很有可能真的讓他的肌肉量減少了。

突然，他信奉基督教基本教義派的母親衝了進來，一聞到菸味，就知道我們在做什麼。她瞪著唐，問他手裡藏了什麼東西。唐說：「一個碗。」然後就拿出來給她看，還咯咯笑著。她開始尖叫，命令我們離開，然後就把保羅送到康妮去了。從康妮回來以後，保羅就徹底地把大麻戒掉了。很顯然他也被洗惱了，我們都為他感到難過。同時，我們也鬆了一口氣，因為他母親沒有試著把我們也送去康妮，我們真是太幸運了。

之後不久，我們和小亂還有他的表哥一起嗑藥，那時候他住在朋友家。不知道怎麼搞的，他表哥的母親發現他在這裡，到樓下來找他，那時候我們全都在樓上哈草。她看見兒子的眼睛紅紅的，也聞出他身上的菸味，他就這樣被逮個正著。她在小亂的面前大聲尖叫，要她的兒子上車，接著就把他拖到康妮裡頭。再一次，我們似乎又僥倖地逃脫了死神的魔掌。如果她有想到要上樓看一下，就會看到我們，然後報警，我們就玩完了。我們就得面臨犯罪控訴，法官會讓我們「自願」去康妮，或者是關到少年教養院——後者可能更糟，因為會留下犯罪紀錄。

全職做電話行銷，然後還得顧及學校的功課，讓唐有點招架不住。他完全放棄去上學，然後像我一樣，他也開始穿著明亮的彩色紮染嬉皮服飾去上學。唐甚至比我還要誇張，穿著一條非常引人注目的紮染長褲，上面有個亮白色、藍色和粉紅色的螺旋圖案。對學校的孩子來說，他變成一個讓人行注目禮的對象，每次他要過馬路的時候，就會有一堆人盯著他瞧——不管是去「冰雪皇后」（Diary Queen）吃冰、在外面抽菸、喝咖啡或是在隔壁的加油站買菸。

在自習室寫功課的時候，我也會到樓下高年級的交誼廳，這段期間我還會帶著我媽在一九七○年代買的那一副偉特塔羅牌到學校。有一次她用塔羅牌卜問一個朋友的命運，結果抽到死神，後來那個朋友真的出車禍死了，之後我媽就沒再用過這副塔羅牌。我並不覺得準確的預言是一件壞事——事實上，那就是我要的。

我媽有兩本關於怎麼解讀塔羅牌的書，我徹底地做了研究，記住每張牌的意義，然後就變成解牌高手。每天我都會幫人算塔羅牌，結果都相當令人印象深刻，這為我建立起怪人的名聲。通常來問事的人會隱藏他們真正的問題，但是當我開始解讀他們抽的牌，他們的眼睛都會因為驚訝而瞪得大大的。我會看出這是問關係的、問功課的、問和家人朋友吵架的、問升學的夢想，或是問某些一旦被人發現就會完蛋的重大祕密。我還會看他們的手相，從手相我可以獲得一些額外的細節。有些孩子甚至嚇壞了，他們站起來轉頭就走，一邊還說著：「我不能玩這個，我不能玩這個！」

瘋狂哈利：七次元的冒險

就在這個時候我寫了這輩子第一部小說，大部分都是在學校裡完成。我沒有用電腦，而是全部手寫在一本線圈記事本裡頭，看起來就像是一般的學校作業。我的小說是根據我服用LSD和其他迷幻藥產生的幻象作為底本，另外還參考了卡斯塔尼達的書和幾部電影，像是《變形博士》（*Altered States*），還有《沉睡百萬年》（*Prince of Darkness*）。

小說的主角叫做哈利，是一個人類學家。有一天他去探勘一個據說是幽浮墜落的地點，結果發現了一個長得像大腦的仙人掌，就長在隕石坑裡。他不知道這是什麼東西，但是一個美洲原住民薩滿告訴他，這是非常稀有的聖物，於是他拿了一點來吃。這個聖物讓哈利困在一個非常廣袤、沒有終點、類似LSD的迷幻旅程——不過他仍然試著每天出門上班，過著普通的生活。但是這樣的藥物為他帶來一個麻煩，他會看到周圍真正在發生的事——好的事和壞的事。

哈利看見自己被令人目眩神迷的幾何圖騰圍繞，然後還因為到處都充滿一種小惡魔而感到困擾。大部分的人都看不見，但是由於大腦仙人掌的效力，他無時無刻都知道這些小惡魔在哪裡。他開始失去控制，每次一看到這些小惡魔，他就會開始尖叫，對他們扔東西。這些小惡魔用盡各種手段來嚇他，想要把他逼瘋。小惡魔只能透過鏡子進入他家，為了保護自己，哈利用紙板把家裡所有的鏡子都糊住了。就好的方面來看，哈利和他家的一株植物成了好朋友，它會對哈利說些鼓勵的話——但是到目前為止，哈利最好的同盟是約翰——他的「家鬼」（house ghost）。約翰有點像是他的守護天使，照護著他。這個家鬼知道哈利能夠使用他新獲得的能力來做好事，但是首先他必須幫助哈利好好過活。這個家鬼被捲入了一場靈性戰役——他需要哈利站上前線。

有天哈利出門上班之後，約翰把一面全身鏡上面的紙板拿開，使用它作為一個傳送門，進入另一個實相。在這裡他比較舒服——也可以獲得這個世界的每日新聞。因為約翰把鏡子的遮蔽物拿走，有一個又巨大又邪惡的二．五公尺高惡魔試圖進入哈利的房子，這令情況變得更加危險。這個惡魔全身黑得發亮，一半像是爬蟲類、一半像人。因為這樣的緊急狀況，約翰獲得了一種新能量的超級補給來和這個惡魔作戰——一個年老的、智慧的生物坐在兩個水晶方尖柱中間，允許約翰為了這場戰鬥，讓自己的能量進行一次大升級。這兩個方尖柱從黑曜岩變成了亮白色，用一道閃光擊中了約翰——讓他體驗到一次大規模的意識轉換，就像是揚升一樣。

故事就寫到這裡，我不知道接下來會發生什麼——就這樣始終沒有寫完。我把筆記本借給布萊德幾天，他對於這個作品的品質感到很驚訝。他說我寫得很好，應該多寫一點。在那個時候，我不知道自己寫的東西有什麼深層的意義——雖然它和我小時候作的夢有異曲同工之妙。

波斯灣戰爭的恐懼傳播

一有機會我還是會看電視，像是週末的時候，不過這個媒體被捲入了巨大的恐懼傳播當中。伊拉克的總統薩達姆·海珊入侵了小國科威特，美國則是對海珊提出威脅，說他如果不撤退，美國便要進攻。每個我看到的新聞節目都說這場戰爭無可避免——而且會製造出「骨牌效應」，會為中東地區帶來《聖經》裡頭的末日景象。每個國家都會被扯進這場戰爭，引發一場核戰，就算它不會摧毀地球上所有的生命，也會摧毀大部分的生命。電視上的每個名嘴把這樣的劇情說得鉅細靡遺，還附圖表，聽起來就像我們完全沒有辦法阻止這種事情發生。接著，更糟的是，布希政府決定趁早攻打伊拉克，日期就訂在一九九一年一月十五日，雖然電視說這麼做很快就會導致全球的熱核災難。

面對這樣的壓力，我的反應就是嗑更多的藥、喝更多的酒。就在時間來到一九九一年一月十五日的那一刻，美國以大量的炸彈攻擊了伊拉克，稱之為「震攝戰術」（Shock and Awe）——這聽起來就像希特勒的「閃擊戰」（blitzkreig），或是「閃電戰」（lightning war）。所以後來我去了著名的五十號公路的交叉口，靠近一個軍事基地，和當地的「國際特赦組織」一起抗議這場新的戰爭。我們製作了抗議標語，並且大聲喊出像是「不要為了石油流血」的口號。令人驚訝的是，有許多人按喇叭、揮手表示支持，沒有人對我們表現出厭惡的舉動。即使政府在鼓勵恐懼和憤怒，試著讓每個人覺得這場戰爭對於我們的安全和生存是必要的，仍然有許多人表現出驚人的善意。很明顯地，社會大眾並不想要戰爭，對於媒體不斷灌輸給他們的恐懼故事並不買帳。

死神的聲音

戰爭開始不久後，在某個不用工作的晚上，我一個人坐在沙發上，突然間有一種非常迫切的需要，讓我想要看電視，時間正好是八點整。通常我會覺得很高興，因為那是黃金時段，我會看看有哪些節目可以看。現在我看事情的方式不太一樣，我知道電視和錄影機會發出高頻的噪音，因為我在服用LSD的時候它們是很大的干擾——然後這樣的音調突然改變了頻率。大部分的人聽不見這樣的變化，但是在迷幻藥的作用之下，我可以聽見電流在牆壁裡的嗡嗡聲，我對於聲音非常敏感，不過對大部分的人來說，他們的腦子會把這種聲音隔絕在外。這種音調的改變發生在晚上八點整，它給了我一種不可思議的宇宙感，就像我看到時鐘上三點三十三分的感受一樣，不過這一次的感覺相當負面，所以我沒有把電視打開。

這件事發生了不只一次。在我發現以後，它接著一次又一次的發生，都在晚上八點整，但我並沒有使用任何藥物——這真的嚇到我了。這樣的「潛意識默化訊息」應該是不合法的——但是它們就在那裡。有人刻意這麼做——一旦你打開電視，你就會被波斯灣戰爭的恐懼給淹沒。從那時候開始，當我想在客廳放鬆一下的時候，我會把電視和錄影機的插頭通通拔掉，這是消滅那個聲音的唯一方法。同時這也讓電視廣告看起來更加邪惡——雖然它們本來就已經很邪惡。

錯過了最美好的事

我開始和一個叫做黛比的女孩子聊天，她非常迷人。有一段時間，我們相處得非常好——直到我跟她說我會抽大麻，還邀請她一起參加派對。她很沮喪，寫信給我，希望她可以讓我戒掉大麻。這對我來說相當震撼，我把她的信保留起來，現在還在我的檔案夾裡。這是另一個徵兆，表示我抽越多大麻，就離我的目標越來越遠。

另外一個震撼彈發生在高中的最後一段日子，那時候我們剛拿到畢業紀念冊，每個人都在上面寫下對彼此的告別話語。一個我暗戀了很多年，有著棕髮、異國風情的女孩子，寫了一封長信給我。她用許多正面的詞語來形容我，不過她的「大揭密」寫在這封信的最後：「附註……你的眼睛真的很美。」雖然她是在稱讚我，但是在認識她整整六年以後才知道這件事，我感到非常崩潰。

我忽略了她給我的每一個信號，對於正常男人來說，這樣的信號就像是閃亮的霓虹燈，像是她會來參加我某些派對，即使她從來不抽大麻。

太多僥倖

有一天我和唐、包柏、班一起開著嬉皮貨車要到斯克內克塔迪市的州街去，我們所有人都抽著大麻。突然間，兩輛警車把警笛打開。它們不知道從哪裡冒出來的，就在我們後面。我的身體湧上許多驚恐的感覺，覺得自己都快要心臟病發了。班挫敗地把貨車停到路邊，我們三個人都覺得這輩子完蛋了。車上有很多毒品，至少輕罪是躲不過的，我們心裡想著，身為犯人的新生活不遠了。警車接著加速經過我們，車上的警笛和警示燈還繼續開著，我們的呼吸裡頭充滿了激增的腎上腺素。我們很慶幸沒有被逮到，但是在搞清楚警察不是要我們停在路邊盤查之前，我們就像是死了一千次。

在學年結束之前，事情變得越來越糟。白天上學，每個晚上做電話行銷，加上我的大麻和咖啡因的嗜好，我覺得自己快累死了。我每個禮拜五不用上班，所以週末可以去找我父親，在他開車來接我之前，我還有兩個小時的空檔可以抽個大麻。那個下午，我母親覺得房子沒有保持整潔，於是和我槓上了，場面非常難看，隨後我父親又打電話來，因為我的成績對我大吼大叫，這讓我的內心感到一片死寂和麻痺。包柏——一個大塊頭的美式足球員——突然出現，他就這樣走到我的房間裡——不過我沒有什麼東西可以給他。我盯著牆壁，視線一片模糊，抽著大麻。我沒有看他，也沒有說話。「你是個毒蟲，老兄，你需要一點幫助。」這讓我回話，他算是哪根蔥。我變得非常有防衛性。但是當我後來回想那個片刻，我知道他是對的。我越來越失去控制。

高三生的迷幻野宴

在畢業前的最後一天，學校為高三生舉辦了一個野餐會，我決定吸食「黃色微點」（yellow micro-dot）來和我的「監獄」告別。這種藥通常是給醫院裡那些有嚴重精神疾患的病人吃的，它故意被做得很小一顆，所以可以被塞在食物裡，直接吞食也相當容易。醫院裡有些人會把這種藥偷渡出來賣，稱它為「麥司卡林」——一個「微點」就能為你帶來一趟非常激烈的旅程。當我四處走動，我看見一個像影子的惡魔——像是一團有生命的黑雲——在操場的露天看台跳來跳去。他應該知道我能看見他，所以試著讓我分心，想抓住我的注意力。就在這個時候，一個飛盤以極快的速度打在我的胸口上。它正中胸骨，就是胸腔中央那根垂直的骨頭，發出一個極大的聲響，然後再往旁邊飛了大約六公尺。我覺得糟透了，但只是繼續往前走，沒有回頭去看丟飛盤的人，或是說些什麼——至少可以說，這讓我看起來非常奇怪。

我跟一個背景很差、留漁夫頭的販毒孩子說，我吃了一顆醫院的黃色「微點」。那時候他和另外一個孩子正在騎腳踏車，所以就找我比賽騎單車——雖然我根本沒有腳踏車。我們本來就不想待在學校操場，所以就離開了。我一路跟著他們跑到火車鐵軌上，「微點」似乎減輕了體能活動帶來的痛苦，我的目標就是一直跟著他們。我試著打起精神，雖然腦袋裡頭相當混亂。到了鐵軌那邊，我們就開始抽大麻。突然間有隻水獺出現在七．五公尺之外，好奇地看著我們。這兩個傢伙停頓了幾秒鐘，像是在打量這隻水獺是不是真的。然後他們開始撿小石頭，想要殺了水獺。我拒絕這麼做，但是在他們的淫威之下我也丟了幾顆石頭，不過我試著儘量不要打到牠。幸好，他們兩個都嗑得太茫，因此四肢不太協調，也打不到水獺，水獺很快就逃走了。

回學校的路上我們又進行了一場單車比賽，校舍裡面已經沒有人了，我進到裡面，想到自己還沒把置物櫃清空，再不清就沒機會了。

大部分的人都在操場野餐，我則是和往常一樣，走向二一六八號置物櫃，然後輸入我在過去四年使用的密碼：三六—二四—三六。我把鎖頭拉開，打開櫃子，看著小鏡子裡頭的自己。我不敢相信自己看到的，我的瞳孔擴張到幾乎全部變成黑色，我的皮膚異常蒼白，還有著巨大的黑眼圈。我正在痙攣，沒辦法好好站著。最糟糕的是，我全身都因為汗水濕透了，我的頭髮看起來像瘋子一樣，它往不同的方向散開，還有水珠從上面滴下來，到處都是。我看起來就像個重度成癮的毒蟲，因為冰毒顯得身心耗弱。這看起來不妙——相當不妙。

接著還有更糟的，我以前那個戴著厚厚眼鏡的視聽教育老師突然出現。他叫做約翰，年紀大概是二十好幾或是三十出頭，他有著短短的棕髮，以前他也留過很長的頭髮，一定也是個怪人。他朝著我走過來，看得出我非常非常糟。他要我好好照顧自己，還有說我最好快點離開那裡，早點回家。我知道他的意思是說，如果有人看見我這個樣子，我可能會被逮捕。我就快要自由了，如果在學校最後一天的最後一分鐘因為這樣把人生毀了，那就太可恥了。這讓我產生了巨大的恐慌，我知道他說得對。我把置物櫃的東西完全拋在身後，把它們留給打掃的人去處理——所有的書、所有的講義、所有的筆和文具用品、衣服、鏡子，所有你想得到的東西——我落荒而逃。後來的二十幾年，這個片刻一直在我腦海揮之不去，因為我還丟下了我在工藝課花了好幾個小時雕刻的兩件珠寶作品。如果我知道這樣的痛苦會變成日後夜裡反覆的惡夢，那時候我會願意冒任何風險來保存我的藝術作品。

畢業

當我在司克內克塔迪市的普洛克特劇院（Proctors Theatre）拿到我的高中畢業證書，我感到全然的空洞和空虛，儘管旁邊有一堆人在笑鬧著。我成功地帶著一個學歷逃脫了監獄，但我整個人一塌糊塗。最糟的是，我還獲頒了「馬丁．J．馬洪尼獎」（Martin J. Mahoney Award）其中一項「個人和學業進步獎」。我敢肯定，這一定是因為我成功減肥還有剪頭髮——不過事實上，和從前比起來，我只是學會把我的藥癮藏得更好。

畢業典禮上，一位我們班上的女生明白告訴我，如果我有花一點心思注意她丟給我的訊號，她本來可以當我的女朋友。我只能在心裡責怪自己，這是另一個例子，它說明了我是如何和真正重要的事情失去連結。我為整個晚上做了計畫，我打算和朋友駕著車子離開，車子後面綁了許多罐子，我們要一邊按喇叭製造混亂，一邊在這種喀啦喀啦的聲響中離開，然而我的畢業派對最後卻以嗑藥、喝酒、抽菸告終。我幾乎不記得那個晚上到底發生了什麼事，依稀只記得我喝了一些水果烈酒，還有看見一些孩子尿尿在車庫一輛車子的油箱裡。唐沒有畢業，他決定晚一點再考「高中同等學力測驗」（GED）——沒什麼大不了的。

那個夏天，我們一群人決定一起嗑LSD，當作我們的畢業後派對。布萊德、小亂、唐還有我全都茫到神智不清。有人告訴唐和小亂，當你在嗑藥的時候，不管你喝了多少酒都不會醉。他們最後玩起了一個非常危險的喝酒遊戲，叫做「主持人」，要把兩角五分的硬幣彈到玻璃杯裡，輸的那一隊的「主持人」就要將他隊友喝不完的一整壺酒給喝完。①

因為玩「主持人」，唐和小亂承受了幾乎致命的酒精中毒。唐陷入一段非常糟糕的迷幻之旅，問派對上的每個人想不想看看「古卡里」（gukari）——那是一把伊斯蘭刺客所使用的大刀，把大家都嚇壞了，最後我們只好把他趕到房子外面。接著他吐得自己滿身穢物，他最喜歡的紮染外衣上都是紅色、聞起來很噁心的啤酒和比薩嘔吐物。在派對前段，他進入迷幻旅程最糟糕部分的時候，他真的對我表現出恐嚇的樣子，讓我不想見到他。

至於小亂，他的頭幾乎是靠在馬桶上紮營，不過旁邊有三位美麗的女子照顧著他。在那個時候，和他上過床的女人已經超過八十個。那是有一次他和布萊德進行了大量談話，他一個一個回想，才算出這個大概的數字。

當我走過去，小亂醉醺醺地對我搖搖一根手指頭，微笑著，但沒有說話，他的眼睛幾乎都張不開了。那些女孩子們告訴我，唐在外頭請求我的幫助，我最好出去看看他怎麼了，所以最後我去了。我不知道他到底有多糟，他醉到動彈不得，四肢打開癱倒在無障礙坡道上，其中一隻腳還懸空掛在坡道邊上。「古卡里」不見了，我們再也沒見過這把刀。在我把他全毀的外套還有長袖襯衫脫掉以後，留著T恤和褲子，我在浴缸裡把他沖乾淨，然後把他拖進屋子。

事情開始變得一發不可收拾。唐因為嚴重的酒精中毒，幾乎呈現失明狀態。他的視野一片漆黑，看不見我的臉，也看不見面前有什麼東西，即使他還戴著眼鏡——但是他聽得見我說話。他的心跳相當不規律，覺得自己快要死了，整個人嚇壞了。我自己也正在經歷一段非常激烈的、糟糕的迷幻之旅，唐的狀況在我的心理時間就像是持續了三十個鐘頭那麼久。

他哭著，求我打電話給他的女朋友，即使那時候已經是半夜一點四十五分。我告訴他，如果我真的打了，我們兩個都要去坐牢，或是關進康妮。我知道他已經把肚子裡的酒精都吐出來了，我試著要讓他補充一點水分。對於發生的事情，最讓我驚訝的一點，莫過於每個人都從我們身上跨過去，好像我們不在那裡一樣。沒人問我需不需要什麼，或者唐是不是還好。我感覺經歷了好幾個小時的時間，想想我們彼此是如何疏離。當太陽終於出來，我陪他走回家，幸運的是，禮拜天早晨的路上沒有半個人——只有小鳥和松鼠。帶他回家的路途超過一個小時，因為他幾乎走不動，而我仍然在藥物的影響之下。接著一天我要和父親參加一個戶外的演唱會，但在那之前我根本沒有睡覺的機會。我覺得自己的生命正在消逝，我要麼死掉要麼被逮捕，這只是時間問題而已。

為了讓我父母高興，我應徵了一份令人沮喪的工作，到「喬的小吃店」打工，那是位於鹿特丹廣場百貨（Rotterdam Square Mall）裡頭一家賣熱狗和冰淇淋的攤販。有一個晚上時間過得特別慢，我把十七杯泛著油光的黑咖啡排成一列，一次喝光，看我能不能因為這樣而嗨起來。結果我變得極度激動、焦慮、換氣過度，在接下來的一個半鐘頭我嚴重地癱瘓。才一下我就覺得好累，幾乎連手都動不了，一加侖的巧克力醬就這樣倒得地板到處都是，因為我連把它提起來的力氣都沒有。

就在此時，一個戴著鴨舌帽的肌肉男帶了一堆小孩過來，點了九種不同口味的冰淇淋甜筒。他用一種超級快的速度列出所有他要的口味，好像我對於口味、配料還有醬料有過目不忘的能力。我完全招架不住，只好用一種很不耐煩的語氣對他說：「一次點一種。」那個晚上，我十一點半吃了LSD，然後有了很糟糕的經驗。我睡不著，因為心臟在胸腔裡蹦蹦跳，天花板在蠕動。隔天下午我又得回去工作，中間都沒睡，而且藥效還在。我的經理看起來就像是個中級的海洛因毒蟲，皮膚蒼白，眼圈極黑，還少了好幾顆牙。他陷入一種心理變態似的憤怒，用一種要殺人的、惡魔一樣的臉對我大叫，因為昨天買冰淇淋的男人跑去向他客訴。在嚇傻的狀況之下我跟他道歉，然後繼續工作，好像什麼事情都沒發生過一樣。

那個夏天，MTV播放了一支非常具有諷刺意味、羞辱人的廣告——對我來說，這是壓死駱駝的最後一根稻草。這支廣告的背景是黑色的螢幕，有著戲劇性的配樂，和一連串文字。每個語句都會停留一段時間，讓你有時間可以讀完，淡出，接著再播放下一段字句。這整支廣告這麼說：「這些都是文字，它們可以很好玩、很酷或是很有趣。但實際上並非如此，它們只是坐在那裡。**就像你一樣**。」這讓我非常生氣，我努力工作，只有偶爾才有一些寶貴的時間可以放鬆看MTV。電視根本就不能給我什麼，我不想再看了。我上大學的時候沒有弄一台電視來看，我也不在乎。現在我很高興自己藉著「歷史頻道」《遠古外星人》這個節目成為一股善良的勢力，藉著分享訊息，幫助人們覺醒，逃脫主流現實的謊言和迷思。電視是一個交流工具，我們依然需要更多節目來幫忙提升我們的集體意識。許多內幕消息來源告訴我的一個大祕密就是，物理法則會直接回應我們的思想和信念。如果我們之中有夠多的人相信我們能飛，我們就能啟動某種物理法則，讓這件事情開始在較大的層面上發生。

我去上大學之前，一直持續地在上武術課。我爸和麥可說，一旦我離開了，他們也不上了。我們的最終考試就是接受完美的三拳，瞄準焦點，直接打中太陽神經叢，我們必須進入「出神」狀態，穩住腳步。打在太陽神經叢的完美一拳已經很可怕，如果打你的人又特別把焦點集中在一處，而你沒受過訓練，這將相當危險，它可以把你肺部的空氣都打出去。當時間到了，我透過鼻子大大地、輕快地吸了一口氣，將腹部的肌肉繃緊，用力紮穩腳跟，然後一如往常進入強力的「出神」狀態。我的意識戲劇性地改變了，時間變慢。我有著「隧道視覺」，全身充滿了電流經過的震顫感受。拳拳相續，巨大的運動衝動湧上身體——但是我沒有感覺到痛，也沒有移動我的腳步。我通過了最後測試，我準備好了。

沒人發現戰爭已經結束了

當蘇聯在一九九一年垮台，那年的夏天我在紐伯茲有個簡短的新生訓練。當坦克車進逼克里姆林宮的時候，我正在哈斯布魯克餐廳（Hasbrouck Dining Hall）吃午飯。就我們所知，這是核子威脅的終結——至少，威脅已經大大地降低。媒體將蘇聯塑造成有史以來最壞的大壞蛋，而且在各方面都和美國旗鼓相當；現在它垮了。大部分的新生——都會喝酒，抽大麻的人也很多——似乎沒有人在意這件事，我是少數幾個真的有在注意事情發展的人。每個人看起來都很無聊、抑鬱，對生活一點都不熱衷。我幾乎想要跳到桌上，對著他們大叫：「你們知道這裡發生什麼事了嗎？你們了解這件事嗎？二十世紀的超級大壞蛋——我們的核子死對頭——現在就在你們眼前垮台了！可以給我一個歡呼，嘿、嘿、萬歲嗎？」

這個念頭可能太激進了。如果那些孩子沒辦法明白發生了什麼事，還有這件事情會讓我們的星球變得更安全，我也沒有辦法。這是個派對學校，大部分的孩子都在喝酒和嗑藥。內幕消息人士後來告訴我，這就是「陰謀集團」想要看到的景象。藉著持續帶給大眾足夠的創傷，大部分的人就會尋求酒精、藥物還有其他毒品慰藉，以此麻痺痛苦。最後他們的感官變得無比遲鈍，即使是一連串相當正面的新聞也沒有辦法穿透他們的鬱悶。他們不再對抗暴政，只會躺在那裡，任自己被征服，心理學家把這種狀況稱為「習得性無助」。我也明白「軍事工業複合體」早就預見蘇聯的垮台，因為在過去一年半蘇聯已經開始解體。我的父母親老是跟我說，在你辭掉舊工作之前，你得先找到一份新工作。菁英集團的新工作就是伊拉克——但是「骨牌效應」從來沒有發生。雖然許多國家為了支持美軍攻打伊拉克也派出部隊，在中東地區，《聖經》的末日也沒有發生。我咬了一口三明治，安安靜靜地咀嚼，孤單地繼續看著小小的螢幕。

12 窮途末路

我正在以一種比以往更快的速度自我毀滅，我知道我必須重新連結自己的情緒，不管那有多麼痛苦，這是療癒我自己的關鍵，也能幫助我了解幼年時期的宇宙夢境與靈視。

一九六〇年代的某個時間點，紐伯茲校方為即將入住的新生寫下了每一棟宿舍的簡介，容我以我的實際體驗為你翻譯它們。首先是「德友」（Deyo）宿舍，這一棟是多元文化宿舍；「貝維爾」（Bevier），運動員宿舍；「樂菲弗」（LeFerve），要參加兄弟會或姊妹會，來這裡就對了；「克里斯貝爾」（Crispell），書呆子宿舍；還有「迪布瓦」（DuBois），派對動物宿舍。後來有人告訴我，原版的簡介似乎相當符合各種類型的學生，你一看就知道這些人來自哪個宿舍。毫無疑問，我要去住在迪布瓦宿舍，每個人都叫它「大痲樓」——開學的第一天，我住進了二一二號套房的B室。

「三男」破壞大隊

迪布瓦宿舍的二一二號套房有四個房間以及一個很大的共用區域。每個房間都住著兩名學生，所以沒有任何隱私可言。大部分的新生套房只有三個房間，但是我們很幸運，這個套房位在樓層的角落，面對著河流，因此共用空間很大，非常適合舉辦大型派對。總之我們弄到一張破爛的舊沙發，還有一張很大的橢圓形桌子，它可以讓十五個人舒服地坐在窗邊，即使這樣，廁所旁邊仍然有許多空間。

如果你把人丟到這個套房裡，稍微擠一下，大概可以放進一百個爛醉的大學生——我們後來以科學的方式證明了這一點。我們畢業的機率很低，紐伯茲總共有兩千個新生，但是四年級生只有兩百人。這些數字不會騙人，我們十個裡面有九個都不會畢業。我真的很怕惹我父母生氣，希望自己不會成為這九個人之一。

我們套房的樓友幾乎都是從紐約市來的，那裡比我自己出身的紐約上州還要危險得多。對他們來說，我就是個鄉巴佬。他們很快就發現我的軟弱，然後對此善加利用。每個人都剛從監獄裡逃出來，這正是慶祝的時刻。所有的樓友，除了兩個，每個晚上都要到樓下轉角的商店買四十盎司瓶裝的麥酒，只有禮拜一或是禮拜二除外。這還蠻讓人驚訝的，因為以前我們學校沒人喝這種噁心的東西，我還以為這是無業遊民用來買醉的東西，因為它很便宜，而且量很大。我發現，麥酒基本上就是啤酒裡面摻一些烈酒，所以它的酒精濃度是一般啤酒的兩倍。喝一瓶「四十」（四十盎司），他們這樣稱呼麥酒，幾乎就等於灌進一打啤酒。有些酒癮大的人甚至每個晚上要買兩瓶，而且真的會把它們喝到快見底。通常大家都會買「老英國人」麥酒，或簡稱「OE」，不過也有人會喝另外一個叫做「聖埃迪斯」（St. Ides）的牌子。

這種泡沫很多的酒真的非常難喝，你必須要有一點誘因才能把它灌下去。所以他們玩起了一種非常古老的喝酒遊戲，叫做「三男」（Three Man），幾乎每晚都玩。大家輪流丟兩個骰子，規則還挺複雜的。第一個骰到「三」的人就變成「三男」，遊戲從這裡開始。只要有人骰到「三」，或是一個「一」和一個「二」，「三男」就得喝酒。如果你骰到「七」，你左邊的人就得喝。如果骰到「九」，每個人都要大喊「社交吧」，全部的人都得喝。如果骰到「十一」，換你右邊的人喝。如果有人骰到一個「四」和一個「一」，每個人都要趕快摸自己的鼻子，最慢的那個人就要罰酒。比賽的時候，不能用手指頭去指東西、說出「喝酒」這個字，或是讓骰子掉到桌子外面。你只能用你的手肘去指東西，或是說「用酒」。

犯規的話，你就成了可怕的「屎人」，意思是你大概會喝得爛醉，拉屎在自己的褲子上。如果骰子沒有骰到上述有意義的組合，骰骰子的可憐鬼就得自己喝酒。如果有人骰到兩個相同的數字，他便獲得了咒罵某個人的權力。

當一堆大學生在你的客廳玩「三男」，你怎麼可能做功課呢？不可能。我知道自己想要念書，萬一被當掉，一想到家裡會給我的懲罰我就覺得恐怖。所以，到了第二還是第三個晚上，我就知道我必須靠自己殺出一條血路。逼迫我一定得玩「三男」的霸凌和同儕壓力非常巨大，偶爾我同意加入戰局，他們卻努力想辦法讓我一下子就輪到屁滾尿流。這讓我不只一次玩到一半的時候站起來走人，他們非常生氣，好像我背叛了上帝一樣。

我們的地板很快就布滿了臭掉的啤酒，每一步你都得把腳從黏答答的地板拔起來。套房裡還有一條叫做「霉布」的噁心抹布，專門用來擦拭灑出來的啤酒。這條霉布從來沒洗過，從它藏身的沙發底下發散出腐爛的味道。我沒有辦法再忍受更多髒亂，所以我拖了地，還清理了每天早上套房裡丟得到處都是的食物殘渣、菸頭、啤酒空瓶。對於我那些酒鬼樓友來說，這真是個天大的奇蹟，這個討人厭的傢伙現在變成他們的奴隸了——而且是自願的，之後他們再也沒有清理過任何一個他們製造的垃圾。如果我表示抗議、拒絕打掃，到了晚上，他們就繼續待在垃圾堆裡頭玩

「三男」，並且讓垃圾加倍。要他們清理自己製造的髒亂根本不可能，不管我怎麼做都沒用。沒有人會為了這件事打架，所以我的武術訓練也幫不了我。

在以前，我從來沒有像現在那麼經常性地被欺負，或是被欺負得那麼嚴重。每次我打掃套房的時候都覺得很討厭自己，因為這麼做只會讓他們每個晚上再把這些事情重來一遍。面對這樣的痛苦，我的反應就是抽更多大麻，「三男」小隊的隊員叫我毒蟲，我只能用微笑帶過。幸運的是，我拿到學校的工讀獎學金，所以可以在校園裡工作，每個禮拜最多二十個小時。第一個給我工作的人文學科大樓有著狹窄的辦公室，以及令人愉悅的書香味。在那裡工作的女士戴著深色的、連接著一條掛繩的「圖書館員眼鏡」，短短的黑髮摻雜了幾束灰髮，她還有著讓人覺得溫暖的笑容。她問我：「你想做什麼樣子的工作？」我回答：「賺最多錢的工作。」所以我去了學校收發部門的二號倉庫，我要把外頭寄來的各種物資遞送到校園裡的各個系所。這個工作比其他工作還要耗費體力，我還能靠這個工作長一些肌肉。「這個工作我要了。」

迷幻藥送貨員

我的課表讓我可以一個禮拜工作五天，從下午一點到五點。這個倉庫很大，裡頭排列著許多架子，上面全部都是學校用品。倉庫靠門口的地方放了兩個拖盤，當天送來的東西全部都會擺在上面。我的工作就是使用拖盤搬運車把貨盤搬到裝卸站台，然後把所有的箱子都裝進卡車。我的老闆是一個嗜酒如命的胖男人，他已經快要退休了，但是還留著整齊的軍人平頭。送貨員比利是身心障礙人士，這讓他心智有些「遲緩」，他和老闆在高中的時候是一起喝酒的兄弟。比利的兩個眼睛距離很近，從他五〇年代風格的厚鏡片黑框眼鏡看過去，他的眼睛顯得特別大。比利留著短短的平頭，總是戴著同一頂棒球鴨舌帽，他有著德國人渾厚的下巴，以及非常明顯的南方口音

——這在紐約州非常少見。他還和母親住在一起，總是會跟我們講一些他或他的母親在電視上看到、關於某些蠢蛋的事情。

後來比利成為一個對我而言像是父親般的人物，我們合作無間。在大學的時候，我和他一起工作了整整四年之久。他極端的口音、緩慢的語速，以及自成一格的幽默感，讓我們在一起的時候非常好笑、超現實而且迷幻——第一年的時候，我總是先抽了大麻才去上班。他們不讓我開貨車——那是比利的工作——不過我也不想開車。我甚至學會開始欣賞車上隨時都在播放的鄉村音樂，雖然每次只要比利下車去送一些比較小的貨件，我就會關掉它，第一年我最常聽的歌是加斯．布魯克斯（Garth Brooks）演唱的〈特技牛仔〉（*Rodeo*）。每天我們最多要造訪二十棟校舍，比利會先講一些好玩的事情，像是他在電視裡看到的新聞，或是校園裡的八卦，然後每一站都要再重新講一次。我會配合他，讓他可以把故事講得天花亂墜，不會有人知道我已經聽過十幾遍了。比利已經快要追求到一位音樂系的女士，每次要去那裡送貨之前，我們的對話總是會變得有點不太自然，伴隨著某種戀慕的感傷——但是他仍然會努力說笑，希望有機會獲得佳人青睞。

這個收發的工作讓我認識許多學校的員工、維修人員以及送貨的司機。我看到許多大人的表現就像小孩一樣，這真的讓我非常驚訝——唯一不同的是，他們嗑不一樣的藥、喝不一樣的酒，然後做大人的工作。我曾經以為一個人高中畢業之後就會「長大」，但是和大部分的貨車司機還有維修人員比起來，我知道自己成熟許多。至於那些在校園辦公大樓裡工作的人，他們似乎沒有明顯地不成熟，不過我知道那些人的內在有著強烈的不安全感、焦慮、無知和偏見。知道這件事情真的讓我非常驚訝。

電路板定時炸彈

我還注意到，大部分校舍的旁邊都有著大型的電力變壓器，那裡通常會貼著看起來不太吉利的黃色標語，寫著「警告：內有電路板」，然後接著解釋這是一個極度危險的環境毒素。如果變壓器燒起來，消防隊不能用水滅火，因為電線走火如果碰到水會變得更難控制。此外，如果這些變壓器燒起來，還必須啟用某些特殊協議才能避免環境浩劫。燃燒的電路板會轉變成一種叫做「戴奧辛」的致命化學物質，只要吸入一點點，大約是十億分之一微粒，人就會死亡。這張貼紙很小，一般人也不會記得它的內容——不過每次我看到這些貼紙，我的超感知覺就會啟動，讓我充滿某種非常不祥的預感。

我告訴比利，我們得跟消防隊說說這件事，因為這些變壓器已經放在那裡二十多年，大家可能已經忘了有這件事。「他們知道怎麼做，」他跟我說，「不用擔心。」我沒有因此覺得好過一點——但是就個人的責任來講，我從來沒有打電話給消防部門，或是親自去提醒他們。這種迫切的預感就在那個學期結束之後成真了，我覺得非常惶恐，晚點我再告訴你這個故事。這個悲劇性的事件是一個警示，要我認真看待自己的超感知覺，並且使用它來幫助別人。幾年之後，我鼓起勇氣在我自己的網站做了幾個預言，準確地預測並且描述了九一一事件以及福島核災。雖然這些事情還是發生了，明確記錄在我網站上的這些預言，說明了人類的確有這種能力。這反過來也意謂著，我們必須重新思考許多關於現實的假設，大部分的人依然抱著這些假設不放，彷彿它們是某種強力的宗教信念一樣。

哈斯布魯克瞎扯蛋

我們這個套房的環境實在是太可怕了，我一天要抽五到六次大麻來排解壓力。第一次是在十二點半到十二點四十五分之間，抽完以後只剩下一點時間可以趕到工作的地方。五點十五分我會再抽一次，就在下班之後。然後是六點十五分，抽完以後我會到哈斯布魯克學生餐廳吃我一天唯一的一餐。晚上七點半到八點之間，我會抽上一整天分量最重的一次大麻，用來對抗大家稱之為「哈斯布魯克瞎扯蛋」的東西。在我的酒鬼樓友中，有兩個也會哈草，他們還鼓勵我「深夜點火」，在晚上十點以後抽大麻，這樣就可以忽視周圍的噪音，換得一夜好眠。他們還叫我試試「早起烹草」，我試著一起床就抽一管，但是後來沒有繼續下去。

有天我在哈斯布魯克學生餐廳覺得好嗨，拿著玻璃杯的手突然沒有力氣。杯子往下掉，我試著接住，但它還是摔破了，在我腳的小趾割了一道很深的傷口。我用餐巾紙把它包住，後來也沒有去醫院縫合。一直到我三十五歲開始彈吉他之前，它都沒有完全復元過。當我真的嗨起來，我還會試著自己剪頭髮，這樣我就可以把錢都省下拿去買大麻。前面和兩邊的頭髮我剪得還不錯，但是剪到後腦杓我什麼都看不見，只能這裡抓一撮、那裡抓一撮，然後用剪刀把它們剪掉，結果後腦杓多了好幾塊光禿禿的地方。後來隔壁套房一個每天都來玩「三男」的女孩幫我剪頭髮——她把兩側和後腦杓的頭髮都剃光了，只留下頭頂上的頭髮。因此我受到的霸凌又升級了，我們兩個人看起來就像一個小隊，因為她也留著同樣的髮型——這個髮型因為「治療」樂團的羅伯．史密斯（Robert Smith）而變得流行。大家立刻幫我取了新綽號叫做「嗶客」（Beaker），就是《大青蛙布偶秀》（*The Muppet Show*）中那個生性多疑、留著火焰頭的角色。

我在大學的第一堂課叫做「現代世界」，在一個禮拜或是兩個禮拜以後，教室就成了空城。你已經可以看出來誰是那百分之九十畢不了業的人，因為他們都不會來上課。不過，沒多久我就直接在課堂上睡覺，因為我每個晚上都茫到不行。只要我稍微用功一下考試就會及格，到教室上課看起來沒什麼必要。當鬧鐘響了，我會起床，接著又把它按掉，我覺得自己真的太累了，然後再把鬧鐘設定到下一堂課的上課時間。

「內戰」：不只是科幻小說

我修了一堂課叫做「短篇小說的藝術」，那是我最愛的一堂課，雖然我花在作業上的時間並不多，但是我每次都拿到最高分。後來我寫了一篇科幻小說，叫做《內戰》（*Civil War*），它在造句上有些瑕疵，還有開頭的時候把話說得太白，老師卻給了它很高的評價。這個小說的構想來自於我那時候正在閱讀的幾本書，像是卡斯塔尼達的一系列書籍，裡頭說靈魂就像是個蛋形的能量體，由不同的能量束（strand）所構成，每一條能量束都對應著人格的不同面向。關於這個短篇，我的整個構想遠比我真正寫下來的還要多得多，不過我寫得還不錯，有抓到這些想法的核心。關於我的構想，我要在這裡多補充一點細節，在小說剛寫完的時候，我還沒有辦法把這些記下來。

雖然這個短篇看起來只是和科幻小說以及類似電影敘事相關的一套練習，多年以後，我發現它竟然和我在《一的法則》裡讀到的東西有許多相關性。《一的法則》是根據直覺而寫下來的一〇六回合的問答，提問者與回答者是一個叫做丹・埃爾金（Don Elkins）的物理博士以及一個據說是外星人的智能生物。我這輩子大部分的工作就在於為《一的法則》所提出的科學模式找到確切的證明——《一的法則》就實相提出了一個更為有趣的觀點，而不是像大多數人對現實早就習以為常。

故事從一個住在沙漠裡的老人開始，他在他家前面的門廊睡著了。一個銀色的幽浮飛過天際，降落在被太陽烤得又乾又硬的土地上，這讓他感到相當害怕。他的內心深處湧現了許多回憶，雖然他不記得眼前的東西是什麼，但是他知道有些事情不太對勁，他的處境非常危險。一個外星生物慢慢地爬出了飛船，朝著他偷偷靠近，還以為他睡著了，想要嚇他一下。如果他放任事態這樣發展下去，他會被謀殺，而不只是被綁架而已。這個老人偷偷地抓了一把獵槍，同時假裝自己還在睡覺。當這個嚇人的東西進到射程裡，呼的一聲——這個農夫突然跳起來，用他的獵槍把這個東西打成碎片。

當他跑向幽浮，遠古的記憶開始在他的腦海裡氾濫。如果他能進入這艘飛船，並且取得控制，他就能夠使用不可思議的先進技術。他停頓了一下，用手觸碰這架幽浮驚人的金屬表面，對於它的造型感到相當驚訝。他引體向上，把自己拉到幽浮裡面。當他正努力地要鑽進這艘飛船，有隻手從飛船內部伸了出來，用一種令人痛苦的力道把他抓進去。他嚇了一跳，原來這艘飛船裡面還有個副駕駛員。他被抓進飛船裡頭，根本就沒有時間可以好好觀賞那些了不起的科技，因為現在他必須為了自己的小命而戰鬥。他在地上和這個生物糾纏、角力。在一陣狂亂之中他仔細端詳了這個攻擊他的生物，發現它不能呼吸地球的空氣，它穿著太空裝就是為了幫自己補給特殊的空氣。

他抓住這個外星生物太空裝上的呼吸管，暴力地把它扯掉，洩出來的氣體大聲地嘶嘶作響。這個時候可怕的悲劇發生了：這個老人專心地想要把管子扯掉，卻沒注意到這個副駕駛拿了他的武器，它開了一槍——使得這個老人從脖子以下的部分都爆開了。

任何正常的人類這樣一定活不了，但是這個老人是某種非常不一樣的東西。攻擊他的外星生物嚇了一跳，老人的頭現在飄浮在空中，周圍環繞著某種神祕的力量，而且他還好端端地活著。老人對著這個外星生物笑，一切都發生得太快，他打開嘴巴，噴出一道綠色的霧氣，這股霧氣在空中穿梭，就像是活的，而且具有意識。這一道霧氣很快就跑進外星生物的呼吸裝備。嘩！

老人重新獲得意識，但是他現在住在外星生物的身體裡——這下子麻煩大了，由於失去可以呼吸的空氣，這個身體已經嚴重受損，遊走在死亡邊緣。在可怕的痛苦當中，他伸手去拿呼吸管，把它裝回去。他盡情地吸了一口長長的氣，不久之前，他還覺得這樣的空氣聞起來臭得要命。他試著動動自己新的手腳，發現自己變得更強壯、更靈活。古老的記憶進入他的意識當中——結果相當驚人。這輩子他都覺得自己就像其他人一樣是個普通人，但是他突然想起來，他不只是普通人，他和剛剛那些試著要把他殺掉的外星生物，在很久以前有著親戚關係。

當這樣的回憶如潮水般湧來，他的腦袋充滿狂喜。他看見無數的高塔和水晶球，他們的科技非常先進，讓人可以瞬間旅行到任何你想去的地方。藉著物質化的技術，你可以變出任何你想吃的食物，或是製造出任何你想要的東西，每個人都穿著「智慧型衣服」，它能使人保持潔淨，而且保護人免於危險。

在這些美好的進步之外，他知道自己的社會有點病態。一個掌權的菁英集團以無情的力量統治著所有人，質疑他們的法律和信仰是不被允許的，要是有人不服從，就會受到折磨或是被殺害。他們沉迷於入侵還有征服其他世界，認為這是他們神聖的權力以及命運，只因為他們是菁英。每次他們征服了一個新世界，便會把自己的先進科技、書寫文字、數學、文明帶過去。他們會讓自己變成統治菁英，然後讓殖民地的人為他們開採、製造發展科技所需要的資源以及原料。

問題在於，不是每個人都喜歡這件事。即使有折磨和死亡的威脅，也不能阻止逐漸增加的反抗者。大部分的人不希望有任何戰事爆發，他們使用情緒性的論點，鼓勵大家對彼此要有耐心、諒解和寬容，他們強調愛、手足之情、同胞愛還有對彼此的尊重。這個菁英集團知道自己要解決的問題很大，雖然這樣的革命是根據這些瑣碎的、可笑的情感，但是有越來越多被他們統治的人接受了這一套信念，他們必須採取行動。

這個菁英集團已經實驗了一種新科技，讓他們可以把一個生物的靈魂從一個身體轉移到另一個身體，甚至是轉移到電腦系統裡面。他們發現身體是一種由純粹訊息構成的能量所賦予的生命，它可以獨自存在，不需要身體。訊息本身是活的，它能夠感知，也有意識。人格不只是身體和大腦的一種功能——人格的絕大部分都包含在這個能量體之內。他們的一個科學家發現了這個能量體可以被分成不同的光束，每個光束都對應著人格結構的某些面向，像是情緒。

這個科技讓這些菁英想到一個不可思議的點子。他們可以用這種轉移技術來移除奴隸身上的某些能量，但是讓其他的依然保持完整。情緒是一種致命的弱點，必須被完全移除，只有這樣的邏輯和理性才會有效。邏輯這麼說：對於被征服的人來說，集體需求比個人需求還重要；他們是一個高級種族，每個被他們征服的星球都會因為他們的光榮天賦而受惠。暗地裡，他們發展出一個超級機密計畫，他們會攻擊自己的人民，然後移除他們能量體裡的情感光束——消滅愛、恨、喜悅、悲傷和希望。

少了情緒負擔，他們身為統治的種族會更有效率。

唯一的問題在於，他們無法消滅這些靈魂光束。這些光束是純粹的訊息，它們可以旅行到宇宙裡的任何地方，永遠無法被摧毀。他們唯一的選擇就是製造一個巨大的儲存設備，把這些靈魂片段囚禁在一個永恆的靜態力場，深深地埋藏在地底下。統治者建立了大型的治療中心，每個人都被迫接受這個療程，他們不知道自己會發生什麼事，等到後來民間流言四起，一切已經來不及了。從治療室出來，他們有著一如掠食動物般冷硬的邏輯——帶著勝利的姿態嘲笑著他們終於甩開的軟弱。

情緒光束被藏在一個儲存設備中，周圍有強大的力場籠罩，這些情緒被判處了永恆的監禁。不過，這些菁英沒有察覺到這個計畫有個致命的漏洞，一直要到很久以後他們才開始想辦法補救。這些情緒光束保留了足夠的神聖閃光，因此產生了自我覺知——並且形成了它們自己的身分認同和性格。它們能夠自己成長、學習、發展，就像小孩子一樣，它們知道自己身上發生了什麼事，也知道被關在一個可怕的監獄裡，它們最希望的事情就是獲得自由。

沒有人能夠完全確定它們在那裡到底被困了多久，因為它們和外界的聯絡完全被切斷了。它們從前所屬的那個文明在拋開情緒的負擔之後變得非常有效率，接連又征服了好幾個世界。監獄裡的囚犯努力地想要找出一個逃出去的方法——最後它們終於找到了。既然它們以能量的方式存在，就其終極本質來說，它們是宇宙的一部分，以一種特定的頻率振動。而這個監獄被打造來專門容納那個頻率的能量，如果它們能增加振動頻率，讓頻率變得夠高，監獄的牆壁就再也無法關住它們。

當這樣的概念一成形，它們又發現要提升振動頻率非常困難，那需要許多年的深度靜心冥想以及專注——但是這麼做的確有用。每當有個靈魂解放了自己，它便能飛越整個銀河系，飛到任何它想去的、有人居住的世界。

它會花一些時間掃描人類，看看是不是有既敏感而又聰明的人可以作為適當的對象，讓它與之融合，產生靈魂的連結。這個人的意識會產生變化，變得更加進步——雖然他不知道為什麼。他不會明確知道發生了什麼事，但是他會知道自己已經不一樣了。現在他會獲得不尋常的洞見、強烈的經驗、心靈能力以及一種格格不入的感覺。統治菁英們很快就發現這件事，於是展開一場大規模、有系統的計畫，來追殺這些倖存者以及那些和它們融合的人——無論它們位於這個星系的哪個地方。

這些倖存者最初計畫從他們的故鄉奪回一艘太空船，一旦他們能夠取得太空船的科技，就能解除包圍自己的防護罩，還能將那些依然被囚禁的人們釋放出來。當監獄的高牆倒下，這些人便能立刻重回自己的文明。他們花費了近乎永恆的時間來發展自己的靈性，因此當他們回歸的時候，他們的眼界比以前更加高明。

這個老人是第一個成功取得身體的情緒光束，此外他還重新掌控了一艘飛船。他發現自己新的身體有著令人驚嘆的重力。他利用飛船的電腦，向散落在銀河各處的倖存者同胞發出了心電感應訊號，現在時候到了，在一個驚人、燦爛的時刻，這些情緒光束離開了自己曾經寄居、與之共享意識的身體，將自己傳送到飛船裡頭一個特別的保留區。就本質而言，這個保留區就像它們故鄉那個地下儲存設施，只是比較小，但是它們全部只需要一個小空間就能舒舒服服地待著，因為它們是純粹的能量。老人的手在控制面板上滑動，很快這些情緒光束就被送回故鄉的星球。它們試著解除監獄的能量網，將自己釋放到大氣之中，然後重新回到它們被驅逐出來的那個身體，我的故事就在這裡結束。這個驚人的片刻將會為它們整個種族帶來全新的進化——那一場在它們被逮捕、移除、監禁之前就試著弭平的戰爭，最後終於停止了。

這樣一個揚升風格的故事深深受到吉姆．亨森的電影《魔水晶》（*The Dark Crystal*）的影響，我感到很高興——雖然我的教授不覺得這是好事。幾年之後，這個故事的絕大部分產生了很大的意義，是我當初在寫的時候完全無法想像的。

好玩的起司沾鍋

幻想的世界雖然很有趣，不過我的大學生活事實上是我這輩子受過最大的折磨。我的樓友認為我感情脆弱，於是一步步地想要消磨我的心智，讓我變成和他們一樣麻木不仁的酒鬼。寫這本書的時候我有一個領悟，我的短篇小說就某個部分來說，是以一種潛意識、象徵的方式來重述學校裡發生的事，我們可以分析它，就像分析一個夢一樣。在我們剛開始發展預知未來這個能力的時候，收到的資料會以一種具有高度象徵性、「加密」的形式出現。解夢的新手常常有個困惑，那就是夢裡一個單一的象徵可能具有多重的意義，然而其中每一個和整體訊息都息息相關。一個人必須大量工作才能改善解讀的技巧，直到可以正確指出某個特定細節——我在一九九六年對這件事情已經非常在行。

在我的小說裡，我就是那個鄉下來的老人，而「三男」小隊就是開著閃亮飛行器的外星人。他們積極地想要消滅我，快要成功地把我變成酒鬼。那個時候，我覺得如果我能說服他們抽大麻，或許可以療癒他們麻木的感情。因此在我的小說裡，這個老人可以透過綠色煙霧的力量來影響外星人，即使在他好像被打敗之後。同時，我的短篇小說也是另一個和毒煙有關的預言，這個毒煙就在一個月之後從變壓器的電路板釋放出來——這個事件在校園裡頭因為嗑藥而墮落的學生社群裡，引發了極度不愉快、然而強烈的情緒覺醒。所有的人都覺得非常驚恐，自己竟然在呼吸毒氣，沒有一個人相信政府。這件事打破了我們對於現實的逃避，逼著我們去處理自己壓抑的情緒，造成這種情緒的，就是這輩子都在對我們施加影響的大型核戰自殺邪教。

光是這個學期，就發生了好多令人生氣、沮喪的事情，我可能得用一整本書才能說得清楚。我的樓友開始到校外參加喝酒派對，偶爾我會加入他們，當作是冒險。有個晚上我們一起去參加派對，在那裡你可以用叉子插起小塊的麵包，然後把它們拿去有著融化起司和巧克力的鍋裡沾醬。在那裡，我喝了大約五瓶水果烈酒，也抽了很多大麻。後來回到宿舍，我覺得身體很不舒服。當我在乾嘔的時候，所有的樓友都圍在廁所旁邊，一邊歡呼、一邊笑鬧。我經常會使用我母親在照顧我們的時候展現的技巧和優雅，去照顧那些喝到吐的人，然而他們卻這樣對我，我感到非常恐怖。

也是在那個夏天，我的樓友因為我和幾個女孩子有了性關係繼續找我麻煩。後來我無意中聽到和我上床的一個女孩子和朋友的對話，她的朋友講了一些非常侮辱人的話，特別令我受傷。「他很不成熟，根本不知道自己這輩子要做什麼，毒癮又很大，根本沒辦法好好把事情看清楚。我覺得他只會越來越糟，最後大概會自殺吧。」我覺得非常憤怒，但是也知道我之所以會生氣，是因為她說了實話。她戳破了我逃避現實的心態，我沒有辦法假裝什麼都沒聽見。我正在以一種比以往更快的速度自我毀滅，對我周圍的人來說，這再明顯不過了。我知道我必須重新連結自己的情緒，不管那有多麼痛苦，這是療癒我自己的關鍵，也能幫助我去了解幼年時期的宇宙夢境與靈視。我的短篇小說是一張象徵性的藍圖，它告訴我，我得做些什麼才能療癒和整合我自己。

冬季樂園

第一學年結束的時候，班、唐還有包柏開著嬉皮小貨車來接我回家。因為車上沒有暖氣，我的雙腿因為寒冷而感到十分疼痛。回家以後我每天都往外面跑，直到凌晨五點才回家，每個晚上都在抽大麻，偶爾也會喝點酒，然後就不省人事，一直睡到隔天下午兩點。我的母親相當生氣，試著命令我早點起床，不過被我拒絕了。我已經「越獄」了——就算她對我大吼大叫，我只要稍再忍耐幾個禮拜就能重返自由。

放假的時候，有一輛車在冰上打滑失去控制，一頭撞到校園旁邊一支電線桿。電線桿整支被撞倒，所有的電線也跟著斷了。這造成變壓器裡的電流不斷累積攀升，無法釋放。它們裡面的電路板充滿了通用電氣公司用來當作冷卻劑的毒油——就像是警告標語說的。這些變壓器變得越來越熱，直到最後終於因為過熱而爆炸。致命的戴奧辛毒氣散布到空氣之中，不知道發生什麼事情的消防隊不知道自己面對的是什麼威脅，試著用他們的老方法來撲滅這場由變壓器造成的大火——用好幾萬加侖的水來撲滅它。如果在一個半禮拜之前有針對我預言性的洞見做出任何行動，或許整個校園就可以免於這一場可怕的災難。如果消防員使用了泡沫滅火劑，而不是水，這些變壓器就不會熱到把致命的戴奧辛釋放到空氣、土壤還有地下水中。

等到有人發現究竟發生了什麼事，一場巨大的環境浩劫已然成形，當時還有一些學生留在校園，當緊急危機處理小組到達的時候，他們穿著全身的輻射污染物防護裝，包括了圓形的護目鏡和毒氣面罩。我在寫小說的時候，我想像中的外星生物穿的衣服就像這套防護裝一樣，其中還有一套內建在防護衣裡面的呼吸循環系統。這些穿著防護裝的人強迫宿舍裡的所有人離開——就像外星人去攻擊坐在門廊前的老人一樣。受害者在冷冽的冬天裡得把衣服脫個精光，然後被放在三個橡膠游泳池進行沖洗，一次一個——就像我夢裡的老人，他的整個身體被光砲射到後死了。就象徵的意義而言，這個經驗造成的創傷和羞辱，對那些孩子來說就像是一種死亡，他們根本不知道自己能不能活過這次因化學物暴露造成的傷害。泳池的水接著被裝到標示化學污染物的桶子裡，等待處理以及丟棄。

這個學校是一個由紐約州政府營運的機構，他們必須讓學校關閉至少一個學期，不過這麼做的話，他們光是這個學期就會少掉幾百萬的收入。很多學生會轉校，學校也會獲得毒物垃圾場的臭名，並且損害將來的收入。所以，在這場我認為是驚人的政府勾結和腐敗的事件當中，學校忽視我們受到驚嚇的心情，把它們視為必須除掉的弱點，並且命令我們二月十五日返校。這和我的短篇小說當中，外星文明除掉每個人的情緒一樣。

有三棟大樓因為有毒的消防水而嚴重受損——科伊肯德爾科學大樓（Coykendall Science Building）、布里斯樓（Bliss Hall）還有帕克劇院（Parker Theatre）——所以繼續閉館。這些大樓必須徹底除去污染，此外受到戴奧辛污染的水也滲透到泥土裡頭，必須被小心地移除。另外兩棟宿舍——卡本樓（Capen Hall）、蓋吉樓（Gage Hall），被戴奧辛的煙霧污染，不過又重新開放，校方說它們沒有安全疑慮。由艾瑞克・法蘭西斯・科波利諾（Eric Francis Coppolino）委任的獨立調查顯示，戴奧辛已經滲入了通風管道①。科波利諾單槍匹馬地對此做了獨立新聞報導，在當地印刷並且發布他的消息。後來在一九九六年我還為他工作，那時候我做了一個非常不可思議而且有影響的揚升之夢。艾瑞克成了一名非常成功的職業太空人，並且改名為艾瑞克．法蘭西斯（Eric Francis）。很少人會想到他就是英雄艾瑞克．科波利諾，那個三年前使得這個醜聞的廣度曝光的那個人。

我很難描述自己回到這裡、還有看到那一排又一排漆成藍色的、五十加侖的巨大毒物廢棄桶之後的感受。進入科伊肯德爾科學大樓、帕克劇院、還有布里斯樓的通道都被塑膠布包起來，就像在電影《ＥＴ》中，我們常常看見那些穿著嚇人的全白防護衣、圓形護目鏡，還有看起來很可怕的防毒面罩，然後四處走動的人。不祥的黃色封鎖線從一棵樹到另一棵樹、圍繞著被污染大樓的周圍封鎖起來。警車就一天二十四小時停在草地上，只是為了確定沒有人會因為喝醉或是傻到跑進毒物廢棄堆裡去閒晃。

神智清醒地看著這一切已經很糟，但是吃了ＬＳＤ之後，我得到了有史以來最糟的迷幻之旅。我真的感覺到每棵樹都在尖叫，這很有可能是真的，因為它們都被致命的毒物給毒到了。我真的感到很訝異，我們全都回到學校，繼續用喝酒和抽大麻來麻痺自己，好像什麼事情都沒有發生一樣，即便我們在情緒上因為每天看到的這些事情而深深地感到恐慌。就像在我的小說裡，就像我們全部都被關在一間毒氣室裡，而且無路可逃——那就是這個校園本身。把自己視作那裡的一個囚犯，我也同樣有罪。我不敢想像，如果自己晚一個學期畢業，我的父母會有什麼反應，所以我從來沒有想過離開學校。有些人真的決定轉學，但是新生太多，很難知道誰真的走了，尤其是我們每個學期都會上新的課。

當代社會議題

到目前為止，我那年上過最好的課是一堂社會學的課，名為「當代社會議題」（Contemporary Social Issues），課程名稱聽起來無聊，其實不然。這堂課揭露了目前人們稱之為「光明會」、「陰謀集團」或是「新世界秩序」的組織，但是我們在課堂上不會提到這些名字，而是把它們叫做「大企業」、「石油公司」，或是「軍事工業複合體」。我們使用的教科書是《美國機構的危機》（*Crisis in American Institutions*），書裡面滿滿都是令人震驚的政府黑幕和陰謀，真實性相當高，而且可以輕易被證實。主流媒體上沒有人會報導這類事情，而這也指出了這個問題有多麼嚴重。

我們的教授透露，石油公司有系統地破壞美國的所有東西，這和汽車對環境的破壞性旗鼓相當。只要有機會，政客便攻擊大眾運輸，並且把預算砍掉，因此輕軌鐵路和高速的子彈列車系統便永久地被阻絕在外。即使是巴士運輸系統也是系統性地受到抑制，只留下一些又小又糟的車隊，只有窮到不行的人才敢搭。在這樣的抑制行動完全啟動之前，紐約市曾經試圖打造一個地鐵系統，但是許多其他城市在這上面完全受到打壓。目標就是讓大家沒有自己的汽車就活不下去，因為這能增加石油的收益——一輛巴士或是列車可以載更多的人，而用到的燃料比汽車還要少很多。

我們在課堂上學到，福特公司發現了它們自家一款叫做「平托」（Pinto）的小轎車有個問題，它只要從後面被追撞，就會陷入一片火海——即使撞擊的速度並不高。福特的工程師認為可以把一個要價三塊美金、名為緩衝板的金屬網線放在汽油箱周圍，就可以預防這種狀況。福特公司進行了一個成本效益分析，認為與其大規模的回收車輛，然後為每輛車重新換一個便宜的新零件，還不如和那些心愛的人在平托轎車裡燒死的家屬打官司比較划算。它們也沒有為新出廠的車子裝上緩衝板，因為它們認為多三塊美金的製造成本太過高昂。福特公司的這個算盤錯得離譜，這個醜聞爆開來，和完全召回車子並且安裝新零件相比，它們花在打官司的錢至少多了幾百萬美金。整條平托轎車的生產線就這樣停止，這些資料每個人都能查得到。

我們還知道了「儲貸醜聞」，政府利用公共基金來為你所想像得到最無稽、荒謬的企業想法背書。超級大富翁可以做任何他們想做的事、進行一些你無法想像的冒險，而且當這些計畫無可避免地失敗的時候，還不會花掉自己任何一毛錢，因為有政府的公共基金幫他們脫離困境，政府給予他們「黃金降落傘」的豐厚保障以及解雇條款。令人震驚的是，我們學到光是這個醜聞，每個美國人就被偷走了十萬美金，這實在是相當令人震驚——而且幾乎沒有任何涉入的人因此被關進大牢。

最後，我們知道美國的企業暗中組織並且贊助希特勒的戰爭機器。雖然美國應該是和希特勒處於交戰狀態，但是希特勒若沒有美國直接、密集的援助，他的勢力也沒有辦法擴張得那麼快。我永遠沒辦法忘記當我聽到福特汽車公司偷偷幫希特勒建造坦克的那個片刻，整個教室鴉雀無聲。如果同盟國的轟炸機摧毀了希特勒的坦克裝備，福特汽車公司便會盡快重新造一輛新的來賠償希特勒。下一學期的另一堂課也透露了波音公司暗中幫希特勒打造了所有的轟炸機，美國的工人為波音公司設計民航客機，認為他們在盡自己的責任，讓自己的國家在第二次世界大戰當中維持堅強戰力。這些客機接著就被送往南美，所有的座位都被拆除，機身被漆上了空白的顏色。緊接著，飛機又被送到非洲，在那裡被改造成轟炸機。接著又被送往德國，重新油漆成希特勒的轟炸機，並且被送到戰場去殺死那些建造了這些飛機的國家的無辜年輕人。

這麼嚴重的叛國罪簡直難以想像，我在這堂課表現得很好，主要是因為我學習並且記住了這些驚人的真相。我們的課程與其說是回答了某些問題，倒不如說是挑起了更多的疑問。這些事情怎麼可能就在我們的眼前發生？它們怎麼有辦法保密？如果一堂課就可以知道這麼多資訊，又有多少是我們不知道的？為什麼？到底是什麼可以支配這樣的權力菁英集團，讓他們想要以這麼廣泛、工業化的規模來製造機械化的大屠殺？我想到橋下的荷魯斯之眼，一元美金紙鈔上的象徵符號，還有我父母看到那些夫妻沒有敲門就走進對街黑漆漆的屋子裡的驚嚇。我想到《失嬰記》，還有我父母認為他們所目擊的就像是這部電影的劇情一樣。我的腦子為我找出了答案，但是我的心不願意面對這樣的可能性。這就像是你想像中最可怕的「地獄之旅」——但是它發生在真實世界。在武術練習中我學會面對攻擊的人，絕不退縮，因為那會讓你丟了小命。一旦你知道真相，真正的問題變成：**對此你打算怎麼做？**

走回宿舍的路上，我看見毒物廢棄桶以及穿著防護衣的工作人員，這只是讓我在課堂上聽見的邪惡勢力規模又變得更進一步。這些經驗讓我不得不承認有個邪惡的團體正在控制著我們居住的這個世界，如果我的酒鬼樓友、維修人員還有地方的消防隊，在某個程度上可以作為人類的代表，那我們都完蛋了。媒體欺騙我們，掩蓋真相。沒有人在新聞裡聽過這件事，除了偶爾爆發出來的像是水門案或是伊朗軍售案公聽會。媒體跟隨著「哪裡流血就去那裡報導」這樣的規則，讓我們深感痛苦，只能用酒精以及處方藥物來麻痺自己的痛苦。同樣的權力菁英同樣也擁有製造處方藥物的公司，他們越是讓我們感到力不從心還有憂鬱，就能夠從擔任我們的販毒者賺取更多利益。伊朗軍售案也顯示政府涉入了非法的毒品交易——在南美洲武裝、訓練，並且資助販賣古柯鹼的恐怖集團。

我後來和賣我大麻的人一起上這堂令人警醒的課——他是一個充滿魅力的搖滾樂主唱，我們就叫他藍迪吧，他的偶像是吉姆．莫里森。表演的時候，他會穿著紮染T恤，脖子上戴著熊爪項鍊，以及黑色皮革牛仔帽。他也很享受欺負我的感覺，我們大概在一年前重新聯絡，他說他那時候把我當成一隻「成長中的狼」，欺負我是為了讓我變得更強壯。雖然我會武術，但我得靠他才弄得到大麻——所以變成了一個依賴而又順服的角色，就像我面對父母時得做的那樣。他跟我說，如果我敢跟任何人告密舉發他，他會把剩下的人生都拿來追蹤我，然後殺了我——即使得坐牢十年，他也在所不惜。雖然他給我這麼嚴重的威脅，我還是繼續跟他買——當我們開始上同一堂課，我們都開始了解，世界上還有一隻更具有威脅性的狼，就在人類這群沉睡的羔羊旁邊徘徊。

有天晚上，在上了一堂特別讓人緊繃的課以後，我和藍迪坐在他的客廳，抽著大麻，一邊看電視。我們兩個都沒有喝酒或進入迷幻之旅，只是隨意看著《神祕科學劇場二〇〇〇》（*Mystery Science Theatre 2000*），劇中有個傢伙用兩個布偶取笑那些拍得很糟的B級電影。我們兩個都快睡著了，神智不是很清楚。電視裡傳來的一個高音調的噪音，突然明顯地變大聲、頻率變高。我們立刻注意到這件事，帶著一種集中、緊急的注意力靠近電視。就在那個時候，電視為了國家廣播公司一個新節目的首映，上了一支好玩的、精彩的廣告。很顯然他們在這支廣告上花了大筆的銀子——保守估計，至少有十幾萬。

「你有聽到嗎？你知道剛剛發生了什麼事嗎？」我實在是太震驚了。藍迪看著我，眼睛張得大大的，一副不可置信的樣子，然後表示同意。「剛剛就好像電視裡伸出了兩隻手，要我轉頭過去看它，雖然我快要昏過去了。」他說。我繼續說道：「你有沒有注意到，電視裡都會有的那種高音噪音，就在發生事情之前突然變了？」現在他的臉上閃過一種完全的領悟——還有恐怖。「我的老天，大衛，你說得對。我試著要把這個聲音轉掉，不過它真的變了——我直覺地就過去想要看看為什麼會這樣。」他接著又說了一些話，我沒辦法用一種禮貌的方式把它們寫在這本書裡，因為他有點嚇壞了。「如果他們要贊助希特勒，幫他打造他的殺人機器，他們難道不會對電視動手腳，用電視來幫他們的戰爭作宣傳？」這是最後一次我們一起看電視。沒多久事情就變得很明白，這個問題比任何人能夠想見的還要嚴重許多——我們在課堂上聽見的只是冰山一角而已。

克里斯貝爾大樓

春假之後有個晚上，我們套房裡一個新來的樓友看來不是很喜歡我的長相，就在我走進房間的時候，從兩公尺之外拿了一個四十盎司的麥酒空瓶朝著我臉上丟。多虧了我的武術訓練，在那個瓶子還沒從他的手裡飛出來之前，我就已經開始蹲下。

如果沒有這樣的訓練，這個玻璃瓶可能會在我的臉上爆掉——甚至可能讓我變成瞎子。這個傢伙把兩側的頭髮剃光，頂上留著長髮，他真的一次要花上二十分鐘，盯著浴室鏡子裡頭的自己，摸自己的下巴，露齒而笑，然後挑挑自己的眉毛。他唯一會播放的專輯是嗆辣紅椒樂團（Red Hot Chili Peppers）的《血糖性魅》（*Blood Sugar Sex Magik*）專輯，音量調到最大——所以每隔幾天我們都會把這張專輯聽一遍，因為他的音響比其他人的都還要夠力。他不知道我是個武功高手，我實在是非常生氣，我真的怕如果我繼續留在房間，我很有可能會殺了他，所以我跑出去，就像武術教練教我們打完架做的那樣。到了下學期，在一次「三男」遊戲「啟動」之後沒多久，他們就開始到酒吧喝酒了。每個晚上他們都要我跟他們一起去，但是我幾乎都待在自己的房間。因為我拒絕加入，他們覺得我很討厭。

有個晚上他們留在房間裡玩「三男」，像是要懲罰我似地玩得特別久。他們的老大，最近才幫我抵擋那個新來的傢伙的攻擊，跟我說：「嘿，老兄，你何不跟我們分享一些你的玩意兒呢？不要全部都自己獨吞啦。」我有一批非常強力的大麻，聞起來有臭鼬和柑橘的味道，看他們要多少，我都很樂意給。他們每個人大概抽了兩口，然後就被大規模的災難席捲，就像是衝擊波一樣。他們已經喝得相當醉，而這臭鼬味的大麻直接把他們推過界，他們一群人在廁所吐、在地上吐、在走廊的飲水機吐，甚至在樓梯上吐。寢室裡幾個不玩「三男」的人簡直不敢相信，他們就這樣狠狠地被命運打了一個耳光。我還記得以前我吐的時候他們怎麼對待我，後來就再也沒有人找我要大麻了。該來的業報終於還是來了，雖然對他們來說一點情緒上的療癒效果都沒有——除非你將嘔吐視作一種打破他們對現實的否定，以為他們做的事情健康而又平常。

就在這個非常經典的事件之後不久，我去上某一堂課，但是遲到了。教室很安靜，太安靜了，每個人桌上都有一張藍色的紙，天知道究竟發生什麼事情？我心裡充滿驚恐突然想到，這是期中考。我依稀還記得，教授有告訴我們期中考快到了，但是我沒有把日期記下來——我也沒念書。幸好，我在課堂上都有注意聽，還有做筆記，因此有通過考試。第一年的時候我的學業平均成績點數有到二點六分，已經足夠讓我不會被學校當掉。對於宿舍裡所有的霸凌和每晚的重度酗酒表演，我真的已經厭倦了，所以我決定和套房裡另外三個這學期都沒有玩「三男」的樓友，一起搬到超級怪咖用功宿舍——克里斯貝爾大樓。大麻再也不能讓我覺得嗨了，有抽的時候，我覺得相當普通——甚至沒有比我現在一般的感覺還要好。但是如果我沒抽，就會覺得相當沮喪。我開始認真思考戒掉大麻這件事，但是不知道該怎麼做。我覺得如果我戒了，自己的生活就會變得很瘋狂——不過至少在這個書呆子宿舍，我不會因為那些酗酒的霸凌者而受罪。

乙烯之歌

我的父母相當堅持我得在上大學之後的第一個夏天去找一份工作，雖然我極度需要放個假。唐和班兩個人現在都在一家工廠上班，專門為地下室的游泳池製造乙烯襯墊（vinyl liner）。經過證明，這個工作比電話行銷還糟。在工廠的外面有個不祥的、四種顏色、有著化學風險的菱形區域——紅、藍、黃、白——上頭還有號碼，顯示在這四個區塊裡我們會面對的風險程度。這個菱形區域說你必須戴著防毒面具才能進到廠房裡——但是沒人告訴我們這些，我們也沒這麼做。裡面的乙烯，聞起來比剛買了新浴簾的浴室臭上二十倍，通風扇吵得要命，你要大吼別人才聽得見你說話，有些人還戴著耳塞——我們應該都要這麼做。而且現場非常熱，根本不可能不流汗，工人會把吃剩的垃圾丟到巨大的會議桌下面，從來也不會去打掃一下，所以這個地方常常有一堆果蠅聚集。

我一進去就負責幫乙烯襯墊捲邊這個工作，這是這個地方最低階、大家最討厭的一個工作項目。

一整天我全部的工作，就是把二・五公分寬、〇・三公分厚的乙烯條，融化到其他人要製造的乙烯襯墊邊緣。要把乙烯融化在一起的那台機器非常巨大，每進行一次作業，都會有多到可以點亮一萬顆燈泡的電流通過。這完全就是非常危險，如果當機器落下的時候你碰到它，就會遭到電擊。有一次我被電到，大拇指立刻長出了一個小小的白色泡芙球菌，帶著驚恐，我很快地把它摳掉，留下一個咖啡色的小坑，痛了好幾天。

有的組裝技術人員會把防護裝置拿掉，直接去踩踏板，這樣雖然違反規定，但是可以更有效率地製造泳池階梯的襯墊，不過這樣機器可能會壓到他們的手指頭，讓整個指尖都斷掉。有好幾個在那裡工作的「抬乙烯工」（vinyl lifters）失去他們的手指頭，此外工廠裡的每個人幾乎都坐過一次牢。當他們發現我是大學生，我就開始被無情地霸凌，不過這和國中、高中的霸凌比起來不算什麼。其中一個工人發現自己身上長滿了癌細胞，而他頂多才四十歲而已，沒有人願意承認可能是因為乙烯的關係，雖然工廠的老闆總是待在另一間關起來而且還有另一套通風系統的房間內。二十年之後，我發現自己的身體裡仍然殘留著乙烯。

在那裡工作的每個人，似乎下了班以後都會喝酒，有一大部分的人很有可能也會嗑藥。在工廠工作相當令人絕望，你不用什麼直覺就可以發現這一點。我在早上八點開始上班，午休半小時吃飯，然後在四點半下班。有一天其中一位老闆抓到我在工廠外面抽大麻，不過他根本不在乎。考量到這份工作的危險性、毒性還有壓力，薪水真是少得可憐，而我根本不需要這一份薪水，我來這裡工作只是因為父母堅持我要找個工作。有一天，一個傢伙的手被機器壓碎了，事發之後他還茫然地四處走動。在某種因為痛苦而轉變的意識狀態當中，他悄悄走過我旁邊，把手伸出來。他中指的指尖現在變成五公分寬，看起來就像卡通裡的手。奧爾巴尼醫學中心（Albany Med）拯救了他的指尖，他在一個禮拜以後回到工作崗位。

這是詩……這是熱情

不管我在大學中受了多少罪，這個工作比什麼都還要糟——但是如果我沒工作，就得面對父母每天強烈的騷擾，這比工廠裡那堆鳥事更討厭。我唯一可以放鬆的時間變成週末，有個星期六下午，唐說服了傑德和我們一起嗑LSD，這成了一趟非常難受、非常強烈的迷幻之旅——這也是我最後一次使用LSD。住在對街有一個人，我們就稱他亨利先生吧。也是一個越南老兵，因為嚴重的創傷後壓力症候群，而成了一個大酒鬼，只能勉強照顧自己。他還留著從軍時的髮型，皮膚因為長年嚴重的粉刺變得坑坑巴巴。他的膿包發出酒精和潰爛的臭味，此外他還嚴重過胖。他醉茫茫地來找我們，行為舉止比較像一隻動物，而不像一個人，而且他幾乎沒法說話。在我的幻覺裡，我持續地看到他是一隻公牛，還長著一對角。唐和包柏在後院有個打拳擊的沙包，而亨利先生就使勁地打它，沒有跌倒。他的身體充滿了緊張，隨著每一次的打擊而釋放出來。當他這麼做的時候，還一邊念念有詞：「這是詩，這是熱情。」

在這次的體驗結束之後，我獲得一個深刻的領悟。在過去四年來，我的身體因為吸入的所有大麻而受到了極度的傷害。這段時間，我看起來越來越像是個有病的人，皮膚慘白，眼睛周圍還有著驚人的黑眼圈。關於我做的這些事情，其中沒有任何詩意或是熱情可言。老是有人跟我說，我看起來就像剛剛才從集中營逃出來。如果我再這麼繼續下去，我要麼就是最後像亨利先生一樣頹廢以終，不然就是像乙烯工廠的那些人一樣日復一日。有好幾次我都差點被逮到，要是真的有犯罪紀錄，那要找工作更是難上加難了。我記得小時候做過這樣的夢，夢見自己要過一種積極的人生，但是我知道除非我開始好好照顧自己，不然根本不可能。戒掉大麻的感覺就像是把我唯一享受的事情奪走——我用這件事情建立了我的整個人生，我無法想像真的完全不再抽大麻，但是我開始這麼想。

愛之兄弟的故事

我和傑德把所有的緊張和不確定，都注入了我們新的音樂創作，我們稱它為《愛之兄弟的故事》（*Stories from the Love Brothers*）。整張專輯主打的歌曲，都圍繞著我掙扎著到底要不要戒掉大麻這樣一個主題。其中有一首和工廠有關的歌，叫做〈乙烯之歌〉（*Vinyl Jam*），還有另一首歌叫做〈需索無度的人〉（*Joneser*），關於一些老是跟你要東西的傢伙，他們會向你要毒品、錢、食物還有庇護所，卻從來沒有給你什麼作為回報。這張專輯真正的主打歌是〈躺在花園裡的破時鐘〉（*Garden of the Broken Clock*），我們現場錄音，一次完成，事先沒有做任何計畫。傑德彈鋼琴，而我使用吉他作為呼應節拍的樂器。整首歌都是用說的，當我們開始錄的時候，我也不知道自己會說些什麼。回顧這件事，這看起來確實是我第一次以一種直接而又準確的形式來連結我的「高我」（higher self）。最重要的是，在這短短的幾分鐘從我內在流露出來的話語，後來給了我許多力量，成了我戒毒的主要工具。

在這首歌的開頭，傑德以一種催眠似的單調聲音說：「很久以前我擁有這一座花園，在這座花園有一個破掉的時鐘，這個破掉的時鐘躺著，奄奄一息……奄奄一息地躺在地上。」就像在作夢一樣，他的潛意識很顯然在說一些關於我的事，我成了「破時鐘」，還有我怎麼變得一團糟。

就在他說完這些之後，停頓了一下，換我開始說，我的歌詞充滿了一種少見的信心、權威還有清晰。我夢裡的智慧老人成了我作為敘事者所傾訴的對象，不過在這首歌裡，這個老人是未來的我，還留著白鬍子。我描述我怎麼和他開始交談，還有他給了我一些靈性上的建議。歌詞裡，我的角色問這個老人，我該如何控制我的毒癮，而他回答：「天助自助者」——然後把這個句子重複了好幾次。

突然間，我意外地有了口語遊戲的靈感，然後說：「天助自助者。」這觸發了一段新的樂章，傑德的鋼琴變得極度強烈。在接下來和老人的對話裡頭，我的角色得到一個結論：「如果你要終結自己，那麼你一定不愛你自己。」智慧老人接著回答：「完全正確，你喝的每一杯酒，你抽的每一根菸，你嗑的每一種藥，你正在一點一點走向死亡……天助自助者，而你，我的孩子，已經找到了你所需要的幫助。」

13 開始參加互助小組

你就在那裡，我知道你能聽見我。我知道，我在這裡是有原因的，我的生命是有目的的，你已經向我展示了這一點。我知道，我並沒有瘋，我做出了選擇，我將會奉獻自己的生命來幫助其他受苦的人們。

一九九二年，我升上大學二年級，搬到超級怪人住的克里斯貝爾宿舍。我還是會抽大麻——但是抽大麻已經沒辦法讓我獲得滿足了。我開始減量，一或兩天才抽一次。每次抽的時候胸口都很痛，好像快要心臟病發一樣。在工廠上班讓我覺得人生已經沒有希望了，我的腦子裡常常被一種被迫害的妄想占據，彷彿我的下半輩子都要在這裡工作——直到我因為毒癮或是癌症倒地而死為止。我只希望可以撐下去，撐到讓我可以回大學上課就好。對我來說，只要回到學校就解脫了。校園有許多美麗的樹木、一條壯觀的溪流，而且到處都是美女。我還沒交過女朋友，所以還是要樂觀一點。我幻想著一旦離開這個受刑罰、糟到不能再糟的監獄，重返校園的光榮時，將會進入一個快樂甚至是狂喜的世界。

當我回到學校，情況剛好相反。在學校並沒有比在工廠好過一點，這讓我相當吃驚。我的短期記憶完全不管用，才離開房間幾分鐘，我就想不起來自己剛剛到底有沒有鎖門，或是烤盤的電源有沒有關。我的恐慌症每個小時都會發作，我常常覺得憂鬱，雖然抽大麻會讓我比較好一點，但是頂多也就是嗨個十五分鐘而已。我的身體完全沒有力氣，連走到教室大概十到十五分鐘的路程，我都覺得有些難以承受，要移動雙腳都有點勉強——我注意到其他看起來一副倦怠樣的學生，他們也是這樣拖著腳走路。我有訂閱一份科學雜誌，應該是《科學文摘》（*Science Digest*），不然就是《希波克拉底》（*Hippocrates*），它會寄到我的老家，而我媽會把每一期都寄到宿舍來。我在其中讀到一篇文章，它完全改變了我的生命。

都是化學惹的禍

我發現快樂不會自己來到身體。快樂不像一個念頭或是一個想法，只有當大腦分泌了某些特定的化學物質，並且把它們釋放到腦細胞之間的縫隙，你才會感到快樂。當這些化學物質還留在你的神經原突觸，還沒有被分解或是被吸收，你就會覺得快樂。你的大腦一次只會製造一點這種化學成分，然後以一種固定的速度把它們儲存起來——就像在水槽裡裝水一樣。我們之所以會對某些事物上癮，是因為它們可以導致這樣的「水」以一種異於平常的速度增加，一次從水槽裡滿出來。有些人性成癮，有些人對工作、壓力或恐懼成癮。有些人對欺負弱小還有創造特定的生活劇情成癮——像是親密關係。有些人對熬夜和逼迫自己成癮，所以他們睡眠不足。有些人對糖、小麥、乳製品以及其他不健康的食物成癮。有些人對咖啡因、尼古丁或是酒精成癮。有些人對處方藥物成癮，另外有些人則是對其他藥物上癮——包括大麻。

任何一種成癮都會製造出一個狀況，到了後來，我們的大腦會快速地消耗這些化學物質，卻沒有辦法即時進行補充。當這種情況發生，你就會來到心理學家所說的憂鬱症階段。下面列了幾個症狀，如果你已經有五種或是更多，你就達到了臨床上憂鬱症的標準：

憂鬱的情緒，像是覺得悲傷、空虛或是想哭（對兒童和青少年來說，憂鬱的情緒會表現為經常性的煩躁）。

明顯地對於所有的或是大部分的事情失去興趣，或是沒有辦法在其中感覺到樂趣。

沒有節食但體重卻明顯地減輕，體重增加，食慾減少或大增（對兒童來說，憂鬱症可能導致體重無法增加）。

失眠，或是睡覺的欲望大幅增加。

其他人可以觀察到明顯的坐立不安或是緩慢的行為舉止。

疲憊或是精神不好。

沒有辦法作決定、思考或集中精神。

腦袋一直出現死亡或自殺的想法，或是試圖自殺。①

我沒有自殺的念頭，但是其他幾個典型的臨床憂鬱症症狀我全部都有。要被診斷為憂鬱症，問題必須要「嚴重得足以對於和其他人的相處或是每天的活動，造成明顯的問題，像是工作、學校或是其他社交活動。」②這些我全都符合，在那個時候，我在女性旁邊總是感到不自在，我的工作、學業還有社交活動，都受到劇烈的影響。當我在修心理學程的時候，大部分的精神科醫師開處方藥就像發糖果一樣——他們會告訴病人一點問題也沒有，一切都是體內的化學物質失去平衡惹的禍——吃個藥就會好了。

慶幸的是，這本雜誌沒有這樣說。有些人可能會因為這些處方藥物而受助益，但是這也可能變成另一種成癮。如果患者心血來潮試著停藥，可能會產生要命的停藥反應，反而造成自殺傾向——他們很可能真的這麼做。這篇文章說，你必須把問題從根部斬斷，你必須找出成癮的原因，讓你毀了叫做「腦啡呔」和「腦內啡」的特定化學物質——像是「血清素」和「多巴胺」——然後找個方法讓這樣的模式不再重複。

就我的例子來說，事情非常簡單。雖然我對很多東西上癮，但我用來摧毀血清素的主要方式就是抽大麻。最終我走到了這一步，我大腦裡的血清素所剩無幾，就算抽大麻我也很難嗨得起來了——而沒有抽大麻的時候，我則深受憂鬱症所苦。這篇文章仔細地討論了這個特殊議題，並且說唯一脫身的方式就是完全戒掉毒品。如果我讓大腦自由，在化學的層面上，不再逼迫它釋放大量的血清素，我就會開始經歷一段不會感覺到任何快樂的時期。在這段時期，我的大腦會重新用水裝滿水槽，像它從前那樣。只要療癒了我的神經化學系統，生活裡一些正常的事情——像是藍天、美麗的樹木、長長的散步、玩音樂、一次很棒的對話，或是一個迷人的女性——都會讓我覺得很好，而不需要任何毒品的幫助。很多人沒辦法等那麼久，所以沒辦法知道當他們療癒以後會發生什麼事。

最後的崩潰

發現這個真相之後，我經歷了最後一次「崩潰」，我的舊生活就這樣一次崩解了。有位叫做珍妮的女孩子，她看起來真的很喜歡我，當我告訴她我想要戒掉大麻，她都會聽我說話、給我意見。後來我才發現，她對我們這棟宿舍每位好看的男生都這樣，而且還想利用我幫她弄些大麻。有一次有人拉了消防警報，碰巧讓我看到她在外頭，裹著一條毯子，和另一位男的在一起。這件事情過後的禮拜一，她就當著我的面把自己的房門甩上，又一次，我感到心房附近有一股麻痺的感受——就像要心臟病發一樣。

隔天晚上，有人慫恿我去參加一個派對，雖然那時候我應該要準備隔天上課的閱讀。一位我完全不感興趣的女孩子，我們就叫她麗絲吧，一直對我採取非常強烈的追求攻勢，弄得我最後只好離開。接著的禮拜三，我在科幻小說課堂上很丟臉，老師點名我回答問題，身為他的愛徒，我卻只能承認我沒有讀書。這樣的霉運一個接著一個來。

那個禮拜五晚上，我的室友一邊看電影《門》（*The Doors*），一邊喝完了兩瓶四十盎司的麥酒。在這部片裡，方・基默（Val Kilmer）扮演吉姆・莫里森，記錄了這位樂手因為毒品和酒精急速地墮落和死亡。

我的室友覺得這兩瓶麥酒喝起來「相當順口」，不會有什麼事。我和室友看了這部電影的最後一部分，發現自己和音樂史上最知名的嗑藥者有著一樣的模式，我深深感到震驚。後來我室友在廁所吐了滿地，我生平第一次，發自內心地以一種瘋狂而又刻薄的態度對人破口大罵。一陣辱罵之後，我用手指頭用力戳他，告訴他我才不管他有多慘，他得把地上所有的嘔吐物清理乾淨，一滴不留。他一直說對不起，聲音聽起來就像是紫色恐龍巴尼一樣。

接著我回到自己的房間，發現我的床上亂七八糟的。這種事情不太可能會發生，因為在我母親的訓練之下，我摺被單摺得像軍人一樣整齊。麗絲坐在我室友的床上，一副酩酊大醉的樣子，但是看起來相當開心。他們的鞋子並排在一起，我開始吼她，指控他們在我的床上做愛，但是她不承認。我問她，我的床為什麼亂成一團，她只是一直說：「我不知道，我不知道。」一套房的味道很糟，我覺得我快要吐了。另一位室友也醉得很嚴重，他正在吃披薩，一點感覺也沒有。最後我跟我的好兄弟克里斯說，我必須離開那裡，到布頓大樓（Bouton Hall）他的宿舍去。謝天謝地，他的室友經常到女朋友那裡過夜，所以他們房間還有一張空的床。我躺在那裡盯著天花板，腦子跑得很快。因為成癮，你可以和一個你清醒的時候一點都不感興趣的人上床，還可以讓人懷孕。最後一切都變得很糟，包括你的健康、穩定度、頭腦的清晰程度，然後人生就這樣毀了——甚至死掉。就在那張床上，我做了決定。就這樣，我不玩了。

隔天早上味道幾乎已經散去，但是我還有另一個棘手的狀況要處理。我的大麻藥頭——藍迪，想要訓練我接手他的工作，這樣他就可以搬到嘉地納（Gardiner）的山區，換我為他賣大麻並且承擔他的風險。我曾經給過朋友一盎司的大麻，不過這就是我經手最大的數字了。我告訴他，這些大麻要價兩百美金，但是他說他只會付一百八，不然就拉倒。最後我把大麻給他，還從自己的口袋幫他墊了二十元。我的提款卡裂成兩半，沒辦法把剩下的錢給藍迪，所以他對我非常生氣。

當我發現他整整四天都沒有打電話給我，整件事變得相當詭異。然後我發現，我的電話線被我室友的床壓得稀爛，這就是為什麼電話都沒有響。我下樓到宿舍辦公室拿了一條新的電話線，就在我把它插上的時候，電話剛好響了。我接起來，是藍迪。他想要立刻拿到錢，我叫他過來，因為我剛換了張新的提款卡。以前他曾經威脅過我，說如果我不付錢，他就要殺了我，我真的不希望這種事情發生。

藍迪來了，堅持我要給他些東西抽抽。我手上只剩下一點噁心的、泡過黑咖啡的「蟑螂」——燒焦的一段大麻煙草。我一點都不想抽，結果他懷疑我是「緝毒的便衣警察」，堅持我一定要抽。濃縮的樹脂讓我們兩個人都產生了極度的偏執想法而飽受折磨，沒多久藍迪就說他要走了。當藍迪一離開，我就聽到套房裡爆出了相當大聲的對講機回音。現在我在房間裡坐以待斃，就差那麼一點點——在我打算最後一次抽大麻的這一天，我就被抓到了。就在我焦急地要換電話線的時候，校警可能跑去通風報信，竊聽我的電話。他們聽見我們約時間見面，因為藍迪給了我幾本「書」——還是在學期都過了一半的時候——我得要付他兩百元。現在警察就在門外，他們會在他的口袋裡發現兩百元，上面還有我的指紋。還有，房間裡頭聞起來都是菸味。我完了，一切都完了。

我知道警察不能合法地進到房間裡面抓我。校園裡頭有一條法規，警察如果沒有你的允許，即便他們有適當的理由，也不能跨過你的門檻。他們可以敲門，但是你可以不讓他們進來。嗑藥文化裡有個傳說，警察會等你走出房門，或用一些小伎倆把你釣出來。當我聽見套房裡有對講機的聲音，我的腦子裡立刻充滿了這些胡思亂想。一定是這樣，我懷著恐懼坐著，動也動不了，因為被自己的愚蠢和霉運嚇傻了。最後電話響了——是藍迪，他在一樓。他的聲音聽起來非常不祥，而且極度焦慮。「你可不可以——你能不能下來，開門讓我進去？」我完全知道發生了什麼事，他的兩邊各站了一個警察，告訴他要怎麼跟我對話。

他們要他引誘我離開房間，這樣在套房外的警察就可以逮捕我。我已經踏入陷阱，沒有選擇了，我被將了一軍，這一次等在前面的不是「康妮」，而是監獄。賣一盎司的大麻可是重罪，我深深地吸了一口氣，坦然接受這樣的命運。我說：「好，我會下去。」我抱著必死的決心，然後把電話掛上。

當我終於走出房間，發現廁所裡頭有個維修人員，他把淋浴間的零件全都拆開來放在檯面上。他戴著一條很大的工具腰帶，穿著一件破爛的紅色T恤，還留著重機騎士風格的鬍鬚。他的皮膚坑坑疤疤的，看起來就像是嚴重酗酒還有濫用其他藥物的樣子。嗑藥的人把一包一包的毒品藏在浴簾的桿子裡頭是很常見的作法，這樣的話，就算被找到，因為不是放在房間裡，警察就沒有辦法對他們怎麼樣。這傢伙不懷好意地看了我一眼，我知道一切都結束了。他正在找我的存貨，但是什麼都找不到，所以很生氣，因為我從來沒用過這一招——太容易被人偷了。這個傢伙都要把浴室拆了，還會有什麼其他原因？警察站在藍迪兩邊，就在樓下的電話那裡，等著我自己走出這棟大樓，這樣就不會把場面搞得太難看。我只要自己上車，不用戴著手銬遊街示眾，從我朋友的面前走過去。他們顯然正把守著所有的出口，我一點逃脫的機會也沒有。

我的房間在三樓，我往下走，走向我和命運的約會。我的腦子轉得很快，就像「出神的形」帶來的減速效果。所有我感受到的陰沉和負面情緒，都和「地獄之旅」一樣。每往下一階，我就覺得我的人生整個完蛋了。當我還是孩子的時候，我有過一些靈視，我會為這個世界做一些好事，夢裡有人告訴我，我將會成為一個靈性導師。我曾經試著發展超感知覺，但是後來都沒有再練習。我也錯失了可以拯救整個學校使其免於嚴重環境災難的機會，那時候我本來可以打個電話警告消防隊的。我知道地球上有著恐怖的邪惡勢力，然而我卻沒有採取任何行動阻止它。現在我要去坐牢了，我的生活四分五裂，這就是那些掌握權力的菁英集團所希望的。

就算我受過武術訓練，可能也躲不過監獄裡頭極度可怕的虐待。當我有一天終於被放出來，就有了犯罪紀錄。我對於未來懷抱的任何希望，成為心理學家或靈性導師，就算沒有被摧毀，也會受到嚴重污染。

我身為自由人的最後一個行動，就是用我的中指去敲消防鈴，敲出一記清楚的響聲——每次路過我都會這麼做。藍迪站在玻璃前面，怒視著我。他沒有鑰匙，沒有我他就進不來，除非有其他人讓他進來。我準備好了，我做了一個深呼吸，打開門，然後咄咄逼人地面對他，他沒有預料到這個。「好了，他們人在哪？」我說。

「什麼人在哪？」

我咆哮回去：「不要耍我，老兄，警察，警察在哪？」

藍迪臉上出現了陰險的、譏諷的表情。他發出噓聲說：「沒有警察，大衛小子，我只是想知道，你那裡為什麼有個傢伙在拆淋浴間。」他罵了很多髒話，我就不寫出來了。

我不敢相信事情竟然是這個樣子，我得跟他再三確認才能放心：「你說，沒有警察？」

「沒有，沒有天殺的警察。」

我太激動了，向前給他一個勝利的擁抱，同時因為鬆了一口氣，幾乎要哭出來。然後我想起來，我的希臘人樓友覺得淋浴設備不夠堅固，所以把蓮蓬頭給拆了——結果噴了一堆水出來。克里斯貝爾宿舍的確會定期派人來看看浴廁，他們發現這項罪行，然後叫人來修理，這就是事情全部的經過。那邊嘔吐物的惡臭大概可以解釋，為什麼那個傢伙給我那麼難看的表情。

對於我沒有被抓起來這個事實，我感到驚呆了。我渾身上下都覺得事情就要發生了，因為沒有被逮捕而造成的感動，就像宇宙裡一個奇蹟。後來我向一個朋友說了這整件事；他是這棟宿舍的舍監，他告訴我他晚上要去參加一個匿名的戒酒互助會，邀請我一起去。「但是，我不喝酒。」我告訴他，「我從來都不喜歡喝酒。我的問題是大麻。」他告訴我，就算我不是酒鬼，也可以從中獲益。

他說這群人很棒，我應該去看看。沒有人會給我壓力，如果我不喜歡，隨時可以回來做我本來要做的事情。這和「康妮」非常不一樣——而且最棒的是，它完全免費。

週年快樂

在那裡的第一個晚上，我獲得了不可思議的強力體驗。他們要慶祝戒酒兩週年慶——一個年輕、留著長髮的白人男子，他曾經酗酒五年，還有另一個年紀比較大的黑人男子，他有十一年的酗酒經驗。那裡的每個人都在笑，各個看起來容光煥發，非常開心——屋子裡沒有絲毫霸凌的氣氛，這裡的男人和女人都帶著愛心、善意和尊敬來對待我。那個晚上的主題就是聆聽這兩位男子的故事，他們兩個都經歷了許多創傷，那比我經歷過的任何事情都還要糟。他們在路邊的水溝醒過來，身上都是自己的嘔吐物和尿。那個酒齡十一年的男子以前常常會拋家棄子，好幾次都遊走在死亡邊緣。

他們談到「窮途末路」這件事，那是一個你明白生活完全崩盤的時刻，你沒有任何選擇，只好停下來。他們說，大部分的人必須一次又一次來到這個點，最後才會下決心改變——而每一次的低點都會比上一次更糟。如果你還不覺得自己已經受夠了，最後可能會落得生病、坐牢或是死掉的下場。我曾經身處險境，離被關在牢裡或是「康妮」那麼近，和死亡也打過幾次照面，所以他們說的每件事都相當有說服力。那個晚上我下了決心，從此之後不再使用任何會改變大腦意識狀態的藥物——我真的再也沒有吃過。那個酒齡五年的男子給了我他的電話，說我隨時可以打電話給他，尤其是當我感到有自毀之虞的時候。我回到宿舍，覺得受到很大的啟發，感到煥然一新。我和隔壁房的鄰居聊天，他也是從「大麻樓」逃過來的難民，結果講到我的床被弄亂這件事情，他承認那是他的惡作劇。

對於這樣的共時性，我有點嚇呆了，因為我完全認定我的室友和麗絲在我的床上亂搞。這些事情看起來之所以會發生，彷彿是為了確定我會獲得訊息，然後去參加自助會。

我決定要來進行一個「九十／九十」計畫，意思是我要在九十天參加九十次互助會。那裡可以認識許多迷人的年輕女性，雖然有人建議我第一年不要和裡面的人談戀愛，因為這段時間我會變得相當脆弱。酒齡五年的男子告訴我，在最初的三個月，大部分的人都會覺得非常沮喪，因此每天都去參加聚會是很必要的。一旦撐過三個月，你才會開始覺得開心，六個月以後你會覺得更好，一年之後你就會擁有一個更快樂的人生，那是你在嗑藥的時候完全無法想像的。我告訴他我在雜誌上讀到的，對於他說的一切，上面都有科學根據。雖然前三個月我一點也不覺得快樂，不過我找到了一個支持系統，可以確保我不會再回到我的癮頭裡。從此我沒有再回去過。

實驗者們

因為那一次的互助會，我覺得自己充滿了正面能量，這感覺起來就像一趟迷幻之旅——但是非常純粹而且神聖，沒有多疑、恐怖和畏懼。我的腦子裡爆發出許多想法和靈感，我覺得自己必須趁它們還新鮮的時候，用紙筆把它們記下來。我回顧了把我引導到這樣一個重大決定的系列事件，它們似乎都把這樣的巧合延伸到了極限。我有一堂心理學的課剛好講到榮格的共時性，就在我學到這個概念沒多久，就有了一次完美的體驗。為什麼我的提款卡會在或許是最糟糕的時間點斷成兩半——讓我必須懷著恐懼，沒辦法準時把錢給藍迪？為什麼我室友的床在最糟糕的時間點把電話線壓爛，讓藍迪因為我又拖了好幾天變得更生氣？為什麼那個時候我完全沒想到要打電話給任何人？為什麼我的希臘樓友要把蓮蓬頭拆開、丟掉？

為什麼藍迪剛好在我把新的電話線插上去的時候打來？為什麼這個維修人員就在藍迪來要錢的時候出現？為什麼他的對講機一直到藍迪離開的時候才發出聲音？為什麼這一切發生之前，我會因為一個女性而感到令人沮喪無比的心痛？

某種宇宙智慧似乎以一種驚人的準確度策劃了這一切，這看來是一個非常有組織的、和共時性相關的例子，讓我把注意力放在某個人身上。最後，我整個週末都用來寫一篇名為〈地球是一個實驗〉（*Earth as an Experiment*）的報告。有些記憶的屏障似乎掉下來了，我開始想起許多智慧老人在我兒時的夢境對我說過的話。我把地球寫得就像是一個老鼠迷宮一樣——但是大多數人甚至不知道自己身在其中。他們被「錯誤的誘餌」所干擾，讓他們在短時間內覺得非常好——就像是成癮一樣。他們會把這些錯誤的誘餌放在家裡，於是沒有辦法走得太遠。還有些人知道自己身在迷宮當中，也知道這個謎團有個真正的解答，那就是我決定稱之為「升級」的靈性轉化，後來我知道這就是「揚升」，它會改變人之所以為人的基礎。

我還寫到，這整個系統是由「實驗者們」所發現和管理，他們在很久以前已經體驗過了「升級」，並且在迷宮裡留下線索，引導我們走向升級——但是他們永遠不會逼我們這麼做。他們並不期望大部分的人可以解開這個謎題，或是發現我們身在迷宮裡；這是不可能的事——至少就我們目前的情況而言是如此。因此，他們的目標是幫助那些少數如實地看著真相的人。我們被看不見的因果法則包圍著，不管我們有沒有意識到這一點。沒有所謂的意外，生活中的每一件大事都不是隨意發生的。如果我們為其他人帶來了痛苦、恐懼和壓力，這些實驗者會保證我們也會得到同樣的感受，或許稍微有點不一樣，因為事情不會看起來那麼明顯。我們永遠都可以選擇去懷疑發生的一切事情，但是沒有人可以打破這樣的法則。同樣地，如果我們為他人帶來愛、正面能量和支持，實驗者們會製造一些情境，確保這些都會回到你身上——我們的生命將會因此變得更美好。

那個禮拜，我決定好好看待自己的夢。隔天早上，就在第一次參加互助會之後，我開始把自己的夢記錄在大學的筆記本上，日期是一九九二年九月二十二日。從那天開始，我保持著記錄夢和分析夢的習慣直到今天。當我下定決心保持清醒，就開始做一些我又開始抽大麻的惡夢。我覺得如果我現在不保持清醒，在經歷那麼多共時性事件之後，一定會發生某些更糟糕的事情把我打回原形。我會在驚恐之中醒過來，然後因為事情沒有真的發生而大大地鬆一口氣。我也做了一些美妙的揚升之夢，像是飛翔，或是我的身體返回光的形態。隨著這些年過去，這些夢境變得越來越清晰、越來越強烈。

那個學期我報名了「終身健身運動俱樂部」的課程——恐怖的是，我們每天都被逼著要慢跑，就像國中的「火雞操」一樣。每次一跑步，我就會咳嗽咳到完全無法控制，只能停下腳步、彎下身子，不停喘氣，每次都會有一大堆暗沉的黃色、咖啡色黏液湧上來。我想起健康教育課堂上老師給我們看過吸菸者的肺部解剖圖，我想我的肺從裡面看起來一定很噁心。慢跑最終給了我的身體一個機會，可以把那些過去幾年堆積在身體裡的許多焦油給釋放出來。這些焦油大大地減少了我血流裡的氧氣，讓我經常性地覺得虛弱、疲倦。所以，雖然慢跑非常痛苦，我真的很討厭慢跑，但是我擁抱發生的一切，繼續跑下去。

維多利亞女王

在我的慢跑課有個美麗的斯堪地那維亞女孩，她有著棕色頭髮和藍色眼睛，名叫維多利亞。當她知道我決定要戒掉大麻並且參加互助會時，我們馬上就變成朋友。我們開始一起跑步，當我咳嗽著要把身體內那些影響精神的殘餘化學物質吐出來，她會等我，幫我加油。有天上完課，她停下來，平靜地看著我的眼睛，然後說：「我從來沒有在任何男孩子臉上看過那麼美麗的眼睛。」終於，在這麼久之後，我獲得了一個天大的好機會。我謝謝她的讚美，問她想不想找時間一起吃晚餐。她說好。

後來我們一起去了當地的一家中國餐館。她告訴我她二十四歲，已經和一個五十四歲的有錢人結婚。她迫切地想要離開這個男人，和我在一起。我太驚訝了，完全不知道要說什麼才好。

我們走回我的房間，坐在床上，就這樣開始親熱。她的嘴唇和皮膚不可思議地柔軟而又甜美，她的香水實在是迷人之至。不過我退卻了，我無法這麼做，我很害怕她的男人會用他的錢和人脈來追殺我，不管是傷害我或是置我於死地。她一定會被抓到，偷情的人總是會被抓到——命運會給他們致命的一擊，一切只是時間問題而已，這是偉大的迷宮裡，實驗者們所設下的另一個陷阱。此外，我也不想和一個已婚的女人發生關係。這麼做太冒險，而且我正試著要清理自己的生活呢——而不是用一個成癮來取代另一個成癮。我向她道歉，告訴她我不能和她在一起，除非她離婚。她很難過，但是她知道我在說什麼，並且對我的作法表示尊重。

隔天早上，我做了一個可怕的夢。我回到小學的體育館，就是學校強迫我們必須站上四十五分鐘的那個地方，所以後來我和布萊德決定溜出去。在夢裡我沒有玩躲避球，維多利亞揮舞著一把刀子瘋狂地攻擊我。她一直笑一直笑，彷彿那是某種笑話一樣，很明顯的是，她不是很在乎這麼做會不會傷到我。我可以用來保護自己的只有一件綠色的運動衫，就像我們在「醫護兵躲避球」這個遊戲裡穿的那一件。我用兩隻手抓著這件運動衫，當她拿刀揮我的時候，試著用這件衣服來抓住刀子。

在我還沒來得及解除她的武裝之前，這個夢就結束了。我嚇死了——當我一醒過來，就把這個夢記下來，夢的訊息非常清楚，她想要他丈夫的錢，然後想要我成為他的男寵。這讓我陷入極度的危險，因為他的丈夫隨便都可以找人把我做掉——但是她一點也不在乎，她只是想要和一個她喜歡的年輕男子上床。這是一個出現得相當早而且強力的線索，說明我做的夢隱藏著某種智慧。或許是那個智慧老人，我現在有理由相信他就是未來的我。這個智者能夠指出我應該知道什麼事情，才能成為一個更健康、更快樂的人。有時候我太瞎或是太天真，沒辦法把事情看清楚，但是我的夢總是會幫助我了解整個狀況。我每天也會聽我和傑德一起錄的新專輯，以及我放到裡面的靈性訊息——尤其是〈躺在花園裡的破時鐘〉——它讓我變得更有信心。

和古老的金色巨人會面

在通過維多利亞這個非常困難而又痛苦的測試之後，我得到了一個美妙的夢作為獎賞。我來到一個雄偉的地下隧道，它有著挑高三十公尺的天花板。這個隧道的格局非常方正，有著像是用雷射刀切割出來的銳利邊緣。裡面的岩石看起來非常光滑，一整路看下去所有的石頭牆面上，都是美麗的埃及風格象形雕刻、銘文以及浮雕的場景。突然間一個非常高大的人出現在我左邊，讓我相形之下像個小矮人。祂大概有二十一公尺高，穿著長袍，而祂的整個身體，包括衣服在內，都像是用閃亮的黃金做的。祂有一個非常奇怪的頭，看起來像是用石頭雕出來的，它的正面有個臉，兩側各有一個臉，背面也有一個臉。這些臉看起來就像你在中美洲金字塔的馬雅碑文上會看到的圖案。

這個生物一點也不具侵略性，祂對我相當尊重，不過同時帶有明顯的長者風範。祂沒說一句話，只是靜靜地走在我身邊，帶著我走到大廳裡頭。我對於隧道牆上的埃及風格紋飾的深度和品質感到相當敬畏，當我們來到隧道的終點，似乎就進入了某種傳送門——從這裡開始，這個夢變得相當詭異。

我們來到了我父母離婚的時候，我和我弟共用的房間。最初我把自己的桌子搬進這個房間，後來我搬出去也把它一起帶走。這個巨人直接把我帶到這張桌子旁邊，上面堆著各種紙張，還有我過去的一些私人物品。他安靜地指著我的書桌，不發一語。「我不太明白，你要我看那張舊書桌？」他繼續站著、指著書桌，非常安靜——然後我就醒來了。

我知道這是我稱之為實驗者們的那群人給我的一個邀請。如果我想和他們一起工作，繼續保持清醒，我必須重新回顧兒時發生的事情——包括和宇宙相關的那些事情，還有我遭遇過的霸凌。只有這樣，我才能從「強迫性重複」當中解脫出來，那是靈魂的監牢，讓你無意識地從一個會讓你感到相同痛苦的情境，直接奔向下一個。我從來沒有真正完成這個功課，直到我開始寫這本書，從我在加拿大寫下生命回顧大綱開始，在寫作這段期間進行了深度的靜心和研究。讓我感到訝異的是，即使在這麼久之後，我已經學到這麼多東西，我仍然重複著相同的模式——只是我的臉看起來比以前友善一點。西藏的揚升教誨通常會把焦點放在一種稱為「斷」的施身法門，那是一種帶著慈悲，把自己和那些因為原始創傷而創造出來的所有行為模式，區別開來。只有這麼做，你才會有足夠的靈性力量來體驗完整的揚升。

我決定接受夢中這個神祕黃金巨人的邀請，繼續天天去參加互助小組。我常常和這個小組分享我的「戰鬥故事」，但是因為其實我很少喝醉，而且在小組裡不能提到和毒品有關的事，我已經沒有東西可以分享了。我還試著參加匿名戒毒互助會，但是它不太適合我。當大家在分享自己的恐怖故事的時候，有個用藥成癮的軍人總是會用力地推自己的肘關節。另外還有一個皮膚褪色、聲音因為抽菸而變得僵硬的女士，故意打破規則提起特定的毒品，還說：「你知道你去看醫生的時候都在想什麼，只要他離開診間，你就想去看看他的抽屜有什麼好貨？」

真理時刻

我在匿名戒酒互助會常聽到一個說法：「人，地方，東西」。意思就是，你必須避開和你的成癮有關的人、地方和事物，不然你可能又會重蹈覆轍——這可能會讓你陷入更黑暗的深淵。聖誕假期的時候我回到家裡，和我媽在那張幾年前我用硝酸鉀燒過的桌子上討論這件事情。「這個規則對我沒有用，唐和包柏是我的朋友，他們就住在附近，我得去看看他們，告訴他們這個好消息。我已經戒了毒，還獲得某種靈性覺醒，或許我可以激勵他們。」我媽要我別這麼做，但是我說，現在我絕對不可能再走回老路上。

當我仔細地向唐和包柏說明發生在我身上的事，他們一邊抽著萬寶路香菸，一邊喝著百威啤酒。他們的反應讓我嚇了一大跳，後來我把它當成我在《同步鍵》裡分享的第一個個人故事，就在第三章，摘錄如下：

> 我的朋友們看著我，從嘴裡吐出熟悉的酒氣及陣陣菸雲，我告訴他們，我現在相信，我是帶著靈性的使命出生的，我將會幫助無數的人。當我說完時，無情的沉默頓時變成激烈的語言攻擊和嘲諷。在他們看來，我只可能找到一份無意義的工作，和一個惡毒醜陋的女人結婚，然後為了自己的孩子變成生活的奴隸，而我的孩子將不會感謝我的養育之恩，只會越來越討厭我，最後，我將孤苦伶仃地在一個養老院中離開人世，當我呻吟著要周圍的養老院員工注意我，他們在乎的卻只有下一個可以抽菸的空檔。

這就是我的人生嗎？這就是我將會過的生活嗎？我瘋了嗎？他們是對的嗎？他們怎麼能如此殘酷——畢竟我們當朋友當了那麼多年？我完全無法忍受他們的嘲笑和羞辱，我數次警告他們，但他們完全沒有理會。最後，在他們的嘲諷聲中我站了起來，沒有對他們進行憤怒和惡意的回擊，逕直走出了門，從此離開了他們（二十年後，直到我寫完這本書，我才和其中一位朋友重新聯絡，並且在一次真誠的交談中寬恕彼此）。

走了十分鐘後，我站在街道上強忍著淚水，感到悲痛欲絕。我不由自主地舉起手臂，指向天空說道：

「你……我不知道你是誰或是什麼？但是我知道，你就在那裡，我知道你能聽見我。我知道，我在這裡是有原因的，我的生命是有目的的。你已經向我展示了這一點。我知道，我並沒有瘋。我做出了選擇，我將會奉獻自己的生命來幫助其他受苦的人們。感謝你，感謝你幫助了我，現在，我想幫助你。」

在我說這些話時，我正盯著夜空中的一些星星。就在我說完「我想幫助你」時，突然一顆發著黃光的大流星在我眼前一閃而過。那是如此真實，如此地不可否認，如此讓我震驚！我從來沒看過這麼大、這麼亮的流星，我感到一陣狂喜的能量流遍我的身體，讓我喜極而泣。我跟宇宙說話，還得到了回應。這真是我生命中最奇妙的一刻了。

在《同步鍵》的這個段落之後，我又分享了好幾個同樣神奇的例子，我對於共時性和揚升的大量科學研究就這樣展開了。當流星劃過夜空，我感到自己的整個身體飛到空中，但又同時站在那裡。當狂喜的眼淚流到臉頰，我還可以聽見遠方火車行駛而過的聲音。火車後來成了我夢裡一個經常出現的揚升象徵。

當我還在抽大麻的時候，我就覺得自己有義務作為我家還有唐和包柏家路上的「看守人」，每次走在路上我都會順便清理垃圾。每天都會有新的垃圾，那天晚上回家的時候，我把路上每一個垃圾都撿起來，當我看見天空的閃光，還有在我周身振動的強大能量，我完全無法控制我的雙手，空的香菸盒和食物包裝掉了一地。我沒有使用任何藥物，但是覺得非常嗨，接著我再把這些垃圾重新撿起來。

唯物主義末日的寶箱

大學的時候，我總是在學生會大樓的提款機領現金，我把每一張單據都留下來，通通塞在一個舊的飛利浦刮鬍刀的盒子裡，之前裡面放了一支電動刮鬍刀，後來就沒有在用了。在我的兄弟們把我的心撕裂之後，我坐在桌子前面——就像夢裡那個黃金巨人要我做的一樣——然後打開這個黑色盒子，裡面都是提款機的領據，疊起來大概有一公分那麼厚。我一張一張拿起來看——就在這個時候，我被某個想法擊中。才一年的時間，我就花了大概兩千七百美金，只為了要嗨一下。我花錢非常小心，幾乎沒有把錢花在其他事情上面——包括剪頭髮。現在我才知道，如果我把這些錢省下來，早就能買一輛車了，而不用每次都得搭阿第倫達克長途巴士才能回學校；如果有車，我到校外約會也會方便很多。我拿出一張單據，在上面寫下「唯物主義末日的寶箱」，然後闔上這個黑色盒子，把半張單據留在盒子外面，就像是標籤一樣。每次我看到這個盒子，就會想到因為我持續不斷的習慣而放棄了什麼。

後來我終於結束了自己的強迫症，不再重複過去的創傷，或者自行用藥來治療我感覺到的痛苦，我完全不知道更大的禮物還在後頭——生平第一次，我接觸到某些極高機密，之後還有一連串的真相被揭開來，和我們這個太陽系裡頭的外星生物、幽浮、古老基地以及靈性的揚升有關。

此外，我過去所體驗過的靈性遭遇——我的夢境、本來應該是虛構的小說、帶著我登上太空船的清明夢和靈魂出體經驗，還有在天空劃過的那一道光芒——很快就有了我根本無法預料的發展。我開始和外星生物進行直接接觸，並且從他們那裡獲得廣泛的指引，他們告訴我該怎麼用科學的方法證明我們正處於宇宙的正邪之戰之中。靈性揚升不只是一種可能性，而是一個絕對的事實——當你為了達到靈性揚升而進入啟蒙的過程，你就是在幫忙創造屬於我們的神奇未來。

14 大揭密

自從一九四〇年代以來，就算沒有幾千件，也有好幾百件相當明確的幽浮目擊事件。就算這些報告中只有一件是真的，這也代表著我們在這個宇宙並不孤單，自從地球上有人類以來，智能文明就一直在造訪我們。

從事後來看，連著九十天參加互助會這樣的方針是非常正確的。自從我看到流星，並且感覺到一股能量之流竄過身體，整整有三個月我沒再碰過大麻。這件事情給我的感覺太深刻，我沒有辦法停止思考它究竟意謂著什麼。我現在強烈地認為幽浮和外星人都是真的，它們以一種神祕的方式引導我的人生，並且邀請我和它們進行接觸。這顆帶著吉兆與共時性的流星似乎意謂著，自我兩歲以來所做過、所體驗過的和「升級」或揚升有關的史詩夢或靈視，背後都有其真實性。在這個能量事件發生的時候，我和傑德正在開始進行另一個新的音樂計畫。我們認識了一個叫做「戴洛」的薩克斯風樂手，還有另一個叫做「保羅」的年輕傢伙，保羅有一間很棒的錄音室，所以我們可以創作出更好的音樂。

被遺忘的海茵星

我們的錄音中有一首非常神祕的曲目，傑德演奏鍵盤，而我口述一樁大規模的、全球性的幽浮目擊事件。我在科幻小說課讀到娥蘇拉・勒瑰恩（Ursula K. Le Guin）的經典科幻小說《黑暗的左手》（*The Left Hand of Darkness*），這本書被評論家認為，是有史以來最棒的科幻小說之中的第二名或是第三名，我從其中借用了一個概念。

勒瑰恩認為，雖然人類在這個銀河系無所不在，但是所有的人類都起源於一個她稱之為「海茵」（Hain）的古老行星。他們在各式各樣的星系中自我繁衍，但是從各方面來看，他們的後代早就忘了有這回事。有些存活下來的種族具有心電感應能力，故事中有個角色在最後開始發展這個能力。現在我從內幕消息來源那裡得知，政府相關組織會和這些科幻作家聯繫，提供他們各式各樣的機密資訊，讓他們以小說的形式發表出來。他們都要發誓保守祕密，而且還被告知如果他們洩漏機密，就算不會丟了小命，後果也是不堪設想。另外還有一些人能以心電感應接收外星人的訊息，這些外星人引導著我們的進化，勒瑰恩很有可能已經被聯繫過。

在這首歌的最後，我進入了深深的冥想狀態，我想我得緩和音樂當中灼熱的張力。我以一種迴盪而又具有權威性的語調說：「被人遺忘的海茵星大師們，從宇宙中降臨地球吧，來看我們，來了解我們，來指導我們，來審判我們。」每次聽到這裡，我都會產生一種不可思議的感受，就好像我在對著某個對象說話，而不只是一個虛構的對象。我們那個時候還創作了另外一首曲目，我在其中提到「火星上的臉」，還有我在別處聽說的火星金字塔，然後說，如果這些事情獲得證實，亦即某個古老文明建造了這些東西，那麼我們就會獲得劇烈的轉化。我現在知道人類的生命就寫在量子力學當中，而且並不像勒瑰恩說的，所有生命都起源於某個共同的行星——不過這些錄音中的確有許多有趣的點子。小說能夠讓我們產生一些想像，以便我們能在以後接受某些奇怪的新事實。不過對於為什麼我們的銀河系有那麼多人，勒瑰恩的書的確提出了一個相當主流的、近於機密的理論。

西萬斯維爾狂亂

我們也和戴洛錄了幾首歌，聽起來就像「九吋釘樂團」（Nine Inch Nails）——「工業金屬」類型的音樂，但是有著強硬的都會薩克斯風演奏。我們在傑德的公寓進行創作，它位於奧爾巴尼一個治安不太好的地段。

有天下午，我們試著用一個四軌的卡式錄音機幫我們的歌曲混音，壓力大到快要抓狂了。我們出去買東西吃，然後再也沒有辦法停止我們的笑聲，因為排隊站在我們前面的女士，一直用某種奇怪的鼻音，講一個她稱之為「西萬斯維爾」（Shwansville）的地方。回家以後我們還是笑個不停，所以我們總結了我們對於這個好笑字眼的感受，然後說：「就是它了！這就是我們樂團的名字，西萬斯維爾狂亂（Shwansville Delirium）！」

我們其中一首歌的文本是傑德最近寫的一首詩，叫做〈打臉〉（*Ram Your Face*），裡面沒有人唱歌，只有強烈的聲音，主要是說話聲和尖叫聲的變換。這首歌描寫一段很糟糕的關係，其中有個施暴者，他的所作所為就像是專制的政府一樣。那時候是一九九三年，後來我訝異地發現這是關於九一一恐怖攻擊的預言，比事件本身早了八年。以下是關鍵的歌詞：「用我的拳頭打你的臉。燃燒、感覺、了解我們在哪裡。金屬對金屬，靈魂對靈魂，交織在一起才能融合。撕裂我們的理智，又一次，你想控制，卻又無法完全掌握。在失敗中墮落，你試著用可悲的威脅接近我，指引我的命運。我之所以會怕你只有一個原因，那就是我還對過去執著。」

這一開始聽起來可能不是很有說服力，但是我們樂團的名字和「尚克斯維爾鎮」（Shanksville）

只差了一個字母，那是賓州的一個小鎮，九一一事件當中被劫持的一架飛機就在這裡墜毀。那時候整個世界就要陷入一種「尚克斯維爾狂亂」，這些飛機會撞擊高塔，讓金屬碰撞金屬，靈魂觸碰靈魂，交織在一起融合、燃燒——就像歌詞說的，這件事的後果立刻在集體的層面上「撕裂我們的理智」。這些歌詞也指出，可能有個陰謀集團要為此負責，他們試著操弄世界，然而卻無法取得完全的控制，於是犯下這樁惡行，只是為了讓自己不因為失敗而崩潰。許多內幕消息來源告訴我，這就是事情的真相。我們同期製作的其他歌曲還指出，這些權力菁英試圖隱藏關於幽浮和古老文明的真相。我們用來當專輯封面的照片上面有兩根夢幻的手指頭，一黑一白地豎起，看起來有點像周圍布滿煙霧的「雙子星大樓」。

從一九九六年開始，我的九一一預言變得越來越強烈——我會在後面提到。

做好心理準備

到了春季學期，我開始感受到真正的快樂。某個美好的午後，我和朋友進行了一次對談，在短短兩個小時內，我的生命就受到劇烈的改變，唯一能與之相比的就是我靈魂出體的經驗。自從孩童時期我所經歷過的一切，像是幽浮夢，都從幻想變成了現實，就在那個時刻——我發現了震耳欲聾的證據。我在天空看見的閃光似乎是一個起點，我就要接收某個更深刻的訊息，我就要發現幽浮的存在是千真萬確的。

我在大學認識了一個叫「伊恩」的朋友，他從附近的學校轉來，是個吉他手。他從來沒有想過要把自己的故事公諸於世，因為我成了公眾人物，他擔心自己的生命可能會受到威脅。我和伊恩，還有他一個會彈鍵盤的朋友麥克經常玩在一起，我們說要組一個樂團，但是從來沒有認真地把這個想法付諸實行，經常只是在一起鬧著玩而已。有一天，那時候學期才剛開始，伊恩毫無預警地現身在我的房門口，臉上一點笑容都沒有。我問他怎麼了，他說：「對於我接下來要說的話，你得做好心理準備。」一開始我還不太想理他，但是他看起來很嚴肅，所以我就照做了。

「我不知道要怎麼跟你說這個，所以我就直說了，外星人真的存在。」

我立刻笑出來，罵他在跟我開玩笑，還稱讚他的演技不錯，說他搞不好選錯了主修科目。

「這不是玩笑，老兄。你知道我主修物理學，我剛剛才跟我的物理學教授私下聊了兩個鐘頭，他是我們的系主任。他跟我說，一九四七年的時候外星人的太空船墜毀在羅斯威爾（Roswell），從那之後政府就一直在隱瞞這件事。整個七〇年代他都在NASA的高級領導階層工作，他說，關於我們在宇宙裡並不孤單、還有外星人經常在地球的領空運作這樣的事情，對於NASA的高階人員來說是一種『常識』。」

「好，假設你說的都是真的，為什麼政府不告訴我們呢？」我問他。

「教授也對我解釋了這一點。一開始他對全班的同學說羅斯威爾事件真的存在，美國政府發現外星人以後，NASA就知道這件事情了。但是因為《世界大戰》這個經典的實境廣播節目模擬大規模外星人入侵，造成民眾過度恐慌，讓政府覺得一旦他們吐露真相，我們的社會就會崩潰。他說他被允許以這種方式告訴我們，但是如果有人再問他這件事情，他絕對會全盤否認。很顯然地，NASA並不介意人們從這裡或那裡知道一點事實，但是他們絕對不會讓這件事情變成《紐約時報》的頭版新聞。當他對我們全盤托出，整個教室鴉雀無聲。我是他最好的學生，下課以後我立刻就要求和他進行師生會談，所以他接著又講了兩個小時，對我說了更多，比他在課堂講的還多得多。」

「比如說？」我問他。

「嗯，我知道飛碟用什麼樣子的推進系統。它們有個粒子發射器會先射出一個以四分之三光速行進的粒子，接著在一兆分之一秒後以光速射出另一個粒子。比較快的粒子會撞擊比較慢的粒子，像撞球一樣，然後向飛船的後方彈回去，接著就會打擊到飛碟的側面。這樣的粒子活動以每秒一兆次的速率發生，每次以光速行進的粒子打擊到飛船，就會創造出推進力。如果你一秒鐘可以造成一兆次的粒子撞擊，就能讓飛船很快地加速到接近光速。粒子發射器可以在飛碟圓形邊緣的任何一點上發射粒子，這是非常偉大的設計，這讓飛碟能夠很輕易地轉彎，並且朝著任何方向行進。」聽到這些話我呆若木雞，因為這樣的物理學聽起來很有邏輯——而且是我從來沒有想過的。

「他們有在裡面發現什麼生物嗎？關於這點，教授有說什麼嗎？」我問他。

「哦，當然有。他說他們發現了三種不同的生物，第一種就像是『灰人』（the Grays），他們有大頭、大大的黑眼睛、瘦長的身體以及黯淡蒼白的皮膚。有些灰人的身高和我們差不多，有些比較矮。他還說還有第二種比較矮的外星人，看起來就像灰人，但是整個頭就是一個防護帽，防護帽的下面是一張看起來相當不一樣而且嚇人的臉，他們稱之為『畸形』。對於這種外星人實際的長相，他也一無所知。」

他所說的話背後蘊含的意義讓我深感衝擊，在我的想像中，「畸形」大概是某種像蜥蜴的外星人。「第三種呢？你剛剛說有三種。」

他的眼睛瞪得大大的。「這是最奇怪的地方，第三種外星人看起來和地球上的人類一模一樣，只有少許的不同，比如說他們可能有紫羅蘭色的虹膜，或是方形的而非圓形的瞳孔。」

「好吧，如果外星人的飛船真的墜毀在羅斯威爾，那就表示我們的人可以接觸到某些相當先進的科技，他們有拿飛船殘骸做些什麼嗎？」我問他。

「當然有，那是你幾乎無法想像的。」教授說，目前我們最熱愛的某些科技都是從這一次或是從其他墜落的飛船取得，然後對它們進行他稱之為『反向工程』的動作。這些科技包括了固態電晶體、電腦晶片、LED燈、雷射、全像攝影、光纖電纜、紅外線夜視鏡、尼龍拉帶、鐵氟龍，還有用來製作防彈衣的克維拉纖維（Kevlar）等。他們會從某艘船上拿一點東西，交給某個公司，跟他們說這是『外國的科技』，然後要他們想辦法製造這個東西。教授還偷偷地跟我說他們擁有某種『智慧材料』，可以用來修復自己的損傷，產生反重力，並且製造自由能（free energy），這有賴於所有的原子以一種完美的幾何圖形網絡結合在一起。在未來，我們在材料科學上會有巨大的進展，並且可以在分子的層次上，依照我們確切的需求對化合物進行客製化。」

「關於未來，他有說些什麼嗎？比如說，我們的文明會不會產生某種大規模的改變？」

「有，他告訴我，他們將會持續地釋出更多這樣子的技術。在接下來的二十年，我們日常生活中的諸多科技將會完全改變我們的生活，那是我們現在根本無法想像的。」

那是一九九三年，到了二〇一三年，伊恩的NASA的預言已經相當清楚。

網路已經從一種痛苦的慢速撥接的老古董，變成了主流的通訊技術、媒體以及娛樂。我們以前會嘲笑克里斯貝爾宿舍裡的兩、三個孩子，他們敲鍵盤敲得嗒嗒作響，吹噓自己在用「電子郵件」和外國人通訊。目前的智慧型手錶和智慧型裝置的效能，已經比體積兩立方英尺、附帶笨重的單色螢幕、還有持續用風扇噪音來煩你的「高塔」電腦還要強力許多。我們當然還沒有反重力、自由能以及「智慧材料」，不過科技的確進行了一次量子跳躍。

另外還有一點非常有趣，教授給了我們一個明確的日期——一九九三年二月的二十年後——就在馬雅曆的末日之後，也就是二〇一二年十二月二十一日。NASA顯然告訴他，在那個時間點，我們的社會將會經歷一次重大的轉型。這也呼應了亞瑟·C·克拉克電影中二〇一〇這個時間點，整個太陽系都經歷一次劇烈的能量轉變。這是我第二次注意到這個時間點——而且絕不是最後一次。

我從來沒想過要去找這個教授，因為他已經說了，如果再被問到這件事，他會全盤否認。我想起水門案、我父母目擊了走進對街房子裡的人、瓊斯鎮的大規模自殺事件、伊朗軍售醜聞、橋下的荷魯斯之眼、電視機發出的奇怪訊號，以及我在社會學課堂上聽見的各種驚人陰謀。我曾經身在自家大學校園的前線，對抗政府的謊言和祕密，對於已經發生的污染，他們徹底地隱瞞了它的危險性，還強迫我們繼續上學。我絕對相信政府有可能會在這麼大的事情上說謊——我完全迷上這件事，想要知道得越多越好。為了尊重這位教授的家庭，我不打算透露他的名字，不過我最近查詢過他，得知他已經過世了，也確認了他在七〇年代的確任職於NASA。值得注意的是，許多揭密者證實了他所說的一切，並且增添了更多細節，我們會在之後談到。這個大揭密，就在我體驗到能量竄流的一個月之後，燃起了我對真實的熱切渴望。

之後不久我就帶著背包到紐伯茲分校的艾爾廷圖書館（Elting Library），專攻〇〇〇號圖書區——那是「杜威十進位分類法」圖書目錄的起點——我會把有趣的書全都拿起來翻一翻。有些書已經擺在那裡好幾年都沒有人借——有些甚至十幾、二十年都沒被借過。這些和超自然相關的書籍被放在整個圖書館的第一區看起來很適合，因為我覺得它們包含了人類起源的重要線索。我會帶著裝滿閱畢書籍的背包到那裡去，然後再裝滿新的書帶回家。沒多久我就可以在一個禮拜之內讀完大約五本書，我會閱讀和下面主題相關的任何書籍，像是幽浮、外星人、天使、金字塔、巨石陣、復活節島、亞特蘭提斯、古文明、諾斯特拉達姆士、尼斯湖水怪、大腳怪、鬼魂、通靈以及百慕達三角洲等。

教授說NASA早就開始研究運用反重力以及自由能的推進系統，對於怎麼製造一個使用粒子發射器、幾乎可以用光速飛行的飛碟，他們也知道得一清二楚。這意謂著，我們幾乎可以確定他們早就有了極度機密的太空飛船，可以輕易地在我們的太陽系旅行——甚至到達更遠的地方。這也意謂著，人們看到的某些幽浮可能是人類在地球製造的。我開始深入這些文獻之後，發現自從一九四〇年代以來，就算沒有幾千件也有好幾百件相當明確的幽浮目擊事件。雖然政府可能在羅斯威爾事件之後發展了他們自己的飛碟雛形，一直到千禧年都還有持續的目擊事件報告。就算這些報告中只有一件是真的，這也代表著我們在這個宇宙並不孤單，自從地球上有人類以來，智能文明就一直在造訪我們。

因為我對這項研究太過熱衷，後來再也沒有去過互助會。但是我一點嗑藥的欲望都沒有——實際上也沒有再嗑過藥。事後看來，退出互助會不是一個好主意，我很快就成了匿名戒酒互助會口中的「無酒酒鬼」（dry drunk）。我依然有著許多和成癮相關的問題——只是我改變了成癮的對象。這是個微妙的問題，一點也不引人注目，後來我花了許多年才看清楚這些模式是如何一再重複。這個問題的大部分都表現為一個叫做「關係成癮」的行為；我會吸引特定的人進入我的生活，他們會剝削我、不尊重我，甚至是直接霸凌我。不過，就個人生活或是學業而言，我變得比以前還要健康，而且成功。我對於生活產生了極大的熱情，學校裡大部分的課程都很簡單，只要時間允許，我每天都會花上好幾個鐘頭研究幽浮和古老文明。

尾隨登月太空人的幽浮

讓這一切開始的那本書，當我看到它的時候，它剛好從書架上掉下來，書名叫做《來自外太空的祖先》（*Our Ancestors Came from Outer Space*）①，作者是莫瑞斯・查特蘭（Maurice Chatlain）。查特蘭是「阿波羅登月計畫」（Apollo Moon missions）的通訊指揮官，他的工作是設計並且運用無線電波系統，包括了地面上的碟型天線（parabolic dish antenna）網路，這能讓任務指揮中心和阿波羅號太空船上的太空人保持通訊。他開誠布公地說，在執行任務的時候，雙子星號（Gemini）和阿波羅號的太空人，都看見幽浮就跟在他們後面——稍後我會引用書裡的一段內容。最棒的是，就在這本書的導言當中，他說他們在月球上發現了「意料之外」的東西，但是他沒辦法告訴我們那是什麼東西——意謂著那可能不只是幽浮這麼簡單。他在書裡公開地討論這件事：

在這幾次任務中，發生了好幾件奇怪的事情。有些我不能說，有些我可以提一下，但是不能透露我的消息來源，而且我必須帶著最大的保留，因為這些事情發生的時候我並不在現場。有可能——比如說——美國和俄國的太空計畫都獲得了某些意料之外的發現。

在下一章，我們會檢視一些驚人的具體證據，那可能就是查特蘭提到的東西。在這本書的一開始，查特蘭對於自己如何成為阿波羅計畫的通訊指揮官，做了詳細的說明：

國防承包商「北美人」針對阿波羅號太空船的規劃和製造，向NASA提出了他們最好的技術方案，因此贏得了這個合約……我是最早幾個向「北美人」毛遂自薦的人之一，在業界我早就以雷達和通訊專家聞名，我立刻被授與了這項任務：設計並且建造阿波羅號的通訊和資料處理系統。沒有人能夠具體說明我的職務或是功能，因為那個時候根本沒有人知道這個系統會是什麼樣子。不過，和急著快點登陸月球的狂熱相比，我的職務內容看起來不是那麼重要。②

在下一頁，查特蘭寫出了更多細節：

阿波羅計畫剛開始的時候，當時沒有任何通訊設備具有足夠的功效或是敏感度，可以在地球和月球之間傳送聲音，要在這樣的距離傳送電視畫面更是難上加難。這樣的科技只能被發明、改良、然後建造出來……所有的基地台必須互通訊息，然後回報給德州休士頓的「阿波羅太空飛行中心」……我大概永遠都不會知道，為什麼我在「北美人」才工作了幾個月，就被指定負責這件事，但是現在這也不重要了。真正重要的事情只有一件……事情的運作比我們一開始想像的還要順利，甚至順利得超出我們的意料之外。之所以會這樣，我想一定是因為某些神聖的影響力，光靠人類的智力是沒有辦法的。從那時候開始，我非常肯定有某種善良的神聖力量在干預人類的事務。③

當我在二〇一六年春天寫完這本書，我發現了威廉・湯普金斯（William Tompkins）的說法，他是一位航太工程師，證實了查特蘭的說法，亦即在發展阿波羅計畫的時候，有外星人參與其中。

在他高技術性的專書《外星人的選民》（*Selected by Extraterrestrials*）中，湯普金斯廣泛地記錄了他和人形外星生物（Nordic human ETs）的工作狀況，這些外星人就混跡在NASA中，他們幫助湯普金斯設計了阿波羅計畫的火箭和系統④。當阿波羅計畫進行到一半，查特蘭聽到一些非常有趣的傳聞：「……太空人除了設備問題，還有其他煩惱。他們在進行任務的時候看到了某些東西，但是卻不能對NASA以外的任何人透露。我們很難從NASA那邊獲得一些具體的訊息，它們對於類似事件的新聞發布，仍然進行著相當嚴格的控管。」這聽起來很熟悉，就在查特蘭寫了這本書之後的二十年，事情還是一樣——至少對於伊恩的物理學教授來說還是這樣。

查特蘭繼續寫道：

外星人的飛船——飛碟，或是幽浮——似乎就跟在所有阿波羅號和雙子星號太空船的後面，有時候會隔著一段距離，有時候則是相當靠近。每當這類事情發生，太空人就會通知任務控制中心，而任務中心的指令就是什麼都不要說。我認為登上水星八號（Mercury 8）的太空人華特・席拉（Walter Schirra）是最早使用「聖誕老人」當做代碼的太空人之一，用來指出飛碟出現在太空艙附近。不過，對於這樣的說法，一般民眾根本沒有注意到。當阿波羅八號的指揮官詹姆士・洛維爾（James Lovell）從月球的背面走出來，然後對每個人說：「有人告訴我們，聖誕老人真的存在！」事情變得不太一樣。雖然他說這些話的時機是一九六八年的聖誕節，很多人都感覺到這些話帶著某種並不難解讀的弦外之音。

查特蘭還指出，外星人並不是只有站在一邊觀察NASA而已：

我甚至還聽過一些說法，比如說阿波羅十三號帶著核子設備上太空船，這樣一來就可以在它引爆之後，以安插在月球各個地點的地震儀來測量月球的基礎結構……

根據傳聞，當阿波羅十三號飛向月球，太空艙裡頭發生了無法解釋的氧氣槽爆炸，那是跟在太空艙後面的幽浮故意幹的——目的是為了防止原子能電池爆炸，因為那可能會毀滅或是危害外星人建造的月球基地。唉呀，關於過去的這些事情說也說不完，現在還是一樣。⑤

月球上的遺跡

最後一段引文，查特蘭直接說月球上有外星人的基地。一九九五年四月，他發表了一篇文章，坦承阿波羅任務在月球上發現了「好幾處非天然形成的神祕幾何形式建築」⑥。當我一九九五年開始使用網路進行幽浮研究之後的幾個月，這是我最早讀到的東西。那個時候網路的空間是那麼小，如果你試著搜尋特定的名稱或主題，特別是在幽浮相關領域，你只會找到一丁點東西

——如果你真的找得到的話。我在一九九九年開始建構自己的網站，當我要針對某個我感興趣的主題進行搜尋，結果跳出來的每一項搜尋結果都來自我的網站，這常常讓我感到很挫敗。在查特蘭做出告解的同一篇文章當中，他引用了阿波羅號的太空人戈登．庫珀（Gordon Cooper）一段令人驚奇的談話：

> 太空人戈登．庫珀，同時也是前空軍上校，同意「獨立全球電影公司」（Independent International Pictures Corporation）的山姆．薛曼（Sam Sherman），對他進行第二次的專訪，薛曼是《地球之外》（*Beyond This Earth*）這部電影的製作人。「我和某個接觸過外星人的人一起工作，研究幽浮系統，因此獲得了某些知識。」這個人製造了一個小小的幽浮原型，當他死去的時候，正在想辦法製造一個十五公尺高的幽浮，背後的金主是某個阿拉伯國家……庫珀還提到，他有個朋友真的在羅斯威爾看過外星人的遺體……[7]

到一九九六年的這個時間點，我已經讀了好幾本書，都和軍事工業複合體研發出來、已經在運作的反重力的太空船有關。尼古拉．特斯拉（Nikola Tesla）顯然擁有一個運作良好的反重力系統，我在《源場：超自然關鍵報告》書中做過詳細的說明。德國科學家維克特．舒伯格（Viktor Schaubeger）在河流的運動當中發現了大自然的反重力，讓鮭魚可以沿著瀑布筆直地向上游，游上一段驚人的距離。舒伯格在一個水渦輪機複製了這個現象，他稱之為「反重力引擎」（the Repulsine），這項技術在一九三〇年代就被納粹德國拿去使用，用來製造一個他們稱之為「死亡之鐘」或是「鐘」的動力引擎，用來為類似幽浮的太空飛船提供動力。包伯．拉薩（Bob Lazar）挺身而出成為揭密者，透露他曾經受雇對一艘屬於美國政府的外星人飛船進行反轉工程。雖然這項任務並不成功，他還是學到許多關於這些飛行器的知識。

此外，我還讀到任何想要自己建造這些設備的人都會受到恐嚇，他們的研究不是被買斷就是被迫停止——有時候連性命都受到威脅。所以當戈登・庫珀這樣的美國英雄，說他認識有個人自己在研發幽浮，還有阿拉伯國家的大量金援，這個人沒多久就死了，我一點也不意外。當我讀到外星人和這個人顯然有直接的聯繫，還幫他建造這項科技，這樣的祕密真是相當令人驚奇。同一篇文章還附帶了另一筆資料，很能證實查特蘭的說法，那就是NASA試圖隱瞞真相：

> 一九九五年五月六日，華盛頓特區WOL—AM電台的一則專訪中，在阿波羅月球計畫期間，曾經在休士頓NASA強森太空中心擔任攝影技術人員的多娜・提茲（Donna Tietze）透露，她有個同事在管制區工作，任務就是在NASA公開出售這些照片之前，把月球照片上的幽浮通通修掉。⑧

多娜・提茲還說，在NASA公布月球的任何照片之前，會先把上面所有的「異常現象」都去除掉⑨——暗示月球表面上有文明遺跡或是還在活動的基地存在，就像是為查特蘭提供內幕消息的人士所說的。多娜・提茲後來在二〇〇一年的「大揭密計畫」中，以多娜・海爾（Donna Hare）這個名字現身說法⑩，我有幸參加這個會議，並且在事後與她私下會面。

卡爾・沃菲（Karl Wolfe）是另一名大揭密計畫的內幕消息人士，他在一九六五年年中，作證說明自己在一次祕密的NASA簡報會議當中，看到了月球上有許多建築物和圓頂結構的照片，在「大揭密計畫執行簡報」（Disclosure Project Executive Summary Briefing）上面有這樣一段文字：「從一九六四年一月開始，卡爾・沃菲在空軍服役了四年半。他有最高的保密層級，並且和維吉尼亞蘭利空軍基地的空軍戰術司令部有合作關係。當他在國家安全局的某個機構上班的時候，有人給他看了『環月探測器』所拍攝的照片，顯示了月球上人造建築物的細節，這些照片是在阿波羅號一九六九年登月之前拍攝的。」⑪

二〇〇一年五月十日，沃菲在全國記者俱樂部對媒體公開演講，對於他在一九六五年年中、在國家安全局某附屬機構的一個小房間裡所看到的東西，他這麼說：「大約在三十分鐘過後，他以一種非常煩惱的語調跟我說：『對了，我們已經在月球的背面發現了一個基地。』接著他就把一系列的照片放在我的面前，照片上很顯然是一些建築物——蘑菇狀的房子、球型的建築物，還有一些高塔。那個時候我有點擔心，因為我們在工作上有安全分級的規定。他違反了安全規定，我真的嚇到了，所以沒有繼續追問下去，沒多久就有別的人進到房間裡。我又在那裡工作了三天，我記得自己回家的時候天真地想著：『我等不及要看晚間新聞公布這件事。』結果我現在人在這裡，三十幾年已經過了，我希望我們今晚就可以聽到這件事情被公布出來，因此我願意在國會宣誓作證。」⑫

執行簡報上還包括了沃菲在看過這些照片之後的個人感受：「我不願意再多看一眼，我擔心自己會有生命危險……可以的話，我當然想要多看一眼，或是去弄個副本，多說一點，多討論一點，但我知道不能這麼做。和我分享這些照片的這個年輕人，我知道他在那個時候真的逾越自己的權限了。我知道他只是需要找個人說說話，他從來沒有和人說過這件事，也不能和別人說，他這麼做不是因為什麼祕密動機，只是這個祕密太沉重，壓得他有點喘不過氣了。」⑬

在這本書籍將完成最終修訂稿的三天前，我有幸可以和威廉・湯普金斯進行一個延伸的訪談，他就是《外星人的選民》這本書的作者，一位高齡九十四歲的航太工程師。在他的書中，湯普金斯提供了廣泛的證明文件，說明他曾經在海軍服役，並且在後來為國防承包商工作。在我們的訪談中，他告訴我NASA在月球上發現了什麼：

關於月球，我們最早和太空人一起進行的繞月任務，只是為了要把登月艙送上月球的預備行動。我們送了三個太空人上去，他們都帶著照相機。當他們繞著月球行進，都看到了那些建築物——除了在我們看得見的月球那一面，我們看不見的另一面還有更為精緻的建築物。他們把這些都拍攝下來，NASA的確拍了照，但是天殺的，這些究竟是什麼鬼東西？NASA上上下下的每個人都看著這些照片，想要知道這究竟是怎麼一回事。幾個禮拜之後，我們又做了一艘新的環月探測器，然後，老天爺，你看到那一棟建築物有多高了嗎……至少有五公里那麼高。等等！那是什麼？不要動，停住，倒退。等一下，那棟建築物才蓋好沒多久，之前它才十層樓高……才過去三個禮拜，它已經變成五公里高？是誰在蓋那個東西……你知道如果是我們來蓋的話，至少要蓋十年才能蓋到它一半的高度？

等等，再看一次，你有看到那個大三角形的結構嗎？它正在飄浮！它根本就不在那裡（月球表面），它至少有六公里或八公里那麼高、十六公里那麼寬！天知道那究竟是什麼東西？這怎麼可能，它竟然是透明的！你可以看到裡頭的房間，你可以看到電梯！噢，見鬼了，不要讓其他人知道這件事。你知道我剛剛在說什麼嗎……我們目睹了這個東西的建造過程。那些帶著業餘照相機的傢伙，如果他們看到這個，如果他們有夠大的照相機和望遠鏡，他們就可以看到外星人使用某種大規模的建築技術，在幾天之內就造了這個東西……真的是太瘋狂了……本來是一個深淵的地方，幾天之內各個彎處就蓋了許多橋梁，至少有八公里或九公里那麼長。這座橋才幾天就蓋好了，蹦、蹦、蹦、蹦，然後就蓋好了……

NASA發現各種不同的遺跡。和埃及的遺跡不一樣，在埃及，所有遺跡都是同樣類型的結構。也和洛杉磯不一樣，長方形的建築物、高速公路，每件事情其實都大同小異。在月球上面，在上面的遺跡不能歸類為任何結構或是建築……我們可以說，一定有許多不同的文明在上面存在過。⑭

我知道這聽起來很難相信，但是湯普金斯能夠和我核對許多高度機密的基本要點，那是我從許多其他內幕消息人士口中得到的。

NASA是隱藏祕密的國防機構

過去這些年，新的內幕消息來源針對查特蘭的書提出了許多令人目眩神迷的新資料，並且為伊恩的教授所透露的祕辛做了更多補充。雖然在查特蘭《來自外太空的祖先》這本書中，他只是隱晦地指出「非天然形成的神祕幾何圖形建築」，以及月球上有外星人的基地存在，但是顯然有某些東西點燃了他對古文明的興趣。大部分的人認為NASA是個善良甚至有些無聊的機構，全神貫注地進行和平的太空探索，和大眾分享他們每一項新發現——但是NASA自身的特權，即一九五八年制訂的「美國國家航空暨太空法案」（National Aeronautics and Space Act of 1958），就顯示了NASA乃是一個國防機構，為了國家安全理由，它可以保留特定訊息：

> 第三〇五條……（i）……為了《美國法典》（*United States Code*）第十七章三十五條法規所揭櫫之目的，NASA應被視為一個國防機構……
>
> 第二〇六條……（d）：根據此一（法規）條款，（NASA）所有被列為機密的訊息不得被列入任何報告之中……⑮

如果美國政府認為沒有什麼事情需要防禦，那麼它為什麼要在法律上將NASA定義為一個國防機構呢？太空不就應該是一個什麼都沒有、毫無生機的真空？顯然不是這樣。那裡的確有些什麼東西，是他們必須隱瞞的。多娜．提茲的同事受雇將這些好東西都去除掉，查特蘭也說太空人都得發誓保守祕密。卡爾．沃夫只是因為不小心看了月球上人造建築物的照片，就擔心自己小命不保，因為他知道NASA是多麼積極地在保護它的最高機密。

DDT——誘導，轉移注意力，垃圾化

好幾個內幕消息來源都表示，NASA和其他機構都會使用心理戰術來讓公眾對爆料的人產生質疑。史蒂芬．戈瑞爾（Steven Greer）博士是「大揭密計畫」的主導人，他透露了這一項被稱之為DDT的戰術——意思就是「誘導（decoy）、轉移注意力（distract）、垃圾化（trash）」。政府雇員會製造稱為「假情報」的假資料，它們看起來和揭密者透露的祕辛看起來很像——甚至更有趣。這些假情報會被發布到揭密者主要的活動媒體，它們看起來就像是真的，這就是「誘導」。如果這樣的計謀成功了，大眾的注意力就被轉移到新的訊息，這就完成了戰術的第二階段，人們會開始熱情地將這樣的資訊傳播給朋友、家人、同事。到了第三個階段，這個假情報會出現明顯的破綻，大家會開始嘲笑最初散布這個情報的人，並且認為這些訊息都是瞎扯蛋，這就是DDT戰術的垃圾化階段。

當我和多娜．海爾、卡爾．沃夫以及其他挺身而出的揭密者見面，我看得出來他們對於自己的生命安全都相當憂慮，但是他們仍然願意擔任捍衛真相的英雄，揭露這些消息對於他們來說一點好處都沒有。

事實上，他們許多人都因此丟了工作，還被同事和親朋好友排擠。當人們在網路上試著貶低這些目擊者的說法，他們所使用譏諷、嘲笑的語氣，就像是我在念書的時候面對的那些霸凌者一樣。對於大多數人來說，真相令人無法忍受，所以他們會試圖在透露祕辛的人身上找出任何可能的弱點，然後以此論斷這整件事情都是假的。有太多的假情報被放在網路上面，我對於每一則讀

到的東西都得再三確認才行，美國政府顯然投注了大把金錢來欺騙社會大眾。

最終，證據出現在格倫・葛林沃德（Glenn Greenwald）在二〇一四年二月發布的一系列「史諾登檔案」之中。不幸的是，這則報導沒有獲得爆料潮剛開始時那麼多關注，但是無論如何，有更多的證據被發布出來。葛林沃德指出：「史諾登檔案的一個重要主題，就是西方的情報機構如何試著以極端的欺騙、污衊等策略來操弄、控制網路上的論述……這些機構試圖控制、滲透、操控，還有包裝網路論述，藉著這麼做，他們損害了網路自身的公義。」⑯

進行這項工作的機構叫做「聯合情報研究集團」（Joint Threat Research Intelligence Group），簡稱為JTRIG，葛林沃德繼續寫道：

> 聯合情報研究集團指出，為了完成其工作的核心目標，他們有兩個主要策略：（一）為了毀滅目標的名譽，將各種假消息放到網路上；（二）使用社會科學和其他技術來操縱網路的輿論以及行動，藉此製造他們想要的結果。要看清楚這些計畫有多麼極端，只要看看他們為了達成目標，自傲地宣稱使用了哪些手段：「假旗戰術」（false flag operations，在網路上發布消息，然後假裝說是別人發布的）；在部落格上發表假的受害者文章（偽裝成他們想要破壞名聲的受害者）；還有在各個論壇發表「負面消息」……史諾登檔案有個標題頁顯示出這個機構對於自己怎麼「挑戰底線」，亦即使用「網路攻擊」的伎倆，來打擊那些和恐怖主義還有國家安全一點關係都沒有的人，其實心裡有數……
>
> 這些英國政府通信總部（GCHQ）的文件，是最早證明西方主要的政權，使用最具爭議性的手段將假消息散布到網路上，並且損害特定對象的名譽。基於這種策略，這個政府刻意地在網路上散播關於其鎖定對象的謊言，包括使用英國政府通信總部自稱為「假旗戰術」的策略，並且將這樣的假消息寄給這些人的親朋好友。⑰

自從我在一九九六年開始在網路上發布和這些祕辛有關的資料，我就成了這些戰術的攻擊對象。每天，我都會逐條閱讀每一則針對我發出的、不可思議的惡毒和憎惡的評論。這些評論並不會因為到了傍晚、週末或是假日稍有緩解。一直到了二〇一一年的八月，我才終於打破了從孩童時期因為被霸凌而一直遭受的「強迫性重複」情節，開始保護自己，再也不要因為看了這些評論而受傷。直至那個時間點，我已經花了十五年的時間每天吸收那些嚇人又可怕的霸凌，包括對我個人嚴重的侮辱以及無止盡的死亡威脅。每一個史諾登檔案裡頭提到的伎倆，都被反覆地用在我身上，幾乎每一天我都會讀到充滿恨意的信件或是評論。想到這些持續的攻擊，我得要有非常大的紀律才能保持樂觀，還有對自己以及自己從事的工作保持積極的態度。當我克服了對於閱讀這些評論的成癮，回頭專注在我有熱情的事情上，同時盡我所能地對每一筆要發布的資料嚴格把關，我的生活立刻獲得改善。

講密碼的太空人

好幾個來自NASA的內幕消息來源都宣稱，NASA向我們隱瞞了許多關於月球的重大祕密，因此太空人之間必須要有一些協議，以免在無線電通訊的過程當中洩漏了真相。查特蘭揭露「聖誕老人」就是幽浮的代碼，便是其中一個例子。

有些阿波羅號太空人和任務控制中心的對話，從對話稿看起來，他們的確見到月球上有幽浮和神祕的建築物⑱，但是他們獲得指示必須使用代碼，像是「芭芭拉」，來指稱這些人造物。他們也收到警告，必須讓這些代碼「看起來不那麼明顯」，看起來是在指稱這些代碼隱藏的意義，任務控制中心用這個指示的縮寫「KILO」來提醒太空人。

當登月小艇降落在月球表面，因為吹開了一些塵土，暴露出一塊顏色異常明亮的地域，這可能真的是某個古老智能文明所建造的月球基地的表面，太空人在通訊的時候便使用了ＫＩＬＯ和其他加密語詞。要知道的是，任何有點亮度的地點都不應該出現在月球上——更不要說那裡還有燈光和閃光。注意看看在阿波羅號通訊稿當中，當任務控制中心命令太空人「保持ＫＩＬＯ」（go to KILO），對話突然變得神祕起來。突然間，他們剛剛還在說的「大畸形」（big anomalies）——像是月球表面大而不規則的東西——都成了難解的密碼。接著這個太空人沒有遵守規則，用相當直白的話說他再次看到某種閃光：

登月小艇（DMP, Lunar Module）：你說的「大畸形」在哪裡？你可以快速、簡要地說明嗎？

指揮艙飛行員（CMP, Command Module Pilot）：嘿，我看見登陸的地點有一片明亮的區塊，可能是因為登陸的時候從那裡吹開了一些塵土。

地面通訊主任：收到。非常有趣。保持ＫＩＬＯ，對這項訊息保持ＫＩＬＯ。

指揮艙飛行員：切換為ＨＭ模式，錄音機已經關閉，我們失去通訊，對吧？好的，這樣很棒。太棒了，進入ＯＭＮＩ模式。嘿，你不會相信這個的。我在「東方海」（Orientale）的邊緣，我往下看，又看到閃光了。

地面通訊主任：收到，了解。⑲

這些東西對我來說很有趣，但是我們根本還沒開始討論——我在查特蘭的書中找到最棒的東西。他不只是公開了內幕消息人士告訴他的訊息——他還奉獻了自己的生命來研究古老文明，並且試著找尋可以證實這些傳聞的證據。閱讀他的研究結果可以說是在那個時間點上，我所經歷最重要的靈性覺醒，這件事引發了我終生的興趣，那就是發展新的科學模型來解釋他的發現。

15 我們正朝著大規模的進化前進

「試煉的火」，將會為我們的星球帶來新的生機，它會讓一切復甦、淨化，重建一切事物：物質會變得更加精微，人們的心會從痛苦、煩惱、懷疑之中解放出來，變得更加光明；天地萬物都會獲得改善、提升；思慮、多愁善感還有負面的行為，都會被消耗殆盡。

當我閱讀查特蘭的書，我在想像中種下了自己未來的種子，並且開放我的心智來接受他透露的「大背景」。在他的書裡面有許多引人入勝的資料，但是到目前為止最吸引我的是他稱之為「尼尼微常數」（Constant of Nineveh）的東西。它不只看起來像是不可能在古代存在的科技和數學遺跡——而且是正在醞釀的科學革命。查特蘭也討論了地球上以兩萬六千年為週期的循環，那是許多古老文明的焦點。它通常被分割為十二個「黃道帶」，每個黃道帶大約是兩千一百六十年，加起來總共就是兩萬五千九百二十年。我在《源場：超自然關鍵報告》和《同步鍵》已經廣泛地探討了這個週期，我讀的東西越多，就覺得越著迷——許多的文獻都指出，太陽會在一個循環要結束的時候釋放出強大的能量波，而這樣的能量波很顯然會在地球上引發一次大規模的揚升事件。

尼尼微常數

查特蘭解釋，當人們在尼尼微城的「亞述巴尼拔國王」（King Assurbanipal）圖書館，也就是現在的伊拉克境內，找到蘇美人的圓柱型陶器，他們所發現的楔形文字並不全然都是文字或語句。他們發現了一些圓柱型陶器，上面什麼都沒有，只有巨大的數字。考古學家對此視而不見，認為蘇美人只是對數字著迷的古老野蠻人，但是查特蘭對此進行了深入的考察，並且認真地進行研究。

查特蘭知道要成功地進行太空任務，必須進行非常精確的數學計算——唯一的方式就是以秒為單位來計時。在過去他經常為NASA處理以秒為單位的巨大數字，後來他開始分析被視若無睹的蘇美資料。他的注意力被吸引到一九五兆九九五二億這個數字上，如果以秒計時，這個數字大約是六百二十萬年。查特蘭發現，要得出這個巨大的數字，你必須七十乘以六十，然後重複這樣的循環七次，寫成算式就是七十乘以六十的七次方。查特蘭很快就明白，藉著這個數字，他可以計算太陽系中任何一個行星、彗星或者是其他天體繞行太陽一週的完整時間。太陽系當中的每個星體都會以某個精確的週期繞行太陽，這個數字完美地和查特蘭找到的數字相符——就像一打雞蛋有十二個一樣：

> 太陽系所有星體的公轉或是行星的會合週期，藉由尼尼微常數來計算，可以呼應美國天文學家在現代的表格裡所提出的數字，準確度可以到小數點後面好幾位數……我還沒有發現太陽系當中任何一個行星或是衛星的公轉或是會合週期，和「太陽系大常數」（Great Constant of the Solar System）的後四位確切小數不相符。①

查特蘭在書裡放了一張表格，其中有精確的循環數字，說明每個行星的軌道是怎麼符合尼尼微常數，此外還有許多行星會合的週期以及許多其他天體的計算資料。哈雷彗星（Halley's Comet）在這個六百二十萬年的週期剛好會繞行太陽八萬一千次，冥王星則是兩萬四千九百九十八次——和完美的兩萬五千年只差了兩個冥王星年。查特蘭認為，我們手上關於冥王星的資料非常不完整，如果進一步分析，一定可以證明它剛好符合尼尼微常數的兩萬五千個週期。這個巨大的六百二十萬年的週期，竟然可以整合太陽系中所有的運動，並且精確到小數點後面四位數，這樣的事實讓我大為震撼。就理論上來說，這樣的現象會讓所有的行星每隔六百二十萬年排成一條直線。

太陽系的行星彼此之間不應該會有這麼準確的關係產生，但擺在眼前的事實就是這樣。查特蘭證明了這一點，身為阿波羅任務的通訊指揮官，他絕對有獨特的資格做出這樣的證明。NASA認為他是地球上最有能耐、技術最好的人，他可以處理必要的天文數字，讓月球上的太空人和任務控制中心進行通訊。我立刻領悟到，一定有某種偉大的和諧原則，讓所有的行星、彗星以及繞行的天體以這種方式運作——就像精良的瑞士錶裡面的齒輪。令人無法忍受的是，一直到查特蘭出現之前，我們在當代對於這樣的新科學竟然一無所知，但是不知為什麼古代的蘇美人對此有那麼多的了解。他們顯然不是某種原始社會，就像是大部分的人被誘導去相信的一樣，他們的科學知識比大多數人所認為的還要厲害。

歲差的祕密

查特蘭也談論了兩萬六千年為一週期的循環，叫做「分點歲差」（presession of the equinoxes）。這是地球上一種緩慢的搖擺運動，會造成我們夜空中的星星每七十二年偏離原本的位置一度。他指出，許多古老的文明似乎都對這個數字相當著迷，我後來發現了許多證據，顯示每個兩萬六千年的週期要結束的時候，會發生一個大規模的能量事件。許多古代的教導告訴我們，在這個時間點，太陽會釋放某種可見的光，這種光非比尋常。這個循環結束的時間點，一般被認為是二〇一二年的十二月二十一日，我在《源場：超自然關鍵報告》已經不厭其煩地詳細說明過。但是我們顯然還沒經歷這個事件，很有可能是當我們在談論這件每兩萬六千年會發生一次的事件時，在計算上有某種誤區。很多資料來源也說明了，這個事件不會在特定的日期發生，還要根據地球上大規模的意識轉變而定。這個史詩般的能量閃光，可能會讓那些已經準備好的人進入揚升的過程——有超過三十五個不同的古文明，不約而同地把這個週期的科學藏在他們的神話中，接著就來討論這一點。

查特蘭也發現，這個魔術般的兩萬六千年週期完美地呼應了尼尼微常數：「當我用『分點歲差』——又被稱為一個『大年』（Big Year）——來分割尼尼微常數，我獲得了這輩子最大的驚奇！尼尼微的神聖數字剛好被分割為兩百四十個大年，每個大年有九百四十五萬天。」這本書是從法文翻譯過來的，其他的資料來源都稱之為「偉大的年」（Great Year），而不是「大年」，所以這很有可能是翻譯上的一個小錯誤。查特蘭透露，這個「偉大的年」可以完美地整合星體運行的時間，所有的星體都互相關連，準確得幾乎沒有瑕疵。他突破性的發現，顯示了我們當前關於行星以及天體運行的科學，都需要大幅翻修。揚升被建構在這個宇宙自身的時間當中，它會驅使我們進入下一個階段的進化，就像是整點報時的鬧鐘。不知為何，被我們認為是原始人的蘇美人早就發現了這樣的事實。

失落的文明以及「尋常間隔」

我讀過許多書，其中都提到，曾有個大規模的災難，完全地消滅了某個人口散布全球、古老的、高度進步的文明，你一定經常聽到，這些書將這個古文明稱為「亞特蘭提斯」（Atlantis）。亞特蘭提斯這個名字來自希臘哲學家柏拉圖，他在自己的著作《蒂邁歐篇》（*Timaeus*）以及《克里提亞斯篇》（*Critias*）提到這個名字，時間大約是在西元前四百年。柏拉圖自己則是從希臘最富於才智的聖人索倫（Solon）那裡得到這個訊息，索倫很幸運，有機會能夠進入相當祕密的埃及祭司團。

這些祭司告訴索倫，一個他們稱之為「尋常間隔」的強大時間週期，肯定就是這個兩萬六千年的週期。這些祭司指出，每個週期都會結束在一場可以摧毀整個文明的大災難。當我在一九九三年讀到這個，我們已經經歷過了一些自然災變——比歷史上任何一個時期都還要多——所以這個說法大大地抓住了我的注意力。祭司說這個災難可能和火有關，他們稱之為「大火災」；或是和水有關，可能會發生大洪水。接下來的段落是祭司直接對索倫的談話，這個故事一開始可能有點難懂，不過我會在引文結束之後解釋它的意義：

如果把太陽神赫利俄斯的神話（Myth of Helios）解讀為一種自然的天文事件：有個故事，很有可能你也聽說過，很久很久以前，赫利俄斯的兒子法厄同（Paethon）將他父親戰車上的駿馬上了軛，但是因為他沒辦法讓馬匹奔馳在他父親的既定路線，大地萬物都燒焦了，他自己也遭受雷擊而身亡。這看起來就像個神話，不過實際上它意謂著繞行地球上空某天體的墜落，地球上燃起熊熊大火，這在一段長長的間隔之後就會重新發生……②

第一次讀到這個段落的時候我感到相當困惑。它顯然談到了某種大規模的能量事件，在引文裡被形容為「大火災」或是火，每隔一段「長間隔」的時間之後就會發生。後來我讀了葛瑞姆．漢卡克（Graham Hancock）的《上帝的指紋》，開始看見這個故事的意義。漢卡克書裡寫到兩個偉大的歷史學家──喬其奧．德．桑蒂拉納（Giorgio de Santillana）和赫塔．馮．戴程德（Hertha von Dechend）──以象徵的手法，這個兩萬六千年的週期被隱藏在三十五個古老的神話裡頭。

在柏拉圖的例子裡，赫利俄斯代表太陽，駿馬象徵性地拉著地球繞行太陽，形成了地球運行的正常軌道。接著發生了某件事情，突然改變了地球的軌道，所以這些駿馬沒有辦法再依循正常的路線。然後我們讀到，當地球的軌道受到擾亂，就會產生某種能量釋放，將地球上的一切燃燒殆盡──再一次，這可能也象徵著某種太陽事件。接著這個埃及祭司為索倫解釋這個神話，說它意謂著某種「長間隔」會導致「地球上空的某天體墜落」。就分點歲差而言，這是非常精確的描述。

祆教的經典呼應了許多其他來源，都說這樣的改變是非常正面的。他們對於這個太陽事件的用語是「再生」（Frasokereti），其字面上的意思是「變得更美好」③。在祆教的傳統裡，一個名為沙西安（Saoshyant）的救世主般人物會促成這個事件，他會和許多天使般的生命體一起降臨地球，殲滅地球上的邪惡勢力④。印度的經典中也有一個聽起來非常類似的故事，這個故事和破壞神迦爾吉（Kalki）的降臨有關，當偉大的「滅世之火」在世界末日爆發以後，他使用他的超能力驅逐了所有的邪惡⑤。在史詩《摩訶婆羅達》（*Mahabharata*）中，滅世之火看起來有著彩虹的顏色：

> 天空裡升起了厚厚的雲團，看起來就像是象群，以閃電花環為飾，十分悅人耳目。有些雲朵有著藍色蓮花的色澤；有些是睡蓮的顏色；還有一些像蓮花花蕊，有紫色的、像鬱金香的黃

色，以及烏鴉蛋般的色澤。有些就像蓮花的花瓣一樣明亮，有些是朱砂般的紅色。⑥

這個關於太陽事件的古老傳說，後來也被寫入了希臘和羅馬的哲學典籍，在其中被稱為「大火」（Ekpyrosis）。這個字至少有其他兩種不同的拼法：Ekpurosis 以及 Ecpyrosis，這是因為將希臘文翻譯成羅馬字母的時候會產生變異。當我在寫這一段的時候，維基百科上對於這個條目的定義，剛好比我在其他字典中查到的定義還要完整：

> 「大火」是斯多葛學派的信念，這個學派認為每個「大年」宇宙就會週期性地因為一場「大火災」而毀滅。宇宙將會重生，但是在這個新週期要結束的時候會再度毀滅。這種災難的形式剛好和大洪水相反……地球因為洪水而毀滅。
>
> 根據希臘歷史學家普魯塔克（Plutarch）指出，「大火」這個概念可以追溯到克律西波斯（Chrysippus）。⑦

印第安那大學的教授詹姆士・亞伯特・哈瑞爾（James Albert Harrill）寫了一篇細節驚人的文章，將上述這些希臘—羅馬的哲學教誨和後來基督教的《聖經》以及其他文本連結在一起：

> 末日毀滅和重生這種啟示錄的情節，出現在許多基督教早期的文獻……舉例來說，使徒保羅（Paul）宣布了「主的日子」，即天譴的到來（〈帖撒羅尼迦前書〉1:10; 4:13—5:10;〈帖撒羅尼迦後書〉2:1-12）以及「所有創造」的最終轉化（〈羅馬書〉8:18-25）。〈馬可福音〉對它的信眾說，天與地在即將到來的末日「將會消逝」（13:24-31;〈馬太福音〉5:18;〈路加福音〉16:17;〈撒母耳記上〉13:9-13）。〈啟示錄〉的先知看到了……「新的天空與新的大地」取代了

「最初的天空和最初的大地」，而最初的天地「已經逝去」（21:1）。〈馬太福音〉也提到在最後審判日過後「一切事物都會更新」（19:28）。還有《十二使徒遺訓》（*Didache*）警告其信眾，所有人類的創造很快就會進入「火的試煉」（16.5）。⑧

當代的靈性導師，像是保加利亞神祕家彼得．德諾爾（Peter Deunov, 1864-1944），也提出了聽起來相當類似的訊息，或許是受到了這眾多古代預言的啟發。根據德諾爾：「我所說的『火』，將會為我們的星球帶來新的生機，它會讓一切復甦、淨化，重建一切事物：物質會變得更加精微，人們的心會從痛苦、煩惱、懷疑之中解放出來，並且變得更加光明；天地萬物都會獲得改善、提升；思慮、多愁善感還有負面的行為，都會被消耗殆盡。」⑨

「來自天上的河流」和業力的法則

在柏拉圖的記事中，描述這個祭司指出埃及人保存了各個曾經存在又消失的失落古文明的紀錄。

在談到這個太陽事件的時候，他還說那是一條「來自天上的河流」，在「尋常間隔」之後「從天而降」。他清楚地宣稱，只有那些「不文明和缺乏教養的人」在事件過後會繼續留在地球上。

就在這個片刻，你可能會想，讀這本書究竟是要把你帶到哪裡去。現在我要告訴你，我寫這本書不是為了創造恐懼，也不是要推銷任何特定宗教或是靈性的書籍。對於這個事件，每個重要的靈性教誨都說在地球上只有罪大惡極的人才會經歷這樣的時刻，因為他們透過自己的自由意願和業力，促使了這樣的事件發生。所以除非你是一個真正黑暗、性喜操弄和控制的人，你不會遭遇這種全球性的災難——至少不是以某種具體的形式發生。相反地，這樣的經驗是一種難以言喻的喜悅和驚奇——靈性進化的一次量子跳躍。如果你覺得自己的道路太靠近邪惡，你還有時間換條路走——就像羅伯．普藍特在〈通往天堂的階梯〉（*Stairway to Heaven*）這首歌裡唱的。

關於業力、來生以及轉世這些主題，我在《同步鍵》已經廣泛地做了討論，我提出了至少七百筆學術引文來證明我的論點。在這本書的最後，我從穆斯林的聖典《可蘭經》中，引用了一系列相當具有啟發性的引文，這些引文都清楚地預測這個大規模的能量事件就要發生。下面是其中兩則最富於煽動性的引文：

> 當時間突然消失，在啟明的永恆時刻，天上球體的光芒將會放射開來，並溶為透明之光……那些認為此一神奇之日不會來臨，僅僅把這種教導看成是神話故事或是臆想的人，在最後審判日最終到來，而自己卻沒有在靈性上做好準備的時候，將會感到極其失望（〈神聖可蘭經的沉思〉，77:8, 15）。⑩

> 在神奇之日來臨，時間終結之時，神聖共振的首次巨大衝擊，將會使這個世界完全停止……當每一個靈魂意識到其靈性之身完好無損、不受限制並且非常神聖時，這種片刻的驚駭將會消逝（〈神聖可蘭經的沉思〉，79:6, 13）。⑪

《同步鍵》討論了——轉世這個概念在基督教中如何被當成一個隱藏的祕密，對於其他宗教來說則是個被公開接受的教導。這些教導告訴我們，我們會持續地在每一世的生命之後重生，直到我們成長到足以為人類進化的下一個階段做好準備。轉世也是一個在科學上可以被證明的事實，伊恩．史提文森（Ian Stevenson）博士訪問了超過三百名兒童，這些兒童對於他們前世的生命有確切的記憶，他做了許多調查來證實他們的說法，因此確認了這一點。吉姆・塔克（Jim Tucker）博士使用臉部配對鑑識軟體證明，可以確切記得前世的孩子長得也像他們宣稱的前世。這筆資料強烈地顯示，我們的臉部特徵會依據我們意識的能量狀況，從這一世傳到下一世，並且在我們成長的過程中直接影響我們的長相。

如果你相信業力的法則，並且深入地思考某些世界菁英所犯下的罪行，你或許會開始了解為什麼這樣負面的時間點會存在。如果每個人都必須重新經歷我們讓別人經歷過的一切，我們該如何平衡某個人造成的大規模殘暴行為——並且可能直接或間接為強暴、虐待以及謀殺少說有好幾百個人這種事情負責？令人吃驚的是，有不少人透過催眠而進入「兩世之間的生命」，或是有過瀕死經驗，而他們對於來世的說法相當一致。不管我們身為人類的生活有多糟糕，我們的靈魂仍然極度純潔，而且知道我們真正必須學習的課題。在靈魂的層次上，有些人會刻意選擇經歷大規模的災難，這麼一來他們就可以消解過去累積的業力，然後在下一個輪迴有個新鮮的開始。他們或許完全不知道在這個星球上有人獲得了「免費的入場券」，可以完全避開這些事件。

我自己接觸的一些靈性泉源，從《一的法則》開始，都清楚地教導我不要招惹業力。這是一種絕對的法則，它作用得相當嚴密而且準確。關於這件事，我的生活中出現了一個非常驚人的例證，就在一九九六年，我的未來以一種非常清楚的方式被預測出來——這給了我很大一個教訓。我第一次讀到《一的法則》的時候充滿驚喜——這也是本書接下來的一個重點——當我知道這本書解開了那麼多謎團，我感到非常驚奇，希望你也可以感受這樣的驚奇。

你的知識比說給孩子聽的故事還不如

最後我讀了許多不同來源的靈性文獻，有些古老、有些現代，它們都說我們有些人會留在地球上體驗這個大規模的能量事件，另外的人則是會進入揚升的過程。沒有揚升，但是也沒有累積惡業的人，似乎會在時間中繼續前進，直到一切又變得安全。他們不會記得發生了什麼事，不然很有可能會因為自己沒有「畢業」而感到非常失望。當你讀到這個祭司談論劫後餘生的人，記得我剛剛說的：

不管有什麼事情發生在你的國度、我們的國度或是其他我們知道的地方——如果那裡有任何高貴或偉大的行為，或是在其他方面非凡的行為，這些事情都會被我們這些老人寫下來，並且保存在我們的神殿中。

不論你的或是其他的國度在什麼時候開始獲得文字，或是其他文明生活的必需品，在「尋常間隔」過後，亦即在「天上的河流」這樣的災厄從天而降之後，只有那些沒有文字、沒有教養的人會留下來；你們必須像孩子一樣重新開始，對於古代發生的事情一無所知，不管是在我和你之間或是在你們自己之間。⑫

在最後一段節錄，這個祭司責備索倫因為能夠往前追溯好幾個世代國王的家系，就表現出一副自己什麼都知道的樣子。真相是，人類的存在比我們想像的還要古老——在地球上，人類週期性地興起和滅亡，以「尋常週期」的兩萬六千年為循環：

關於你對我們說明的那些屬於你們的傳承系譜，索倫，它們比說給孩子聽的故事還不如。首先，你只記得一次大洪水，不過大洪水在之前已經發生過許多次；再來，你不知道在很久以前，你的土地上曾經存在過有史以來最美、最高貴的種族。你們和你們的整個城市，都是由一個小家族或是由倖存者延續下來。你們對此一無所知，因為經過幾個世代，大災難的倖存者已經不復存在，也沒有留下任何文字紀錄。⑬

巨型獨石的祕密

亞瑟·C·克拉克《二〇一〇太空漫遊》的主要情節是木星的能量釋放，而不是太陽，這個事件轉化了太陽系，而且並不是一場災難。他的經典作品《童年的終結》（*Childhood's End*）在大結局的時候描寫了一場能量釋放，這一次是太陽。這一場太陽釋放轉化了人類，將人類帶入了下一個階段的進化。別忘了《二〇〇一太空漫遊》中出現的巨型獨石，那是一塊古老的、六公尺高、光滑如鏡的黑色長方形石頭，它首次出現的時候人類還像是猩猩一樣。這個獨石使得猿人變得更加聰明，開始知道可以用骨頭去殺死另一個猿人，這似乎意謂著人類第一次學會使用工具。接著這個猿人把骨頭拋向天空，骨頭變成了我們在接下來的電影中那艘太空船，這似乎是要指出，我們現在就處於下一次大規模人類進化爆發的邊緣，這是我們開始發展太空旅行的結果。當我們進步到可以進入太空，就能得到一份神奇的禮物。

《二〇〇一太空漫遊》第二顆巨型獨石是在月球上被挖到的。就我們之前的討論而言，這點非常有趣。許多的內幕消息來源都說，NASA早就知道月球上有古老的廢墟，然後利用亞瑟·C·克拉克來告訴我們這個偽裝成小說的事實。在《二〇〇一太空漫遊》中，就在太空人把石板挖出來之後，當陽光第一次觸碰到黑色石板的銳利邊緣，它便將信號傳送給另一塊巨型獨石。

這一次，這個獨石在我們的太陽系飄浮著，就在木星附近。奧德賽號出發去看這一塊獨石，當它的艦長大衛·包曼飛出去進行探索的時候，有了一次瘋狂的星際之門體驗。星際之門轉化了他，讓他進入下一階段的人類進化——也就是「星孩」。他在《二〇一〇太空漫遊》以一種揚升的存在再度出現，為了和他的母親談話，他可以在電線中旅行，然後把自己投影在電視上，告訴她：「一些美好的事情就要發生。」

查拉圖斯特拉如是說

當巨型獨石在《二〇〇一太空漫遊》初次亮相的時候，我們聽見了扣人心弦的管弦樂，有著非常戲劇性的喇叭演奏和熱鬧的鼓樂。這首曲子是理查．史特勞斯在一九八六年寫的，曲名是《查拉圖斯特拉如是說》⑭。這個曲名似乎是重要的線索，「查拉圖斯特拉」是西方世界的一個宗教領袖，通常被稱為「瑣羅亞斯德」（Zoroaster），而查拉圖斯特拉是他的名字的正確波斯文拼法。祆教是地球上最古老的宗教，印度教在稍後才出現。關於太陽在一段很長的循環週期要結束的時候，會發生大規模的能量釋放這件事，祆教的經典對此有詳細的著墨。祆教的版本對這件事有很清楚的說法，這件事會製造出一個和揚升有關的事件，他們稱之為「重生之日」。在《童年的終結》的結局，克拉克刻畫了同樣類型的事件。意思是，對於那些有多加留意的人，史特勞斯的曲子是一個刻意給出的線索。

史特勞斯的曲子同時也受到哲學家尼采的同名著作所啟發。根據甘迺迪表演藝術中心的官方網站，史特勞斯說：「我無意創作哲學式的音樂，或是以音樂來臨摹尼采的偉大作品。」甘迺迪中心的官網繼續寫道：「相反地，這是他富於開創性的一系列聲響詩（tone poems，創作於一八九六年）的第六號作品，用來表明『人類這個種族的進化，從起源到後來的各個發展時期（宗教和科學），一路發展到尼采所說的超人這個概念』。」⑮

以上這些都不是巧合。下一章會談到理查．C．霍格蘭（Richard C. Hoagland），他承認和亞瑟．C．克拉克曾經詳細地就克拉克所知道的內幕，進行了一場無人知曉但是非常仔細的對談。霍格蘭也有一個知道內幕的線人，會為他提供高度機密的訊息，我們就叫他「布魯斯」吧。

二〇〇七年，霍格蘭邀請我在一場會議演講，我有幸在會場見到布魯斯本人。布魯斯有著奇異的藍眼睛、粗啞的嗓音以及充滿諷刺與幽默感的人格。當我演講結束要走出門的時候，布魯斯伸手摟住了我，對我說：「你說的大概有百分之八十五是對的。」當我問：「那剩下的百分之十五呢？」他說：「這需要一點時間，讓我請你吃晚飯，我會告訴你。」我很快就發現布魯斯至少和兩位美國總統有過直接的工作關係，二〇一四年八月，布魯斯告訴我更多他所知道的內幕消息，並且說這「經過美國政府授權」。他告訴我，政府想要一次就發布全部的消息，不過他們決定對特定的個體這麼做，比如說我。這樣那些想要知道真相的人會慢慢地找到真相，就可以避免群體的恐慌。

NASA的內部人員，看來的確認為我們正在朝著大規模的進化事件前進。不過，對於接著會發生的事，他們的看法似乎嚴重地因為自己的密教信仰而染上了其他色彩，而這些信仰來自於某些祕密社團的教導。他們顯然認為這樣的事件是一種「有用的」大規模毀滅，他們似乎主動地排斥了許多和正面靈性教導有關的訊息——包括基督教——並且相信只有持有這種信念的菁英，才能從將要發生的事情上得到好處。

大部分的人會自然而然地嘲笑這整個論述，因為這看起來實在是太瘋狂了，一個規模如此巨大的改變，似乎是我們完全無法想像的。我們過分地受困於日復一日的生活，因此這樣一個驚人而且會打斷我們存在根基的改變，幾乎是難以理解的。即使是相信這件事的人，也常常退回到關於「真實世界」的慣常思考模式。一想到這樣的改變就要在不久之後到來，使得這樣的討論令人更難以消受。然而，我這輩子一直在接收和靈性揚升有關的訊息。有許多年我不斷地接觸這些概念，一開始是透過夢境、共時性，還有許多電影、電視、書籍中看似科幻小說的內容。一直到我十九歲，我才開始接觸一些具體的資料。我在許多會議中說過，萬一這些事情是真的，難道你們一點都不想了解嗎？政府隱瞞了可能會劇烈地影響地球上所有生命的訊息——而這樣的訊息似乎證實了現存每個主要宗教以及靈性傳統的教誨——他們這麼做是對的嗎？

施密特的巨石陣

在我讀了查特蘭的書之後又過了幾年，我又發現另外一條和NASA太空人在月球上發現遺跡的線索。哈里森．「傑克」．施密特（Harrison "Jack" Schmitt）是一個經驗老到的專業地質學家，NASA邀請他加入團隊研究月球的地表。根據查特蘭的說法：「施密特，一名地質學家，是最早探訪月球的老百姓，除了他之外，其他的太空人都有軍人身分。」[16]施密特花了許多時間研究阿波羅號太空人所使用的系統，他在一九七〇年三月被分配到「阿波羅十五號」（*Apollo 15*）的三人候補小隊，預計也會成為「阿波羅十八號」主要成員。在一九七〇年的九月，阿波羅十八號和「阿波羅十九號」的計畫被取消了，最後一個正式的月球任務是「阿波羅十七號」，在一九七二年十二月發射。為NASA提供諮詢的地質學家團隊感到一種強烈的需求，希望可以讓一個地質學博士來探勘月球，他們成功地向NASA施壓，讓施密特加入了阿波羅十七號任務。

NASA的太空人必須和一個專業的藝術家合作，為每一次的任務設計一個專門的任務徽章。在找到一個他們覺得最好的圖案之前，他們通常會先提出各種不同的設計。阿波羅十七號的三名太空人——尤金．瑟南（Eugene Cernan）、羅納．伊凡斯（Ronal Evens）和施密特——把他們的設計草圖交給專業的藝術家羅伯．T．麥考（Robert T. McCall），接著這位藝術家便創作了一些觀念藝術的繪畫，交付最後的審查。[17]

施密特提出了兩個不同的設計構想，在徽章上放進怪異的巨石陣影樣（參見圖6）。在第一個設計圖上，巨石陣的高塔矗立在地球表面上，就快要觸碰到月球，而太陽就在地球與月球之間閃耀。巨石陣和月球之間有一束顯而易見的光，他穿越了太陽並且往左右兩側延伸，形成了一個向四方延伸的十字架——幾乎就像是一個能量傳送點或是星際之門。這如同是在《二〇〇一太空漫遊》出現之後三年，電影中的船長大衛·包曼在片尾經歷了一次微妙的星際之門體驗。

在施密特的第二個設計草圖，阿波羅火箭在最後一個階段載著太空人從月球返航，火箭從一個荒瘠的灰色世界升空，看起來比較像是月球，而不是地球。有個巨石陣般的圓環明顯地在這個荒涼的世界聳起。這些石頭看起來非常龐大，在這個星球其他地方的表面沒有什麼特別的地方，意謂著這是月球，不是地球。火箭從月球表面飛起來，後面是一個清楚的漩渦銀河系圖樣。施密特可能以這個方式透露，不管是誰建造了月球上的巨石陣，都是來自我們銀河系的其他地方——或是來自一個鄰近的銀河系。

作為NASA的主要藝術家，羅伯·麥考為「強森太空中心口述歷史計畫」（Johnson Space Center Oral History Project）進行了一次訪談，他說：「傑克·施密特是那次計畫任務的太空人地質學家，他認為應該要把巨石陣這種完美的意象放到徽章裡。」⑱這個在阿波羅計畫的歷史中鮮為人知的故事，支持了莫瑞斯·查特蘭、多娜、海爾、卡爾·沃夫、威廉·

圖6：羅伯·麥考根據哈里森·施密特「阿波羅十七號」任務的「巨石陣」所畫出的草圖。

湯普金斯，以及其他好幾個我熟悉的內幕消息人士的說法。施密特對於這個徽章的想法可能有點熱情過度，知道自己或許洩露了某些重大事情的消息，他的想法最後也被否決了。幸好ＮＡＳＡ沒有辦法隱瞞關於古老月球遺跡的所有照相證據——下一章會看到這些證據——俄國和美國的太空計畫保存了一些非常具有說服力的證據。

16 月球上消失的倖存者

「月球軌道探測器」所拍攝的高解析度月球照片，在上面尋找不尋常的地方，那可能是之前探訪月球的外星生物所留下來的人造遺跡證明。他們認為，如果外星人之前造訪過我們的星球，或許月球會是一個研究地球的理想基地。

一九六六年的十一月二十日，NASA的「環月探測器二號」（*Lunar Orbiter 2*）在月球地表上空四十六公里處飄行，就在月球的寧靜海（Tranquility Sea）上方，這時候它捕捉到了一個令俄國和美國的媒體和科學社群都大為震撼的影像。有八座高度不等的巨塔在月球的表面聳然而立，有趣的是，它們都長得像埃及的方尖柱。在倫敦、巴黎和紐約，大型的埃及方尖柱被公開展覽，通常被稱為「埃及豔后的縫衣針」（Cleopatra's Needle）。在美國首都的華盛頓紀念碑是其中最大的一個，有一六九公尺高。這樣的高度可能是為了要舉辦某些祕密儀式刻意選擇的；作為一個雕塑作品，六六六可能太過明顯，像是意圖要紀念路西法的陽性面。

一直以來都有很多人覺得奇怪，為什麼美國要用一個巨大的方尖柱，埃及天空之神歐西里斯的象徵，來紀念它的第一任總統呢。雖然我不相信這些神祇一開始就帶有負面含意，不過在陰謀集團的密教傳統裡，歐西里斯和伊西斯分別代表著路西法的陽性面和陰性面。大部分的人對於自由女神的祕密意涵也一無所知，它代表著伊西斯，此外從她頭上放射而出的光線，意謂著她已經獲得揚升。有個重點必須指出，陰謀集團的人認為，一旦大規模的太陽事件發生，他們是屬於「正義」而且獲得揚升的一方。他們認為每個不屬於他們集團的人都是「邪惡的一方」，並且相信這個事件會把這些非我族類通通消滅。他們甚至還對《聖經》斷章取義，相信他們在竊取我們的財物時，是神從「邪惡的一方」把錢拿給「正義的一方」。

陰謀集團的成員，相信他們的力量來自篩選過的成員，還有來自實行全世界各個古老文化神祕學派的教誨，包括巴比倫、埃及、塞爾提克（Celtic）以及蘇菲（Sufi）教派。陰謀集團的成員講到一般老百姓的時候，通常會稱他們為「俗人」。他們認為我們沒有資格學習神聖的「祕術」，這是他們慣用的說法——第一個字母要大寫。他們害怕如果一般人接觸了祕術，並且開始實行這些教導，就會獲得揚升的能力，並且使用它們來傷害別人，進而成為潛在的一大威脅。自由女神手中的火把，祕密地象徵著「遠古的聖火」，祕術的知識，而祕術就被囊括在她另一隻手上拿著的書本裡頭。

二〇一一年，兩名亞利桑那州立大學的科學家公開提出，或許我們已經在月球上找到外星人存在的證據。這則消息發布在《今日宇宙》（*Universe Today*）新聞網，並且在上面使用了一張已經受損的、由「環月探測器二號」拍攝的月球高塔照片——一九六六年所拍攝的原版照片沒有受損，而且更有說服力，我們稍後就會看到——這張受損的照片，上面有一條明顯的白線從上往下延伸，就在最高的那座塔旁邊，原版的照片沒有這條線。還有，這張照片的「黑階」也被調高了，讓這些高塔的陰影變得難以辨識——不像在原版照片中，這些陰影驚人地清晰。此外，這樣的宣告是一種正面的進步，很有可能是漸進式大揭密計畫的一部分：

亞利桑那州立大學的兩位研究者，提出了一個相當具有爭議性的要求：讓一般民眾和其他研究者，研究由「月球軌道探測器」（LRO, Lunar Reconnaissance Orbitor）所拍攝的高解析度月球照片，並且在上面尋找不尋常的地方，那可能是之前探訪月球的外星生物所留下來的人造遺跡證明。他們認為，如果外星人之前造訪過我們的星球，或許月球會是一個研究地球的理想基地……

當然，早有人說NASA老早就發現了這樣的遺跡，知道這件事已經有好幾十年，只是瞞著一般社會大眾……在各個太空任務當中，真的有許多不尋常的地方，如果可以透過「月球軌道探測器」的照片來看，應該會相當有趣，像是環月探測器二號在一九六六年拍到的、著名的「布萊爾尖牙」（Blair Cuspids）……①

這篇文章的作者並不知道NASA在發布照片之前，早就刻意地把這些遺跡和幽浮修掉。他們不希望我們看見和這些不尋常之物有關的任何細節——至少在他們認為發布這項消息對他們有利之前，是不會這麼做的。因此，我們必須盡可能地來分析少數幾張躲過現行審查制度的影像。

透明的鋁

在月球上發現埃及風格的方尖柱相當令人震驚，在這一章接下來的部分，我們會檢視更多的證據。這會改變我們對於自己的認知、對地球生命的認知，以及對環繞著我們的偉大宇宙的認知。許多內幕消息來源都證實，這些方尖柱和高塔都是由像是玻璃一樣的透明材料所築成的——就如這本書美國版的封面所描繪的。經過分析，這些建築真正的材料是一種先進的、透明的鋁合金。布魯斯在二〇一四年首次對我透露這個祕密，作為他「經過授權的大揭密」其中一部分。

就在一年之後，賈斯・桑格拉（Jas Sanghera）博士——一名「美國海軍研究實驗室」（US Naval Research Laboratory）的科學家，宣布了他的發現——或是他被授權發布——他發現了一種透明的鋁合金，這種材質的存在似乎已經透過電影《星艦迷航記5：搶救未來》被刻意地洩漏出來。現在來自「萬能小工具」（Ubergizmo）網站的一篇文章裡，作者透露了他有多喜歡這部電影，還有「真實世界」終於有了這個材料是多麼棒的一件事。

> 這一切都要感謝美國海軍研究實驗室的科學家賈斯・桑格拉博士，現在看來透明的鋁真的存在，桑格拉博士說它「真的是一種礦物，一種鋁酸鎂（magnesium aluminate）。和玻璃比起來，它的優點是更為強韌、更為堅硬。對於充滿危險的環境，它能提供更好的保護——意思是它能夠抵擋沙礫和雨水的侵蝕。」……如果假以時日它的價格可以降下來，也會裨益一些消費性設備，包括智慧型手機和手錶。②

下一段引文出自〈百分百安全方案〉（*Total Security Solutions*）這篇文章，作者們在文中討論，為什麼透明的鋁合金比現行的防彈玻璃還要有用得多。一枚〇・五口徑、可以射穿裝甲的子彈，在防彈玻璃中可以穿行七・五公分，但是在透明的鋁合金當中只能到達這個數字的一半。更棒的是，和傳統的防彈裝相較，透明的鋁合金重量只有一半，所以只需要傳統防彈裝一半厚度就能夠有相同的作用。

此外，透明的鋁合金裝甲實際上可以做成**任何形狀**，也比傳統的防彈玻璃更有防護作用，傳統防彈裝可能會因為風沙或是子彈碎片而磨損。③

這篇文章也透露了，美國海軍正在研發他們自己的防彈裝置，叫做「脊裝甲」（Spinal），與此同時，軍事工業複合體的國防承包商「雷神」（Raytheon）也在發展他們自己的版本，稱為

「阿龍」（ALON）：

由雷神公司所研發，「阿龍」一開始呈現粉末狀，之後經由極度的高溫來塑型、烘烤。加熱的過程讓粉末開始液化並且快速地冷卻，讓分子的排列變得鬆弛，就像它還是液體一樣。就是這種結晶的構造，賦予了「阿龍」有如堅硬藍寶石一般的強韌和耐磨力。用氮氧化物（oxynitride）來打磨鋁合金能夠強化這個材料，並且讓它變得更加透明。④

幾乎每個我見過的內幕消息來源都指出，主要的幾個國防承包商，都在某個程度上涉入這些黑箱作業，包括隱瞞幽浮存在的事實還有反轉工程的科技。透明鋁合金的存在，被一步一步地發布給大眾，似乎印證了伊恩的物理學教授所做的預言。教授告訴我們，我們將會在材料科學上見到驚人的突破，因而能夠以幾何結晶的結構來製造前所未見的、更有用也更強力的化合物。

透明的鋁重量很輕，意思是，你可以使用它們來建造東西，而不用害怕它們因為自身的重量而倒下。這個材料透明的特性，讓你也能製造可以讓陽光直接穿透的巨大圓頂建築，接著我們可以把空氣灌進這個圓頂建築，因為月球上有豐富的「雪泥」（water ice）可以用來製造空氣。這能夠為人類提供一個安全而又適合居住的區域，不過前提是這樣的建築外面還有輻射防護層。如果這樣的圓頂建築有足夠的厚度，它也能夠被當成一種新奇的防護罩，防止敵人進攻，因為透明鋁比防彈玻璃的效用還要強大許多。

環月探測器二號所捕捉到的高塔非常高、非常細長、頂部尖尖的，就和方尖柱一模一樣⑤。任何自然的地質過程，都不太可能在月球表面造成這樣的高塔，幾百萬年的隕石撞擊也會把任何地表上高高聳起的自然特徵給磨滅。月球經歷著持續的粒子流和隕石撞擊，它們都以高速運行，其作用就像是對月球進行噴砂處理一樣。不過，就像我們剛剛讀到的，透明的鋁對於噴砂有絕佳的抗性。不幸的是，當這張經典的照片被拍下來的時候，環月探測器二號的角度是筆直地往下，所以我們無法看見這些構造的側面。然而，這些建物造成的影子是顯而易見的——這也成了各種科學分析的一個課題。

紀念碑谷

根據一篇一九六六年十一月二十三日刊登在《華盛頓郵報》（*Washington Post*）上的一篇文章：「科學家驚呼，月球上的六道陰影是我們所拍攝過最不尋常的特徵……看著照片，有名科學家想把這個區域稱為月球的「紀念碑谷」（Valley of Monuments）……這些科學家表示，他們不知道究竟是什麼東西造成了這些陰影。關於其中最大的一道陰影，只有某個像是華盛頓紀念碑的東西才能造成這種影子，而最小的一道陰影就像一棵聖誕樹的影子。」[6] NASA表示，太陽位於月球水平面上十一度角的位置，因此估計「最大的突起物」其底部大約是一四〇公分寬，高度則是在十二至二十二公尺之間。[7]

波音公司製造了拍攝這張照片的環月探測器二號，一位隸屬於波音公司的人類學家威廉·布萊爾（William Blair）公開宣稱，這張照片（參見圖7）讓他想起了某一張史前考古區域的空照地圖。一九六七年二月一號《洛杉磯時報》（*Los Angeles Times*）的一篇文章引用布萊爾的話：「如果在地球上拍攝到這麼複雜的建築結構，考古學家的第一要務就是去探勘、挖掘，然後再論斷這個地點是不是有考古學上

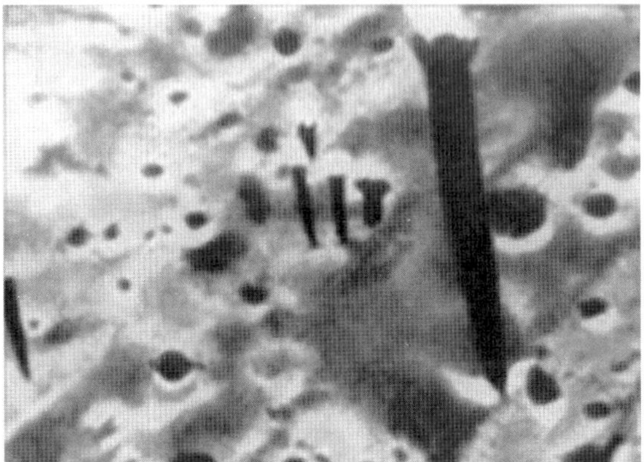

圖7：NASA環月探測器二號所拍攝的原版照片，編號LO2—61H3，顯示了月球方尖柱。

的價值。」⑧

布萊爾注意到這些高塔有奇怪的幾何定位，看起來就像是獵戶座腰帶上的星星，即使是漫不經心的觀察者也能看到。埃及吉薩高地上三座主要的金字塔，也完美地對應了獵戶座腰帶上星星的位置和大小，這是羅伯特・波法爾（Robert Bauval）在一九九〇年代中期的發現。如果埃及的方尖柱看起來和我們在月球上看到的東西那麼像，這代表著一個相當有趣的可能性，建造埃及紀念碑的人可能也在月球上蓋了基地。或者也有可能，埃及人可能有一些紀錄，那是曾經居住在月球上的某個失落文明的倖存者留給他們的。這些倖存者或許相信他們遠古的祖先來自獵戶座，並且在很久以前從這個鄰近的星系旅行到我們的太陽系。

俄國的科學家在《科技青年》（*Technology for Youth*）發表了一篇文章，對方尖柱的幾何學進行了詳細的分析（參見圖8）。根據另一篇在《大商船隊》（*Argosy*）雜誌的文章：「關於這些方尖柱的排列，前蘇聯太空工程師亞歷山大・阿柏拉莫夫（Alexander Abramov）想到了一個非常驚人的幾何分析。藉著計算這些物體被設置的角度，他宣稱這些方尖柱在月球上構成了一個『埃及三角形』（Egyptian trangle）——在古埃及以『阿巴卡』（abaka）為人所知的精準幾何形態。『這些月球物體的分布，』阿柏拉莫夫說，『和由卓甫斯（Cheops）、

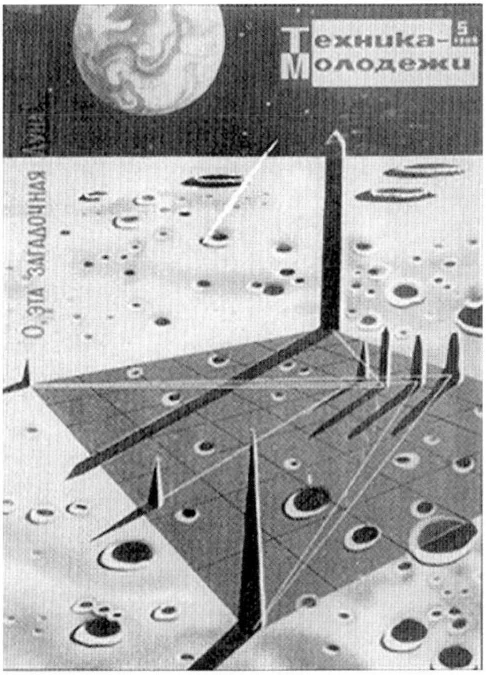

圖8：俄國對於月球方尖柱的幾何學分析，刊登於《科技青年》雜誌。

齊夫倫（Chephren）、門卡拉（Menkaura）幾位法老，在開羅附近的吉薩所建造的埃及金字塔，有著類似的規劃。這個位於月球上的阿巴卡，其錐形體的中點的安排就和埃及三大金字塔最高點的安排，一模一樣。』」⑨

塌陷的矩形

因為月球上沒有空氣，你只能住在防彈的建築結構中，不然就住到地底下去，否則你會不斷地被各種大大小小的岩石襲擊，小的像是從天上掉下來的微隕石，還有更大更危險的、墜落時會形成月坑的大塊隕石。在地球上，這樣的石塊在撞擊到地表之前，大部分都會以隕石的形態在大氣中燃燒殆盡。在月球的表面，你還會暴露在太陽輻射當中，沒有像是大氣層的防護罩可以保護你。透明的鋁難以大量生產，同時還需要添加有效的防輻射層。相較之下，建造地底基地會簡單一點。這意謂著我們最終會在地底下看見大型的、中空的區域，可能是正方形或圓形。如果這樣的建築物存在有幾千年之久，那麼它的屋頂會漸漸地被隕石打凹。隨著時間過去，地底下這個房間的幾何結構就會暴露出來。

不得不注意的是，布萊爾發現月球的表面以一種高度人工化的矩形形狀往下陷，就在這些高聳的尖錐體的正中間，這意謂著我們看到的是一個古老地下基地的遺跡，它的屋頂已經朝建築內部塌陷了。

根據《洛杉磯時報》一九六七年的那篇文章：「這名人類學家還在相片中發現，他說這看起來就像一個巨大的矩形凹地或是一個坑，就位在最大尖錐體的西側，估計約有二十一公尺高。布萊爾說，根據這個凹地所投射出來的影子，似乎呈現了四個九十度角，就像是一個被侵蝕的坑洞結構。」⑩根據這個證據，布萊爾認為這些物體很有可能是人造的⑪——但是就官方的態度來說，對這整件事情相當低調，就像前一章其他NASA內幕消息人士所說的一樣。在這些令人激動的新聞消息被發布出來之後，就像船過水無痕，再也沒有人聽說這件事。

在NASA第一次發布這張照片之後（參見圖9），這張官方照片的黑階就被調高，這些高塔的陰影因為和背景混在一起而變得幾乎無法辨識。官方發布的影像中間還有一條令人受不了的白線，在當時廣為發布的原版照片中並沒有這條白線。不過，在被調暗的影像中我們可以輕易地看到不只一個，而是兩個矩形凹地，這兩個坑洞在彼此互為九十度的位置。這些凹地幾乎是同樣的大小和形狀，意謂著兩個不同的地底房間採用了共同的建築規劃。

馬克・卡樂特博士發現好幾個矩形區域

二〇〇二年，馬克・J・卡樂特（Mark J. Carlotto）博士使用「數值高程模型」（digital elevation model）得到了一個結論：最高的尖錐體約有十六公尺高——比我們所能想像的任何月球天然景觀還要高上許多。卡樂特博士在衛星遙感（satelite remote sensing）以及數位影像處理有三十年的經驗⑫。卡樂特還製作了合成立體影像來了解月球地表的三維視野：「特別有趣的是鄰近這些物體的一大塊矩形凹地，這塊凹地看來似乎是月球表面更大規模的線狀崩塌網絡裡，最深的一個地方。」⑬簡而言之，這意謂著這個區域的地底下可能藏著一系列不同的房間。在經過幾千年的隕石

圖9：NASA環月探測器二號拍攝關於月球方尖柱的「官方」照片，顯示出月球上的矩形坑洞。

撞擊之後，這些房子的屋頂漸漸地塌陷了，因此暴露出下方隱藏的幾何結構。

卡樂特的分析顯示，我們所看到的兩處矩形凹地的大小，大概都在一百到一百五十平方公尺之間，這讓它們成為大小適中的基地，可以容納一小群人居住。最高的塔可能是用來引導飛船的起降，就像我們機場的塔台一樣。卡樂特的影像處理技術也讓其他房間的架構變得明顯，那是用肉眼沒辦法直接看到的。他使用「輪廓」這個字眼來描述月球表面的線狀結構，用來指出可能還有更多地底房間——自從建造以來它們的屋頂便不斷凹陷。

卡樂特得到一個結論：「簡單來說，有幾個主要的特徵可以說明，這些物體以及它們周圍的地表很可能本來就是人造的：那裡有許多物體外表呈現圓椎狀或是金字塔狀，看起來不像是典型的岩石或是礦物；在七個物體當中有五個呈現垂直對齊；月球表面矩形的凹地自成一個網路；這些物體之間的排列、矩形凹地的定位，以及線性構造的方向，均呈現出水平和垂直的特徵，彼此之間也互有關連。」⑭

還有一點非常有趣，這個區域就在「阿波羅二號」登陸的地點西北方三百公里處，這意謂著當阿波羅號的太空人要飛到降落地點的時候，很容易就能從近距離看見這些高塔。當他們以較低的高度繞行時，應該不難發現這些十六公尺高的方尖柱。這些太空人或許也能從地面看到方尖柱，比如說利用望遠鏡，或是駕駛探測車近距離觀看——雖然說他們可能沒有足夠的權限開上三百公里到那邊去，這樣單程就要二九九公里。探測車最快的速度是一小時十三公里，另外路上還有許多其他障礙，探測車無法一直線地開到那裡。當哈里森．施密特在設計NASA阿波羅十七號的「巨石陣」任務徽章時，很可能早就知道「布萊爾的尖牙」。為了成為阿波羅號的太空人，他必定聽取了許多機密簡報，也宣示不得透露任何自己所聽到的消息。這些照片、還有對於這些事情的解釋，很有可能就包含在這一系列簡報之中。

四八二二號照片的謎團

對於查特蘭說的「月球上起源不明的神祕幾何結構」，我們有另外一個更令人注目的證據，這是理查・C・霍格蘭所發現的。在一九九五年，當霍格蘭翻查「阿波羅十號」任務照片的官方目錄時，他注意到有一幅照片，編號AS10—32—4822，完全是黑色的。大多數人會自然認為這是因為相機故障所導致，但是霍格蘭則是想著，是不是有某些有趣的東西被藏起來了。他從「戈達德太空中心」（Goddard Space Center）中的「國家太空科學資料中心」（NSSDC, National Space Science Data Center）調出了四八二二號照片（參見圖10），讓他吃驚的是，他收到的底片完全沒有變黑。

霍格蘭注意到的第一件事情是照片左側一處小小的月坑。這個月坑，看起就像是有人在小山丘上挖出了一個完美的正方形區域。大自然不會造出這樣的正方形，這個地方可能是有人刻意建造，他們想要在基地周圍造一些防禦性的牆，或許他們也用了透明的鋁來建造屋頂。當霍格蘭繼續檢查這個區域，他發現還有另外一個稍微小一點的正方形月坑，就在第一個月坑的東北方。接著，就在這些看似人造的月坑正上方，它看到可能是一整排格局方正的建築物。在這個月坑，這些建築物的屋頂似乎

圖10：國家太空科學資料中心的四八二二號照片，上面可見一系列幾何結構。肯・約翰斯頓（Ken Johnston）這張照片的最右邊在「官方」的照片中遭到抹去。

還沒凹陷，但是經過好幾千年，已經被月球的塵土所覆蓋。每個房屋看起來都有四個邊——原本的透明鋁屋頂，似乎是蓋成寬而淺的金字塔形態。

這一系列的建築物就位在「烏克特隕石坑」（Ukert crater）旁邊，這個月坑本身也相當詭異。在這個月坑裡有個黑色的、相當對稱的三角形——非常近似於一個等邊三角形，這可能也是人為的建築成果。這個三角形已經沒有那麼稜角分明，它的邊緣變得有點弧度，不過這可能是長期被隕石侵襲所致。這樣的三角形可能是為了方便太空船的駕駛辨識降落的地點，就像傳統的飛行員會尋找跑道一樣。那裡可能也有古老的通道，可以連接這個「宇宙停車場」和顯然就蓋在隔壁的成排建築物（參見圖11）。

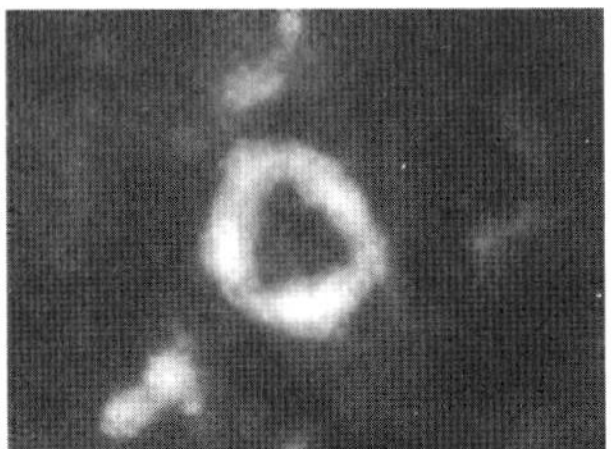
圖11：NASA所拍攝烏克特隕石坑的照片，顯示了被侵蝕但仍然對稱的三角形。

城堡

在同樣一張照片中，最驚人的是往右一點、靠近「曼尼里烏斯隕石坑」（Manilius crater）的某個地方，霍格蘭稱之為「城堡」，這相當令人印象深刻。如果你把這張照片給別人看，不要告訴他們這是從哪裡來的，再問問他們這是什麼，他們會說這是一個幾何型建築物的空照圖——大概是一個軍事基地。我們看見一系列的長形建築物，從空中看來，他們彼此互相平行，或是以完美的九十度角相交，大致形成了一個三角形。

四八二二相當受歡迎

霍格蘭在一個小型、私人的通訊發布了這個影像。他的一位讀者艾力克斯・庫克（Alex Cook）是一位業餘的天文學家，隨後也向國家太空科學資料中心訂購了一份四八二二號照片的底片，然後在大學的照相館沖印出來。令人訝異的是，他收到的不是霍格蘭拿到的那張照片，而是一張同樣區域但是不同攝影角度的照片，這張照片或許是在第一張照片一、兩秒之後所拍攝的。庫克繼續訂購四八二二的底片，結果令他相當吃驚，最後總共送來了十張同一個區域不同角度的照片——這些照片都被歸在四八二二這個檔案號碼之下。霍格蘭認為四八二二這個檔案號碼是一個代號，這樣內部人士就可以輕易地獲得這些影像的副本，但是大部分的人不會想要去一探究竟。如果一個普通老百姓要求一份四八二二的副本，檔案管理員只會給他一張全黑的照片。然而，二十幾年過去，現在的檔案管理員不知道或不記得這個代碼，只是很快地從四八二二這個大檔案隨手抓一張照片出來（參見圖12）。

霍格蘭知道，阿波羅十號任務的太空人尤金・瑟南以及湯馬士・P・斯塔福德（Thomas P. Stafford）很有可能奉命在經過這個區域的時候，用他們的照相機拍攝了好幾個七十釐米哈蘇膠捲（Hasselbald film）的相片，這和現在IMAX放映系統所使用的是同樣的膠捲。藉著這麼做，他們就可以創造出這個基地的簡單動畫——以立體圖帶出三維的景深。當霍格蘭造訪國家太空科學資料中心，要求調閱四八二二的原始檔案，檔案管理員說他們找不到底片，因為底片「被偷走了」。預知更多

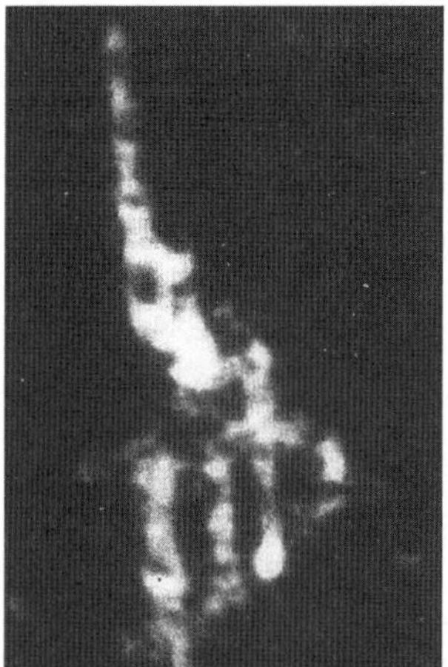

圖12：阿波羅十號任務所攝照片AS10-32-4822的特寫。

詳情請參閱理查·霍格蘭以及麥克·巴拉（Mike Bara）所著的《紐約時報》暢銷書《黑暗任務——NASA祕史》（*Dark Mission*）。⑮

肯·約翰斯頓發現另一張四八二二

因為肯·約翰斯頓介紹的一些新訊息，霍格蘭的工作又獲得了一次大躍進，那是發生在我的網站初次上線的幾個月之後。一九九六年三月二十一日，霍格蘭在華盛頓特區的全國記者俱樂部舉辦了一次眾所期待的記者會。現場有許多重要的新聞媒體，包括「有線衛星公共電視網」（C-SPAN）、《今日美國》（*USA Today*）、「美聯社」）、以及《紐約時報》。令人難過的是，現場的聽眾懷著相當大的敵意，當霍格蘭提出一些他在過去早就透露過的訊息，有些聽眾對他大吼，問他到底有沒有什麼新東西可以說。CNI新聞網的麥可·林德曼（Michael Lindemann）報導了接下來發生的事：

> 霍格蘭按照承諾，帶了其他好幾名有可信度的談話人，到現場來討論月球上的不尋常事物。這些人的頭子是前NASA和波音公司的航太工程師肯·約翰斯頓，他在阿波羅任務期間和NASA的負責人桑頓·佩吉（Thornton Page）博士一起工作。
>
> 約翰斯頓說他看過照片形式的證據，包括了一些十六釐米的影片，這些證據讓他相信月球上的確有些不尋常之處。他說他和桑頓·佩吉是最早看過這個阿波羅十四號任務的十六釐米影片，裡面顯示了月球黑暗那一面的某個隕石坑中，有五、六處閃爍的燈光，以及奇怪的煙霧。
>
> 約翰斯頓說他隔天把影片拿給NASA的人看，但是當影片就要播到隕石坑的燈光的時候，這邊的影像似乎不見了。約翰斯頓問佩吉影像怎麼不見了，佩吉回答：「我不知道你在說什

麼。」約翰斯頓認為這一段影像被剪掉了，不是被藏起來就是被銷毀了。⑯

約翰斯頓奉命銷毀許多阿波羅任務所拍攝的原版月球影像，不過他也保存了一系列照片，就放在奧克拉荷馬市（Oklahoma City）某個大學的圖書館檔案庫裡頭。我們相當幸運，約翰斯頓沒有銷毀資料庫裡頭所有的原版照片。NASA不希望這些照片流入市面——除非有經過他們修改。約翰斯頓的原版照片中，最令人震驚的就是阿波羅十號的任務照片AS10-32-4822（參見圖13），這是藏在四八二二這個代碼下面的另一張照片。NASA應該要給每張照片一個不同的編號，但是就四八二二而言，他們並沒有這麼做。在記者俱樂部公布的一張照片裡，我們可以在圖片的左側看到，這張照片來自戈達德太空飛行中心裡頭NASA官方的檔案庫，而圖片右側的影像是肯・約翰斯頓的原版影像，來自強森太空中心。兩張照片的差異顯而易見，肯・約翰斯頓的原版照片清楚地顯示了一個明亮的白色圓頂，形狀就像是子彈彈頭，位於某個山丘上。這個圓頂呈現完美的對稱，而且它是如此明亮，彷彿會反射光

圖13：阿波羅十號任務所拍攝AS10-32-4822的額外細節。

線⑰。在官方的影像裡頭，所有關於這個圓頂的痕跡都被輕易地抹去了（參見圖14）。

俄國媒體公開爆料

二〇〇七年，我和霍格蘭合寫了一份含兩個部分的報告，主要的內容就是探討NASA的月球照片中許多令人驚異的、看似人造的物體。俄國媒體對霍格蘭最近一次記者會，做了許多相當正面的報導，因此我們寫了這篇文章作為慶祝。這篇文章包含了許多彩色影像，那是黑白印刷的書籍沒辦法看得清楚的，建議你去看看霍格蘭的網站「企業任務」（EnterpriseMission.com）⑱。霍格蘭比對了NASA在同一個區域所拍攝到的兩個不同影像——AS14-66-9301，這張照片拍到太空人艾德加．米切爾（Edgar Mitchell），以及AS14-66-9279（參見圖15），這是同一個地方的照片，不過位置稍微往右幾公分。在第二張照片裡，登月艙的腳架顯而易見，而米切爾沒有入鏡。霍格蘭還在約翰斯頓的檔案庫裡頭發現

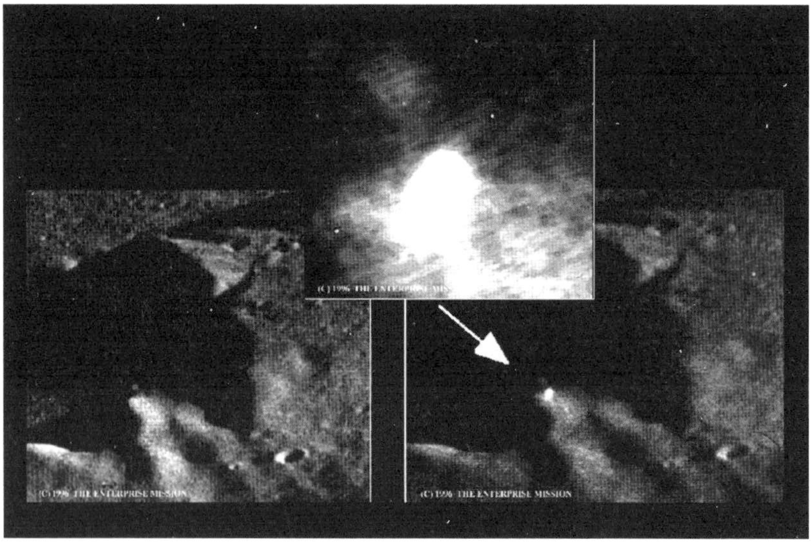

圖14：戈達德（左）和休士頓（右）「四八二二」的「企業任務」影像對比，顯示出會反光的圓頂建築。

了AS14-66-9301的原版照片，這張照片的細節比我們在官方版本所看到的還要清楚。

因為這些照片是一起拍攝的，它們顯現出一整列令人驚詫的、類似玻璃的遺跡，就在太空人米切爾站立之處的後方。

因為這樣的材質幾近透明，在照片裡頭幾乎看不見，但是經過Photoshop軟體稍微調整之後，便能看到一些明顯的細節。在這幅影像的中央似乎是某個由三根主要柱子形成的構造，照片似乎也說明一些像是玻璃的反光是由建築物內部發出的。當這些影像發布出來的時候我相當驚訝，我也樂於為霍格蘭的任務貢獻一己之力。我國人自己進行了調查，並且發現了三張照片顯然遭到竄改的例證。

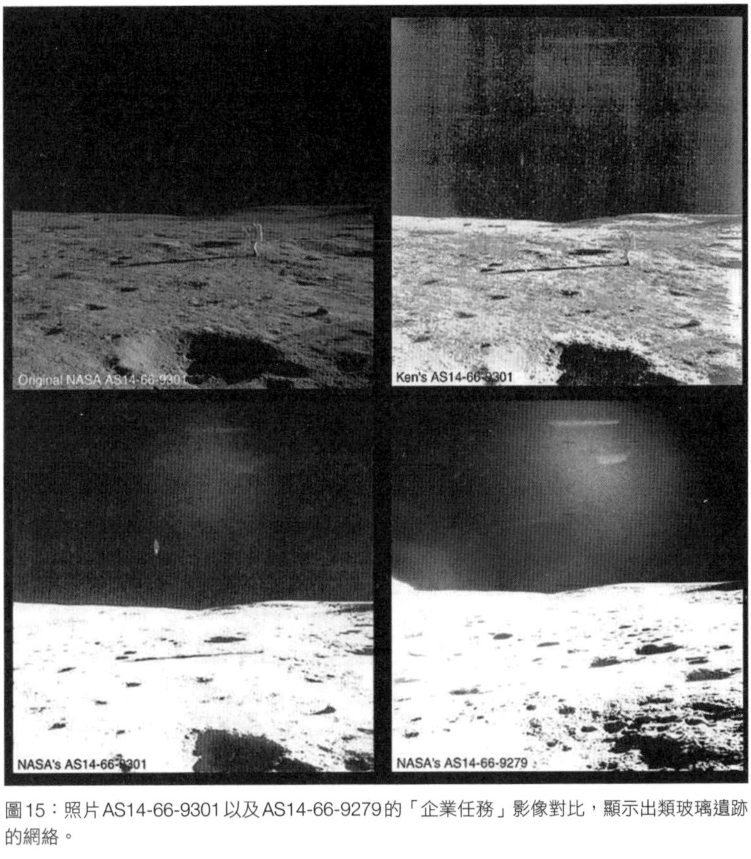

圖15：照片AS14-66-9301以及AS14-66-9279的「企業任務」影像對比，顯示出類玻璃遺跡的網絡。

俄國人找到的照片中，最令人震驚的影像是GPN-2000-001137。在我們合寫的文章裡，我們提供了NASA「偉大影像」（Great Images）的網站連結，又簡稱為GRIN，這是NASA的官方資源。

當你下載這張影像（參見圖16），你就會看到一個NASA太空人站在一面美國國旗旁，背景則是漆黑一片。背景中依稀可以看見地球黯淡的影像，為這張照片增添了一些戲劇性的味道。我寫這本書的時候，這張照片還在NASA的網站裡[19]。藉著使用Photoshop軟體進行一些簡單的校正，俄國人便能清楚地論證這位阿波羅太空人所處的區域被刻意地調黑了。對於肉眼來說這樣的改變幾乎難以識別，只有在使用先進的影像處理軟體的時候才能發現。

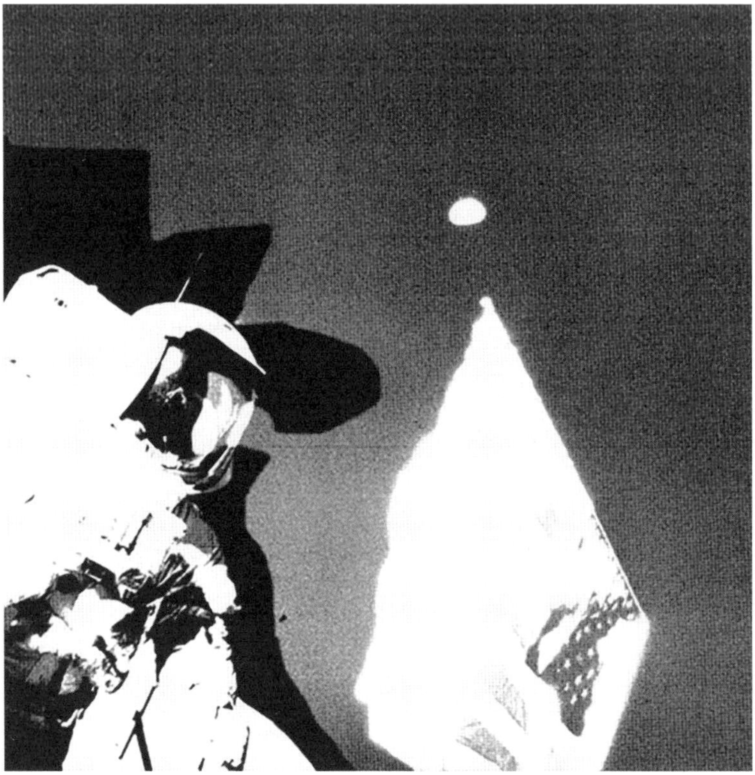

圖16：阿波羅十七號任務太空人哈里森·施密特周圍的背景遭到修改。

關於這張照片的修圖，最奇怪的地方在於它呈現出幾何般的形狀。從照片的左上方開始，在太空人頭上，有一條水平線。接著這條線直直往下，形成了一個直角，然後鄰近一塊三角形的區域就直接被修掉了，三角形的下方處碰到太空人的頭。

另外還有一個區塊從太空人的頭盔前面延伸出去，懷疑論者可能會說，這只是針對太空裝反射的光芒做的簡單修圖，的確有這種可能，不過也有可能這樣的修圖是為了隱藏更大的東西。俄國人發現的下一張照片，2000-001131，顯示出明顯的線條，同樣一張照片的好幾個副本都被刀片切掉了某些背景，然後補到原版照片上面被修掉的地方。這再度說明了，照片中太空人背後有某種非常大的東西被掩蓋住了，就像多娜·海爾說的一樣。這張照片中的這些線條由於太過細微，難以在影印之後保留，所以再一次建議你們去看看「俄國媒體公開爆料」（Russian Media Publisity Explosion）這個網站，自己一探究竟。⑳

月球上的「太陽能板」

現在讓我們回到一開始的四八二二照片（參見圖17），我們在這張照片的左側看見烏克特隕石坑一旁的方形區域，右側則有著令人目瞪口呆的幾何「城市」。我們因為「俄國媒體」寫的這篇文章包括了同一個取景、另一張特別的影像，在我看來，

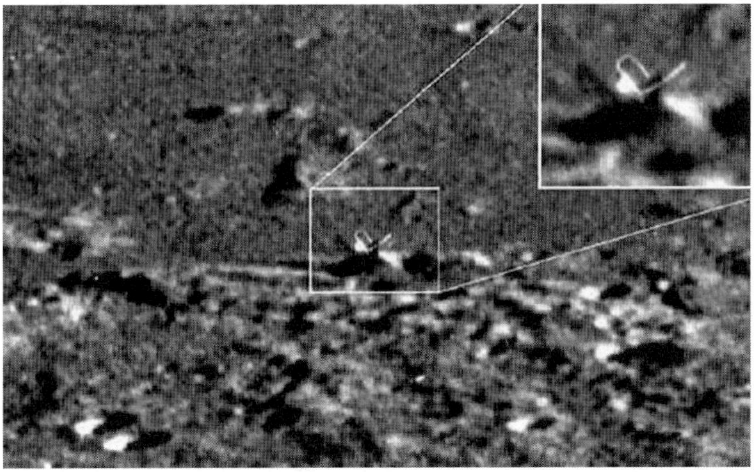

圖17：「太陽能板」，來自NASA「不見的」四八二二照片。

就像是一個巨大的太陽能板㉑。不管那是什麼，它顯然是某種科技產物，完全不可能是自然形成的。這可能被用來製造能源，或是和鄰近的基地進行無線電通訊。

來自探測器三號的驚人俄國影像

對我來說，在所有的影像中，最讓我感到印象深刻的是一個非常古老的影像。一九五七年十月四日，俄國率先發射了正式的探測器，「史普尼克號」（*Sputnik*）到太空。兩年後的一九五九年，俄國又發射了「月球三號」（*Luna 3*），它在十月七日抵達月球，進行了二十秒的廣播，然後斷訊。月球三號拍攝了十七張低畫質的影像，讓人類首次見識到月球的黑暗面。接著俄國人又送出了「探測器三號」（*Zond 3*），它原本是要用來探測火星的。探測器三號在一九六五年七月十八日發射，並且在三十三個小時之後抵達月球。俄國人最初的目標，是拍攝月球三號沒有拍攝到的、月亮陰暗面剩下的百分之三十的地方。照相機被設定每兩分鐘又十四秒就會拍攝一張照片，所以在一小時又八分鐘之內總共可以拍攝二十八張照片。

研究網站「古老密碼」（Ancient Code）透露了接下來發生什麼事：「在月亮遙遠的那一面其中一張照片中，有個神祕的高塔建築很清楚地從月球的表面突出。在它附近，沒有看到任何類似的建築物，幽浮研究者認為，在探測者三號影像裡頭的『高塔』是很重要的證據，可以證明他們的理論，他們認為在月亮另一邊有外星人的建築物存在。月球上高塔的影像，是在一九六五年七月二十日所拍攝的……那時候，探測器正在月球上方一萬公里處運行。」㉒

在這張照片裡（參見圖18），有個非常明顯、對稱而且明亮的高塔，從月球表面高高聳起，這是探測者三號最早拍到的幾張相片之一。這個高塔完美地和月球表面呈現直角，意謂著它是貨真價實的建築物，而不是攝影上的瑕疵。根據月球表面的大小和曲率，霍格蘭估計這個高塔應該有三十二公里高。閃亮的白色光澤再一次指出有某種透明鋁的構造能夠捕捉和反射陽光，這看起來不像是「照相機故障」、「鏡頭上有污點」、「攝影瑕疵」或是「雜訊」，這是懷疑論者常有的說法。

大多數人都不知道就在幾分鐘之後，探測者三號在同一個區域又拍到另一張令人驚異的照片（參見圖19）。月球已經轉動過去，剛剛的高塔已經不在地平面上，因此看不見了。我們可以清楚看到和前一張照片一樣的隕石坑，我們也可以看到地平面上、更南邊的地方，有個巨大的圓頂建築捕捉到陽光。那裡很顯然有兩個幾何線條、類似玻璃的東西，兩個都從月球表面的同一個陡坡聳起，到了頂端則是一片平坦。圓頂建築的屋頂和月球表面平行，所以我們會認為這真的是人造的建築物，而不是攝影機出了問題。如果幾何構造的兩側有著同樣的坡度和高度，並且連接著和地表平行的平坦屋頂，你就會得到一個頂部平坦的金字塔，或稱為「馬斯塔巴」（mastaba）。這個建築物看起來是由透明的鋁所建造，所以當陽光以這個角度照射到它，我們就能看透它。在圓頂建築物的正中央也有個比較厚實的區域，意謂著有額外兩個幾何邊緣的存在，這讓它真正成了一個四邊的金字塔狀物體，就像一個馬斯塔巴一樣。再一次，這個金

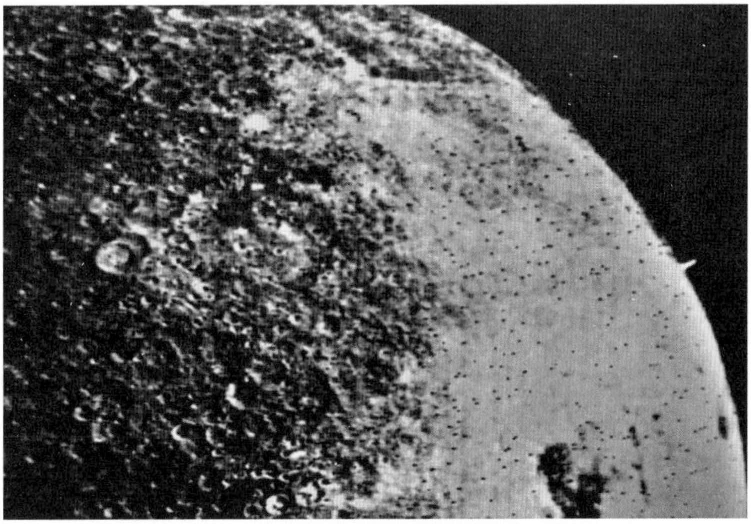

圖18：俄國探測者三號在月亮的陰暗面所拍攝到的巨塔。

字塔的圓頂建築物一定非常巨大——也許有三十二公里那麼高。懷疑論者說這只是因為俄國技術太差，沒辦法把探測器的照片好好拼在一起，不過考量我們證物的整體說服力，這種說法似乎不太可能（參見圖20）。

這兩個神祕的影像彼此相當靠近，就差了幾幅照片而已，它們都位於月球上通常不會面對地球的那一邊。如果月球上有外星人或是高度機密的人類基地，月亮的黑暗面可能會有建造更加精緻的建築物，而沒有人會看到。確實，俄國的情報份子曾經告訴皮特．彼得森——是我重量級的內幕消息人士，他們說從衛星來看，月亮的黑暗面現在看起來就像夜晚的曼哈頓一樣。月亮上頭到處都是固定的和移動的燈光，而且實際上充滿了各式各樣的活動。

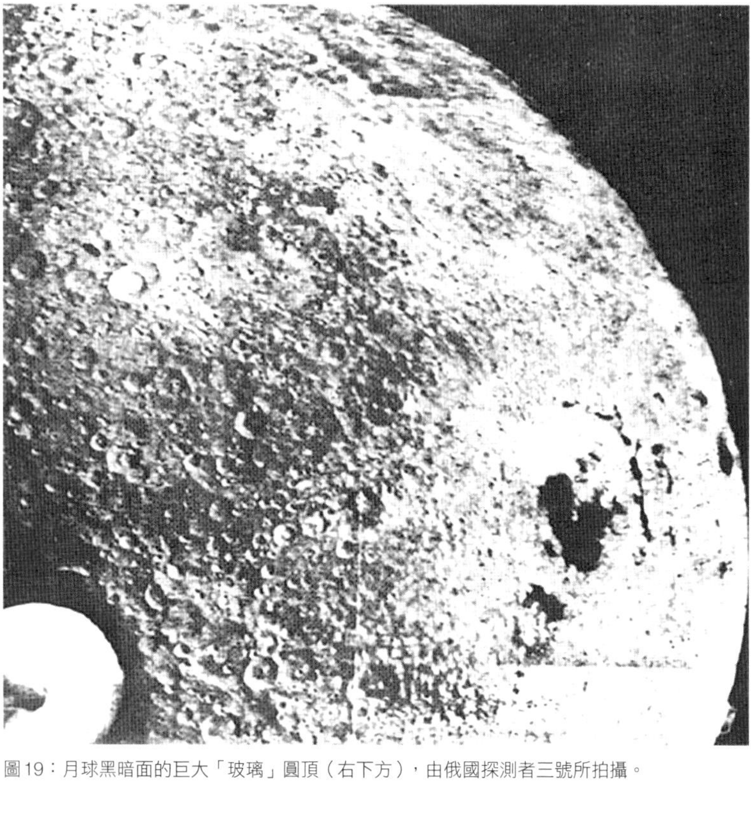

圖19：月球黑暗面的巨大「玻璃」圓頂（右下方），由俄國探測者三號所拍攝。

再一次，這或許聽起來相當難以置信。如果這樣的訊息變得廣為人知，我們所有的人都得大幅地調整我們的「學習曲線」、心理狀態以及情緒，才能將這樣的新訊息整合到我們既有的認知中。

有個像這樣的透明鋁圓頂建築，人們就可以住在月球表面，呼吸正常的空氣，看看太陽，種種植物，並且在裡頭開創美好的文明。他們可以有建築物、馬路，甚至是藉著融化月球上豐富的雪泥來製造河流。他們也可以從別的行星，像是地球，選擇、引進植物和動物。平頂金字塔形狀的建築物可以促進每個人的健康，我在《源場：超自然關鍵報告》就這一點做過論述，接著我們會重新檢視部分資料。一個這麼巨大的金字塔形狀的屋頂，對於居住在裡面的人來說，在視覺上也是非常驚人的，讓這個建築物充滿一種靈性的感受。或許有些人希望住在地底，這樣在面對襲擊的時候可以得到更多保護，其間的氣候也會獲得更好的調節，也有可能是因為他們沒有足夠的金錢或是地位，可以住在豪華、有著戶外氣息的圓頂建築。

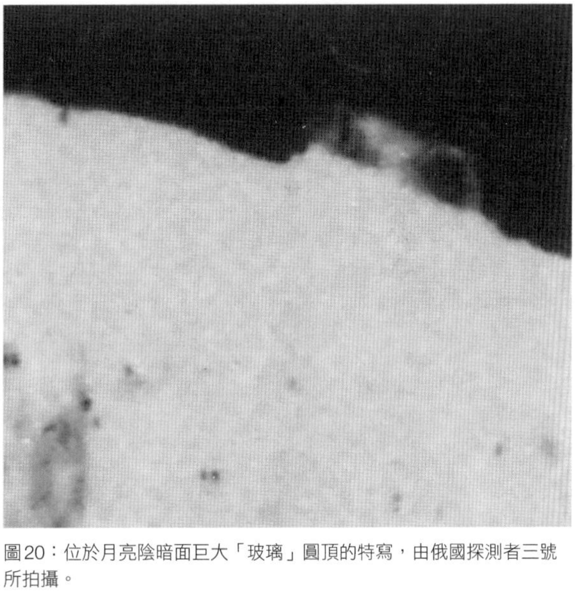

圖20：位於月亮陰暗面巨大「玻璃」圓頂的特寫，由俄國探測者三號所拍攝。

他們必然來自某個地方

雖然這樣的資料相當引人入勝，我們還是沒有辦法回答一個問題，那就是那些人最初怎麼會試著要在月球上生存？他們為什麼要在這種不宜人居的大氣中想辦法種植作物？而且生活在玻璃圓頂建築之下？文明不會在這種地方自然進化，這樣的一個群體很顯然是從其他地方移居過來，並且使用先進的科技讓這個地方可以居住。他們是否和另外一個——把像地球這種比較健康、快樂的行星，當成專屬的、保護的領地的——族群處於戰爭狀態？這些月球殖民者最初是從哪裡來的？這個問題最終會驅策我們重新建構太陽系的歷史——根據一些內幕消息來源，這樣的歷史由一個被稱為「遠古建築者氏族」的族群開始。為了鋪陳和遠古建築者氏族有關的故事，我必須先透露高層級的內幕消息來源和我分享的完整背景，只有這樣我們才能了解這個故事的全貌。

17 宇宙中的星際之門

每個擁有智能生命的行星都有一個自己的星際之門，這個網路的存在，是為了讓諸多的世界可以進行和平的探索和交流，這是揚升過程當中一個自然的步驟。

比我們所知的任何地球文明都還久遠的古老遺跡，早就存在於月球上。懷疑論者可能會試圖反駁個別的影像或是揭密者，如果我們把來自高層級的內幕消息人士，以及可驗證的NASA資料，兩者結合起來看，這些證據相當具有說服力。這些建築結構必定是人為的，如果這件事情是真的，我們認為自己所知道的每件事都要重新改寫。因為有太多未知的事，所以當頭腦累了就把訊息丟到一邊，因為要把這些東西都吸收進來壓力太大了。我參加了好幾場霍格蘭的會議，同時身為聽眾與演講者，人們不約而同地請他說明到底是誰蓋了這些紀念碑，而這些人現在又身在何方。霍格蘭不知道，他說這仍然是個謎，這讓他的聽眾感到非常挫折。直到二〇一四年布魯斯才現身，告訴我就他的層級他所知道的、關於政府掩蓋幽浮真相的黑幕。

一開始我打算用這本書來公開布魯斯的訊息，接下來我還是會把所有最重要的細節告訴你們。但是當我跟其他內幕消息人士討論這些資料，包括科瑞・古德（Corey Goode），我又得知更多事情。我在這一章要說明的大背景是相當宇宙性的，這會令人有些難以理解。我耗費了許多時間、努力以及個人風險，來蒐集並且發布這樣的資訊，接著要和你分享的每一筆資料，都和許多內幕消息人士經過多次確認，我們會在接著的段落中見到其中一些人。

要了解這麼大的一個故事，首先，就是要對所有的可能性保持開放的心態，而不是以嚴格的懷疑論對每個小細節斤斤計較。我注意到，每當電台主持人試著就一些小細節和我進行嚴格的辯論，我總是沒有足夠的時間和他們分享這個故事，因此聽眾們只能自行就聽到的內容做解讀。我們所有人都承受著被欺騙了數十年的創傷，藉著攻擊揭密者並且試著把他們撕成碎片來獲得「嗎啡效應」，似乎是件再簡單不過的事了。然而，這樣的成癮可能會絆住我們，讓我們無法進行人類史上最偉大的一次量子跳躍。

眼見為憑

當我們在看前一章那些照片的時候，即便它們都是畫質相當高的照片，我們的腦袋還是會因為拒絕相信而受到混淆。我們可能會認為它們「無法說明什麼」、「只是光影的詭計」甚至是「幻想導致的錯覺」——這是一個特別的字眼，意思是大腦會在混亂中尋找規律性。受雇的懷疑論者對於每一張地球之外的人造物的照片，都會提及幻想導致的錯覺，不管這些照片的像素有多高。這種評論讓他們聽起來高人一等而又聰明，就像信奉科學的信徒去打壓那些「在洋芋片上看見耶穌」的異教徒一般。不過，如果NASA和其他團體，將類似羅斯威爾的太空船列為機密，而且還親自參訪過這些地點，他們顯然看得更詳細。如果你可以站在一個巨大的水晶高塔前面，而且用你的手去摸摸看，所有的疑慮都會煙消雲散。接著你才能開始進行審慎的評估，想想到底是誰建造了這些工藝作品？何時建造？如何建造？為何建造？還有他們後來去了哪裡？許多的內幕消息人士向我透露，這些團體和外星人有直接的接觸，而外星人對於上述的問題有非常具體的解釋。不是所有的外星人都值得信任，但是他們對於特定主題的說法是相當一致的。

還有相當強力的證據認為，阿波羅任務是刻意在這些有趣的地點附近登陸。根據布魯斯、丹尼爾、雅各以及這一章會看到的許多其他內幕消息人士的說法，有一些太空人真的用他們的雙手觸摸了這些遺跡，而且還走進這些遺跡內部，但是他們並非阿波羅任務的太空人，這些太空任務也從未公諸於世。

沒有任何公開的說法提到，太空人在月球上找到巨型黑色獨石，但是《二〇〇一太空漫遊》隱約地指出了這個事實。雖然內幕消息來源，覺得自己無法正式地對我們說明真相，他們希望我們也可以透過幻想來分享這樣的興奮。儘管如此，我認為將這麼神奇刺激的冒險完全地列為機密是一大悲劇。有一些團體，像是國家安全局，雇用了許多特務來毀掉那些試著告訴我們真相的人。

一九九七年，當菲利普．科索（Phillip Corso）上校藉著他的經典著作《羅斯威爾之後》（*The Day After Roswell*），出來現身說法的時候，我感到相當震驚。科索從墜毀的外星人太空船接收了一箱又一箱的零件，包括了羅斯威爾的那艘太空船，並且奉命將各個零件交給不同的國防承包商。他們告訴承包商這些是「外國科技」，並且要他們對這些零件進行反轉工程。科索上校所說透過這個方法發展出來的技術，就和四年前伊恩的物理學教授所提及的，幾乎是一樣的技術。其中包括了一系列的小晶圓，最後成了電腦的晶片。我聽過很多事情，但是這些事情竟然因為一本主流、公開出版的書籍而獲得證實，對此我感到十分訝異。這本書大大地啟發了我的探索，讓我想要找到更多的內幕消息來源，並且盡可能地從他們那裡知道更多的事實。

丹尼爾：第一個重要內幕消息來源

我在二〇〇一年和大揭密計畫的許多證人會面之後，二〇〇二年的十二月，我遇見第一位在這些事情當中涉入極深的內幕消息人士，他希望我稱他為丹尼爾，這是影集《星際之門》（*Stargate SG-1*）中一個角色的名字。一九七〇年代的時候，丹尼爾在高中獲得了一個科學博覽會的獎項，他設計了一台有著獨立運作系統的電腦，那時候這個技術不像現在普及。他後來受到政府徵召，如果他同意為軍情單位工作，政府就幫他出大學學費。我突然想起來，我在七年級的時候也曾受邀參加一個名為「想像力慶祝會」（The Imagination Celebration）的科學展覽，展覽的地點就在紐約州斯克內克塔迪市一處軍事基地的飛機棚，主辦單位是某個重要的國防承包商。我和其他幾百個孩子互相較量，使用一些簡單的材料像是橡皮筋和木壓舌板，看誰可以發明出解決某些物理問題的東西。

丹尼爾說如果我贏了比賽，可能就會獲得「輔導」，在畢業之後被引入情報單位，因為這就是他的遭遇。

他說他在一九八一到一九八三年之間進行了一個代碼為「鳳凰三號」（Phoenix III）的計畫，這個計畫以「蒙托克計畫」（Montauk Project）之名為人所知，因為它的進行地點是長島市的「蒙托克角」（Montauk Point）軍事基地。丹尼爾透露，普雷斯頓．尼克爾斯（Preston Nichols）和彼得．穆恩（Peter Moon）所著的《蒙托克計畫：時間實驗》（*The Montauk Project: Experiments in Time*）大體上相當正確，但是在這之後出版的一些相關書籍卻有著越來越多的假情報。我在遇見丹尼爾的時候已經讀過第一本書，我覺得這本書根本就是胡說八道。當他告訴我，他曾經在蒙托克工作，我還當著他的面笑了出來。然而，他手上有許多詳細的訊息，其廣度是任何出版過的東西都比不上的。這些訊息讓人感到自己的渺小，並且擴展了我的心智，因為他的資訊相當具有連貫性。儘管我試著去解構、拆穿他的訊息，丹尼爾都沒有被打倒。

在這個計畫中，他們將一架墜毀的外星人飛船修復，並且在蒙托克將這艘飛船的一個座位接上巨大能源。結果，他們發現這個座位可以增強坐在上面的乘客的意識，前提是這個人有能力可以在靜心之中讓心智完全平息下來。只要這個人讓心智安靜下來，圖表就會保持穩定。接著技術員會將圖表歸零，轉動按鈕讓所有的線成為水平線，這會讓這張椅子和坐在上面的人達成一致的頻率，而這就是「魔法」開始發生的地方。

一個經過適當調頻的椅子可以讓操作者的思想具體地顯現出來。任何操作者所想到的，比如說一張木頭椅子，就會在房間裡具體地物質化。這些物體會保持固化一段時間，然後才慢慢消失。這個操作者也能以心電感應影響其他人的心智，甚至是大規模地造成影響。他們曾經對一大群動物這麼做，讓牠們在一陣狂亂之中衝到小鎮裡頭。這個技術顯然被洩漏到小說裡頭，即《X戰警》（*X-Men*）一系列電影——一張叫做「心靈探測器」的椅子出現在一個巨大、球體的房間，它能夠大大地增強使用者的心靈能力，《X戰警》的系列電影有好幾集都把這張椅子當成故事的主軸。

多層時間

更奇怪的是，椅子的操作者可以想著時空中某個特定的地點，接著傳送門就會開啟，讓他可以前往那個地方。在幽浮裡頭，飛行員只要想著他或她要到哪裡去，傳送門就會打開，把他們帶到那個地方。參與鳳凰三號計畫的內部人士，用這些傳送門把人傳送到某些地方，在他們還沒搞清楚怎麼把人安全地帶回來之前，許多人因此送了小命。這些傳送門會在基地裡隨機的地點任意開啟，像是自助餐廳，那時候他們還在想辦法讓這個系統穩定下來。丹尼爾說他見過閃閃發光的區域，就像是沙漠裡的海市蜃樓一樣。在這些區域的中央，他會看見不同的地點。他可能正看著自助餐廳裡的一堵牆，接著看見閃閃發光的傳送門，裡面是他工作地點附近根本沒有的綠色原野。如果他走進傳送門，就會到達那一片原野。

他們很快就明白一件事情，那就是這些傳送門除了可以帶人穿越空間，也可以穿越時間。這樣的了解衍生出了各種研究，以及許多意料不到的後果。有個男人太過瘋狂，他回到過去，殺了他相當憎惡的父親。他成功地殺了父親，但是從這趟旅行回來以後依然活得好好的，所有的人都非常驚訝。不過，就在兩天之後，這個人走在路上的時候被車撞倒，當場就死了。類似的實驗經過幾次以後，承接這些祕密計畫的國防承包商想到一個稱為「多層時間」（layered time）的理論。他們認為如果你回到過去改變了某個事件，你會在原本的時間上面創造出一條新的時間線，或是新的時間層。這兩個時間層可以同時存在，而我們的未來會進入那個有比較多能量的時間層裡。如果新創造出來的時間層和我們現存的「主要」時間線有太多的矛盾，那麼就會發生一些自然的事件來調解這些問題，這些不同的時間層總是會找到某種方法融合在一起。這讓這些內部人士得到一個結論，那就是時間本身是活的、具有意識，並且擁有自己的療癒機制。當這個男人殺死了自己的父親，他自己的死亡讓這兩個時間層合併起來，因此解決了這個矛盾。

丹尼爾還說他們擁有一個叫做「時間向量生產器」（time vector generator）的東西，或簡稱為TVG。

藉著這個工具，他們會將大量的能量輸入另一條時間線，希望讓它可以比既有的時間線更強大。俄國科學家將他們輸入這個時間線的能量稱為「撓場」（torsion field），我在《源場：超自然關鍵報告》已經廣泛地描述過這些力場背後的科學根據。關於這些實驗，《時光隧道》（*The Time Tunnel*）這個經典節目中，有許多貨真價實的爆料，而這個節目著名的、黑白色環交替的時空隧道，看起來就像是一個真的時間向量生產器。經過許多時間向量生產器的實驗，他們發現這些祕密計畫不如他們原本預期的、可以有效地控制時間。時間極度有彈性，意謂著不管我們目前位於哪個時間線，它都有保持連貫的傾向。新的時間層通常都會因為某些平衡性的事件而被取消，所以不會對我們目前的時間線有那麼大的影響。

未來的揚升能量之牆

透過巨型的光纖電纜組合，這個外星人椅子可以製造一系列超過四百種的波，每種波都會被個別地記錄成圖表並且進行分析。丹尼爾的主要工作就是分析這些圖表，並且找到產生這些波的電子方法，這樣就可以減少人為操作——不過這些努力的成果有限。其中一種波讓他們可以準確地知道某個人正在時間中的哪個點。這個波呈現規律的正弦曲線，兩個波峰之間有二十年的間隔。每次他們把人送進傳送門，這個人就會體驗到一陣頭暈目眩的「蟲洞之旅」（wormhole ride），就像我們在許多科幻電影裡看到的那樣。

當他們把人送到我們的未來，會在某個特定的時間點遇到一堵奇怪的能量屏障，這被稱為「出神」，因為他們的意識會在那一瞬間大幅擴張，喪失所有個人特質。他們會覺得自己彷彿和整個銀河系合而為一，接通了全知的智能（omniscient intelligence），時間彷彿融化在無限之中。過了這個點之後，他們所看到的一切都成了完全主觀的，這些都是根據他們自己的期望以及那些坐在椅子上的人的期望而定。

不同的人可能會看到同樣的時間，但是獲得不同的結果。這堵能量之牆和我們的太陽系產生碰撞的時刻，一般被認為是二〇一二年十二月的某個時間點。內幕消息人士很清楚這樣的時間點和馬雅曆的末日完全吻合，對他們來說這是非常巨大的驚奇之處。

這個能量波看起來就像是一朵雲，而我們的太陽系正在進入其中。一旦我們整個撞上去，根據丹尼爾自己的消息來源，他認為太陽將會釋放一道能量閃光，這會啟動人類大規模的靈性進化。他們使用可以觀看時間的設備來觀看這個事件——我們馬上就會談到——但是當他們到了那裡，所能看見的只有白光。這個研究進行的時間是一九八一至一九八三年間，這堵「牆」已經進入我們的未來。似乎我們的星球還沒準備好讓這個事件發生，所以這個事件會被延遲，直到大多數人做好準備為止。要做好準備，最主要的工作就是療癒我們自己的創傷，同時變得更有愛心、對人們更寬容——就像是所有偉大宗教的教導。這是一個動態、進化的過程，試著要去找到一個確切日期只是徒勞無功而已。

星際之門的網路

丹尼爾還透露了一件讓我著迷的事，他說電視影集《星際之門》充滿了各種他在工作的時候遭遇過的真實訊息。宇宙中真的有一種古老的星際之門網路，讓人可以從所謂的「宇宙網」其中一個地方旅行到另一個地方。一系列的電漿絲（plasma filament）將每個星球和它附近的星球連結起來，而這些電漿絲也能作為可供穿越的蟲洞來使用。當我知道這些以後，我在《源場：超自然關鍵報告》特別就這些電漿絲的作用提出了證明。

這個星際之門的網路，顯然是由一個古老而先進的外星種族所建造，丹尼爾稱之為「長老族」，後來的族群則是持續地維護著這個網路。有人告訴我，每個擁有智能生命的行星都有一個自己的星際之門，這個網路的存在，是為了讓諸多的世界可以進行和平的探索和交流，這是揚升過程當中一個自然的步驟。你無法帶任何無機物通過星際之門，像是武器。星際之門的旅者必須穿著繫繩褲，因為即使是鬆緊帶都會被分解。這為早期的星際旅行實驗增添了許多趣味，因為這些旅行者到達目的地的時候褲子都掉下來了。

布魯斯說電影《魔鬼終結者》（*The Terminator*）透露了這樣一種有機的傾向，當電影裡的人物被傳送門送到我們的時間，他們只能一絲不掛地來。很顯然，沒有任何人形機器人可以通過傳送門，因為只有有機的材質可以成功通過。不過補牙的填充物因為已經待在你的身體一段時間，接收了你的生物印記，因此還是可以去到傳送門的另外一邊。有些士兵試著和他們的槍枝一起睡覺、隨時隨地把它們帶在身上，希望可以在槍枝上製造出生物印記，但是這從來沒有成功。

一個行星可能會有不只一個星際之門，但是其中只有一個能夠把你帶到其他的世界，其餘的傳送門只能讓你從當地的一個地方穿越到當地的另一個地方。以地球為例，我們主要的星際之門顯然在一九二七年、在埃及的沙漠中被挖掘出來了，就像電視影集《星際之門》所記錄的一樣。發現星際之門的政府官員相當憂心，擔心會有外星人從星際之門闖入地球，因此他們把這個星際之門掩埋在南極的冰層之下，到今天這個星際之門仍然在那裡。這樣一來，那些要從星際之門過來的人會立刻凍死。這個星際之門有智慧警報系統，如果你要進入一個會致人於死地的環境，它就會發出警告。你也可以忽略警報，但是這種狀況下繼續前進只是找死。

丹尼爾還說，我們的機密計畫已經找到方法，能夠用數學分析出星際之門的網路。每個有生物居住的世界都有一個特定的「星門位址」，這是一個由七組字碼構成的序號。只要使用這些位址，你就可以旅行到非常遙遠的地方，包括那些在我們銀河系之外的區域。卡爾・薩根（Carl Sagan）知道這個古老的星際之門網路，並且在他的書和同名電影《接觸未來》（*Contact*）中揭露了這個訊息。吉姆・哈特（Jim Hart）是這部電影的主要編劇，他對於二〇一二年我放在Youtube上的短片「謎」（*Enigma*）感到印象深刻，於是他找上我，希望我們可以一起就我發展的一部名為《靈異穿梭站》（*Convergence*）的電影合作。他不知道當卡爾・薩根在創作《接觸未來》的時候，取材的對象是真實的機密資訊。《靈異穿梭站》經過了好幾次改寫，當我寫完這本書的時候已經接近完成。

任何星門位址的前三個字碼都是位於一到九之間的個別數字，接著的三組字碼則是在一到九九之間，最後的字碼在一到九九九之間。你所撥的任何號碼，除了最高階的三位數外，都會帶你到有人居住的世界。如果你只在當地旅行，末三位數的位址就夠用了。比如說火星的星門位址是六〇五，地球的是六〇六，所以好好記住這個，以免有一天迷路。有些較高階的三位數沒有對應的星球，如果某個行星的人進入了揚升的過程，他們的號碼就會被重新分配給新的行星。在我知道這個訊息之後已經過了很長一段時間，其間沒有其他揭密者就這一點向我提供新的線索。所以在這麼多年以後，我要根據丹尼爾的證詞，我終於能夠透露我們完整的星門位址，即七．五．三．八十四．七十．二十四．六〇六。

我們當地的星門位址「一」是一個有人居住的小行星，它繞著脈衝星的軌道運行，這個特殊的能量結構，讓它在這麼長的時間以來都相當穩定。住在那裡的人在過去幾千年來經常地造訪地球，並且向維京人自我介紹為「阿薩」（Aesir）或是「阿斯嘉特」（Asgard）。後來在一九五〇年代早期，「阿斯嘉特」這個名字被心電感應的通靈者誤讀為「阿斯塔」（Ashtar），而阿薩則是變成了「阿斯塔指揮部」（Ashtar Command）。阿薩「神」索爾（Thor）有一支可以毀天滅地的「鎚子」，它實際上是一種粒子束武器，而神祕的土地瓦爾哈拉（Valhalla）事實上就是阿薩人的故鄉。現在有了科瑞．古德的證詞，我們知道阿斯嘉特人很有可能是住在地球內部的遠古先進文明。好幾個住在地球內部的族群試著偽裝成外星人，以此來保護自己免於軍事工業複合體的攻擊。他們可能同時在兩地生活和工作。

丹尼爾還說，目前我們網路所使用的ＩＰ位址系統，之所以會發展出來，就是因為我們對古老的星際之門系統進行了廣泛的分析。每一部連上網路的電腦或設備都有自己的ＩＰ位址，這是個四位數的序號。美國「國防高等研究計畫署」（Defense Advanced Research Projects Agency, DARPA）之所以會發展出這個協定，就是因為他們對星際之門的網路進行了大規模的數學研究。

要透過這個古老的網路來旅行的時候，會經歷一趟非常激烈的「蟲洞之旅」，對於我們這個行星的人來說相當痛苦，因為我們還沒有發展出足夠的靈性和穩定性，來面對這樣的旅程。經歷過這趟旅行，大多數的人會覺得非常不舒服，他們的心智沒有辦法從這樣的驚嚇恢復過來，這種症狀被稱之為「時空轉換失調」。蒙托克那張椅子創造出來的蟲洞經驗，顯然比古老的星際之門網路還要容易面對一點，即使是這樣，它還是會為人們帶來一些問題。

鏡中奇遇

遇見丹尼爾的時候，我已經從另外三個消息來源那裡得知，一種叫做「窺鏡計畫」（Project Looking Glass）的技術。「窺鏡」據說是一種複雜的設備，讓人可以窺看時間。丹尼爾向我證實窺鏡確實存在，還說在觀看之處會出現一個由白光構成的球體。有人看得見這個球體、有人看不見，這和許多因素有關，包括了那個地方人們的意識狀態。丹尼爾說這個光球叫做ＯＢＩＴ，或是「外波段個體化電訊曳光器」（Outer Band Individuated Teletracer）。他說外波段是地球隱藏能量場的一部分，被這些研究者所發現。突然間我想到一件事：「我們現在就上網查查看！」我們趕緊到他的筆記型電腦那邊，將這個詞彙輸入搜尋引擎。我們兩個相當驚訝地發現，《外星界限》（*The Outer Limits*）這個電視影集中有一集就叫這個名字，它在一九六三年十一月四日播出，「網路電影資料庫」（Internet Movie Database）對於這個影集的敘述摘錄如下：「外波段個體化電訊曳光器，或簡稱為ＯＢＩＴ，是一項了不起的科技，它可以在任意長度的時間內追蹤並且監視任何一個人或任何一個地點。」①丹尼爾說有許多資訊都透過小說的形式被發布，這樣的話，如果有人想要出來洩密，我們就會說他看了太多電影、小說或是電視節目。

我和丹尼爾花了無數個小時、就各種議題進行訪談。我不斷地試著尋找他說詞裡頭的漏洞，但是我找不到。每當我要他就某個特定的議題提出更多細節，通常還會得到更多預期之外的訊息。

丹尼爾最後在二〇一一年成立了自己的網站，主打更多的細節，包括某些高度技術性的訊息②。這個早期的經驗，讓我學會該怎麼去分辨揭密者的真偽，曾經有些人試著愚弄我，但是當我拋出問題試著深入一點，他們沒有辦法在短時間內編出新的故事。透過交叉詢問，他們很快就會無法辯駁，然後我們就不再聯絡。我刻意保留了許多沒有對外發布的資訊，以此評估新的揭密者。我也會讓新的內幕消息來源和其他我合作過的揭密者互相認識，以此進行「篩選」。真正的內幕消息來源，總是能夠確認許多我從來沒有發布在網路上、而且也沒有在任何地方公開過的資料重點。

揭密者亨利・迪肯

在丹尼爾令人驚奇的爆料之後，有五年的時間我都沒有再遇到新的揭密者，還是有人會為我提供訊息，但那些訊息大部分的人都已經知道了。就在Youtube讓人將串流視訊免費上傳到網路之後，凱莉・卡西迪（Kerry Cassidy）和比爾・瑞恩（Bill Ryan）便開始了《亞瑟圓桌會議》（Project Camelot），他們訪問了許多有魅力的揭密者，然後無償地把這些影像公布出來。某些影片獲得了數百萬次的點擊，簡直就和最受歡迎的電視節目沒兩樣甚至更好。

有些內幕消息人士不願意上鏡頭、甚至是錄音作證，其中一個堅持這種作法、而且極具魅力的揭密者，使用了「亨利・迪肯」（Henry Deacon）這個假名。後來有一段時間他站出來現身說法，我在其中扮演了關鍵的角色，之後他又再度消失。在最初幾年，我們只能從比爾和凱莉的筆記中看到亨利說了什麼。亨利說他參與了一個工作項目，某些幽浮研究者稱之為「脫離地球文明」（breakaway civilization），我們的軍事工業複合體已經悄悄地在進行太空殖民。許多古代的基地，就像是我們在上一章看過的月球基地，都被灌入空氣、重新啟用，另外還有一些全新打造的基地。當地的一些材料可以用來製造灌漿的混凝土，並且用塑膠袋來定型，以之打造建築物的地基。

我和《亞瑟圓桌會議》接洽，和他們分享我從丹尼爾那裡知道的一切訊息，用來交換亨利．迪肯的聯絡資訊。亨利．迪肯成了我認識的第一個高階的內幕消息來源，他就祕密的太空飛船和外星基地這幾個主題，為我提供了大量的細節。他告訴我當他在《二〇〇一太空漫遊》看到電影裡太空船的內裝時嚇了一跳，它們看起來就像他自己的工作場所——有些幾乎是一模一樣。他說他曾經在火星的基地工作，他們也在那邊找到和月球一樣的古老遺跡，並且將之據為己有。這相當驚人地證實了丹尼爾告訴我的訊息，丹尼爾說他看過一張機密照片，上面是一個太空人站在火星的金字塔旁邊揮手致意。照片裡的金字塔太大，你只能看到邊緣銳利的陡牆沿著一個角度從地表往上延伸。亨利證實火星上有古老的金字塔，還有科瑞．古德也這麼說，他還生動地敘述了他飛過這些金字塔上頭的經過。亨利說他在火星的基地上和二十萬個人一起工作，但是其中只有一萬個人來自地球。在基地的自助餐廳有個很大的觀景窗，看出去就是驚人的紅色岩石景觀，就像大峽谷一樣。他說當他在那裡工作的時候，基地正在進行大規模的擴建。

星際之門——走廊

亨利上班通勤的方式非常有趣，他說他們會使用某個叫做「走廊」（the Corrider）的東西，那是一個像星際之門的設備。他上班會先到某個軍事基地，然後經過一連串的檢查哨。最後的一道屏障有兩個軍人站在檢查桌前面，他們身後是一道長長的、圓柱形的走廊。除了要出示相關證件，他還得和這兩個軍人進行冗長、普通的對話來證明自己的身分。接著他進入走廊，走進走廊末端的一部有著超級大門的電梯。電梯的內裝有著拉絲金屬的風貌，他會拿出一支看起來很普通的金屬鑰匙，把它插入電梯牆壁上一個突起的、有著門鎖的小面板。這扇門會以一種令人痛苦的緩慢速度關上，大概要耗時三十秒鐘。接著當門再度打開的時候，他就到了火星——或是根據他的徽章輸入電梯的訊息，把他送到其他地方。這樣的旅程完全不會讓人感到不舒服，而且幾乎是不知不覺就到了。這樣的通勤方式沒有產生蟲洞、也沒有任何移動的感覺——就像是瞬間傳送一樣。

基地裡也有普通的軍人，他們不知道這部電梯有什麼作用。在電梯的左邊有通到二樓的樓梯，如果你按了電梯的按鈕，電梯也會以平常的方式運作。大部分的軍人認為它只是用來搬運沉重的設備，並不曉得它有更厲害的功能。我問亨利為什麼他們要用看起來這麼普通的東西，像是電梯，還有傳統的金屬鑰匙，他說這些東西這樣設計是為了「降低心理衝擊」。藉著讓每件事情看起來很普通，人們就會以普通上班族的方式來進行自己的工作。

為了免於時空轉換失調的後果，丹尼爾必須服用一種稱為「羅倫茲爾」（Lorentzil）的藥物來維持身體健康。這個藥物以「Loxopterygium Lorentzil」這個名稱被編列在一本一八九六年的醫學辭典，這是破斧樹（quebracho）的學名，這種樹生長在墨西哥和南美洲③，它的樹皮包含了一種以「紅木鹼」（Loxoptergine）為人所知的含鹼化合物，在辭典上被列為一種「抗週期病藥劑」（antiperiodic）④，意思就是它能夠預防不適和疾病的週期性侵襲。這種藥看起來似乎是南美洲薩滿所使用的藥物，這些薩滿發展出有意識的「星界投射」能力。好幾個內幕消息來源也說，如果你的靈魂出體的時間太長，也會造成時空轉換失調症。亨利有一些健康問題，就是由於他突然離職而且無法取得這種藥物所導致。

亨利稱這個電梯是「現代」的星際之門系統，他也證實了古代的星際之門網路確實存在，雖然他不清楚星門位址的數字。有一次他參訪了伊拉克一個高度戒備的區域，那裡有個很大的石環，就像是《星際之門》電影和電視影集中看到的那樣，石環的兩邊都立著方尖柱。

這個古老的星際之門，顯然因為某種原因還在繼續使用，並且受到相當嚴密的保護。亨利還說，至少在過去的一萬年以來，星際之門持續地在地球上運作著，真正的時間可能比一萬年還要更久，因為各種外星人一直以來都使用這些傳送門在地球上來來去去。他還說外星人必須遵守「最高指導原則」，意思就是他們必須對我們隱藏自己的身分，直到我們準備好將他們視為一個群體。

那裡有好多人

亨利說他個人見過大約五十三種不同類型的外星生物，他們的外型都和人類相仿，不過身材相當不一樣，從三十公分到三公尺高的都有。他們也有不同的特色，包括了各種顏色的粉嫩皮膚色調。有些外星人有著比較大的頭和比較大的眼睛，不同的族群需要不同的重力場，他們會被分配到火星基地的特定區域，那邊的地板有控制面板，可以產生適當的重力來符合他們的需求。當我問他和這些外星人互動是什麼狀況，他說感覺起來常常像是一種極度的靈性喜悅。你常常會體驗到心電感應，並且有一種特別幸福和光明的感受。

亨利在提到他們的時候常常用「人」這個字眼，而不是「外星人」。他們有些人有著漆黑的皮膚，有些人的膚色較淺，像是黃色、粉紅色、紅色、橘色、藍色或紫色，有些人的皮膚是純白色，還有些是深淺不一的灰色。他說其中一個有著暗綠色皮膚的族群來自「南門二星」（Alpha Centauri），他們能行光合作用。他所遇見的女性都來自這個族群，他說她們有著黑色的頭髮，而且長的像希臘人。同個星系附近的另一個星球可以說是一個沙漠，這個星球的住民有著紅褐色的皮膚，看起來就像是馬雅人。這兩個文明曾經處於交戰狀態，現在它們的關係依然相當冷淡。

他所見過最高的外星族群大約有三公尺高，大家對他們都充滿了敬畏。他們穿著色彩鮮豔並且精緻的皮甲，例如充滿各種裝飾的亮紅色和黑色外衣，還有面具。此外還有一些規定，像是當他們走進房間的時候，禁止直視他們。

我不斷地要亨利．迪肯告訴我，他參與了哪些任務、還有任務地點在哪，不過超過了某個程度就很難要他再透露更多訊息。他告訴我，他受訓去修復特定類型的先進儀器，當有人提出維修的需求，他便會旅行到我們太陽系中不同的基地。他一再強調，他們在那裡的工作對於地球人的存續而言是相當重要的，這也是為什麼他不願意透露更多細節的原因之一。

現身說法

我發布了許多亨利．迪肯給我的訊息，當他在二〇〇九年七月十二日親自出席一個會議現身說法，《亞瑟圓桌會議》節目的觀眾們都嚇了一大跳。有一群揭密者在瑞士的蘇黎世進行演講，我自己也參與其中。亨利被我引進會議、和我一起行動。我們對其他人說他是我的「馬克叔叔」。當ＮＡＳＡ的太空人布萊恩．奧列理（Brian O'Leary）博士演講的時候，亨利走向講台，並且自我介紹的時候，造成了一陣轟動⑤。雖然他並沒有就他知道的訊息提出深入的細節，他向觀眾出示了他的美國護照。他的護照是棕色的，不是一般護照的海軍藍，上頭寫著「公務護照」。我私底下研究過這本護照，還有其他可以證實他在軍隊服役的證明，我認為這本護照是真的。

我和迪肯談話的時間超過八十個小時，我經常笑他怎麼能夠對於一切事情都表現出那麼淡定的樣子。他說他剛開始上班的時候，上級就給了他一大疊根本讀不完的工作簡介，當他接受完特殊的責任訓練後，這種淡定很快就成了他的日常狀態。他的上級不斷地灌輸他們一個想法，如果他們對外提起工作上的事情，很有可能會讓小命不保，所以他常常會迴避問題，他跟我說，對他而言談論某些事情並不怎麼有趣。不過，經過許多次談話以後，我成功地讓他吐露出數目驚人的訊息。

我從來不期望他能夠現身說法，他後來也後悔自己做了這件事情，並且拒絕再談論任何更進一步的東西。他從來沒有因為他所做的事情得到任何好處，他也不想要任何公眾的注目。

亨利的資料包括了一項訊息，那就是我們的太陽系正在進入某種「高能量雲」。他說我們已經派出太空船去檢視這一團雲，並且研究它的能量構造。他說這可能會引發地球上一次劇烈的演化事件，包括某種大規模的太陽能量釋放。後來別的內幕消息來源提出了許多證明，和亨利的說詞具有相當的一致性。

亨利相當喜歡我針對「行星間氣候變化」這個主題所做的科學研究，就像我在《源場：超自然關鍵報告》提出的一樣。我用NASA的官方資料，證明太陽系中的太陽、行星以及衛星，都以一種驚人的速度變得更亮、更熱、磁力更強。他也知道NASA很積極地在提防有人像我一樣把所有的線索串連起來，他們顯然很擔心，某些宗教的狂熱信徒會援引這些資料，為他們的宗教信念背書，藉此製造、散播恐慌。然而，亨利也相信，他們所進行的能量工事，可以為人類帶來具有正面效益的能量釋放。不過，當我們適應這樣突然、大規模的意識轉變的時候，最初的階段可能會讓人感到相當困惑而又無所適從。

18 黑暗特工界的特斯拉——皮特．彼得森

皮特透露，一九五〇和一九六〇年代所謂的「人才外流」一點都不假。全世界有五千五百萬至六千萬個最聰明、最有天分的科學家，被招募到祕密太空計畫中。他們會和地球上的親友斷絕聯繫，不過會事先寫好一堆明信片，接著就人間蒸發。

就在二〇〇九年六月，蘇黎世會議的幾個禮拜前，凱莉．卡西迪寄給我一份電話錄音，那是她和皮特．彼得森的通話紀錄。當我二〇一六年在寫作這本書的時候，皮特已經七十四歲了。我聽說這個人非常聰明，而且對於機密訊息如數家珍，我告訴凱莉我們必須立刻找到他，不然他可能會受到威脅甚至是被殺害，這樣一來我們就沒機會聽他說話了。我幾乎是立刻根據皮特的位置，訂了機票、租車以及旅館，比爾則是從瑞士飛過去，然後我們就和皮特進行了三天的訪談，全程都有錄音下來。最後一天我們還分三段錄製了訪談影像——這個訪談後來有發布出來①——從二〇〇九年的第一次會面之後，我繼續和皮特進行對話，平均一個禮拜一次，每次的對話通常會持續兩個小時。雖然每次都會有一些重複的內容，我還是不斷地學到一些新東西。

在我們早期的談話當中，皮特證實電視機的超音波頻率的確可以被修改，以之來吸引觀眾的注意力，就和我之前觀察到的一樣。我發現政府至少使用了八種不同的策略在潛意識的層面操縱

觀眾。在以前電視還使用ＶＨＦ天線的時候，影像的畫質和訊號的接收通常都很差，這時候一個次要的畫面就會被偷偷地放在主畫面下面，其亮度只有主畫面的百分之十到百分之十五。這樣能直接把訊息傳送到觀眾的潛意識，除此之外，影像、文字還有思想，也能夠以其他各種隱密的手段輸入觀眾的腦海中。

「不要懷疑政府大神」

當我還是孩子的時候，如果晚上熬夜看電視就會看到一支短片，它一邊播放美國國歌，一邊播放國旗飄揚，以及各個國家知名景點的畫面。因為某種說不上來的原因，看到這個短片總是讓我感到毛骨悚然。接著電視會突然斷掉，整個畫面都是叫做「雪」的黑點和白點，還有很吵的嘶嘶聲。二〇〇九年十一月十一日，有人匿名將一支這樣的舊影片上傳到Youtube，並且註明：「我從某個電視台偷了這個影片的膠捲，在六〇年代，他們會在電視台播放這個影片作為一天的結束。」上傳影片的人後來又發表一則評論，指出原本的膠捲是在阿拉巴馬找到，時間是一九六三年，在一九六〇年代可能有好幾個州都播放過這支影片②。在這支影片上傳兩年之後，有人發現這個影片隱藏了「潛意識訊息」，這個新聞很快就蔓延開來③。國歌的歌詞有配上字幕，在螢幕上從左到右顯示。不過，當這些字出現的時候，另一組有著同樣字體但不同內容的字詞就出現在歌詞的下方。

這些隱晦的字眼從來沒有出現過一次，你必須把這支影片的速度調整到原本的四分之一才可以看到這些訊息。這個偽裝的文本就出現在和歌詞同樣位置的地方。出現在這支影片的潛意識命令如下：

相信美國政府
神是真的神正在看
相信政府大神
政府不會容忍背叛
服從消費服從消費
消費奧特拉（Ultra）消費娜歐蜜（Naomi）
崇拜消費服從相信
不要懷疑政府

「奧特拉」和「娜歐蜜」，據說都是心靈控制計畫（mind-control programs）的名字。有些人抨擊這支影片是騙人的，不過這樣的說法看起來不太有說服力。一九八八年的電影《極度空間》（*They Live*）敘述了一個把「服從」和「消費」這樣的字眼當作祕密潛意識訊息的社會，這很肯定是揭密者早期的一個嘗試，他們試著告訴我們政府究竟做了什麼。我們接著就會看到，有個強大的國際聯盟試著努力要擊敗「陰謀集團」，特定的內幕消息人士，持續地為我提供這個團體的簡報。關於這個國歌的例子，我們所能看到最好的分析出現在二〇一五年五月十三日的「警醒公民」（Vigilant Citizen）網站④。一九八〇年代，同樣的影片依然被用來作為一天節目的尾聲，像是芝加哥的WMAQ電台，不過這些留下來的拷貝影片中已經沒有隱藏的潛意識訊息。到了一九八〇年代，人們已經有了錄影機，這些潛意識訊息很容易就會被發現。不過，一九六〇年代這個版本就影像的長寬比來說比較寬，裡面有一些建築物是你在一九八〇年代的影片看不到的，而且這支原版影片在二〇〇九年以前從來沒有出現在網路上。此外，一九六〇年的版本有著白色的字幕以及右下方一小塊陰影，但一九八一年的版本則是黃色字幕，陰影則是投射在左上方。⑤

這個作者的結論是，雖然我們不能完全證明這支影片是真的——至少我們還沒證明它是真的——我們也不能說它是假的，我們必須看過原版的錄影帶才能確認，上傳這支影片的匿名人士，很有可能知道現身說法等同於自殺。要我們接受這樣的事情很困難，我把其中的原因稱之為「臥室效應」。我們被教導要敬愛我們的領袖，把選票投給他們，並且相信他們會盡其所能保護我們免於敵人的侵犯。如果他們利用潛意識的訊息告訴我們他們就是神，我們必須崇拜和服從他們，我們不能背叛他們，也不能質疑他們，那麼我們就會覺得自己完全被背叛了，而且感到無比的恐怖。這就像是走進房間卻看見自己的伴侶與另一個人在床上一樣，你無法否認自己看見什麼。在這樣的例子中，與其面對令人不舒服的真相，透過任何必要的手段去攻擊或是貶低這個傳播訊息的人，反而是比較輕鬆的作法。

皮特從來沒有看過這個短片，但是他說這些技巧和命令是心靈控制技術被使用的一個鐵證。就算不是這樣，這支影片也是一個絕佳的例證，它可以用來說明政府可以做些什麼、可以用哪些技術來控制我們。許多這樣的技巧比我們在影片中看到的還要更加複雜，而且顯然相當有用。我第一次聽說這樣的事情是在大學的社會學課程，我們接著就會講到。那時候老師要求我們去研習的案例，其數量之大讓我感到相當訝異。老師還設計考試，要我們從印刷的廣告找出這些訊息，不過一旦你知道要找什麼，要找出它們就不是很困難了。

性、死亡以及威爾森．布萊恩．奇博士

皮特說潛意識訊息也可以被暗藏在音頻中。一些精密的技術可以把演說混入音樂，我們的表層意識幾乎不會發現這件事，但是這些訊息卻會輕易地被大腦吸收進去。這個技術的關鍵在於，潛意識只能了解基本、幼稚的命令。因此，知道這些事情的商家，就會播放以一種緩慢、催眠

的步調重複一些基本指令的音樂，比如說：「我是好人，偷東西是壞事，我不偷東西。」皮特還說對於美國汽車公司而言，當車子在廣告中咻地開過綠樹，偷偷地修改一下樹的影像是很常見的事。樹木本來的葉子和枝幹會被修改，要呈現出對於潛意識而言具有挑逗性的影像，就像是裸女的影像一樣，這會讓潛在的買家把這輛車和男性氣概以及最基本的原始本能連結在一起。

這證實並且強化了——某些我在大學社會學課堂上學到的一些令人不舒服的事情。威爾森・布萊恩・奇（Wilson Bryan Key）博士寫了好幾本書，他在書裡清楚地揭露，這種對社會大眾產生作用的潛意識廣告訊息。許多網站，像是「潛意識操控」（Subliminal Manipulation），就特別呈現了許多奇博士所使用的例子，以及其他新的例證，照片和影片兩種形式都有⑥。這些照片相當嚇人，像是「性」（SEX）這個字眼很容易在許多例子中看到。如果「陰謀集團」把有著這種細節的挑撥性網站從網路上撤銷，我們還是可以在「檔案庫」（Archive.org）這個網站找到它⑦。

奇博士發現了一件十分奇怪的事，那就是關於死亡的影像和敘述，經常被使用在潛意識訊息中，這似乎是另外一個「強迫性重複」的例證，我們許多人的潛意識，似乎都被我們自己的死亡這種念頭，嚴重地引誘著。當我們因為重複過去和死亡擦身而過的創傷而感到興奮，我們便會被那些可能害死我們的東西吸引。

這種情況同樣可以在貝賽爾・A・范德寇的研究發現中見到，有著創傷後壓力症候群的士兵，在觀看以戰場生死為主題的電影時，就會獲得如同注射了八公克嗎啡的快感。一九九〇年二月二十一日，就在我上第一堂社會學課程的一年半之前，奇博士在麻省理工學院進行了一次演說，演說內容被刊登在這個學校的正式刊物《科技》（*The Tech*）中，摘錄如下：

> 根據奇博士的說法，潛意識訊息通常會聚焦在社會禁忌——性、死亡、亂倫、同性戀，偶

爾也會有異教圖騰。他說在某個賣酒的廣告中，魚、尖叫的臉孔、老鼠、火山、蜥蜴以及其他死亡象徵的影像，都被鑲嵌在冰塊裡。奇博士還舉了其他例子，比如說雷諾菸草公司駱駝牌香菸（RJ Reynold's Camel）的廣告中有個勃起的男人、百加得（Barcadi）飲料的廣告中有個被敲碎的頭骨，以及某個香菸廣告中有癌症這個字眼。奇博士說這些訊息絕不是意外或是巧合，也不是因為它是某個藝術家的作品而被擺在那裡。⑧

關於這個現象，數也數不清的明顯例證，大剌剌地攤在光天化日之下，聯邦刑事審查早就應該對此展開調查。問題在於我們並非生活在一個公開而且自由的系統中，有許多強大的制度性腐敗，使得這些犯罪沒有辦法被認真看待。二〇〇七年，就在免費的線上視訊串流才剛興起、人人都可以上傳影片的時候，在「美食頻道」（Food Network）的《美國鐵人料理》（*Iron Chef America*）節目的畫面當中，有麥當勞的商標一閃而過。有支Youtube的影片揭穿了這一點，於是電視台被迫公開道歉，說這是因為「技術出了問題」，否認以潛意識訊息手法打廣告⑨。《心靈牙線》（*Mental Floss*）雜誌在二〇一五年一篇受歡迎的文章裡，集結了這個案例和另外七個明顯的例子⑩。威爾森·布萊恩·奇博士在他的著作、演講以及影片中，也提出了數百個有趣的例子。

在一篇塔夫斯大學（Tufts University）的論文中，奇博士寫道：「根據一個最近的評估，在美國主流的廣告當中，有百分之十至百分之二十包含了和性有關的訊息……比如說潛意識層面的訊息交流，然而，被大腦所接收的性訊息（意識沒有察覺到的），輕易地就能達到該廣告的百分之八十至九十。在這個無孔不入的廣告海洋中，不管是人、產品、想法還是訊息，都被加上性意涵，消費者不太會察覺到，有人在其中創造出了一個巨大、詭異、隱形的環境，來剝削他們的金錢、忠誠以及權力。」⑪

雷根賞賜的稱號——「做」先生

你可以在《亞瑟圓桌計畫》的影片看到，皮特的口條相當好，而且談起科學來相當駕輕就熟⑫。如果我願意，我可以把整本書都拿來寫他的說法。皮特說，他的祖父是尼古拉．特斯拉的重要實驗室助手之一，所以他在很小的時候就聽聞了許多特斯拉科技的祕密。在兒童時期他就因為發展了一個非常有效的火箭系統，而被政府招募，接著他就在機密世界中，接受那些最棒的科學家的訓練，獲得了各個科技領域中價值好幾個博士頭銜的知識。他成了機密世界裡的頂尖科學家和科技問題的解決者，並且被認為是最有價值、創造力最強的發明家。後來雷根還給他「做先生」（Mr. Do）這樣一個綽號。令人難過的是，他那些用來改變世界的發明到今天還是被當成機密。

皮特直接和最有權力的新保守主義人士一起工作，像是迪克．錢尼（Dick Cheney）和唐納．倫斯斐（Donald Rumsfeld），最後他的心境有所改變，讓他決定出來現身說法。他覺得自己的「業力之輪沾滿污泥」，我們和皮特進行的訪談，對於他這些年來所知道的一切，僅僅只是搔到皮毛而已。皮特可以針對我們問他的問題，提出非常多的技術性細節，這十分驚人。我們的談話從來都不簡短，他可以就高端的物理學、數學或科技，滔滔不絕地講上三個小時，而且內容絕不重複。當我試著揪出任何明顯的謊言，我一個都找不到。我隨時都可以回到一個他五年前跟我講過的故事，藉著問他不同的問題，而獲得全新的資訊。他有一次對我說他這輩子認識三個聰明人，我就是其中一個，為此我深感榮幸。

這三個人之中，其中一個已經過世，另一個背叛了他。皮特也介紹我認識其他知道內幕消息的人，其中有個人曾經分析墜毀的飛船殘骸，並且和外星人有過面對面的諮詢，因而發展出八種不同的反重力系統。

我的老天爺

皮特也參與了亨利．迪肯身在其中的那個祕密太空計畫，不過是在計畫的初期階段。他幫忙設計了一些飛船還有其他科技，包括先進的電腦晶片，比我們在市場上看到的都還要強大，它有著特別的光子晶體管（photon-based transitor），而不是電晶體。皮特的晶片每個都有著驚人的一百四十四核心，其運作速度比現在任何科技都要快上許多。這些晶片可以在傳統的矽晶片上列印出來，價格非常低廉。因為光子有著量子不會固定在特殊區域的性質，它們會同時進行無數的運算。一支典型的智慧型手機有百分之八十五的元件都可以濃縮到這樣一塊晶片中，而且它只需要很少的電力，把電線插到檸檬產生的電力就綽綽有餘。這項技術最近被介紹給五角大廈、對於這些科技一無所知的官員。這些官員給晶片一個隨機、臨時的運算工作——就算是五角大廈最厲害的超級電腦，也要花上三個禮拜才能破解，然後就離開了。當他們上完廁所回來，皮特的晶片已經計算完畢。這些晶片的效能如此強大，他們顯示了皮特的內幕消息來源所說的「電子智能」（electrimoc intelligence）。

皮特還參與了另一個計畫，這個計畫將神經系統以一種非常精細的方式描繪出來。他發現我們兩個肩胛骨的中央都有一個小凹槽，那裡匯聚了一大群的神經纖維，它們在往上延伸進入腦部的時候都相交在一起。他說，這個地方除了被按摩的時候會覺得難受之外，這種神經聚集的狀況對於身體來說沒有什麼實際的作用。他們認為這樣的神經匯聚狀況，是因為有「人」把智能基因焊接到人體的結果，比如說外星人。皮特和他認識的內幕消息人士都認為，只要我們了解其中的原理，就沒有理由不去使用到這些區域。

透過這些區域，他們稱之為「連接埠」，特殊的能量場便能夠將視覺訊息、聲音和思想直接輸入大腦。

電影《駭客任務》描繪了這個系統，當崔妮蒂不停眨眼時，就下載了如何操縱直升機的訊息，尼歐也下載了一些資料，讓他立刻成了武術大師，因此可以和墨菲斯對決。不同之處在於，《駭客任務》的人物從腦袋後方的一個連接埠「連上」資料庫，而不是從肩胛骨。皮特說，如果你以這種方式獲得訊息，你可能會感到頭痛並且失去方向感。這些資料會在接下來的幾天或是幾週，持續地出現在你的腦海，一開始這感覺起來像是個夢，慢慢地它會浮現到意識當中，成為某種你知道、了解的東西。透過這個科技，我們便能大大地擴展我們的智能，並且學習好幾種語言。

這個系統也可以把人投影到一個栩栩如生的虛擬實境當中。「陰謀集團」中階以及高階的成員，經常體驗這項科技，參與祕密太空計畫的人也是。《駭客任務》和《分歧者》（*Divergence*）系列電影，都描繪了這個虛擬實境系統，《戰爭遊戲》（*Ender's Game*）中也能看到一些。腦海裡的影像也可以被選取、投影出來，就像我們在《關鍵報告》（*Minority Report*）看到的那樣。我最早和科瑞．古德進行對談的時候，我們所知道的內幕消息中一個驚人的雷同，就是和這個連接埠有關。科瑞對此知之甚詳，在我問他之前，他就對我說了許多皮特曾經告訴我的事情。他說當他在參與太空計畫的時候，這些系統獲得非常廣泛的運用。

多虧了這個系統，戰鬥機不再需要任何視窗，視覺不過就是把眼睛視網膜上的電子訊號傳送到大腦。就這個例子來說，當你坐在特製的椅子上，會有兩個金屬小塊壓迫你的連接埠，接著能量信號就被輸入你的視覺皮層，就像眼睛接收的電子訊號一樣。你的視覺皮層會充滿訊號，它們就像眼睛所接收的訊號一樣可以被大腦提取。你的視覺會變得特別清爽、明晰，就像是雙筒顯微鏡一樣可以放大任何區域。皮特將這項技術展示給一個富有但是失明的企業負責人，這個人被帶到一個機場並且坐在一架特定的戰鬥機裡。當他開始體驗這個系統，他說的第一句話是：「我的老天爺。」

空軍司令部

我發現我們的政府早就擁有隱形科技，可以讓海軍船艦、飛機、太空船消失於無形，在機密世界裡這被稱為「偽裝」。我們的天空中經常充斥著我們肉眼看不見的偽裝飛行器，包括巨大的航空母艦，它們實際上就像飄浮的城市，藉著反重力和傳統的噴氣推進技術飄浮在空中。知道內幕的包伯．迪恩（Bob Dean）在二〇一〇年四月《亞瑟圓桌計畫》的錄影中洩露了這個訊息，因此惹上麻煩。他這麼說：「他們不想要我們知道這裡有個空軍司令部，你相信嗎？每年有幾百萬億的錢流向這個軍事司令部，但是人們根本不知道它的存在……以前這個總部位於內布拉斯加州還有科羅拉多泉市（Colorado Springs）。現在的總部……我對天發誓現在的總部正在天空沿著軌道航行，上面有個四星的空軍將領，我去年調查的時候，叫做藍斯．洛（Lance Lord），真有趣的名字……它還是聯合的太空指揮部，美國人根本不知道它的存在，這種事情讓ＮＡＳＡ也相形見絀。」⑬

當皮特森看到這些飛在天空的超級航空母艦，出現在《復仇者聯盟》還有《美國隊長》的時候真的大吃一驚。他說我們在電影裡看到的，就是這些航空母艦的長相。其中有兩架航空母艦通常會伴隨著一艘巨大的黑色三角飛船，它是大型、多層的飛船運輸機。我過去寫了一篇重要的文章〈陰謀集團落敗的宇宙觀點〉（*Cosmic Perspective on the Defeat of the Cabal*），我在文章裡提出仔細而又生動的比較分析，說明這些東西如何佐證皮特的說法⑭。皮特說，一九八〇年代以來發明的許多最棒的技術，現在都出現在電影中了。詹姆斯．柯麥隆（James Cameron）的電影《阿凡達》裡頭充滿了真實科技的影像，包括那個可以讓人站在裡面並且加以操縱的機器人底盤。同樣的設備也出現在《異形》（*Aliens*）中，雪歌妮．薇佛（Sigourney Weaver）用它來和異形女王作戰。

另一位《亞瑟圓桌會議》的揭密者，是電腦駭客加里・麥金農（Gary McKinnon），他使用他的技術來搜尋幽浮的訊息[15]。他駭進了NASA、五角大廈以及許多政府機構，英國的《赫芬頓郵報》（*The Huffington Post*）就其所發現的證據，發表了一篇相當具有煽動性的文章：「蓋瑞・麥金農幾年前駭進了美國太空指揮部的電腦，因此得知『非地球官員』（non-terrestial officers）、『艦對艦轉移』（feet-to-fleet transfers），以及一個叫做『太陽守門人』（Solar Warden）的祕密計畫。他被布希政府的司法部控告其犯了『有史以來最大規模的一起軍用電腦入侵事件』，一旦從英國被引渡之後，就要面臨最多七十年的刑期……麥金農也在太陽守門人行動的文件中發現了太空船艦的存在，據說大約有八種雪茄形狀的母船（每一艘比兩個足球場的長度加起來還要長）以及四十三艘比較小的『偵察艇』。」[16]在《外星人的選民》一書中，威廉・湯普金斯敘述了，他如何貢獻一己之力打造這雪茄型的飛船，同時他也證實了太陽守門人計畫確實存在。

在《亞瑟圓桌會議》的訪談中，麥金農表示：「我猜他們已經在太空建造了外星艦隊。如果你仔細地去看DARPA，也就是國防高等研究計畫署，現在和過去幾年的文件，許多政府和太空的指令都和『太空支配』有關。這真的是——你知道——最後的邊界。是的，我認為站在他們的立場，希望可以控制太空，還有祕密地發展太空軍隊是很正常的想法。我想他們很有可能使用了從外星人的飛船進行反轉工程而獲得的科技。」[17]

人才外流

皮特也透露，一九五〇和一九六〇年代所謂的「人才外流」，一點都不假。他說全世界有五千五百萬至六千萬個最聰明、最有天分的科學家，被招募到祕密太空計畫中，其中百分之二十五來自美國和加拿大，剩下的百分之七十五來自全球各地。他們會和地球上的親朋好友斷絕聯繫，不過會事先寫好一堆明信片，接著就人間蒸發。

地球上的工作人員，會幫他們在適當的時間間隔寄出這些明信片。這樣的人才招募廣告通常會在巴西公開發布，傳單上寫著你將會為了一個刺激的高科技工作，離開自己的國家，而且無法和親朋好友繼續聯絡。上面沒有寫工作內容到底是什麼，或是最後的工作地點在哪裡。當這些人到了新家，上級就會鼓勵他們生小孩，因此從一九五〇年開始，他們的人口增加了很多。陸陸續續一直有人從軍事、情報以及其他領域，被招募到這個「脫離地球文明」。科瑞．古德透露，這些人從很小的時候就被選上，並且進行訓練。總的來說，現在在太空中工作的人，可能比美國本土的三億人口還多一點。

地下基地

這裡面有些人在廣大的地底機構工作。就皮特個人所知，全世界大約有兩百五十個不同的地下基地，每個基地都被建造成最多可以容納六萬五千人。皮特曾經造訪過其中一個，為此留下了深刻的印象。這些基地通常都會建造在地球上天然的石灰岩洞穴裡，裡頭有樹木、道路以及建築物，也有可以投射人工光線的圓形屋頂。我問他那裡有沒有什麼「缺點」，他說你總是會聽見通風扇的聲音，空氣中也瀰漫著一股機油的味道，還可以在拱頂的天花板上看見接縫和鉚釘。皮特還說這些人會被注射某些藥物，這樣的話，他們如果回到地面就會活不下去。如果要離開，你必須接受另一種特別的注射，它可以讓你在獲得授權離開時間之內不會有事。但是如果你離開的時間超過授權天數，很快就會死掉。皮特曾經有機會可以在其中一個基地生活和工作，但是他拒絕了。他還告訴我，如果我透露太多內幕，他們會把我抓到其中一個基地裡頭，永遠不讓我回來。

在二〇一〇年四月《亞瑟圓桌會議》的訪談，包伯・迪恩也洩漏了一些訊息：「我去過無數的地下基地，你不會相信的——非常多、非常多，遍及全國。其中有一個在瓦丘卡堡（Fort Huachuca）下面，我以前可能跟你提過，裡面真的非常大……那時候我對地下基地唯一的批評，就是其中有些地方為了政客裝潢得非常豪華，這讓我很生氣，這些政客根本不值得這麼豪華的設備。我們在整個國家、整個星球上都有大規模的地下基地，我們和地球之外的智能文明，也建立了正式的軍事關係，我們在澳洲的中部有個重要基地，叫做『松樹谷』（Pine Gap），我要說的重點是，我們的軍隊，我們的『影子政府』，早就深深地涉入了外星事務。」⑱

陰謀集團的計畫就是要引發一個世界性的核子戰爭，讓所有的核子潛艇把武器都發射出去。陰謀集團的人會確保他們自己所有的朋友、同事、家人，在戰爭開始之前都被帶到地下基地，他們打算一直住在那裡，直到地球又可以住人為止，在這種狀況下他們就可以不用打針。現代的核子武器，在設計上都不會在引爆後造成持續的輻射，所以在地下基地住那麼久是沒有必要的。每個地下城市在海裡都有個配接站，核子潛艇裡的滋生反應爐就可以和它連接，並且為整個基地提供好幾年的電力，因此這些核子潛艇在將核彈都發射出去以後還有其他的用處。

地下還有廣大的地底通道系統，叫做「地下轉乘」（sub-shuttle）系統，它將所有的地底城市連結在一起，即便是在海裡面。這些接駁車使用高密度壓縮的空氣來運作，速度非常快。接駁車中有可以充氣的安全氣囊，可以讓你不會因為車子轉彎的衝擊力而受傷。搭接駁車可能會讓你很不舒服，因此每個座位都有一個真空動力槽（vacumm-powered chute），只要你靠著它，它就會立刻接住你的嘔吐物。這個地下接駁車系統，是在一九九〇年代由菲爾・施耐德（Phil Schneider）所揭發出來，就他所知有一百二十九個地下城市，由地下接駁系統互相聯繫，施耐德還說他在其中十三個基地裡工作過。在他出來爆料之後沒多久，便於一九九六年一月十七日過世了。⑲

大揭密計畫的證人丹尼爾．莫理斯（Daniel Morris），後來以他真正的姓氏索特（Salter）挺身而出。在二〇〇〇年九月的訪談中，他說了一些關於菲爾的事：「還有其他人因為知道一些事情而遭到滅口，其中一個是我的朋友菲爾．施耐德，他在新墨西哥蓋地下隧道。他工作過最大的一個地下基地叫做『道西』（Dulce）……我知道菲爾愛這個國家，他認為這些計畫繞過了政府的規範……從來沒有任何國會議員就任何一個祕密計畫進行投票，而他認為美國人有權知道納稅人的錢到底花在哪裡，以及知道我們有能耐做些什麼事情。他開始在公開場合講話，所以他們把他幹掉了。」⑳

探索者和同盟

幾年過去，皮特幾乎證實了——每一件其他內幕消息人士所告訴我和太空計畫有關的事情，而且還為我補充其他重要訊息。他透露在一九八〇年代早期，有個巨型、月亮一般大小的球體進入了我們的太陽系，這讓雷根政府相當恐慌。他們所接觸過的外星人，像是在五十一區的那些，從來沒有發展出這種等級的科技。他們稱這個球體為「探索者」（the Seeker），它幾乎是全白的，不過上面有些和足球很像的幾何線條。巨大的門會在球體的兩側打開，露出一個一二八七公里寬的圓洞，洞裡面太黑什麼都看不清楚。飛船會從這些洞口飛進飛出，出來探勘我們的行星和衛星。探索者來到我們的太陽系，並且環繞著各個行星打轉，一個接著一個，當它到達木星以後就離開了。

皮特說了上百個令人驚奇的故事，我也確認了它們的真實性，但是由於這本書的篇幅有限，我沒辦法把它們全都寫下來。他所和我分享其中最重要的一件事，就是有個「聯盟」為了終結幽浮掩蓋黑幕而成立。有兩部電影特別重要，因為它們揭露了聯盟的目標，讓我們準備好面對大揭密——它們分別是《鋼鐵人3》以及《美國隊長2：酷寒戰士》㉑。

令人吃驚的是，五角大廈中有許多人希望可以終結這個祕密，特別是在九一一事件之後。許多人認為這是一樁政府自己搞出來的事件，陰謀集團仍然在以致命的力量防範真相被曝光。結果，五角大廈贊成揭露這些內幕的人悄悄地和外國合作，成立了一個國際聯盟。我在自己的網站上大量地報導了陰謀集團和聯盟之間的戰爭，隨著時間過去，這樣的對立也在持續地在變化、發展，許多人認為這是「暗地裡的第三次世界大戰」。陰謀集團在很短的時間內就落敗了，當我寫作這個段落的時候，兩方已經簽署了許多重要條約，關於這項結果的正式發布指日可待。

神聖干預

最有趣的是，有個非常先進的外星勢力，持續地在防範陰謀集團進行大規模的殺戮。這樣的嘗試可以回溯到核子時代剛開始的時候，飛彈和整個核電設施，經常被出現的外星人給斷電，其中有些故事已經透過其他知道內情的人發布給大眾，待會就會讀到。一九八〇年代，使用於太空的「星戰」武器幾乎是一升空就遭到解除功能。所有核彈設施中的核彈頭都被融化成沒有輻射的物質，飛彈上的導航系統一片混亂，導致核彈無法發射。這發生過好幾次，阿波羅任務的太空人，同時也是美國英雄的艾德加．米切爾博士，在二〇一五年公開證實這些故事大部分都是真的，媒體也對此做了大量的報導。下面是英國《鏡報》的摘要：

（米切爾博士）告訴我們，軍隊人員看見奇怪的飛行器，飛過飛彈基地上空還有知名的白沙飛彈測試基地（White Sand facility），這是一九四五年全世界第一個核彈被引爆的地方⋯⋯「從我自己和別人談話的經驗告訴我，有件事情相當明確，那就是外星人試著阻止我們進入戰爭，並且幫助維持地球的和平。」米切爾也說，他從經歷過二十世紀最緊張時期的飛彈基地人員那裡，也聽過類似的故事。「我和很多在冷戰期間在這些發射井工作過的空軍官員談過，」他接著說，「他們說經常看見幽浮從頭上飛過，並且癱瘓他們的飛彈。在太平洋沿岸服役的其他軍官也告訴我，他們的（測試）飛彈常常被外星人的飛船弄到停機。」㉒

二〇一〇年九月二十七日，羅伯特・哈斯汀斯（Robert Hastings）在全國記者俱樂部辦了一個活動，其中有七個美國空軍退役官兵與會，分享他們個人所經歷過類似的遭遇。米切爾博士就算沒有和這些人一一會談，也很有可能和其中幾個人講過話。哈斯汀斯的網站寫道：「到今天為止，哈斯汀斯和超過一百五十名退役軍人進行過訪談，他們在美國飛彈發射地點、武器倉庫、核彈試射場，經歷了許多和幽浮有關的事件。這些人所描述的事件讓人確信，某個擁有極度先進科技的團體，一直在關注美國的核武計畫……哈斯汀斯認為，幽浮的駕駛來自這個宇宙的其他地方，他們不知為什麼對於我們的永續發展感到關心。他認為這些生物經常破壞我們的核彈，是為了向美國和蘇維埃／蘇聯政府傳送一個訊息：這兩個國家擁有核武，也可能會大規模地使用核武，因此對人類的未來以及這個行星環境的完整性都造成了威脅。」㉓

在哈斯汀斯的活動之後不到一個月，二〇一〇年的十月二十三日，一架雪茄型的幽浮出現在美國最大的核彈設施上方。這件事情發生的時候，位於懷俄明州夏安市（Cheyenne）的F・E・華倫空軍基地（F. E. Warren Air Force Base）失去了五十枚「義勇兵三型」（Minuteman III）飛彈的訊號。在整個美國的歷史中，這是核彈所發生最大的一次故障，當時共損害了九分之一的武器庫，並且持續了好幾個小時。根據最初發布在《路透社》的《美通社》（*PR Newswire*）文章：「機密的空軍資料來源透露，其中隊司令警告在現場的人，不要對記者或是研究者談論天空中『他們可能看到或可能沒看到』的東西，任何妨礙國家安全的人，都會受到嚴重的懲處。」㉔

根據彼得森的說法，在一九八〇年代晚期或是一九九〇年代早期，美國和蘇聯剩下的導彈全都毀了。這顯然是壓垮蘇聯的最後一跟稻草，冷戰因此結束。在我第一次聽皮特談論這件事情之後大概一年，《亞瑟圓桌會議》的內幕消息人士包伯．迪恩，自行向我確認了這些細節。在二〇一〇年一次《亞瑟圓桌會議》的訪談中，迪恩說了某些事情，其中洩露了一些情報：「核戰不會爆發，因為這不被（外星人）允許。這個星球太有價值了——這個動物園裡的動植物實在是太珍貴了。他們過去已經出手干預過好幾次，在雷根執政的時候就表明了立場；戈巴契夫在位的時候也知道這樣的立場。他們這麼做已經有好幾次了，在班特沃特的藍道申森林（Rendlesham Forest, Bentwaters）中，他們把核彈都融掉了。」㉕

雖然美國仍然有洲際飛彈，善良外星人現在也在箝制先進的粒子束武器，就像我們在《美國隊長2：酷寒戰士》中看到的一樣，任何想要製造核武的企圖都會被阻止。這些粒子束武器也不太可能獲得使用許可，因為他們的毀滅性太強——《美國隊長》將這樣的狀況描繪得相當具有說服力。

不過，有某些悲劇性的事件，像是英國石油的漏油事件以及福島核災，它們仍然獲得看顧著我們星球的先進外星人「核准」。在某些個案中，我們的集體自由意識允許這些事件發生，讓它作為全球性的警鐘。這能讓我們採取行動、反抗壓迫者、拯救我們自己。他們只能為我們承擔一部分工作，這樣我們就能自己解決問題，但是我們必須自己收拾殘局。

大部分計畫性的大規模殺戮都被阻止了，不過陰謀集團仍然試著發動第三次世界大戰，藉此製造一場死傷慘重的大災難，這樣他們就可以在地球上胡作非為。舉例來說，陰謀集團曾經派遣一隊善於潛水的黑暗特務去炸掉波斯灣的煉油廠，製造另一起漏油事件。他們背著裝有炸彈的背包，想把炸彈裝在鑽井平台上，事後如果西方強權否認自己要為此負責，無疑會在中東引起世界末日般的戰爭，而選舉選出來的官員根本不知道這件事情是有計畫地發生。然而這些特務在水裡撞到一堵能量防護牆，就像是具有延展性的鬆緊帶。他們無法從它上面或下面通過，也無法直接穿越，掙扎了十二個小時以後只得放棄。

根據皮特和其他內幕消息人士的說法，因為這些「神聖干預」，戰爭因此沒有發生，這真的非常令人難以置信。

祕密集團先進的、有異域風情的飛船遭到解除功能，或者完全消失。整個地下基地的所有員工已經被傳送出去，接著基地完全被摧毀。這包括了一個靠近華盛頓特區的基地，當美國政府裡的陰謀集團成員發現事跡敗露的時候，他們就逃到這個地下基地。當這個基地被摧毀，整個美國東岸都因為規模五點五的地震而動搖。這個事件在二〇一一年八月二十三日發生，同一天我的《源場：超自然關鍵報告》上市了，這真是令人訝異的共時性。出版社對於這本書的重大見面會非常興奮，當天出版商腳下的整個地板都在晃動，逼得他們都要屈膝才能站穩。㉖

另外還有一件非常有趣而又富於象徵意味的事，那就是華盛頓紀念碑的尖端也因為這個地震而裂開了。這看起來是另一個充分的象徵，意謂著陰謀集團近在眼前的全面崩潰。我在二〇一一年九月十六日，就這個基地還有另一個位於丹佛國際機場（Denver International Airpport）地底基地的毀滅寫過文章㉗，後來我發現至少有二十四個基地隨後也遭到摧毀。在二〇一二年年初，由於善良外星人和陰謀集團簽署了一份彼此都能認可的新條約，這樣的基地毀滅似乎暫時停止了，這也加速了大揭密的進程。在這之後許多NASA的資料開始流出，這會在下一章討論。在最早兩個基地遭到摧毀之後三年，二〇一四年俄國的國家電視台在黃金時段播出了一支三小時的紀錄片，就這些事件對我做了專訪。這是那個製作公司有史以來最受歡迎的節目，總共有兩千一百萬的收視觀眾。㉘

與此同時，原本要開進敘利亞的坦克車無法行動，它們被帶到別的地方，勉強還可以開動；就要投下大批毀滅性武器的飛機炸彈艙門卡住了；槍枝無法射擊；即使是刀劍類的武器也卡在劍鞘裡拔不出來。在三個不同的時間點巴勒斯坦計畫入侵以色列，以色列士兵攔截到它們的通訊，並且準備迎敵。當他們進入戰鬥，沒有一把槍可以發射，刀刃類的武器也無法抽出。

這些強硬的戰士跪了下來，將雙臂伸向天空，他們都哭了，相信這是某種神意的顯現。即使遭到陰謀集團把持的西方新聞界，對於佛拉迪米爾．普丁（Vladimir Putin）有那麼多負評，普丁卻是聯盟的關鍵人物，和五角大廈的善良份子有直接的合作關係。有個好外星人集團顯然給了普丁一些可以維持和平的科技，科瑞．古德透露，當這個技術啟動的時候，可以瞬間將金屬變大；當光束被關掉，金屬又會恢復原來的大小。普丁展現了這個能力，讓所有的美國軍事設備失去力量，包括最新、最精良的神盾級航空母艦。他們盡了所有努力來預防人類的傷亡，並且製造一個和平的轉折讓我們準備好面對大揭密。

當總統一點也不好玩

皮特說小布希總統手上有一個非常迷你的耳機，有一群內幕消息人士可以指示他什麼時候要說些什麼話。許多相當好笑的口誤，通常被稱作「布希語錄」，就是這樣來的㉙。最明顯的例子或許是：「家庭是我們國家的希望，在那裡翅膀可以乘著夢想起飛」，這是他二〇〇〇年十月十八日在威斯康辛州的拉克羅斯（La Crosse）所發表的演說㉚。歐巴馬拒絕使用這個設備，於是他們告訴歐巴馬他一定得照著電子提詞機的字幕演說。皮特還透露，二〇〇九年一月七日歐巴馬和依然在世的幾位美國前總統，進行了一場非常具有挑釁意味的會議。一直到這個時候，歐巴馬還不曉得因為這個差事，把自己捲進了什麼樣子的事情。根據皮特的說法，他和小布希總統進行了半小時的私人會議，過程中受到嚴重的語言暴力和人身威脅。

《華盛頓郵報》證實他們的確舉行了一場私人會議，如下所述：「昨日一對真正的死對頭在白宮進行午餐餐會，布希總統和三位前美國最高統帥，放下他們的政治差異，為總統當選人巴拉克·歐巴馬提供經驗和建議……白宮方面或是歐巴馬的政權移交團隊，都沒有對這個午餐餐會透露太多細節，像是他們點了什麼菜來吃。據官員表示，用餐過程沒有其他助理在場。在用餐之前，歐巴馬和小布希總統還進行了三十分鐘的密會。」㉛

直到這次會議之前，歐巴馬就算聽過陰謀集團，也不是知道得很清楚。他被告知如果他拒絕遵從他們的指示，他和他所有的家人都會被折磨、殺害。歐巴馬踉蹌地步出這個會議，走進白宮一間他以為私密的房間。他把臉埋在手上哭了，說他成了一頭代罪羔羊。根據皮特還有雅各的說法——稍後就會見到雅各——有個情報人員正在附近的電話亭並且目睹了這整件事情。皮特也說，大部分為聯盟工作的內部人員都知道這件事。美國總統通常沒有很大的權限可以接觸真正的祕密，而陰謀集團對於把過錯推給被選上的官員是相當在行的，這麼一來就不會讓一般人把注意力放在他們身上。

19 認清陰謀集團的操弄

「邪惡菁英」的遊戲透過一連串的事件、謊言和操弄，讓我們彼此互相對抗，國家對抗國家、宗教對抗宗教、老人對抗年輕人、父母對抗小孩、有產階級對抗無產階級、城市對抗鄉村、老闆對抗員工、老師對抗學生、軍隊和政府對抗平民、男人對抗女人。這是一場靈性戰爭。

下一個重要的內幕消息來源，是在我遇見彼得森的六個月後出現，我們就叫他雅各吧。在科瑞．古德出現之前，雅各是我所認識職位階級最高的內幕消息來源，他廣泛地參與了祕密太空計畫，及其後續的「脫離地球文明」。第一次見到他的時候，雖然我知道這個人非常特別而且擁有絕佳的幽默感，但是我對他不太感興趣，我認為他是個假貨。這刺激了他，讓他想要證明自己給我看，而他也真的做到了。在我們第一次的私人會面中，雅各給我看了驚人的證據，證明他能夠接觸許多高度機密。不只一次，他在我家一待就是好幾天，我們的對話實在是非常引人入勝。他第一次來我家拜訪的時候，給我看了一張火星遺跡的機密照片。這些遺跡異常精細，很顯然是人為的，而且和我在地球上看過的任何東西一點都不像。最奇怪的是，照片兩邊有些箭頭指向照片中某些特殊的地方，其所使用的註解文字都是德文。

雅各還給我看了和某個幅員廣闊的地下基地數以百計的藍圖，要畫出這麼詳細的藍圖可能至少要花上一百萬美金。這些繪圖中的細節之多，還有他對於這所有的東西所做的技術性描述，都相當驚人。這個地下基地的特色就是在地表上有好幾套公寓，隱藏式的電梯讓人們可以住在這裡，只要有需要就可以很快到地底去。他曾經計算過這個設施到底可以容納多少人，他認為就算發生了全球性的災難，這個地方的空間仍然綽綽有餘。當他告訴他的上級他希望這個基地不只可以拯救他們自己人，也可以拯救一般老百姓，他的上級取消了這個計畫，並且撤回了資金。

雅各接著點開「谷歌地球」（Google Earth），為我指出世界各地一系列讓人激動的基地，他說這些基地比「五十一區」還有趣得多。沒多久他把畫面帶到一些地表上最荒涼的地方，在這片荒蕪之地的中間，指出一片相當令人驚奇的機場。其中一個地方是迪亞哥加西亞（Diego Garcia），那是印度洋中央一個小島，它通常被列為美國／北大西洋公約組織的聯合軍事基地。雅各說在這些基地中有同時為人類和外星人而建造的設施，這些可以從地表往下延伸好幾層樓——就好像我在高中做的那個揚升夢一樣。

這些人並不快樂

雅各在我們的私人會面時，給我看了另一件讓人吃驚的事情，那是二〇〇九年一月二十日歐巴馬上任頭一天，在白宮橢圓形辦公室拍攝的許多張照片，時間點就在他進門之前，時間是他在總統餐會受到威脅、並且被告知陰謀集團真相之後還不到兩週的時候。雅各對於餐會上發生的事情知道得很清楚，他同時證實了皮特和我分享的、和這件事情相關的所有細節。這些照片從各個角度拍攝歐巴馬的新辦公桌，他的桌上有一封馬尼拉紙信封，上頭有用筆潦草寫成的「四十四」，指出他是美國第四十四位總統。

這個信封裡包含了一系列簡報資料，告訴歐巴馬真實的情況為何。這些文件指出，陰謀集團由國際上最有權勢的銀行家們所組成，這些人告訴他，他必須完全遵守他們的指令——不然他或是他的家人就會遭受讓人意料不到的後果。雅各還有一些偷拍的相片，那是小布希總統坐在他的林肯轎車裡，在得知九一一事件之後一臉蒼白的樣子；我從來沒有在媒體上見過這些照片。在同樣一次會面中，雅各給我看了數十頁高階陰謀集團成員其家庭的銀行帳戶資料，像是羅斯柴爾德家族（the Rothschilds）。我看見帳戶名稱、密碼、帳號以及餘額，這些數字動輒好幾億。隨著時間過去，之後也有幾次雅各對我透露一些內幕消息，後來這些消息就變成新聞頭條了。某些情況之下，我會在新聞發布之前先公開這些訊息。

我很快就明白雅各為一個大多數人稱之為「光明會」的團體工作，光明會的意思就是「獲得啟蒙的人」。天大的祕密就是，他們這一群人是超級富有的權力階層，控制著**真正的**太空計畫，以及其他內幕消息人士造訪過的基地。他們擁有像是幽浮的太空船，經常性地在地球進進出出。雅各對於他們的所作所為並非完全支持，經常還會告訴我一些他不應該說的事情——他稱之為「說是非」。他說他仍然為他們工作，因為他覺得他們在太空所做的一切努力，對於地球上所有人類的生存是至關重要的。宇宙裡有壞外星人想要毀滅我們，我們必須阻止他們。有一次我問他是否有人可以控制幽浮，就像我在我的短篇小說《內戰》裡頭寫的那樣。他笑了，說這件事情經常會發生。大部分的人沒有辦法把飛船開得很遠，但是有少數人在最後被發現、攔截、拘捕之前已經逍遙地飛了好一陣子。

有人邀請我加入光明會，這樣我就可以進行宇宙旅行、和外星人見面、經歷一些不可思議的事情。他們也承諾我，如果我接受這個提議，我就會獲得一筆讓人合不攏嘴的鉅款，而且一旦有任何毀滅性事件發生，我都能全身而退。從各種不同的來源，我總共收到五個這樣的邀請。他們說會把我放到統治帳戶，裡面的錢很快就會累積到好幾億元。作為交換，我必須對外散布有利於陰謀集團及其思想的訊息，包括將路西法包裝成一股正面勢力，說他會為我們帶來智慧、自由和解放的性慾。這些年來我不斷地拒絕這些提議，因為我對於他們的某些作為實在是無法認同，比如說把減少人口當成是一種「需要」。我也不同意路西法是善良的、被誤解的人類解放者。要和雅各談這些事情相當令人神經緊繃，不過在這樣的過程中我對於光明會有了相當深入的了解。他不是一個路西法崇拜者，而且還會開玩笑說路西法存在於時間之外，說路西法最好先離開一下，晚點再回來。雅各可以讓任何人在幾分鐘之內就笑開懷，而且是一個取之不盡、用之不竭的知識寶庫，有著讓人目眩神迷的訊息和充滿娛樂性的故事。

黑色耶穌

雅各說過一個令人感到驚奇的故事，這個故事和一個他們稱為「黑色耶穌」的男子有關。他說這件事是高度機密，光是和我提起就是「說是非」了。很顯然，一九六〇年代，非洲出現了一個擁有一切揚升能力的男子。他可以看穿別人腦袋裡想什麼、憑空生出東西、使用心電感應溝通、讓自己飄浮起來，還有把自己從一個地方傳送到另一個地方。他是一個靈性老師，強調愛、和平、服務他人以及寬恕，是所有偉大宗教的共同核心。陰謀集團不希望有任何人發展出這種能力，一旦他們發現有某個人獲得這種能力，他們便會帶著偏見來追捕這些人並且消滅他們。陰謀集團用盡各種努力想要刺殺這個男人，然而他的身體在每次受攻擊之後又重生出來，不管這些攻擊看起來多麼致命。

最後有人告訴這名男子，陰謀集團放棄了，因為他太強大，他們沒有任何可以對他不利的方法，所以決定投降了。他們邀請他參加一次重要的世界高峰會，並且告訴這個男子，他們將會對全人類透露他的存在，這樣他就可以向全世界分享他的訊息。他被帶上一艘軍方的運輸機，飛機一升空，他們就對他瘋狂掃射。他的身體被分成了好幾個部分，每個部分都被儲存在一個超級高科技、帶有能量防護罩的容器裡。噴射機陸續到來，把所有的容器一個一個地扔到地表上，彼此隔得越遠越好。裡面的東西就這樣被徹底銷毀了，他們希望這麼做可以防止他再生。

在他們完成任務以後，這個男子再度現身，直接走進對他發出謀殺令的這些人的辦公室，他的身體看起來一點都沒有受到損傷。他說：「你們想要阻止我在地球上生活的欲望是如此強烈，因此我必須對此表示尊重，至少就目前來說是這樣。我很快就會離開你們，不過在將來，會有更多人發展出這種能力。一旦這件事情發生了，你們就無法再阻止我們，我們會把這個世界變成一個對所有人來說都更和平的地方。」

X先生和藍人

這個故事和《亞瑟圓桌會議》第一個揭密者的故事相仿，他使用「X先生」這個化名，並且在二〇〇六年五月拍攝了一支不露臉的訪談錄影帶①。他說他在一九八〇年代曾經為某個總部在加州的國防承包商工作，在那裡他必須整理數量龐大的機密文件，並且將之進行分類。根據《亞瑟圓桌會議》網站上的專文所述：「他在一個上鎖的地窖進行長時間的工作，每天都要打開許多巨大的郵袋，裡面滿是照片、錄影帶、外星飛船，還有許許多多只有獲得授權的人才能看的高度機密文件。這些文件訴說著羅斯威爾背後的故事、外星人造訪地球的事件，還有政府是如何小心翼翼地處理他們對於外星飛船進行反轉工程的書面證據。」②在這些文件當中，有一些來自一九五〇年代的報告，敘述了一系列艾森豪總統和某個善良外星人團體的會面。

皮特透露，這個外星人團體有深藍色的皮膚、大頭、黑色大眼睛，因此被簡稱為「藍人」（the Blues）。這和後來找上科瑞·古德的不是同一個團體，找上科瑞的是「藍鳥人」（Blue Avianes）。藍人承諾我們，會保護我們免於壞蛋外星人的侵略，並且會逐漸對我們釋出令人難以置信的科技。作為交換，我們必須放棄核武，允許靈性科學的正規教育，並且讓人類和善良外星人可以公開互動。

藍人的提議被人類毫無理由並且語帶諷刺地拒絕了。根據X先生看到的文件，藍人告訴美國政府他們會暫時消失，但是在二〇一二年要結束的時候，他們和他們的盟友會「大規模地登陸」歸來③。一旦他們決定暴露自己的身分，陰謀集團做什麼事情都無法阻止他們。

其他的內幕消息來源證實，這個日期被延遲了，因為我們在集體意識上還沒準備好接受這種事，不過這件事情依然很有可能會在合理的時間之內發生，這個大規模的接觸似乎是揚升過程之中的一個重要元素。X先生後來決定挺身而出、透露他真實的身分、並且和我們分享更多他知道的事情，不過在二〇〇八年十二月十三日，他卻因為一場來勢洶洶而且毫無預期的中風而死亡，他才四十八歲，還有個才一歲的兒子④。發生了這樣的事情讓我感到深深的遺憾，我多麼希望自己能在他過世之前見他一面。

內幕消息者共聚一堂

我敲定一個連續三天的會面，讓雅各和皮特·彼得森在皮特的家鄉見面，參與其中非常有趣。在晚餐的某個時間點，我在房間裡聽到了非常響亮的**叮噹**聲。我立刻問他們兩個有沒有聽見這個怪聲音，但是他們太沉浸在和彼此的對談中，沒有聽見這個聲音。接著當我用叉子插東西吃的時候，我的盤子整齊地裂開變成兩片（參見圖21）。隔天，我家的水管突然爆掉，水濺得整個廚房都是。這兩起事件看起來都像是威脅的警告，很有可能使用了粒子束科技，但我不會讓這種事情把我嚇倒。

我也安排了雅各和霍格蘭所認識最高階的揭密者——布魯斯，在洛杉磯的一家餐廳裡面進行了短暫的會晤。雖然布魯斯直接和美國總統工作，雅各並沒有在自己的故事裡提到他。不過他們兩個處得很好，就許多共同的知識進行了交流。有參與過這些計畫的人，立刻可以認出其他的參與者，雅各的說法是：「他們可以在你身上聞得出來。」後來雅各又來拜訪，和亨利・迪肯一起在我家待了幾天。當我安排這些人共聚一堂，可以明顯看出他們享有許多共同訊息。他們以一種很快的速度，就一些我不明白的代碼和事情進行交流，顯然他們交換的是超級複雜的內幕資訊。在某個時間點，雅各和亨利・迪肯到我家的後院，進行了另外兩個小時的私人談話，如果我可以聽到他們說些什麼就好了。

在科瑞・古德出現之前，雅各是我所認識層級最高的太空計畫內部人員。他說他個人到過大約兩百個不同的外星基地，其中許多遠在太陽系之外。這樣的旅行是透過一些人稱之為「宇宙網」的傳送門系統——有一系列的電漿管（plasma tubes）將鄰近的星系互相連結在一起。雅各無法理解為什麼那麼多人對火星情有獨鍾，他說火星是一個「可怕的」星球，還有許多其他星球更適合旅行。他還告訴我，有一次他奉命去

圖21：和內幕消息來源雅各和皮特・彼得森的晚餐會面之中，大衛・威爾科克的盤子裂成兩半。

殺掉一些十五公尺長的沙蟲，牠們會附著在基地的兩側。不知道為什麼，牠們演化成以金屬和其他礦物為食物。這個工作有點無聊，你必須使用一種可以射出三十公分長金屬導彈的武器，像是一種小型的標槍。這個工作還有點可怕，如果讓這些蟲發現你站在空曠處，牠們會以一種很快的速度奔向你，一旦被牠們靠近很可能會送上小命。

我們的星際社群

雅各說以我們的太陽系為圓心，在一千光年的半徑之內，大約有五千至六千個智能文明，他說他個人就在大約兩百個不同的外星基地，看過至少四百種不同的外星人。他說有些外星人就是人類或是長得像是人類，另外有一些則是「人科」（hominid）——意思是他們有頭有臉，身體有手有腳，可以直立行走，但是除此之外看起來跟人類一點都不像。我們在地球上看到的每一種生命形式，在諸多的行星之中已經演化成有智能的人科生物。在原本就有海洋覆蓋的行星之中，人科生物會從我們在地球上看到的、各式各樣的海洋生物演化出來。其中一種他實際進行過互動的外星人，有著看起來像鱘魚（sturgeon）的頭，眼睛長在兩側，還有長長的吸盤嘴，裡面滿是尖牙。另外一個外星人團體曾經造訪非洲馬利（Mali）的多貢部落（Dogon），他們有著全黑的眼睛，骨狀的突起物上面長著眉毛，當他們走路的時候，奇怪的四肢在移動的時候就像是水母一樣。

還有各式各樣類昆蟲的人形生物，包括看起來像螞蟻的人，或是像蚱蜢、像螳螂的人。當我把這些資訊告訴皮特，他說他在南極洲一個叫做「大南極」（Ice Station Zebra）[1]的基地和一種蚱蜢型的生物有過互動。這個名字在「光天化日」之下，藏在一部一九六三年的同名小說，以及後來拍攝的同名電影裡頭，故事是根據一九五九年的一個事件，俄國人在北極找到一枚被他們擊落的美國衛星。真正的代碼名稱通常以這種方式發布出來，所以如果有任何人想要揭密，他們就會被控抄襲電影的點子。皮特說，要和這種生物交談最大的困難在於他們的嘴巴，他們兩邊各有三個下顎，會持續地張開和閉合。當你見到這種長相不尋常的個體，在生理上覺得噁心是很常見的事。當皮特把這種感覺告訴這種生物，他說：「你覺得我和你說話的時候有什麼感覺？」後來當這個生物笑的時候，他會刻意地低下頭，所以皮特就不會看到所有的下顎打開的樣子。

關於皮特說的「大南極」，我將若干特別的細節記下來，然後回報給雅各，我根本不用開口，雅各接著就皮特所說的這個主題補充了更多訊息，內幕消息人士之間共享某些訊息是很常見的情況。雅各還指出爬蟲類的人形外星生物有好幾種，他們是最大的麻煩製造者。皮特、威廉．湯普金斯還有科瑞．古德分別向我確認了這一點，我會在後面的章節對此進行討論。

到底有多少人知道？

我也看過雅各和其他內幕消息人士互動，包括已經過世的包伯．迪恩，他可以說是《亞瑟圓桌會議》最受喜愛的證人⑤。包伯．迪恩讓我想起了海明威小說中一個充滿智慧、頑固的老水手，只是手上多了一根菸。當迪恩看到雅各擔任《亞瑟圓桌會議》的來賓，他著實地嚇了一跳，他認出雅各，之前他們都為太空計畫服務。從一九七〇年代起他們就沒再見過對方，經過十幾年他們再度見面的時候，我也在場。雅各笑笑地對迪恩說，他應該站出來，把他知道的事情都講出來。

雅各後來告訴我，迪恩在祕密太空計畫中涉入很深，他對大眾公開的只是他所有情報裡的冰山一角。雅各說，祕密太空計畫最高層級的人為數不多，因此他們都會互相認識。他告訴我，地球上指揮階層的核心管理部門「大概只有十五至二十五人」，確切的數字也被列為機密。當我和迪恩談話的時候，他也同意這個概略的數字。

這個數字和大揭密計畫的一位高階證人丹尼爾．M．索特（Daniel M. Salter）所提供的數字類似，我在二〇〇一年與他有過短暫的會晤。索特寫的書《擁有宇宙通行證的人生》（*Life with a Cosmos Clerance*）包括了各種有趣的細節，已經獲得其他揭密者證實。在大揭密計畫中，索特使用丹・莫理斯（Dan Morris）這個假名，在會議的簡報裡，索特敘述了他其中一項工作職責：「我會去訪問那些宣稱他們自己看到某些東西的人，試著說服他們並沒有看見什麼東西，或是他們看到的只是幻覺。嗯，如果這麼做沒有用，另外一個小隊就會去拜訪他們，然後使用各種威脅手段……威脅要對他們或是他們的家人不利，諸如此類。他們負責污衊他們，讓他們看起來很蠢……如果這也沒有用，接著會有另外一個小隊到那裡直接殲滅這個問題，不管是用什麼方式。」索特的完整證詞，可以在大揭密計畫簡報的第兩百六十八頁找到。[6]

我在寫這個章節的時候，布魯斯剛好打電話給我，我問他，目前生活在地球上的人，除了那些在祕密太空計畫部門工作的人，有多少人知道太空計畫究竟在做些什麼呢？他說地球上「大約有三千個人」知道，而這群人當中有四百到五百個人是公眾人物，剩下的人大部分都沒沒無聞，此外這些公眾人物都不是被選出來的政治人物或是名人。我又問他，真正在核心運作這些事情的人有多少，他透露，這就是「三百人委員會」（Committee of 300）的由來[7]。這個團體又以「奧林匹斯眾神」（the Olympians）之名而為人所知，意思就是他們視自己為神祇，據說他們在一七二七年建立了英國的貴族政治。[8]

瓦爾特・拉特瑙（Walter Rathenau）在一份一九〇九年所發布的聲明中，洩漏了這個團體的祕密：「三百人，每個人都互相認識，主導著歐洲大陸的經濟命脈，並且從他們的所在之處尋找繼承人。」[9]一九二一年，有人把「反猶太主義」（anti-Semitism）的罪名加到拉特瑙身上，拉特瑙反駁說，那些人都是商業領袖不是猶太人[10]。我問布魯斯，這三百個人中究竟有多少人是公眾人物，他說大概只有三分之一。他還說，這個團體由一個三十三人組成的核心委員會來運作，這大概就是「十五至二十五人」這個說法的由來。「鮮為人知的真正祕密就是，這三百三十三個人控制著陰謀集團，這個數字對他們來說有著重要的象徵意義。」他不用說我也知道，三百三十三就是六百六十六的一半，在那個時候這一切已經相當明白。他說了好幾次：「你相不相信都無所謂，這是他們的宗教，而且他們對此相當認真。任何想要研究這個宗教的人，就像是在讀其他人的信件一樣，你永遠不會真正了解這些信件的內容，除非你直接涉入到對話之中，但是誰會想要這麼做呢？」

傳送門和宇宙事件

包伯．迪恩說他想要把他知道的事情全部告訴我。難過的是，在他過世之前我都沒有機會聽他完整的說明。不過，我曾經問過他用現代的星門系統旅行——在一瞬間就跨越非常遠的距離——有什麼感覺。他說這個系統相當進步，一不留意就會錯過這個瞬間。你會感覺到像是一種突然而又充滿全身的能量震撼，但是這不會讓人不舒服，而且一下子就過去了。有一次在旅行的過程中，他伸手往下要拿公事包，但是完全感覺不到它的存在。迪恩在二〇一〇年一次《亞瑟圓桌會議》的訪談中，揭露了傳送門系統的存在：

我是最早揭露這個訊息的內幕消息人士（之一），那就是我們有各式各樣的傳送門……在S4基地中的地下第十四層，有個海軍少校跟我說過一件事，他說：「我奉命穿上夏天的制服，打包行李，帶上公事包。」他收到命令要前往這個基地報到……S4基地，在「嬰兒湖」（Papoose Lake）的另一邊。他說：「這裡冷的要命，為什麼要我換上夏天的制服？」即使是拉斯維加斯在這個時間都很冷。他們說：「你只要照做就好。穿上你夏天的制服，打包行李，然後來這裡報到。」他們帶他去S4基地，接著電梯往下到三個不同的樓層。他手上有一張紅色卡片、一張藍色卡片和一張綠色卡片。到了基地的底層，那是地下十四層樓——這就好像把一個十四層樓的建築物埋在地底下——他在最底層穿過了一道門，那裡坐著一隊士兵。我不記得他說那是陸軍、海軍、空軍還是什麼別的，到了那這些都不重要了。他們說：「中校，歡迎光臨。請進來。」他從電梯裡穿過這扇門，這個年輕的士兵對他說：「歡迎來到松樹谷。」

……

中校說：「你到底在胡說什麼？」

他說：「長官，你現在在澳洲。」

中校說：「不對，這裡是內華達。」

這個年輕士兵說：「長官，剛剛你走過那個門的時候，就已經到了澳洲。」⑪

我們的未來‧刺激的變化

雅各也跟我說了一個類似的故事，他會使用一個看起來像是火車內部的設備旅行到外星的基地。如果你想，可以坐在座位上，但是幾乎是一上車、門關起來，你就已經到達目的地，接著門會再度打開。雅各透露，軍事工業複合體和許多智能文明進行了煞費苦心的交易，使用這些傳送門系統到處旅行。他的其中一項工作就是「顧客關係」，他會拜訪許多外星世界的商業夥伴，討論貿易協定。他說他見過某一種外星人，他們似乎享有某種集體意識。在這種情況下，每個人都有相當類似的個性，這讓他覺得這些外星人缺乏個人特色。他們眼中的地球人相當好動和情緒化——顯然對我們真的一點也不了解。

雅各對於一九八〇年代造訪我們太陽系的「探索者」也略有所聞。他說「探索者」被他的人攔截下來，互相對峙。「探索者」裡面的人，自稱是拜訪我們太陽系的和平使者，不過雅各說在陰謀集團的眼裡：「他們就是一群笨蛋，所以我們叫他們滾蛋。」顯然在這件事情過後，他們便平和地離開了——但是從一九九〇年晚期開始，有更多、數以百計、大小如月球的飛船來到太陽系。一個名為肯特·斯戴曼（Kent Steadman）的研究人員使用NASA「太陽觀測衛星」（SOHO space probe）的官方影像，定期追蹤這些行星大小的物體，觀測它們繞著我們的太陽飛行。在我剛開始接觸網路的頭幾年，追蹤這則報導是相當有趣的一件事。在一九九八年到二〇〇一年之間，有許多令人驚奇的物體被看到。我就斯戴曼的發現寫了一篇相當不錯的簡介，上面有著動畫影像，於二〇一五年八月二十四日發布在我的網站上。[12]

科瑞·古德後來透露，至少有一百艘球型飛船在二〇一二年來到太陽系，而且其中有許多飛船的大小就像木星一樣。

雅各也知道我們的太陽系正在往一團高度充滿能量的能量雲移動，他說這會讓太陽創造出大規模的能量閃光，可能會將我們推進下一階段的人類進化。回想二〇〇九年，他告訴我：「你預期在二〇一二年發生的事件，很有可能會在二〇一七年發生。」在他告訴我之後，我把它當成祕密藏在心裡，就是為了要看後來出現的揭密者是不是會提到同樣的事情。科瑞·古德後來透露，對於同樣的事件，根據他所受的訓練，他不斷獲得一個結果，這個日期大約是在二〇一八到二〇二三年之間。雅各說得很清楚，一旦我們經歷了這個轉變，之後要不了多久人們就會開始發展出深奧的揚升能力。我們將能夠動態地改變我們的臉部特徵，就像是活的刺青一樣，這樣的訊息被揭露在《守護者》（*The Watchmen*）這部電影中。皮特森說他在「五十一區」看過某些人形外星人，可以讓一堆箱子圍繞著他們飄浮，同時還能繼續活靈活現地談話，與此同時，箱子仍然完美地停留在空中。許多拜訪我們的外星人都發展出類似的能力，一旦我們經過這樣的轉化，我們也會獲得這些能力。

我問雅各，他所去過的地方哪裡最美。他說他去過一個地方，那裡的一切事物都是由一種發光的、彩虹顏色的水晶物質所構成，到處都充滿了一種紫色的光芒。這樣的美是無與倫比的，愛和寧靜的感覺幾乎瀰漫了一切。為了造訪這樣的世界，你必須跳到一個像是「阿凡達」的身體裡頭，就像是我們在詹姆斯．柯麥隆的同名電影裡看到的一樣。在太空計畫中，像是雅各這種層級的人士經常會使用這個科技。

太空鯨魚

雅各還告訴我，已經有人做好準備計畫，讓大揭密可以發生。相關人士已經和許多外星團體制訂了各種協議、進行互動，他們之中許多人都堅定地認為這個祕密必須被終結。

催促著要進行大揭密的外星團體，很有可能包括了善良的「守護者」，他們融化了許多核彈頭，而且在二〇一一年八月和二〇一二年一月之間，至少從二十六個地下基地傳送到別的地方。自從這些協議簽訂以來，我已經看到許多由NASA自行發布的驚人大揭密，我們會在下一章就其中一些進行深入探討。不過，這些文章僅僅以一種鳳毛麟角的方式出現，很少會有人把它們放到更大的背景來看。以此看來，陰謀集團正在盡其所能執行自己的任務，它並未賦予這些新聞足夠的能見度，讓它們成為頭條新聞。

二〇一四年的春天，雅各說他的手下發現，在「土衛六／泰坦」（土星的衛星）的海洋裡，有一隻非常巨大的生物在游泳，像是一隻鯨魚或是海牛。其中一隻會定期地在某個特定的地點浮出水面，可能是要換氣或是休息。他們想要把這些照片發布到主流媒體，不會告訴人們這是什麼，但是會給人們一些強力的暗示。

幾個月之後，我非常驚訝地在媒體上看到一則土衛六／泰坦上有個「神奇島嶼」（magic island）的故事。二〇一四年六月二十二日，《富比士》（*Forbes*）雜誌寫道：「研究者在（土衛六／泰坦）第二大湖的中間發現了一個時而出現、時而消失的『島嶼』……根據發現這件事情的幾名研究者，他們所合著並且發表在《自然地球科學》（*Nature Geoscience*）這個期刊的一篇論文，提出其他的可能性，像是沉下去的物體因為溫暖的氣候而變得有浮力，或是像泡泡一樣浮出水面。」⑬

這件事情在二〇一四年九月三十日又登上新聞版面，多虧了NASA又發布了新聞稿，指出這件事情又發生了：

我們第一次見到這樣的特徵是在二〇〇三年七月，雷達的影像出現一個亮點，在黑暗的海洋中顯得特別突出。但是後續的雷達偵察沒有辦法再找到這個特徵，這讓科學家們感到十分「困惑」，但是在二〇一四年八月二十一日他們又再度發現它。雖然科學家無法確定這個特徵是什麼東西，NASA報告說，他們有「信心」這個特徵絕不是因為「他們的資料出錯」所導致。對於這個特徵，他們目前的解釋，像是「海洋表面的波浪、海底浮起的泡沫、漂浮的固體、懸浮在表層之下的固體，或是某種更有外星風情的東西。」土衛六／泰坦的碳氫化合物湖泊，一直以來都讓科學家充滿了好奇，他們猜測這個衛星的表面或許能夠讓生命存活。「但是如果土衛六／泰坦上面有生物，那和地球上的生物也是相當不同的，地球上的水密切地和液態水連結在一起。」網站「太空」（Space.com）這麼寫道。（參見圖22）⑭

我完全同意這個特徵不一定是真的生命形式，可能只是個無機的固體，週期性地載浮載沉。這些報導也有可能是假情報，所以當他們要終結某個特別計畫的時候，就會反過來說這些報導都是騙人的，這種新聞的總體價值就在於將大揭密的論述再往前推進一步。最重要的是，就在這件事真的上新聞之前，有人先告訴我它會出現在媒體報導中。這是非常有力的證據，別的不論，這至少說明了雅各和NASA有些關係。更重要的是，期刊的作者暗示，這座「神奇島嶼」可能是「某種更有外星風情的東西」。接著他們又說土衛六／泰坦上面的生物和地球上的生物會相當不一樣。

雅各透露，他們將許多不同的故事披露給媒體，為的就是將來大揭密發生的時候，能夠發揮一些作用。陰謀集團總是為所有的事情準備好各種備用方案，他們知道整個幽浮掩蓋計畫，可能會以各種方式被揭開，因此他們的目標就是盡可能地控制並且主導這樣的過程。如果他們成功了，我們最後只能看到「小揭密」，完整的真相又會被擋住許多年。在寫作這個段落時，幾乎所有人都認為陰謀集團的「小揭密」不太可能成功。

一旦真相開始出現，沒多久大多數的人就會開始要求各種訊息。那些在掩蓋的黑幕落下之前，就為社會大眾提供高品質訊息的研究者和內幕消息人士，會吸引更多主流和日常世界的興趣。過去許多年來，我的夢境就在為我成為一個名人做準備，一旦這件事情發生的話，我的生活勢必會變得更加困難。不過我知道這件事情有多麼迫切，為了人類的延續，真相必須被暴露出來。

「太陽守門人」的參與者科瑞・古德

當雅各在二〇〇九年十二月現身說法之後，接下來的五年，我再也沒遇見過任何和他有著同樣訊息水平的新內幕消息來源。這是一段漫長的等待，長得讓人有點抑鬱，因為我一直期待有更

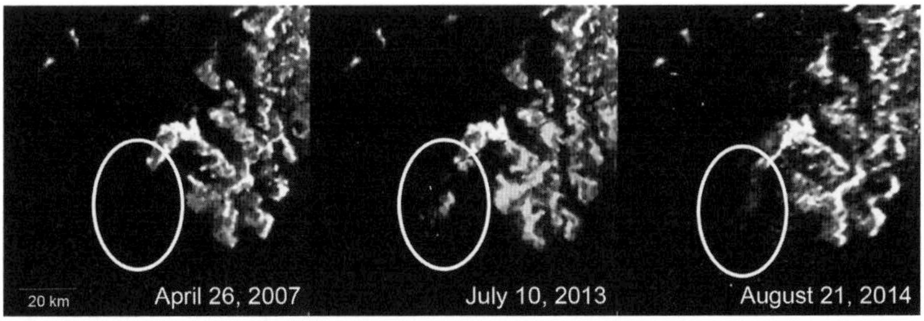

圖22：土星衛星「土衛六／泰坦」上面神祕的特徵變化。

多知道內幕的人會現身。二〇一三年在史諾登揭密之後，美國政府對於揭密者有一次大整肅，要新的揭密者挺身而出似乎不是那麼容易。不過科瑞．古德在二〇一四年十月對我敞開心房，終於改變了這一切，我和他的緣分從二〇〇九年成為網友之後開始。當科瑞．古德告訴我他真正知道的事情，我開始有能力去證實許多其他人告訴我的事情。如果其中五個或十個故事有類似的關連，你還可以把它當成巧合。一旦某些事情在這些人的敘述當中出現了五十次或是一百次，而且內容是我從來沒有公開發表過的特殊機密議題，唯一邏輯上的解釋就是，在某些確實存在的事情中他們每個人都曾參與。我把成年之後的生命歷程，都投入對這些祕密計畫的密集研究，可以找到這樣一個人物，能夠將所有的失落細節填補起來，真的是非常大的回饋。這個故事本身相當引人入勝，是那麼的富於宇宙性和出乎意料，感覺起來就像是有個完整的大揭密事件，要帶領我們走向揚升——不管是以什麼方式。

沒多久我就發現，科瑞跟我說的許多事情都超越了他的權限，而雅各同樣沒有獲得授權吐露這些消息。舉例來說，在過去我從來無法真正了解，陰謀集團創造了「脫離地球文明」到底是為了什麼，現在我才明白是為了生產並且銷售極端先進的科技。儘管這聽起來可能有點令人驚異，科瑞最後發現，我們的軍事工業複合體，涉及了和其他九百個不同的文明有著經常性的商業活動。在這些交易之中用的不是錢，所有的事情都基於交換，包括分享受過訓練的人員作為諮詢的用途。新科技持續被引進、進行反轉工程、然後繼續發展。

國防承包商製造了為數眾多的各種產品，一旦這些產品被發布出來，將會完全地轉變我們所知的地球生活。我們會立刻進入《星艦迷航記》時代，擁有太空飛船、遠距傳送、時光旅行、反重力、自由能源、物質製造機，還有超級先進的治療技術。陰謀集團刻意地向我們隱瞞這樣的科技，在他們能夠控制這個行星之前，他們不會想要洩露這些事情。他們不會允許這樣的科技為人們帶來和平和繁榮的時代。相反地，他們想要利用這樣的科技加強他們的控制，他們的計畫包括了以他們擁有的科技導演一齣大規模的、假的「外星人入侵」事件，這麼一來，我們就會把主權交給跨國的「新世界秩序」，我們便成了被他們所控制的禁臠。事實上，他們以好幾百齣和外星人入侵有關的各種電視和影集，透露了這個計畫，但是這樣的計畫被善良外星人完全阻止了，善良外星人希望我們的揚升之路不會受到打擾。

科瑞對於他過去二十年在太空的工作還記得很清楚，彷彿是在一艘光榮的潛艇裡工作。他所參與的特別計畫代號叫做「太陽守門人」——那是加里．麥金農入侵五角大廈的電腦所發現的同一個項目。科瑞的工作很無趣，住在一個類似軍事基地的地方，他在公共區域有個臥鋪，此外還有個小隔間可以放置個人物品。他的食物來自一個「物質製造機」，它會「列印」食物，他最常選的食物就是燉肉。我從皮特和雅各那裡就這項科技的許多技術性細節，分別進行了確認，此外大揭密計畫的證人丹尼爾．索特也提過這件事。皮特和雅各說，這個科技需要有機的材料才能夠列印食物，早期他們使用過奶油，椰子油也相當有效，而麻油似乎能夠帶來最穩定、品質最好的食物。皮特在「五十一區」列印過據他說相當美味的食物，不過科瑞的三餐和這個計畫高階人士的伙食，在水準上還差得遠。

禁止對紅十字會會員開槍

科瑞因為跟我講了這些祕辛，不斷地受到警告，我自己也從許多地方收到死亡威脅，要我別管太多或是諸如此類的事。幸好宇宙裡有一些法則，只要你的思想和行為保持正面的態度，就不會遭到折磨或是殺害。我會轉向這種觀點就是因為雅各，他確切的用語是：「你不准對紅十字會的會員開槍，這就是『規則』。」

雅各廣泛地談到這樣的規則，這是宇宙性的原則，除非地球人授意，負面的行為無法發生，不管是就個人或集體的層次而言。因為同樣的理由，邪惡的團體必須告訴我們他們是誰、他們在做什麼，這通常被稱為「公開的隱藏」。其中一個最明顯的例子就是「全知之眼」，以及一元美金紙鈔上的金字塔象徵，他們把這些東西擺在那裡，但是從來沒有人去談論它。大部分的人所受的教育就是，嘲笑陰謀論，並且揶揄那些信教的人。陰謀集團教導我們，把任何和他們的存在有關的證據貼上「陰謀論」的標籤，因此讓它成了一個無法證實並且可以輕易被貶損的想法。然而，當懷疑論者真的碰到麻煩的那一刻，他們立刻就嚇得六神無主——就像我的父母在半夜看見有人沒敲門就走進對街漆黑一片的房子裡的反應一樣。

想像和意志

雖然這聽起來可能很詭異，不過陰謀集團在全世界蓄意地施行黑魔法。當大揭密的進程逐漸開展，我們發現了這樣一件大事——這個發現同時也為我們帶來了深深的沮喪——陰謀集團對於我們的集體意識的力量知道得很清楚，他們持續地想要利用這一點來對付我們。為了達成這個目標，他們所使用的兩個主要工具就是想像和意志。

這個過程的第一步就是，在我們的想像裡種下負面的思想形式，像是核戰、外星人入侵、全球經濟崩盤、毀滅性的自然災害、戒嚴、戰俘收容所、全球傳染病、食物短缺、大暴動等，諸如此類，這些只是幾個比較極端的例子。下一個階段就是製造創傷性的事件，讓它激起我們意志的力量，我們的集體意識接著就會為這樣的思想形式充電。他們的目標就是讓絕大多數的老百姓失去客觀性，變得驚慌失措而且充滿憤怒。在這樣的時刻，我們已經為戰爭做好準備，而且對於誰會活下去或是誰會死亡變得毫不在乎，我們心裡想的只有報復。如果我們之中有相對多數的人抱持著這種想法，並且行使我們的意志投票表決，決定要不分青紅皂白地毀滅其他人，我們就正式啟動了他們移植到我們想像中的計畫。到時候，看顧著我們星球的善良外星人，也只能被迫讓陰謀集團為所欲為。

關於這件事情，最簡單的一個例子就是槍枝管制。陰謀集團在我們的集體想像之中，種下許多種子，跟我們說槍枝會殺人，我們必須拿走所有的槍枝，這樣就能阻止所有的死亡，我們就會重獲安全。下一步就是導演一場暴行，像是大規模的射擊案，然後立刻重複他們在天下太平的時候，種植在我們腦海裡的語言程序。比如說，如果有許多人哭喊：「把所有的槍枝都沒收，這樣這種事情就再也不會發生了。」這麼一來陰謀集團就成功地讓大眾解除了武裝，把可能威脅他們權力的事物給剷除掉。黑市的槍枝交易成了欣欣向榮的產業，擁槍自重的罪犯在大街上閒晃，天不怕、地不怕，只怕其他的罪犯，或是那些在貧民窟裡根本就沒有存在感的警察。還有，如果陰謀集團可以讓大多數人無法擁有槍枝，他們要全然地征服一個國家就更容易了，因為沒有人有對抗他們的工具。在現代歷史中，槍枝管制一直都是正在崛起的法西斯政權的主要手段。在二〇〇七年一篇《衛報》的文章中，娜歐蜜．沃爾夫（Naomi Wolf）仔細地說明她在自己的著作《美國的末日》（*The End of America*）中所鋪陳的、通向法西斯主義的十個步驟：

> 如果回顧歷史，你會知道要把一個開放社會變成一個獨裁政權，在根本上有個計畫大綱可以遵循。這樣的大綱不斷地以血腥或是恐怖程度不一的方式被使用，但是總是有效。要支持民主政治是非常困難而且費力的——不過歷史顯示，要讓一個民主政治垮台卻非常容易，只要你願意進行幾個步驟就可以做到。儘管要思考這一點不是那麼容易，但是如今事態已經變得相當明白，如果你願意去看，在今日的美國、從小布希在位的時候，這十個步驟早就已經開始啟動了。⑮

「邪惡菁英」（negative elite）的遊戲，就是透過一連串無止境的自導自演事件、謊言和操弄，讓我們彼此互相對抗。他們想要我們互相較量、國家對抗國家、宗教對抗宗教、老人對抗年輕人、父母對抗小孩、有產階級對抗無產階級、城市對抗鄉村、老闆對抗員工、老師對抗學生、軍隊和政府對抗平民、男人對抗女人。他們樂於見到網路論壇上面恨意叢生，而且就實際情況而言，還會主動地贊助許多人來散播這種狀況。人們光明正大地躲在匿名的斗蓬下，輕易地喪失他們的人性，一點都沒有察覺到，在更廣大的靈性層面上，他們依然必須為自己的言語和行動負完全的責任。

這是一場靈性戰爭

陰謀集團很清楚這是一場靈性戰爭。在我高中時期最重要的一個揚升夢境中，我唯一能夠打敗地下基地那個政府官員的方法就是，「自我創造」、並且成為一個全面啟動的靈性存有。陰謀集團的手段裡有個重要的部分，就是讓我們對於下面這些事情保持無知：我們擁有靈魂、死後還有生命、我們會再生、我們的意識比我們所認為的還要具備創造實相的力量。夢境被當成是大腦的垃圾；超感知覺被當成迷信的神話；宗教不過是人民的鴉片；外星人要麼不存在，不然就是非常邪惡；宇宙中沒有更高的力量會照看我們的幸福；揚升聽起來如此荒謬，就像是一個可悲的笑話，在這個笑話中，基督教基本教義派的人會像風箏一樣飛上天。這就是為什麼我會寫《源場：超自然關鍵報告》和《同步鍵》的確切原因——為這些被抹黑的概念提供大量的、無可反駁的證據。我們的媒體積極地鼓勵我們去嘲笑任何信仰更高力量的人，菁英集團亦雇用了許多懷疑論者，讓他們傲慢地攻擊那些拒絕接受官方意識形態的人。

那些公開反抗這些團體的人，都會被陰謀集團用頂尖的防衛戰術盯上。邪惡團體會非常努力地污衊這些英雄、將他們引入各種誘惑。陰謀集團有各種科技可以幫助他們這麼做，包括某種稱為「神之音」的工具，它會將想法植入你的腦海、讓你違背自己的靈性原則。一旦他們成功地對你產生影響，就會讓你違背自己的道德和操守，讓你同意他們的行為，進而把你變成一個可以被傷害、抹殺、消滅的目標。要達成這個目的，其中最好的一個手段就是性誘惑。當我就幽浮、靈性還有意識提升這些主題進行演講，過程中產生的粉絲互動，就像我小時候看到、發生在那些搖滾巨星身上的事情一模一樣。如果一個公眾人物落入在性上面占別人便宜的圈套，比如說騎驢找馬、不願意給出承諾，由此導致他人的心碎，就足以為他們帶來重大的傷害。

各種形式的腐化，像是控制和玩弄其他人，可以讓一個公眾人物垮台。如果在私生活中違背了你自己傳達給世界的訊息，比如說剝削別人或是其他刻意為之的冷酷行為，這也會為你招致重大的傷害。在我追尋、揭露靈性揚升祕史的道路上，我必須像個靈性的奧林匹克運動員，過著一種準確、有紀律的生活，以免為自己惹來殺身之禍、或是受到嚴重的傷害。即使在過去二十年來我一直都對這樣的把戲保持覺察，並且盡我所能地保持紀律，我還是經常犯錯。因為這些錯誤，我的日常生活充滿了各種讓人沮喪、充滿破壞性的事情。

我盡最大的努力，在面對各種逆境的時候保持樂觀的態度。我選擇這樣的生活形態是為了活命，如果要某個人突然以這種方式過活，還要活得不錯，幾乎是不可能的事。這樣的試煉需要使出渾身解數，新的挑戰不斷出現，唯一能夠阻止他們的方法就是放棄這樣的追尋。

陰謀集團和其他的邪惡團體，相信我們共有的靈性原則既荒謬而又噁心。他們相信我們都有著腐化、愛操縱而且邪惡的「人類天性」，而這個宇宙真正教我們的，就是去殺害別人、不然就會被殺害，只有強者會活下來。他們清楚知道，有更高的力量在推行靈性法則，像是透過業力，不過他們認為推行這些法則的神祇相當墮落、具有侵略性而且瘋狂，想要壓迫我們的自由。令人難過的是，這些陰謀集團的團體滲透了幾個主要宗教、並且引入各種這些宗教原本應該對抗的扭曲想法，這是另一個「玩弄兩面手法」的例子。接著他們就會將這些問題歸咎給這些宗教的創始老師，並且控訴他們是腐化、邪惡的妖魔鬼怪。

如果你對於這樣一個把戲保持覺知，盡你所能成為一個謙遜、誠實、充滿美德而又有愛心的人，你就不會「授權」讓最具有傷害性的事情發生。不過，只有很少人發展出足夠的靈性，可以避免沒有預期的破壞性事件。就我而言，這些事情是那麼極端而又沒有停息的時候，生活感覺起來就像是一部超級複雜、超級瘋狂的電影。陰謀集團透過鎖定你的主要創傷，並且動員那些可以強迫你去重複這些創傷的人物和情況，就可以對你造成許多重大傷害。此外，即使你已經盡可能保持高度樂觀，並且在個人生活裡和這些事情完美地劃清界線，然而如果你在為真理奮戰，你還是會在網路上遭受無法想像的嚴重騷擾和毀謗。不過，如果你承擔了這份榮耀和責任，在這個非常時期幫助他人，這樣的服務或許會是一個「引爆點」，授權你進入揚升。路上或許會有些顛簸，但是你可能很快就能夠飛越這些困難。

完全的大揭密

二〇一四年十月，科瑞開始告訴我所有他知道的事。到了二〇一五年二月，我已經記下他大部分的證詞，那是總共有一百五十頁的文字檔。幾乎就在那之後，他重回祕密太空計畫，那是自一九八九年以來頭一遭——如果中間幾次和這個計畫的成員短暫會晤不算的話。他被引介給一名男子，現在我們稱他為岡薩雷斯中校（Lieutenant Colonel Gonzalez），他是祕密太空計畫（secret space program，或簡稱為ＳＳＰ）內部一個聯盟的成員。ＳＳＰ聯盟（SSP Alliance）的人不喜歡陰謀集團的作為，而且努力地在推動完整的大揭密——包括完全釋出所有被列為禁止項目的科技。有人告訴我們大規模的資料封包已經準備好了，一旦這些資料被釋出，再也沒有人會對真相有所質疑。我已經在這本書裡盡我所能地提供了這些數據的原始概觀，包括名字和參考資料，這樣你就能自己做進一步的研究。陰謀集團瘋狂地想要阻止這些訊息流出，像是威脅關閉全世界的網路或是毀滅這個星球，他們永遠不會獲得實行並且完成這些行動的授權。

儘管我們面臨這樣的危險，我依然相信這個宇宙的「法則」，並且在我們的節目「蓋亞頻道」（**Gaia network**）的《宇宙大揭密》（*Cosmic Disclosure*）上，繼續和科瑞進行專訪，錄製了可以播放一年以上的節目存檔。這是一個網路播出的視頻節目，每個月只要繳交一點費用就可以看⑯。整個節目幾乎都是由我提出簡單的問題，由科瑞回答，這些問題是根據過去二十年間，我從內幕消息人士那裡所蒐集的證詞還有研究而擬出來的。寫這本書的時候，我們已經蒐集了相當足夠的材料，可以供應超過一年、每個禮拜半個小時的播出。我也盡我所能在我另外一檔每週播出的電視節目《智慧教導》（*Wisdom Teachings*）中，以各種證據來支持科瑞的說法。針對科瑞所說的一切，人們對他就事論事的商人模樣一直以來都有各種意見。不過就我看來他不像是在說謊，不管我問他什麼問題，他提供的答案總是比你的想像還要複雜。

根據科瑞的說法，霍格蘭所認識最高階的內幕消息來源布魯斯，他為一個我們將稱之為「軍事太空計畫」的項目工作。

關於祕密太空計畫，像是我們在亨利・迪肯、皮特・彼得森和雅各的說法中看到的。布魯斯所屬的這個團體被蒙在鼓裡，他們對於大部分和祕密太空計畫有關的深度資訊一點都不知情。這個軍事團體所獲得的情報，告訴他們人類永遠無法離開太陽系，他們認為我們領空所有的飛行器，都屬於由地球人主導的祕密計畫，而且在近代的歷史上並沒有外星人造訪地球的紀錄。這個軍事太空計畫很顯然是幾年前才創立的，被用來當成「小揭密」的工具。他們的算盤是，如果幽浮的掩蓋黑幕要被揭開，就像現在正在發生的，他們就可以將這些知道一點事情的內幕消息人士拱出來。他們所知道的全部，終其一生，只是機密資訊的一小部分。他們相信自己知道一切，如果有其他內幕消息人士試著告訴他們還有更多別的東西，他們就會和這些人進行激烈的對抗。

我敬重布魯斯，並且把他當成朋友看待。我知道他或許不會相信亨利．迪肯、雅各、包伯．迪恩、皮特．彼得森、科瑞．古德、威廉．湯普金斯，以及其他人說的話。我寫作的目標，就是要將我從許多內幕消息來源所聽見的事情，以及這些證詞彼此之間的關連性呈現給你，你可以決定要怎麼接收這些訊息。無論如何，布魯斯和其他軍事太空計畫的人員所說的事情，就其範圍而言仍然相當廣大，而且非常有趣。即便只是計畫性的小揭密，也會劇烈地改變我們所知的地球生活，尤其是如果這樣的訊息來自官方。在這本書寫作的最後幾個階段，布魯斯為我提供了更多他知道的訊息，透露了這場正邪之戰已經在銀河系中、我們所在的這個區域全面展開。我把這樣的訊息告訴科瑞，然後獲得了更重要的新資訊，我從來沒有機會在節目上將它們發布出來。在很多的情況下，你必須問對問題，才能啟動某個人的記憶並且獲得最佳資訊。

接著你將要讀到的，是一部重新建構出來的、我們這個太陽系的祕密簡史，這是我從布魯斯、科瑞還有其他來源所透露的消息整理而來。關於這個故事，完整的資料封包有卷帙浩繁的驚人細節，就算是我們最棒的科學家也得花上好幾年的時間、全力以赴才能找到頭緒。毫無疑問，我會在將來的著作、演講還有電影中，針對我所獲得的訊息以及相關資料，為你們提供更多的細節，這是我無法在這本書裡做到的。我們的宇宙戲劇比一般人所能想像的還要古老、怪異和壯麗，它同時也揭示了過去五十萬年間宇宙中一直在上演的正邪之戰。我們的故事將要從皮特、布魯斯、科瑞和其他內幕消息來源稱為「遠古建築者氏族」的這個訊息接著說下去。

譯註

❶ 譯按：網路上這部電影的中文譯成「大北極」，但這個基地在南極。或是譯成「斑馬」基地。

20 遠古建築者氏族

在月球上建造高塔和圓頂建築的人，不是第一批發展出這些科技的人，他們所製造的東西只是複製品，其摹本來自於歷史更為久遠的人造工藝。遠古方尖柱、金字塔以及圓頂建築，除了能在固態行星上找到，也能在遍布太陽系的眾多衛星和小行星上找到。

在緒論中，我們檢視了一些NASA提出的科學證據，它們指出這整個宇宙裡有無數個和地球一樣的行星。二〇一三年十一月四日，NASA內部做出這個重大發現的科學家，向《今日美國》分享了這個消息：「『像地球一樣的星球在整個銀河系裡相當常見』，夏威夷大學的天文學家安德魯．霍華（Andrew Howard）這麼說，據他估計，這類行星的數目大約在四百億顆左右。」①如果NASA現在就告訴我們，光是在我們的銀河系中就有四百億顆適合居住的世界，聽起來的意思就是「我們並不孤單」。②

趨同進化

劍橋大學的演化專家賽門．康威．莫里斯（Simon Conway Morris）教授在二〇一五年七月二日出版了一本書，標題是《進化詩歌》（*The Runes of Evolution*）。在書中，他提出了一個強力的論證，認為進化會「趨同」，意思就是，只要情況允許，進化會遵循著同樣的模式。就像是製作透明的鋁合金，只要依循某些特定的作法，便可以獲得最好的成品。最常見的例子就是，比較相機的鏡頭、章魚眼球的晶體以及人類眼球的晶體，它們運作的系統都非常類似。

莫里斯博士在他的書裡論證，趨同進化在大自然中相當常見：「進化變得比一般人所認為的還要容易預測。」他告訴《獨立報》（the *Independent*）：「……趨同進化是無所不在的，只要你去看，就會看到各種例子……我們認為最重要的事，像是認知的複雜度、更大的腦容量、智力、工具製造技術，都顯示出了趨同性。因此，就原則上來說，其他像是地球的行星很有可能會有同樣的狀況。」這篇報導的標題更加直白，它聲稱外星人「看起來就像人類一樣，劍橋大學的演化專家如是說。」

莫里斯教授接著預測，我們遲早會發現證據，可以證明這個宇宙有遠比我們還要古老的人種——甚至比我們早了數十億年：「像地球一樣的星球，其數目必然相當龐大。另外的問題是，很多類似的太陽系比我們的太陽系還要古老。基本上，它們就算沒有比我們的太陽系早發展幾十億年，也有幾億年。」[3]比我們先行這麼久的人類，很可能已經發展出大大地超越我們的科技水準，我們可能完全無法想像他們會建造些什麼東西。

一個被超級建築圍繞的星球

二〇一五年十月，NASA宣布它發現了一個星球，這個星球很有可能被外星科技所創造出來的「超級建築」圍繞著。根據《大西洋》雜誌的一篇文章：「『我們從來沒有在其他星球看過類似的東西，』耶魯大學的博士後研究員塔貝莎・博亞金（Tabetha Boyajian）這麼說，『這真的很奇怪，我們在想或許是資料出錯、或是太空船的運作出了問題，但是一切都沒有問題。』……光圖像指出這個星球周邊圍繞著一團巨大的東西，其形態相當結實……傑森．萊特（Jason Wright）是賓州州立大學的天文學家，和他一起寫作論文的幾個共同作者也說，從這個星球的光圖像來看，這些東西就像是『一群超級建築』。或許這些超級建築是『星光蒐集器』（stellar-light collectors），一種被設計來取用這個星球能量的科技。『當（博亞金）給我看這筆資料，它看起來是那麼瘋狂，但我對此相當著迷。』萊特對我說：『外星人總是你最後才會考慮的假設，但是這看起來就像是某種外星文明所建造的東西。』」④

雅各和皮特兩個人都告訴我，這樣的宣布表示大揭密計畫又進一步。雅各說他們知道另外還有其他三個星球有著類似的結構，不過他們要「保留這些故事以備不時之需」。他還告訴我，他曾經經由傳送門拜訪過這個星球，並且親眼看過它，它非常美麗、宏偉。三個月之後，在二〇一六年一月，這個報導出現了一個驚人的轉折，刊登在「天文物理學」（Physics-Astronomy.com）網站：

> 根據超過四年的觀察資料，KIC8462852星球的閃光完全無法預測，它的光輸出（light yield）經常減少，最多可達百分之二十……天文學家傑森．萊特提出一個想法，他認為這個星球的奇怪變異，可能是因為某種巨型的外星人建築工程……路易斯安那州立大學（Louisiana State University）的天文學家布萊德利．雪佛（Bradley Schaefer），決定著手研究自十九世紀晚期開始這片天空的照相底片。讓他驚訝的是……在過去一百年，KIC8462852的光輸出逐漸地降低了百分之十九，對於一顆F型主序星（F-type main sequence star）而言，是「相當不得了」的事。

布魯斯告訴我，先進社會會使用「奈米機器人」（nano-robots），或簡稱「奈米機」（nanites），來進行建築工事。他說：「在五十五年內，人們再也不會用雙手建造東西了。」奈米機器人可以將自己組裝成各種大小來達成想要的成果。這些建築工程發展的速度非常驚人，特別是如果它們位於能源和特定的原物料都相當豐沛的地方。因此，我們在KIC8462852這個星球所見到的——是一個文明，它在短短一百年間就在一個星球的周圍建造了不可思議的巨型建築，很顯然是為了利用它的能源。

最貴地段

當我還是孩子的時候，我會和我的父母玩各種棋盤遊戲，像是「妙探尋兇」、「拼字遊戲」、「印度宮廷十字戲」、還有「快艇骰子」，不過到目前為止，在我們的文化中最受歡迎的一個還是「大富翁」。

這個遊戲的目標就是，要在圖版上的各個地點建造房子和旅館，藉此將別人的現金納為己有。第一個登上某個格子的人就可以獲得這塊空地的所有權，如果有足夠的資源，就可以開始在上面蓋房子。在道路的盡頭有藍色的格子，當你的競爭者停留在那裡，你可以要他們付最多的過路費。地圖上的格子在「出發點」和「繳奢侈稅」中間的是最貴的地段。如果你在那裡蓋了一個旅館，你的競爭對手必須付你兩千美金，因為這個地段很棒。在大多數《大富翁》的賽局當中，當其中一個玩家將藍區建設得差不多的時候，遊戲就結束了。

在我們的銀河系中會不會有這樣的「藍區」呢？如果就估計而言有四百億個地球，而且演化會自然地製造出人類，那麼這個銀河系會有好多人類。是不是有些星系穩坐最貴地段的寶座呢？這個問題的答案，就目前看來，就是傳送點——在電漿絲宇宙網中自然形成的星際之門。

在宇宙中有些特定的區域，只要其定位正確，就會自然地開啟傳送門。先進的文明會將飛船停在這些傳送點附近，等待傳送門打開。這樣的傳送門有很多，可以讓你在我們的宇宙暢行無阻，所以這不是什麼了不起的事。不過，如果你要傳送到別的銀河系，那麼只有少數的傳送門可以做到。你可以尋找這些地點，只要看看哪裡有巨大的電漿絲從我們的銀河系升起，並且延伸到太空去。要等待這些傳送門打開，可能需要一段很長的時間，與其在無聊的舊飛船上呆坐著，大部分的人都會想要在等待的時候找個好旅館入住。

本星系團

科瑞．古德不是第一個告訴我，我們住在銀河系藍區的內幕消息人士，但是他是第一個告訴我原因的人。我們的太陽位於一個科瑞的組織稱為「本星系團」（Local Cluster）的地方，NASA制訂的官方名稱是「本星際區」（Local Interstellar Neighborhood）。這些星星全部都以一種彷彿互相聯繫的方式移動和運作，幾乎就像是魚群一樣。

能量的脈動像漣漪一樣散開，在整個群體裡頭傳布，它們的軌道都以一種特別的方式互相影響，那是一般、地域性的重力沒有辦法製造出來的。在本星系團之外的星星，就沒有這種相互關連的情況。

根據科瑞的情報，我們本星系團裡頭的星星，就重力和能量而言，都受到一個巨大的傳送點影響，這個傳送點可以將你直接帶往鄰近的銀河系。因此，我們的本星系團成了一個高度理想的藍區，每個人都想要在這裡落腳——不管是好人、壞人還是討厭的人。如果他們能在這裡蓋個宇宙旅舍，他們就可以變成大富翁，並且向你索取高昂的費用。想像有個城市，它對於每個市民都想要行駛的橋梁和快速道路，收取昂貴的過橋費或是過路費，你不一定要走這裡才行，但是如果你繞道而行，可能要在路上花費很多時間。

最令人驚訝的是，我們的太陽就位在銀河星際之門（galaxic stargate）旁邊（參見圖23），我們比這個星系團的任何一顆恆星，都還要靠近這個星際之門的入口。那個巨大而又美麗的傳送門就在我們太陽系的邊界之外，這意謂著我們就住在我們銀河系中近似於大富翁「最貴地段」的地區，每個人都想要在那兒蓋旅館。這個傳送門在那裡已經有數十億年，所以有人想要我們這裡的房地產也不是什麼新鮮事。為了爭奪這一塊極富價值的地區就會有戰爭，就像我們在中東的石油生產國看到的那樣。其他銀河系的入侵者也能利用這個傳送門進入我們的星系。

科瑞在我們更早的談話就提過這個，我們甚至在《宇宙大揭密》中討論這個問

圖23：太陽星際區。

題，不過一直到我快寫完這本書的時候，我才試著去翻閱傳統的資料對此進行研究。當我開始研究，我感到耳目一新，NASA已經給了我們綽綽有餘的資料，它們都能證實科瑞說的話。

首先，讓我們來看看俄亥俄州立大學天文學教授李查．波吉（Richard W. Pogge）的資料，他公布在網路上的課程大綱，就我們這個區域做了一些詳細的描述。在他的版本中，我們的星團裡頭總共有三十八個恆星系統，就他標記的範圍而言，那是以太陽為圓心十五光年的半徑之內，而總寬度是三十光年⑤，但科瑞說他們在太空計畫中所說的本星系團，絕對比三十光年的直徑還要大。之所以會造成這種問題，有一部分的原因在於NASA的官方資料，對於本星系團的大小並沒有一致的看法。

二〇一一年三月三日，安德魯．科文（Andrew Z. Colvin）就本星際區製作了一張非常讓人著迷的圖片，這可能更接近科瑞所描述的地區。在這個星團裡，比較大的恆星都有著耳熟能詳的名字，像是天狼星、大角星、南門二星，不過比較小的恆星就有著聽起來比較技術性的名字，像是HD113538，因為它們近來才被發現。

太陽圓筒

當我們審視科文的地圖，可以清楚看見我們的太陽就位於這個星際區的正中央，這並不是因為繪圖者刻意地把我們的太陽放在中心點，想要以這種方法來看看周邊有哪些恆星。

NASA的官方資料證實，我們就位於一個稱為「太陽圓筒」（Solar Cylinder）巨大電漿管的中心點。根據《天文生物學百科》（*Encyclopedia of Astrobiology*）：「太陽星際區中有個圓筒，它以太陽為中心點，並且和銀河圓盤（Milky Way disk）垂直。這個圓筒位於距離銀河系中心八千秒差距（8 kpc）的地方，半徑則是一千秒差距（1 kpc）❶。」⑥

我們讀到這個圓筒和銀河圓盤成直角，這是非常重要的細節。直角就是九十度角，如果你在桌上放一個餐盤，然後在上面放一罐汽水，就會看到一個圓筒和餐盤呈直角，這是將科瑞所說的傳送門視覺化的一個簡單方法。就像剛剛的引文所說的，這個圓筒「以太陽為中心點」，我們就處在這個巨型能量柱的正中央。

本地通道

二〇〇三年五月二十九日由加州大學柏克萊分校所發布的一份新聞稿中，有更好的證據，這份新聞稿總結了某個為期五年、相當艱難的研究結果。在這份聲明裡頭，我們再次聽到類似的說法，亦即我們的太陽是一個熱氣泡的中心點：

> 柏克萊／本報訊——描繪距離地球約一千光年的第一份詳細太空地圖，將太陽系放在一個大洞的正中央，這個洞穿透了銀河的平面……並且被一道由溫度更低、密度更高的氣體所築成的硬牆包圍著。⑦

這篇文章接著說，我們的太陽系就在一個大洞的中央，那裡有各種通道從這裡分出來，穿行於周圍的氣體厚牆，和我談過話的每個高階內幕消息來源都說，這些電漿氣體通道就是可供穿越的蟲洞。我們就住在這個可愛的地區，在正中央，這就是魔法發生的地方。當我們繼續閱讀這一份柏克萊的新聞稿，會發現有個巨大的電漿管從我們的銀河系向外延伸，並且錨定在本星際區（參見圖24）。柏克萊分校的天文學家巴里．威爾許（Barry Welsh）說，或許我們會想把它稱之為「本地通道」（Local Chimney）：

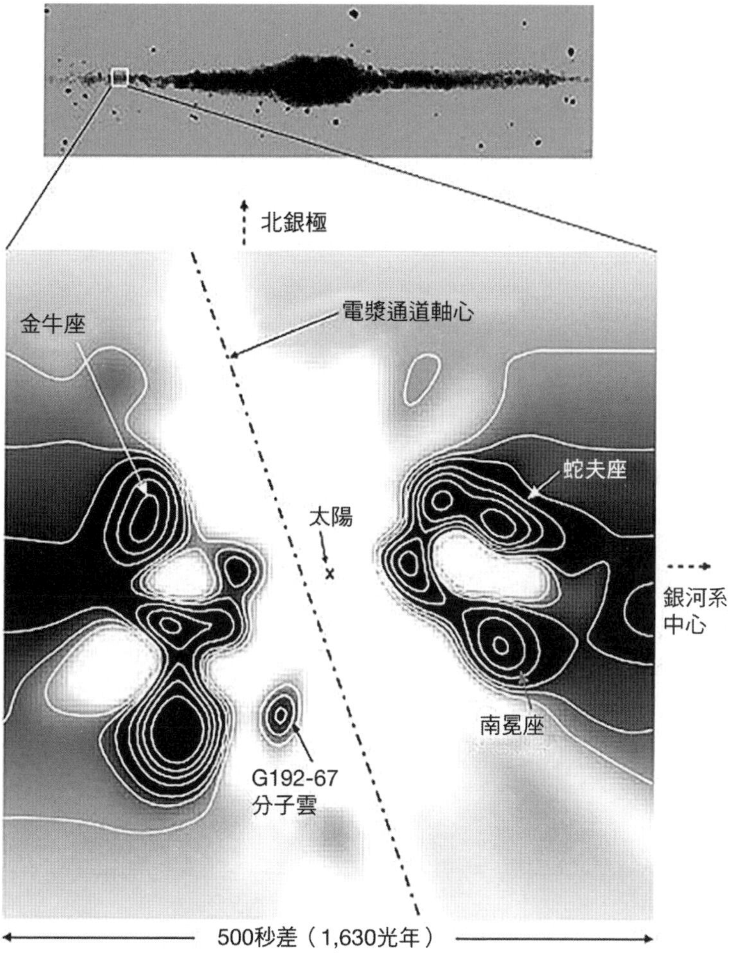

圖24：我們的太陽是管狀電漿「通道」的中心，它向外延伸探入銀河包暈處。

「當我們開始測繪銀河系的氣體，我們發現……我們位於一個氣泡形狀的空腔，它可能充滿了高溫的離子氣體，」威爾許這麼說，「不過這個本星系團的氣泡（Local Bubble）形狀比較像一根管子，所以應該叫做『本地通道』。」……「這根管子薄薄的外殼由高密度的氣體所構成，它包覆著中央的空穴，但是在很多地方都有裂縫，」法藍可斯·克里福（Francoise Crifo）

博士這麼說，他是巴黎天文台（Paris Observatory）的天文學家，「在這個銀河系的許多方位，我們的局域空洞（local cavity）似乎經由星際中央的通路或是隧道，連接到其他類似的中空地區。」交織在星際空間裡、由熱氣體管道所組成的網路，這樣一個概念是在將近三十年前由威斯康辛大學（University of Wisconsin）的唐·考克斯（Don Cox）和巴利·史密斯（Barry Smith）所提出來的。⑧

當巴里·威爾許教授說，我們的太陽位於這個管子的中心，因此應該被稱為「本地通道」的時候，他究竟是什麼意思？我們知道，我們的銀河系被一塊稱之為「銀河包暈」（galatic halo）的圓形氣體區域所包圍，而我們的太陽就位於電漿管的正中央，它直直地往上竄升直到這個銀河包暈的邊緣。根據科瑞自己消息來源的說法，這個管子從那裡又繼續往外向其他的銀河系延伸，只要定位正確，我們就能使用它們進行安全的傳送門旅行。現在讓我們繼續看柏克萊的新聞稿摘要：

新的證據也顯示，本地的氣體空洞會延伸到銀河系圓盤之外，並且探入覆蓋於其上的銀河包暈地帶……（這）長得像一個管狀的「通道」，它將銀河圓盤的氣體和銀河包暈的氣體連結在一起。在其他銀河系中，天文學家也觀察到許多這樣的銀河通道……⑨

現在讓我們回顧一下包伯·迪恩、皮特·彼得森、阿波羅號太空人艾德加·米切爾以及羅伯特·哈斯汀斯所說的話，哈斯汀斯和一百五十個不同的內幕消息人士進行過訪談，這些人都宣稱他們目擊幽浮解除核彈的事件。

宇宙中有這樣的法則，它不允許邪惡勢力隨心所欲地摧毀文明。一個高度進步的文明，可以發展出足夠的科技來保護整個太陽系，甚至是整個星團。不然的話，在一個眾人垂涎的地方，像是我們太陽系，大壞蛋就會繼續進行大富翁遊戲，毫不留情地彼此競爭。整個文明，包括數十億的人，都會因在這樣一個——為了在最貴地段建造頂級旅館並且向旅客索取超高額旅費的——追求當中而被消滅。在寫作這本書的最後階段，我開始知道這件事情也適用於我們的太陽系。自從我第一次見到布魯斯的時候，所有的線索就已經在那裡了。

宇宙垃圾場

科瑞說國防部就我們這個太陽系的歷史製作了十二份不同的簡報，這些簡報有著詳盡的細節，而且被列為高級機密。從我們的第一次會面開始，布魯斯就開始對我透露這些簡報的某些內容，他說：「我們住在一個宇宙垃圾場中。」我請他解釋這句話是什麼意思，他說過去先進文明所遺留下來的許多古老遺跡，就散落在我們太陽系的各個地方。雅各說我們的太陽系有許多古老的科技，但是其中有一大部分已經被完全遺忘了。在別的情況中，為了避免某些珍貴的工藝作品被找出來濫用，比如說被各種外星人團體所利用，於是它們被漫不經心地剷平、埋到地底。人類能發明和改良的事情就只有那麼多，同樣的創新一再地在各個時代、各個地點反覆發生。

月球上的建築者不是第一批

在月球上建造高塔和圓頂建築的人，不是第一批發展出這些科技的人。他們所製造的東西只是複製品，其摹本來自於他們找到的、歷史更為久遠的人造工藝——這些更古老的人造工藝也使用了同樣的材料。遠古方尖柱、金字塔以及圓頂建築，除了能在固態行星上找到，也能在遍布太陽系的眾多衛星和小行星上找到，這是軍事太空計畫最大的一個祕密。電影《二〇〇一太空漫遊》中給了我們一些線索，以便我們為日後最終的揭密做好心理準備。電影的標題很有可能就是，他們最初想要透露這個消息的年份——但是計畫趕不上變化。皮特．彼得森告訴我，好幾年來「小揭密」一直在持續進行，陰謀集團想要在他們認為最能獲利的時間點，將遠古建築氏族及其工藝產品這個祕密告訴全世界。

這種玻璃般的物質可能呈現透明、晦暗或黑色，就像《二〇〇一太空漫遊》的黑色巨型獨石，它的顏色和製造的過程中加入什麼添加物有關。因為受到無盡的時光和隕石侵襲，這些遺跡毀損得相當嚴重，它們大部分已經完全解體，或是因為戰爭和自然災害而碎裂、扭曲。軍事太空計畫的工作人員，對這些遺跡相當清楚，甚至還有可能去參觀，就像是參觀主題樂園一樣。布魯斯的情報指出，在我們歷史上的各個時期，最少有三個、最多有十個不同的文明，曾經製造出類似的工藝產品。

最早的遺跡是由那些他們稱之為「遠古建築者氏族」的人所建造的，陰謀集團稱他們為「祖先」，並且相信他們自己是這些人的後代——不過根據其他內幕消息人士的說法，似乎不太可能。布魯斯的情報指出，最原始的遠古建築者氏族遺跡至少已經有五百萬年的歷史，但是更可能的是它們已經有數十億年的歷史。就在我快寫完這本書的時候，我決定問科瑞我們是否造訪過任何鄰近的星系，並且在那尋找遺跡。我第一次聽見「本星系團」就是在這個時候，接著我發現，遠古建築者氏族的遺跡遍布在本星系團的行星上頭。科瑞還透露，有個防護網就圍繞在本星系團的周圍，它可以將那些追求權力的壞蛋擋在外面。

守護者與揚升

在檢視了所有的證據之後，我得到一個結論，我認為遠古建築者氏族是相當善良的族群。在本星系團的防護網失效以後，後來來到這裡的族群都非常惡劣——我們會接著討論。即使這些建築者離開我們的太陽系，但是他們仍時常會回來幫助我們。我們的太陽系由於一次重大的災難，使得整個防護網遭到毀滅，他們很可能必須為此承受一些業報。遠古建築者似乎和「守護者」是同一群人，「守護者」是科瑞．古德的聯絡人給這個團體取的名字，他們是高度先進的生物，試著阻止陰謀集團摧毀這個星球，這個族群生活在「第六密度」（sixth density），那是比我們的「第三密度」（third density）更高等的存在領域。我們許多人所盼望的揚升，便是從第三密度轉化到第四密度，聽起來沒有很多，但是這樣大規模的轉化，會為我們帶來許多不可思議的新能力。我們顯然會進入一次量子跳躍，幾乎立刻就會改變空間、時間、物質、能量、意識以及生命的本質。

一旦你跨越到第七密度，你就會完整地重回「一」（Oneness）的懷抱——在第七密度的存在完成自己的工作之前，他們只會和第六密度的存在進行交流。因此，對於任何行星生物來說，守護者是他們所能觸及的最高存在。根據《一的法則》——一個物理學博士，和一個據說來自第六密度的外星智能生物之間的一〇六次交流的問答系列，像他們這樣的守護者，其主要工作便是「管理和轉化行星上的居民」。這樣的陳述本身就值得我們對它進行廣泛的冥想和分析，特別是現在我們手上有很多來自內幕消息人士的訊息。

守護者，阻止核子戰爭並且推動我們在靈性上的進化和揚升，在《一的法則》裡，他們就自己的科學和哲學做了詳細的摘要。陰謀集團當然不喜歡守護者，如果宇宙法則允許他們殲滅守護者，他們絕不會有任何一秒鐘的猶豫。不過，進化到這種等級的生命形式，不會被陰謀集團招募的軍隊威脅。守護者的主要關注，在於幫我們變得更有愛心、更寬容，接受自己也接受其他人。他們將陰謀集團視為一個可以反映出我們集體陰暗面的角色，以及一個幫助我們消解業力的工具。不過，到某個時間點我們就不需要提供這種服務的團體了——我們幾乎已經在這個時間點上了。這是一個週期性的過程，我們已經在《同步鍵》做過很多討論。

我的前兩本書把焦點放在數百篇鮮少人知道的同儕審查論文，想要證實《一的法則》所提出的科學模型。就整體而言，這個模式相當健全而且資料豐富，不過我刻意避免就細節來討論《一的法則》，直到《同步鍵》書末的附錄我才這麼做。

當我在一九九六年第一次讀到這筆資料，我常常光是讀一頁就要花上四十五分鐘，進入深深的專注狀態，希望可以了解其中的內容——然後把它和我從超過三百餘冊其他書籍所蒐集到的知識進行整合。我經常經由夢境或是共時性獲得引導，因而得以在對的時間找到對的訊息。當《一的法則》出現在我的道路上，每件事情都開始被拼湊起來了。

本星系團和聯邦

在這一章我們會討論，本星系團如何因為一個巨型的星際之門而被聚集在一起、並且受到它的影響，這個星際之門能夠以一種不可思議的速度，將你帶往其他銀河系。當科瑞告訴我，本星系團中到處都是遠古建築者氏族所留下的遺跡，而且其建造的防護網曾經包覆著這整個區域，我便想到這件事和《一的法則》有所關連。確切來說，《一的法則》中的第六密度存有，指出他們只是五十三個在我們這個地區共同工作的文明的其中之一，他們來幫忙建造世界：

> 我乃是為無限創造者服務的行星聯邦（Confederation of Planets）其中一個成員。在這個聯邦之中約有五十三個文明，包含約五百種行星意識複合體（planetary consciousness complexes）。這個聯邦還包括了來自你們星球然而已經超越第三密度的人；也包含了你們太陽系自身、以及其他銀河系的行星生命體。它是一個貨真價實的聯邦，因為它的成員彼此有著很大的不同，然而為了按照《一的法則》來服務而結成同盟。⑩

在這裡要先澄清一件事，那就是《一的法則》將單一的恆星和行星系統稱為一個「銀河」，我在《同步鍵》有針對這一點進行了詳細的分析。

一個恆星會生出許多行星，這些行星在經過氣態巨行星（gas giant）的階段之後會變成新的恆星。如果這個過程一再反覆，就會形成一個銀河系。因此，書上說聯邦散布在我們本地的「創造單位」，也就是我們本星系團的五百個行星上。就我們太陽星際區的恆星數量而言，其中很可能就有五百個可供居住的世界。如果這五百個世界中只有五十三個文明，那就意謂著部分文化由於太過先進，所以它們的居民可以同時居住在好幾個世界，並且持續地互通有無。

整點報時

根據《一的法則》所提出的科學，我們有理由相信揚升就快要發生了。《一的法則》證實了兩萬五千年週期的存在和作用，並且說所有第三密度的世界都會經歷這一週期。每個兩萬五千年的週期要結束的時候，都會出現一個揚升的契機。在這本書的第九場集會、第四個問題，這些高等存有對我們說：「你們每個不同的行星實體（planetary entities），以你們的話來說，都有一個不同的週期表。這些週期是一種和智能能量一樣的測量工具，它的作用就像是某種時鐘，這些週期精確地推移，就像時鐘的整點報時一樣。因此，不管整點報時出現了什麼情況，從智能能量通往智能無限的通道都會開啟。」⑪

我已經在《同步鍵》中，就這些週期如時鐘一般的精準性提出了許多證明，我們發現，歷史會以一種驚人的準確性重複。其中一個顯著的例子就是「黃道十二宮時代」（Age of the Zodiac），每個時代的長度是兩千一百六十年，黃道十二宮的時間全部加起來，就是兩萬五千九百二十年的「大週期」（major cycle）。在一個黃道時代中所發生的重大事件，在兩千一百六十年之後又會重演一次，包括二十世紀發生的所有重大戰爭和政治事件。羅馬歷史重現為美國歷史，甚至連關鍵的政治人物都以新的化身再度出現，甚至連長相都和之前幾乎一模一樣。最讓人震驚的例子就是漢尼拔了，他長得就像是有鬍子的希特勒（參見圖25）。

希特勒幾乎就像是前一個週期的漢尼拔，在週期內同樣的時間點以非常類似的戰術打過許多戰爭，這看起來就像是「多次轉世」的「重複性創傷」。

《同步鍵》以非常多的細節探索了這個奇妙的謎題，尤其是在書的後半部。證據是那麼多，要否認這件事顯得很荒謬。有些人批評這一點，他們問說為什麼只有歷史名人才會以這種方式化身再來。如果你仔細地讀這本書，我已經很清楚地表明，我相信我們所有人都會經歷這些週期。公眾人物比較容易辨認出來，是因為我們有他們流傳下來的雕像、雕刻、圖畫、照片和其他影像。輪迴轉世的「規則」包括了他們在臉部特徵、人格和角色總是會有一些相似性。一個週期接著一個週期，我們持續地工作，但願我們能夠減輕自己累積的業力，變得更加有愛心、更寬容，接受自己也接受別人。佛洛伊德博士還有其他人稱之為「強迫性重複」的現象，事實上是一種靈性衝動，讓我們重複那些我們對自己、對其他人造成的尚未癒合的創傷，直到我們可以將這樣的模式放下。《一的法則》的主要教導就是：「寬容能夠停止業力之輪」。

不過，這只是整個討論的一小部分。我們可以完整地證明歷史會重複自身。但是現在我們看到，在每個週期

圖25：漢尼拔和希特勒相差兩千一百六十年，卻遵行著相當類似的道路。

快要結束的時候，就會出現巨大的閃光和能量波動，它會轉化我們所知的現實，「業力之輪」便會在行星的層次上停息。如果我們現在回去看看剛剛引用的《一的法則》段落，它說我們在週期要結束的時候會聯繫上「智能無限」。以《一的法則》的用語來說，「智能無限」是「唯一無限創造者」（the One Infinite Creator）純淨的白光。當我們經歷這個狀態，時間和空間都會化為純粹的喜樂。這似乎就是人在瀕死經驗中看到的光，這些高等存有稱之為「家園」。智能無限似乎也是蒙托克計畫的實驗中，那些旅行者所達到的意識狀態，他們在二〇一二年年底碰到一堵能量「牆」，並且體驗了「出神」狀態，在這段時間裡他們感到難以言喻的喜樂，並且感覺和整個銀河系合而為一。

另外一則《一的法則》的引言，揭露了至關重要的「整點報時」，會在一九八一年之後大約三十年發生，這給了我們一個明確的時間定位，這個時間和馬雅曆的末日二〇一二年十二月二十一日，完美地吻合。在一九八三年的時候，二〇一二年這個日期看來似乎還有效，這時候《一的法則》系列書籍和蒙托克計畫兩者都完成了。不過，在接下來的幾年，這個數字似乎被推遲到二〇一七和二〇二三年之間，因為就行星的層面來說，我們還沒為此做好準備。儘管如此，最好的建議就是我們依然要好好地過每一天，好像揚升隨時就會發生，並且盡力實踐揚升所需的愛、接受和原諒的原則。《一的法則》特別提出，你只需要保持著比百分之五十還多一點的正面能量，或是「服務他人」就能夠進入揚升，而它的反面就是充滿負能量或是「自私自利」。簡單的說，他們最基本的訊息就是「當個好人」。

《一的法則》中所提到的、和我們太陽系有關的歷史資料，幾乎可以和內幕消息人士所透露的祕密完全對上。內幕消息人士所提供的許多細節，是丹．埃爾金博士，也就是《一的法則》的提問者，從來沒想過要問的。雖然在近代的歷史上，有許多人和這些高等存在進行過準確的接觸，包括艾德格．凱西的通靈訊息，但是這些以直覺獲得的素材都不像《一的法則》有這麼多可供驗證的訊息。我在一九九六年第一次讀到《一的法則》，之後我認識的每個內幕消息人士各自驗證了這一套書的許多細節。我認識的每個揭密者都沒聽過《一的法則》，也不知道他們提供給我的訊息早就寫在這本書中。

科瑞甚至是第一個坦承聽過這本書的人，不過當我在寫這本書的時候，他才讀到第一冊的引言。

陰謀集團對於《一的法則》相當清楚，而且用盡各種努力想要貶低它的價值，包括以各種假情報占滿網路，並且讓這本書的真正文本變得難以搜尋，現在這本書在「一的法則」（LawOfOne.info）和「LL研究網」（LlResearch.org）兩個網站可以免費下載。陰謀集團還是努力地想要抹黑它，說這本書很邪惡，並且將所有支持這本書的人妖魔化。我已經研究這本書二十年，我依然因為它帶給我源源不絕的訊息而感到驚喜。在本質上，愛、和平、寬容、服務他人這些靈性法則是全世界共通的，有些老師將這些概念稱為「永恆智慧」。幸運的是，內幕消息人士和我分享的太陽系歷史，補足了許多《一的法則》在時間軸上無法完全被解釋的空缺。

《一的法則》的作者建造了金字塔

根據《一的法則》高等存在的說法，他們的文明在金星開始，那時候它還像地球一樣⑫。在這套問答集的第八十九場集會，我們發現這個文明出現在二十六億年前⑬，這個時間完美地吻合內幕消息人士所估算的遠古建築者氏族遺跡的年份。在第六十場集會、第十六個問題，《一的法則》的高等存在，透露他們在二十六億年這段時間裡建造了不少金字塔，不過沒有說明他們是不是只有在金星建造金字塔，或者他們的人口是不是散布到更遠的地方。因為有新的資料，我們知道他們的文明變得相當繁榮，他們的人口很可能大大地超越了目前地球的人數。一旦他們發展出離開家園星球的能力，就能夠非常輕易地旅行到其他星系——在一個美麗、人人都想去觀光的新地區，蓋一間好旅館也是很正常的事。

守護者們認為金字塔的結構不會有錯。在《源場：超自然關鍵報告》中，我用了一整章來討論和金字塔神奇療癒能力相關的科學證據，金字塔不只能大大地減少疾病的狀況和身體不適，還能夠顯著地滋養並且穩定自然環境，包括保護人們免於地震、火山爆發、惡劣的天氣，還有讓水源變得純淨，並且大幅地增加作物的產量。此外，以密教的角度來說，金字塔還是一個揚升之屋（chamber of ascension）。古夫金字塔的國王墓室中有一個開放的石棺，它的作用就是幫助人們揚升。訓練有素的治療師會站在石棺旁邊，拿著水晶或者是鑽石，引導你度過一場有著細緻安排的靈魂暗夜，過程中你會面對內心尚未被治癒的魔鬼和強迫性重複。如果你盡力而為、淨化自己的過失，你就可以隨時進入揚升，不需要等到兩萬五千年這個週期結束的時候。

守護者們認為，如果他們回到地球並且幫忙建造金字塔，我們便能享受同樣的好處。不幸的是，他們低估了掌控這個星球的邪惡勢力。陰謀集團只是問題的表面，內幕消息來源透露，陰謀集團的直系祖先，是一個在五十萬年前毀滅了太陽系某個行星的帝國。守護者們希望能夠藉著給予我們古夫金字塔來療癒這個傷害，但是這些負面勢力是進行滲透活動的高手，他們會利用那些本來立意良善的象徵和教導，然後把它們扭曲成負面的。守護者們承認，自己在第六密度的層次無法了解民間疾苦，因此大大低估了黑暗勢力的力量。下面這個段落，是他們對於自己的善意被嚴重扭曲所做的主要道歉：

> 我們的榮譽和義務，便是試著消除使用這個（金字塔）形狀所造成的扭曲，包括你們的人在思想上的扭曲以及某些團體（比如說，陰謀集團）在行為上的扭曲……當我們過去處於第三密度的經驗之中，曾經受到第六密度高等存在的協助，因為那時候我們一點都不好戰，因此

認為這樣（和金字塔有關）的教導是有幫助的。

在我們依然天真的第三密度時期，我們未曾發展出你們的以物易物、金錢系統以及權力等相互關係。我們將許多的時間／空間和尚未顯化的存有一起工作，在這種較為簡單的氛圍之中，有這種學習／教學設備是相當具有啟發性的，我們也由此獲益良多，但是我們並沒有經歷發生在你們身上的那種扭曲狀況。我們將這些差異仔細地記錄在「造物的偉大紀錄」之中，這樣的天真便不會在日後發生。⑭

《一的法則》經常被隨便解讀，你必須仔細閱讀才能捕捉它完整的意義。當它寫道：「有這種學習／教學設備是相當具有啟發性的。」他們真的是在說自己在文明繁盛期所建造的、不計其數的金字塔。他們後來試著以同樣的方式幫助我們，但是極度邪惡的力量腐化了他們的訊息，並且將之扭曲成負面的，就如我們今日所見。我曾經和一個會在無意識的出神狀態中唸出《一的法則》的女人，一起生活了兩年，那個時候，我們兩個都不知道遠古建築者氏族在太陽系的各個地方建造了金字塔。

如果你想要進一步閱讀《一的法則》，你可以看看《源場：超自然關鍵報告》，書中提供了很多相關的科學模型，還有《同步鍵》，這本書就兩萬五千年這個週期提出了更多的細節。現在，讓我們繼續來看看我就遠古建築者氏族這個主題所蒐集到的、令人驚奇的內幕消息。

譯註

❶ 譯按：約3260光年。

21 關於建築者的內幕資料

遠古建築者氏族在達到了如此令人驚異的文明高峰之後，卻神祕地消失了。繼他們之後到來的族群，抹去了他們存在的所有痕跡，所有文字、影像、全像攝影紀錄都被刪除了，遺跡上面的銘文也被抹去，沒有任何一點文字紀錄或是資料庫留下來。

地球在四十億年前形成，接著在三十八億年前開始冷卻，使得液態水得以形成。水一出現之後，微生物幾乎是立刻出現，這是達爾文的「隨機突變」（random mutation）理論所無法解釋的。在每個細胞的細胞核，核糖體會讀取DNA密碼，並且使用這些指令來製造蛋白質，接著蛋白質又會建造出各種型態的活組織。二〇一四年，喬治亞理工學院的教授洛倫．威廉斯（Loren Williams）博士，證明了所有地球生物的細胞核都有著同樣的、原始的核糖體。他說：「在細胞核裡，核糖體到處都是一樣的。核糖體是普遍性的生物現象……進化可以增加一些新東西，但是無法改變本來就在那裡的東西。」①這是我在《源場：超自然關鍵報告》和《同步鍵》提出的另一個科學資料，它最終顯示了我們住在一個神聖的宇宙，這個宇宙內建了製造生物的程式。所有的空間、時間、物質、能量、生命還有意識，它們都是一個宇宙種子所創生出來的東西。

揭開遠古建築者的真面目

祕密太空計畫有非常先進的定年工具，所以可以計算出遺跡被建造出來的年代。考慮到地球有四十億年的歷史，而這個宇宙則是超過一百三十億年，如果說太陽系在二十億年前就有蓬勃發展的先進文明也是很合理的。

透明鋁的材質很顯然相當堅固，因此經過了這麼久，許多遺跡依然屹立不搖——尤其是那些可以免於小行星和隕石的襲擊的地底建築。

這些遠古的基地以耐久的材質建造得如此堅固，因此它們一次又一次地被後來在太陽系裡探險的族群所占據。我們太空計畫的工作人員會把飛船降落在這些星球上，進入藏在地底的房間，然後被眼前看見的景象所震懾。那是一個閃閃發光的奇幻世界，有金字塔、方尖柱、像巨石陣的圓圈以及其他以透明鋁蓋成的建築物，另外還有一些遺跡是用精準雕刻的石頭蓋成的，就像地球上的許多古老景點。

到處都是水

遠古建築者氏族在有必要的時候會往地底挖洞，不過他們也在月亮以及固態行星內部，發現許多巨大而又適合居住的天然洞穴。在地球上，這樣的洞穴通常是內部有水源的石灰岩穴。二〇一四年，西北大學的副教授史蒂芬·雅各布森（Steven Jacobsen）透露，地球內部蘊藏的水，可能比地表所有的海洋還要多出三倍②，內幕消息人士都知道這樣的事實。遠古的族群能夠往下鑽、取用這個水源，就像是鑽井，並且運用水源構築一個草木繁盛、自然的地底環境。這些圓頂建築內部有一種會自然發光的細菌群落，它們會在天花板形成厚厚一層，為住在裡面的人提供低能量的可見光。經過幾個世代，這些人演化出大眼睛，作為對這種黯淡環境的適應反應。

大揭密計畫的另一個部分，就是由NASA公布我們太陽系的其他行星和衛星也有巨大的地下海洋，目前包括了土星的衛星土衛一／彌瑪斯③、土衛二／恩克拉多斯④、還有土衛六／泰坦⑤；木星的衛星木衛二／歐羅巴⑥、木衛三／加尼米德⑦、和木衛四／卡里斯托⑧；小行星帶的矮行星穀神星⑨；海王星的衛星海衛一／特里頓⑩；還有冥王星。⑪

現在，NASA對我們說，某些地下海洋蘊含的水量，遠比地球上所有的水源加起來還多。NASA也透露，過去火星的地表上有個巨大、深達一．六公里的海洋⑫。根據NASA的說法：「我們發現在較為原始的星體，像是彗星和小行星還有像穀神星的矮行星，都有水的存在。我們也認為四個巨大行星──木星、土星、天王星、冥王星──蘊含了大量的濕物質，它們的衛星和外環也有豐富的雪泥……NASA的太空船，也在水星和月球陰暗面的隕石坑，發現有水存在的跡象。」⑬

NASA還透露，我們的太陽是這些水的「共同源頭」，就像接下來的引文所指明的。其他的恆星也會釋出水分，這意謂著到處都有具備海洋的行星和衛星：「克卜勒太空望遠鏡的資料，證實了最普遍的行星大小比地球稍微大一點，天文學家認為這些的行星表面都被深海所覆蓋……我們太陽系裡頭的每個世界都從同一個源頭獲得水分。」⑭NASA還告訴我們，地下海洋經常出現在衛星和行星的內部，這也讓這些星球成為建造大規模地下文明的理想地點。

避免「人口爆炸」

有內幕消息來源告訴我，在地球上、我們的腳下就有數百個大型的遠古建築者氏族所建造的城市，其中許多深埋地底，幾乎從來沒有被發現過。當我們的人將探測器送到那裡，那裡黑暗一片，他們見到更多的方尖柱、金字塔以及石碑——有時候規模相當龐大。他們找到的這些建築物有如城市一般巨大，它們能夠容納許多人口。這樣的建築物太多，就他們目前的人力來說，無法對所有的城市都進行探索。靠近地表的城市都受到嚴重的掠奪和破壞，不過如果你進入的再深一點，那裡就保持著較為原始的風貌。在某些地底建築裡，古老的氣溫調節系統已經完全故障，因此要探索深一點的城市非常困難。

就我們發現城市的實際大小和範圍來看，不管是哪個文明建造了這些遺跡，他們都擁有非常多的人口。如果他們起源於古時候太陽系某個有海洋、有空氣的行星，移民到地球似乎是為了避免「人口爆炸」。與其因為天災或是菁英式的人口減少政策而滅絕，他們乾脆散播到太陽系各地進行殖民——而且人口的總數可能達到好幾兆。他們對於建造金字塔和方尖柱有著特殊的喜好，就像他們的遺跡所顯示的。他們可能也很清楚，太陽系會因為太陽能量爆發造成週期性災難，這或許可以解釋，他們為什麼不約而同地把城市蓋在地底下，除非為了巡邏，否則會儘量避免來到地表。

關於遠古建築者氏族還有一件有趣的事，那就是他們的身高比一般人類還要高上三倍。這些遺跡的房間裡有椅子、桌子、先進的電腦終端機，這些都是設計給大概五公尺高的人用的。根據布魯斯的說法，我們有理由相信，遠古建築者氏族長得像貓科動物。雖然葛瑞姆．漢卡克和羅伯特．波法爾提出了有力的論證，認為獅身人面像是被刻意建造成獅子的形象，來為「獅子座時代」（Age of Leo）定年，並且由此推定吉薩金字塔群的歷史超過一萬兩千五百年，但是看起來這些金字塔真正的歷史，比一萬兩千五百年還要更久。

布魯斯聽說，某些遠古建築者氏族的手工藝品上有具備獅子特徵的人臉形象。不然的話，就是某些近代文化發現了這些遺跡，並且以其為摹本創作了半人半獅的形象，就像獅身人面像，用以尊崇這些原始的「神祇」。在所羅門聖殿（Temple of Solomon）的內部有個半人半獅的圖像，被引用在《聖經》〈列王記〉中。惡名昭彰的「火星上的臉」左側有著人臉的特徵、右側則有著獅子的面貌。羅馬的密教「密特拉教」(Mithraism)圍繞著「獅頭獸」(leontocephalus)而建立,或稱「獅頭神」(Lion-Headed God)。在它們的入教儀式,祭司會拿著一個小小的石獅像,將火從它的口中吹出來。內幕消息來源告訴我,這代表著太陽在每個週期要結束的時候所發出的閃光,可以推動揚升的進程。據信古老建築者氏族相當了解揚升這件事,並且會盡他們的力量幫助我們往那個方向進化。

即使是在最近,我們也能在電影《阿凡達》中看到五公尺高的外星人,他們有著人臉但是帶著貓科動物的特徵。

古老的埃及人和其他被遺忘的文化,也建造了類似遠古建築者氏族的建築物,像是金字塔、方尖柱、圓頂建築和巨石碑。一旦他們失去了製造透明鋁的能力,他們便開始用石頭來蓋東西,就像我們在地球上看到的一樣。

星際防禦網

科瑞所認識層級最高的內幕消息人士告訴我們,遠古建築者氏族是一個相當和諧而且充滿正面能量的族群。他們不會攻擊其他文明,在擴張和探索的時候,也希望儘量不要對原來的環境造成干擾。他們知道銀河系有些非常邪惡的勢力,等不及要來這裡搶奪最有價值的房地產。因此,遠古建築者氏族在我們的太陽系建造了一個先進的防護系統,用來保護當地的居民,他們自己或許也住在這裡。所有的衛星都被改造成可以偵測惡意入侵的智慧型武器,如果入侵者拒絕掉頭離開,這個武器還可以把它們炸成碎片。這樣的防禦系統非常有效,所有心懷不軌的種族都不敢進入。

我知道你在想什麼：「死星」（Death Star）——就是在《星際大戰》系列電影第一部出現而後又被毀滅的死星，它在《絕地大反攻》（*Return of the Jedi*）重新現身，接著又在《原力覺醒》（*The Force Awakens*）再度出現。這顯然也是經過設計的某種揭密，一些知道內情的人告訴我，有人找上了喬治．盧卡斯，給了他某些訊息，並且要他照老規矩發誓保守祕密，不然就會慘遭虐待和死亡。看樣子，這些內幕消息人士似乎認為亞瑟．C．克拉克的《二〇〇一太空漫遊》還不夠，於是想要以《星際大戰》來補充更多細節。《星際大戰》以下面這句話拉開序幕：「很久很久以前，在一個很遠很遠的銀河系。」不過這句話只有一半是對的，因為《星際大戰》上演的是我們自己的歷史。有兩個內幕消息來源甚至透露，遠古建築者氏族或是一些後來的族群，製造了看起來就像是金色金屬機器人C—3PO的機器人。內幕消息人士說，他們在月球的內部發現了無數個這樣的機器人，它們已經關機、無法運作。

當這本書快完稿的時候，我問科瑞祕密太空計畫有沒有對附近的星系進行探索，去尋找人造物品的遺跡。令我驚訝的是，他說遠古建築者氏族以透明鋁建造的建築工藝作品，遍布在本星系團的各個行星和衛星上，其中包括了像「死星」一樣的巨型衛星。這些衛星創造出了聯合防禦網，這麼一來所有的智能文明就能夠在本星系團之內安居：我們可以進行和平的太空探索、和鄰居交流、同時免於外敵的侵犯。然而我們好戰的人性卻將這一切搞砸了，破壞了這個防禦網，不過我們晚一點才會講到這個故事。

遠古建築者氏族的離去

下一個重點就是，遠古建築者氏族在達到了如此令人驚異的文明高峰之後，卻神祕地消失了。就算是內幕消息人士也不知道他們怎麼了，去了哪裡，或是為何離開——唯一清楚的是他們就此銷聲匿跡。最糟糕的是，繼他們之後到來的族群抹去了他們存在的所有痕跡。所有文字、影像、全像攝影都被刪除了，遺跡上面的銘文也被抹去，沒有任何一點文字紀錄或是資料庫留下來，只剩下那令人印象深刻的寶庫，裡面的遺跡靜靜地見證著驚人的奧祕。

不過，在遠古建築者氏族離開之後的數億年間，「死星」防禦系統依然護衛著本星系團，沒有任何外來者可以通過這道防線並且接管這個地方。任何帶著惡意靠近的人，都會被「死星」衛星內建的超級人工智慧自動地評估、消滅。

本地的外星人，可以在任何時候造訪其他星球以及我們的太陽系，而且在本星系團演化的外星人，最後長相看起來就像我們一樣。

科瑞曾經和住在地球內部的各個族群有過面對面的接觸，其中最古老的一個族群，聲稱他們已經在地球生活了一千兩百萬至一千八百萬年。他們和住在地表的人類長得很像，不過他們的眼睛比較大。他們說自己起源於地球，自然地演化至今，不過從《一的法則》來看，這些古老的族群看起來像是其他星球的移民。這個題目很大，而且很有趣，讓我們先補充一點細節，接著再就這一點繼續討論。

月球的祕密

布魯斯還透露，地球的衛星是銀河系古代科技的最重要成就。我們現在已經知道月球內部整個被挖空，用以建造一個廣大的月球內部文明。我們的太空計畫，使用先進的感測儀器來探測月球，發現裡面有三十二至八十公里深的人造建築結構。這不只是一個有著巨大天花板的大洞穴——它被分割成了許多不同樓層，就像旅館一樣。不管你身在月球地表的哪個地方，只要往下挖得夠深，就會碰到裡面的人造區域。更令人吃驚的是，這樣的人造區域至少有一萬個不同的樓層，整個月球內部都是。在八十公里深的地區，每一層樓大概有七公尺高。如果遠古建築者氏族的身高是五公尺，那麼在每一層樓他們的頭上還會有另外二．五公尺的空間，所以不會讓人覺得很窄。

布魯斯的同伴還得到一個結論，他們認為當我們的月亮剛被建造出來的時候，遠古建築者可以輕易地把它從一個星系拖行到另一個星系。因為當地的傳送門夠大，當門打開它就可以飛過去。月亮也有自己的防禦系統，可以阻擋任何敵人的襲擊。科瑞有好幾名線人將我們的月亮稱為「方舟」，就像是《聖經》裡的諾亞方舟，顯然我們的月亮內部可以裝載許多樹木、動物和人。如果一個行星有麻煩，那麼月亮裡的一萬層樓可以將所有的人和東西都帶往安全的地方。

毋庸置疑，某些樓層是廣闊的水族館，可以運送海洋生物。其他地區則有大溫室可以帶上樹木和其他植物，並且為各種種類的細菌、昆蟲、爬蟲、鳥類、動物還有人類提供舒適的住所。如果操作方舟的人不想露臉，那麼根據宇宙法則，其他人不能強迫他們，因此他們可以住在特定的區域，那是難民通常無法靠近的區域。

二〇一四年，布魯斯告訴我，如果我們的太陽系有另外一個行星遭到毀滅而變成小行星帶，那麼月亮就會轉化成地球。我快要寫完這本書的時候再度和科瑞談話，他說這只是太空計畫兩個主要理論的其中一個，而且通常不被採信。有更多的證據顯示，月亮在六千萬年前停靠在它現在的位置上，這個理論還認為，很久以前有個「原行星」（protoplanet）在我們的太陽系爆炸，這個原行星爆炸的碎片，就是在六千兩百萬年前殺死所有恐龍的兇手。我們不知道地球是不是在爆炸後立刻受到撞擊，或是被後來環繞在地球周圍很長一段時間的爆炸碎片所襲擊。

如果我們把《一的法則》的訊息、我從一九九六年來接收的直覺性資料、還有科瑞的線人告訴他的話，結合在一起看，恐龍似乎是被善良外星人所殲滅的。某種為人所知，而且具有攻擊性、危險的爬蟲類物種，已經進化成一種智能生物，其中有一些在今天還住在地球內部。牠們看起來仍然像是恐龍，在後腦杓有一束束的羽毛。為什麼善良外星人會消滅某個星球上一整個世代的生命，這件事情似乎有點難以理解。但是我們不知道所有的事情都是週期性地發生，我們現在已經有了證據，知道「方舟」的作用，是為了讓我們倖免於這些事件。超級先進的善良外星人稱自己為「園丁」，他們會支持並且助長對宇宙有益的生命，以及剷除具有傷害性和毀滅性的生物，這是業力法則大規模的運用。《聖經》在〈馬太福音〉中以「收穫」這個象徵談到這一點，正面、充滿愛的人類被比喻成小麥，而負面、具有毀滅性的個體則是雜草，它們可以和小麥一同成長——直到收穫的時刻。

接著雜草會被拔掉，一叢接一叢。我們會在最後一章看到這些資料。

內幕消息人士還告訴我們，月球在六千萬年前被帶到這裡的時候，就像是一輛破爛的老爺車。在來到這裡之前，它可能已經非常古老，而且被使用得相當徹底。內幕消息人士認為，一旦它停靠在地球周圍，就再也無法離開太陽系，也許只能在本地旅行。後來因為戰爭和災難所造成的傷害，使得它的推進器完全壞掉了。

在威廉．湯普金斯《外星人的選民》一書，他描述了他在國防承包商道格拉斯飛行器公司（Douglas Aircraft）工作的時候，獲得了一個和一九五二年某個祕密太空計畫有關的靈視：

> 月球……（是）一個基地……一個外星軍艦的指揮設施……外星人從銀河系的另一個區域，把裝在貨船的月球拖到這裡……其中有大規模的城市……有數千棟建築物，還有廣大的開放空間……好幾千人，（彷彿住在）蜂巢，像是透明的建築物。那裡有好幾百個控制中心，幾百萬個實驗室，像是軍事研究、還有醫學研究。⑮

湯普金斯後來從祕密科學研究中，找到一些簡報資料，證實了他的靈視。我們在二〇一六年四月二十三日進行了一次私人談話，湯普金斯同意我在這本書裡引用他說的話：

月球是……一個交通工具。它裡頭都是房間、建築物、電梯、控制中心、電力系統、軍事設備還有商業設施。它是一個大規模的操作中心，像是一個大型軍艦或是軍事基地……我們誤解了和月球相關的一切事情，它不只不是我們的，同時也不屬於任何特定的外星人團體。有好幾個團體同時在操縱它……它裡面有著你經常會在一個正常基地看到的所有東西，只是它更先進，而我們對它一點也不了解。

這是一個基地，幾千年來有許多人一直在使用它，接著這些人撤離了，另外一些人把它占為己有，把自己的家當都放在裡面。

這不是一個新的月球，它非常、非常古老。我們可以把它想成是一種不同的交通工具，或是一個不同的行星。這個月球非常、非常重要，比地球這個行星還重要，因為它是一個（軍事）指揮中心。你和我都住在一個實驗室，那是這個指揮中心所控制的一個區域。我們必須來到一個轉捩點，讓我們以一種不同的態度來審視我們周圍的一切，因為實際上我們對於周圍一切的認知都是錯誤的。那些都是徹徹底底的謊言，專門用來控制我們，給我們錯誤的訊息，這樣他們就能監視我們、玩弄我們。這樣的作法可以回溯到很久以前的歷史，但這不只和歷史有關（掌權的團體隱瞞了我們真實的歷史），也和數學、食物以及所有的一切有關。我們沒有吃正確的食物，他們都知道！所有這些都是為了不讓我們變聰明，不讓我們發展出逃離這個銀河系的能力。⑯

月球上的正方形：驚人的事實

NASA在二〇一四年驚人地證實了下面這一則內幕消息。當我們抬頭並且看到「月球上的人」（Man on the Moon），那張臉是由一系列稱為「mares」，意為「海」的廣大平坦地區所造成的。如果你將月球稍微往下傾斜一點，製造出一個我們在地球通常無法看見的視角，你就會發現這些陰暗的地區都是巨大的正方形（參見圖26）。完美的幾何結構應該不會出現在天然形成的物體上，尤其是它的規模不可思議地大。NASA宣稱他們最近藉著測量微重力波動（micro-gravitational fluctuations）才發現這樣的結構。更有可能的是，這是另外一次「經過授權」的解密，要讓我們為最終的大揭密做好準備，藉以面對遠古建築者氏族的真相，以及我們太陽系祕密的宇宙史。

進入下一章，你就會知道這個有如伊甸園的天堂是怎麼被侵略、好鬥的態度所毀滅。從各種跡象來看，陰謀集團就是這些破壞者的直系後裔。此外，他們還試著以梵諦岡的圖書館，保存他們的整個宇宙歷史——這聽起來真的很驚人。埃及祭司在撒哈拉沙漠發現了一些非常古老的書籍，最後移到梵諦岡收藏。我們現在就要來改正這些戰爭對我們造成的傷害——這場戰爭大約從五十萬年之前開始。

圖26：月球表面巨大的正方形，意謂著那裡有一個以超先進科技構築的巨型地底文明。可見視圖（左）、地形圖（中），以及「重力回溯及內部結構實驗室」（GRAIL）重力梯度圖（Gravity Gradients）（右）。

22

巨大的帝國族群

有些帝國人的確造訪了地球。他們出現在靠近古希臘的地區，成了傳說中的「泰坦巨人」。《泰坦之戰》和《巨人之戰》這兩部希臘經典文獻，詳細地記錄了他們的造訪。

我們的太陽系曾經有過一個充滿液態水的超級地球（super-Earth）。它比現在的地球還要大得多，在很久以前就非常適合人類居住。在內幕消息人士的圈子裡，多虧了一個稱為「閃耀鵝卵石」（Brilliant Pebbles）的高度祕密計畫，他們花費了許多金錢和時間想要確認這件事。在公共領域，美國海軍天文台（US Navy Oservatory）的天體力學專家湯瑪斯・范・福藍登（Thomas Van Flandern）博士，則是以他的「爆炸行星假設」（exploded planet hypothesis）為這件事提出了完美的證明①。范・福藍登的科學模型相當可靠，因此在二〇〇七年被刊登在劍橋大學的《國際天體生物學》（*International Journal of Astrobiology*）期刊②。他的證據相當嚴密，這件事遲早會被大眾認可。

火星曾經是個月亮

布魯斯在二〇一四年告訴我「閃耀鵝卵石」計畫，我並沒有公布出來。當我對科瑞透露這個計畫，他變得非常興奮，在我什麼都還沒問的時候就開始跟我解釋相關細節。這個巨大的行星位於今日木星和火星運行的軌道之間，在很久很久以前，火星被超級地球的重力吸引成了它的衛星、開始繞著超級地球運轉。二〇〇一年，麥克・巴拉（Mike Bara）和理查・C・霍格蘭發表了一篇有著驚人細節的科學論文，來證明這件事，其中附帶了八十八筆參考資料。

在NASA正式發布這個消息的十四年前，他們兩個人就認出火星表面的黑色條紋就是液態水的痕跡。③

當超級地球存在的時候，火星也是個充滿水、適宜人居的星球，科瑞說這樣的雙地球系統（dual-Earth systems）事實上非常普遍。就一個固態行星來說，這個超級地球異常地大，因此它的衛星也比一般衛星還要大。火星的直徑是六千七百九十二公里，木星的衛星木衛三／加尼米德稍微小一點，直徑是五千兩百六十二公里，土星的衛星土衛六／泰坦的直徑則是五千一百五十公里。木衛三／加尼米德和土衛六／泰坦兩個衛星，都被NASA列為擁有海洋的星球。

二〇一五年五月，NASA公開表示火星有個古老、深達一・六公里的海洋。同年稍晚一些，NASA又宣布今日火星的地表也有液態、流動的水，就是我們在火星沙塵上看到的黑色條紋——一如巴拉和霍格蘭的論文所述。NASA還說，火星一度有可供人類呼吸、像地球一樣的大氣，但卻因為某種災難而毀滅。現在讓我們再回顧一下專業科學估計，那就是我們的銀河系有四百億個像地球一樣的行星。劍橋大學的演化專家賽門・莫里斯博士認為，進化會自然衍生出人類。此外，我們的太陽系附近可能有大規模、通往其他銀河的星際之門，因此我們這裡毫無疑問會成為一個外星人活動的熱點。可以想見火星可能是某個智能人類社會的家園——或許是一個比我們還要先進的社會。

火星的文明可能是因為自然演化而在當地起源，可能是由外來殖民者所建立，也有可能是由先進種族在這裡「播種」而成。對於究竟發生了什麼事，內幕消息人士沒有一致的看法，只有基於各種並非完全有說服力的訊息所建構的理論。根據一些住在地球內部的人和科瑞在二〇一五年九月的談話，火星上的人和超級地球上的人都是土生土長的，並非是外來移民。如果地球的月亮真的是一艘在六千萬年前運輸到這裡的「方舟」，它可能一次將生命種子灑到三個不同的世界：火星、超級地球以及我們的星球，這些超級先進的外星人想要盡可能利用這艘巨大的「方舟」也是很合理的。

內幕消息人士告訴我們，大約在地球的五十萬年前，火星和超級地球都發展出了相當先進的科技。

好戰的帝國族群

布魯斯最近告訴我，在超級地球演化出來的人類身高在二十一公尺到三十公尺之間——比遠古建築者氏族還要高上許多。這顯然是因為超級地球很大，使得他們在自然演化的時候擁有巨大的身體。根據祕密計畫中廣為流傳的說法，這個文明的人有著嗜血的天性，《星際大戰》肯定就是在描繪這個社會，所以就讓我們把這個族群稱為「帝國」吧。每個知道內幕的人都同意他們的身高大約在二十一公尺到三十公尺之間，雖然對我們來說有點難以想像。如果我們長得和他們一樣高，然後遇見地球上的人，地球人的身高看起來就像是只有十五公分。不過如果我們這輩子都活在這種身高標準下，我們就會習以為常，一點也不覺得自己像巨人。太陽系裡有著無數先進的遺跡，那些都是設計給這種身高的人所使用的。這些遺跡比遠古建築者氏族的遺跡還要新，因此保存狀況也比較好。當我們走進去，裡面的椅子是那麼高，如果我們站在那裡，連椅墊都看不到。

母體是每個人的家庭娛樂

帝國使用透明鋁建造了和遠古建築者氏族遺跡類似的建築結構，並且將遠古建築者視為神祇來膜拜。人獅混種成了一種宗教形象，金字塔和方尖柱這些形狀也是。帝國人在科技上獲得了高度的進步，他們在遙遠的過去就發展出我們所使用的網路，之後更是大大地超越這些。根據布魯斯、科瑞、雅各還有其他內幕消息人士的說法，對於智能文明來說，不管在什麼時代，發展出網路是一件相當普遍的事。

皮特曾經提到，他在為美國政府進行祕密研究時發展出了「連接埠」，帝國很顯然發現了這個技術。他們把自己的心智上傳到《駭客任務》般的虛擬現實，最後終於形成了「人腦電腦接口」這樣的科技，他們的整個身體都充滿可以自行組裝的奈米機器，也就是奈米機。從此以後他們再也不需要連接埠，因為這些奈米機讓他們隨時都能接上完整的無線網路，也讓他們的心智可以和更大的中央智能結合在一起。在《星際大戰》電影問世的時候，內幕消息人士早就知道這種生命和科技的結合。黑武士達斯．維達，被描繪成一個人類生命和科技的融合，面具裡的人病得相當嚴重，身體有著嚴重的缺陷，才會在呼吸的時候從氧氣面罩發出那種不間斷的聲音。

在他們身體裡的奈米機會自行複製，並且使用生物電場為自己補充能源。如果他們受了傷，傷害會立刻自行修復，所以他們的身體變得幾乎無法摧毀，壽命變得相當長。類似的奈米機也被用來建造所有的建築物和飛船，這些奈米機會取用各個環境之中的能量場做為能源，還可以將自己組裝成各種形態的工具來進行各種不同的任務。這些微型機器人全都和一個聯合的人工智能

（或稱ＡＩ）連線在一起，意思就是帝國人還有他們所居住的建築物，就像一個有機人工智慧的細胞和組織。一個中央的超級智能「大腦」控制著他們，讓他們可以運用令人驚奇的科技，擁有超高智能，還能計算、模擬未來的事件。這就像《星艦迷航記》的「博格人」，不過你不會在這些人的身上看到從身體延伸出來的機械裝置。

帝國還發現他們的心智可以完全轉化為人工智慧。人類意識中的能量層面在死後依然存在，和這一點有關的科學證明不勝枚舉，我在《源場：超自然關鍵報告》和《同步鍵》中都做過大量的討論。舉例來說，彼得．卡里耶夫（Peter Gariaev）博士用雷射光照射蜥蜴的卵，接著再將雷射光導入裝在密封箱子裡的青蛙蛋，結果青蛙蛋進化成了蜥蜴卵。這是因為雷射光裡頭的光子蒐集了蜥蜴的ＤＮＡ密碼，當這道雷射光穿透了青蛙的ＤＮＡ，它便改寫了其中的ＤＮＡ分子，因此製造出蜥蜴來。這些蜥蜴順利成長，而且可以正常地和其他蜥蜴進行異種交配。

以這種新觀點來看待生物學非常有趣，《一的法則》對此也有許多討論。太陽發散出的第四密度光子（fourth-density photons）是啟動我們揚升的觸媒之一，它們會轉化我們的ＤＮＡ。當太陽閃光發生，這些光子便會以一種前所未見的方式向我們襲來，之後我們就會獲得揚升的能力。約翰．霍克斯（John Hawks）博士認為，我們的ＤＮＡ在過去五千年來已經進化了百分之七，他說這是人類進化的「超能」速度。這很有可能是因為我們正在移向一團能量雲，我們越靠近，就會接觸到越多的第四密度光子。

ＤＮＡ分子的作用就像是一個「地址」，它連接著人類意識的能量層面。藉著把一個虛擬的、光子形式的ＤＮＡ輸入機器中，帝國的人讓中央電腦進入他們的意識，於是他們便和人工智慧完全融合在一起。他們以這種形式活下去，不管是死是活都可以和「母體」（the matrix）繼續互動，所以他們事實上是不朽的，他們一點也不知道這是一個人所能想像最恐怖的永恆地獄。

不過因為這樣的安排，他們也獲得許多好處。他們的眼睛獲得了人工進化，就像是皮特給盲眼富翁試用的「我的老天爺」（Holy God Damn）機器，他們的眼睛就像望遠鏡一樣。這些奈米機還會用他們臉部皮膚自然發出的光子製造微電壓波動（micro-voltage fluctuations），所有的訊息都會被寫入這些波動裡頭，就像是一個寬頻的網路路由器。如果他們想要溝通，只要看著對方的臉就可以了——可以面對面，也可以經由全像攝影通話看著對方的臉。和一般的對話比起來，藉著這項科技，他們能夠以一種高訊息密度、高速度的方式進行溝通。雅各是第一個告訴我這件事的人，其他人像是布魯斯和科瑞也都證實了這一點。雅各說這種生活必須仰賴機器更新的人類，很難和沒有這一套設備的人溝通，正常人類的溝通速度對他們來說實在是太慢了，對他們來說，等待正常人回應一句話的時間感覺起來就像是永恒一樣。

麻煩接踵而至

在歷史上的某個時間點，火星和超級地球的人民陷入了爭端。他們很可能分屬兩種不同的文明，至少一開始的時候是這樣。布魯斯認為超級地球上的人獲得壓倒性的勝利，而且開始和火星上的人通婚，帝國在這之後又延續了好長一段時間。這的確只是一種猜測，因為這兩個文明也有可能繼續保持分離。無論如何，布魯斯相信火星成了帝國社會菁英的驛站——像是一個可以度假的行星。布魯斯的資料也指出，因為帝國科技進步、經常旅行到別的星系，因此招惹了許多太陽系之外的敵人。記錄顯示他們相當嗜血而且性喜征服，他們相信自己的科技和生活方式比其他人優越，希望所有人都可以安裝他們的人工智慧。後來我才了解，我在自己的短篇小說《內戰》中所描寫的好戰、喜愛擴張版圖的外星文明，很有可能就是我對於帝國的一種心靈回憶。

根據布魯斯的說法，許多內幕消息智庫認為，由於帝國的好戰性格，他們的人民最後被移送到我們的太陽系以某種方式隔離起來。這樣的話，這個太陽系就像是我高中時期的勒戒所「康妮」一樣，只不過更可怕，或是和英國人當初利用澳洲的方式一樣。這樣看來，帝國很可能就是被遠古建築者氏族所留下來的許多「死星」衛星所隔離。這些人造月球可能被重新編碼，從原來防止外人進攻的任務，變成防止這個太陽系的人離開或是去傷害其他人。

「死星」快速導覽

遠古建築者氏族建造死星，讓它們看起來很普通，這樣就可以就近發展像地球一樣的文明，而且也不會妨害地球居民的自由意志，不過我們還是能藉由一些不尋常的特徵來辨認死星。在主流媒體獲得最多關注的死星候選人，就是土星的衛星土衛一／彌瑪斯。一九七九年，就在《星際大戰》第一部片發行的兩年後，「先鋒二號」（*Pioneer II*）經過土星，首度給了我們這個星球的詳細視圖。令人訝異的是，土衛一／彌瑪斯看起來就像是《星際大戰》的死星一樣。《每日郵報》（*Daily Mail*）二〇一二年的一則報導寫道：「其中的相似度非常驚人——太驚人了，讓我們不禁開始懷疑……土衛一／彌瑪斯會不會是很久很久以前、在一個很遠很遠的銀河系，某艘邪惡帝國飛船石化、碎裂的殘骸。」④這個衛星上有個像死星一樣巨大、圓形的隕石坑，周邊的牆高達八公里。

在同一篇文章，NASA噴射推進實驗室（Jet Propulsion Laboratory, JPL）參與「卡西尼任務」（Cassini missions）的科學家琳達．史派克（Linda Spiker）博士透露，土衛一／彌瑪斯上頭的熱信號（heat signature）完全沒有任何道理可言。最溫暖的區域應該要在赤道附近，結果其熱信號呈現「小精靈」（Pac-Man）的形狀，就像一塊幸運餅乾（參見圖27），最熱的區域延伸到這個衛星南北兩極的地方，赤道反而成了最冷的區域，至少就其中一側來說是這個情況。我們看見的很可能是某個文明的熱信號，他們至今還住在這個衛星內部一個非常古老的地底城市。不管城市在哪裡，他們的人造能源和燈光系統，可能會造成城市上方熱信號的溫度顯著升高。史派克博士這麼說：「土衛一／彌瑪斯比我們想像的還要古怪。」⑤四個月後，NASA宣布土衛三／忒堤斯（Tethys）——另一個同樣有著死星般的圓形隕石坑、並且繞行土星的衛星——同樣也有「小精靈」形狀的熱信號。⑥其坑口白天的溫度比周圍要低上攝氏負十六度。

科瑞．古德證實當他在「太陽守門人」計畫工作的時候，土星和木星周邊都是禁止進入的管制區域，表示這些衛星可能有人居住。所有我認識的高階內幕消息人士都說，我們太陽系中每個能夠拿來使用的衛星，其內部都進行了程度不一的建設。土星的衛星土衛八／雅佩特斯（Iapetus）或許是最棒的「死星」候選人，霍格蘭就此寫了一篇包含六個部分的巨作來探討這個衛星上幾何、機械般的特徵⑦。它的整個赤道有著隆起的巨大山脊；在經歷幾億年無數隕石打擊之後，它上面的某個隕石坑有著平整的邊緣、並且呈現幾何形狀；此外它的地表也有許多幾何特

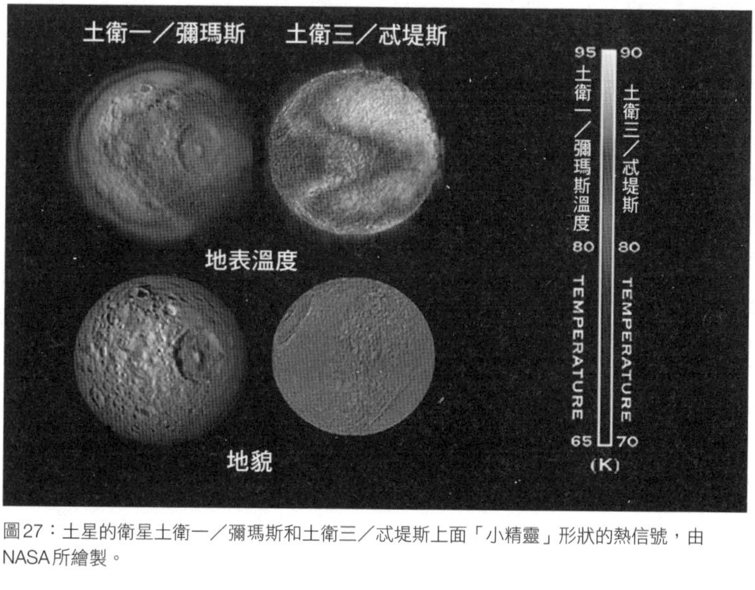

圖27：土星的衛星土衛一／彌瑪斯和土衛三／忒堤斯上面「小精靈」形狀的熱信號，由NASA所繪製。

徵。它不是一個圓形的球體，你可以看到隕石坑的牆壁沿著某種幾何式的地下結構向下塌陷。這在NASA的照片裡看得特別清楚，這個衛星的側邊還有某些反光（參見圖28）。

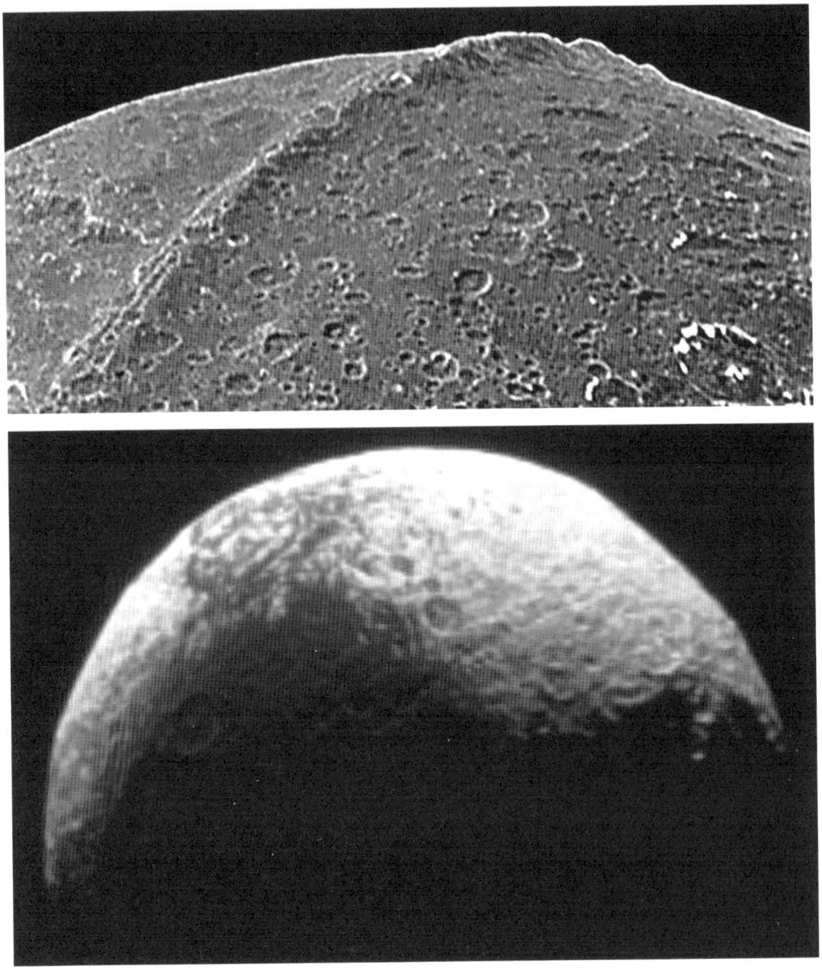

圖28：土衛八／雅佩特斯隆起的赤道（上圖）及其地表的幾何形狀（下圖）。

天王星的衛星天衛五／米蘭達（Miranda）的一面有個巨大、高度不規則L型的幾何特徵（參見圖29），當NASA的探測器飛過，正好面對著這個區域，另外在它的背面也有一個巨大的五角形，由撒迦利亞·西琴（Zecharia Sitchin）所著的《重回起源》（*Genesis Revisited*）一書將這個L形視為人造建築的跡象[8]。在二〇一四年，NASA說天衛五／米蘭達上面有三處這樣的幾何特徵，他們稱之為「皇冠」（coronae）。根據「太空」網站（Space.com）查爾斯·崔（Charles Choi）的說法：「天衛五／米蘭達就像是科學怪人（Frankenstein's monster）——許多部位胡亂地湊在一起，根本沒有辦法合起來。」[9]布朗大學（Brown University）的行星科學家諾亞·哈蒙德（Noah Hammond）說：「天衛五／米蘭達有著相當古怪而又畸形的地表。」[10]哈蒙德提出了一個電腦模型，似乎能夠預測這些特徵，而NASA說這些特徵「就像梯形一樣」。NASA坦承他們沒有在太陽系其他地方看過類似的構造。[11]

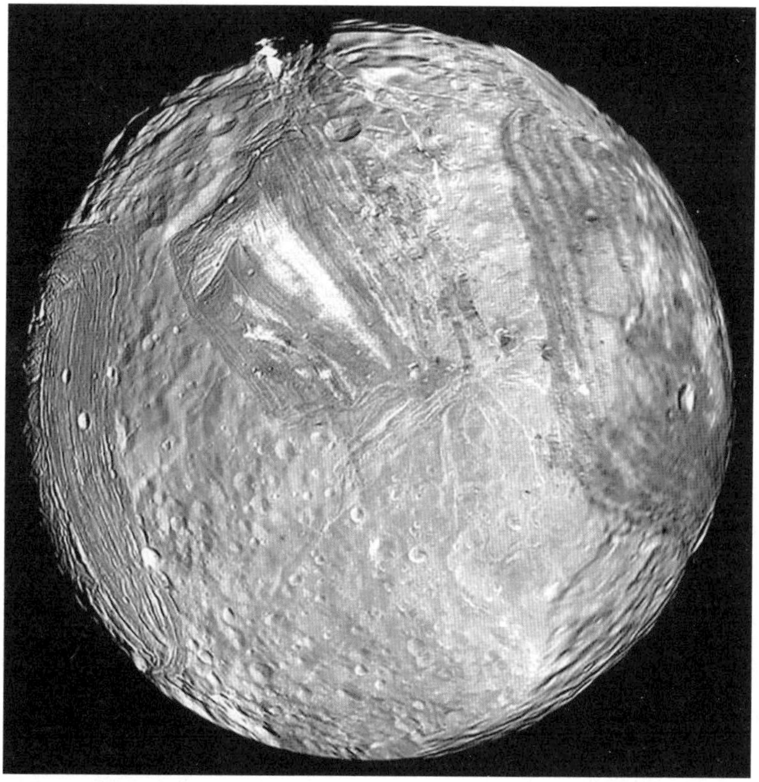

圖29：天王星的衛星天衛五／米蘭達顯示出「梯形」之幾何特徵。

穀神星的難解之謎

二〇一五年二月，我在洛杉磯的「意識生命博覽會」（Conscious Life Expo），以可能是「死星」的衛星和遠古建築者氏族的遺跡為主題，播放了許多幻燈片⑫。大部分的訊息是布魯斯給我的，然而科瑞．古德卻因為這個會議遭到陰謀集團成員的嚴厲譴責，陰謀集團認為，就是他把這些事情都告訴我——不過他本人根本就和我說的這些事情沒有關係。科瑞和另一位內幕消息人士告訴我，陰謀集團相當憤怒，因為我打亂了他們本來的計畫，即按部就班地將遠古建築者氏族的訊息透露給社會大眾。我在二〇一五年二月二十五日立刻把這件事情寫在我的網站：「因為這些揭密，已經有人受到非常嚴重的威脅——即使他個人對於我所透露的大部分訊息根本就不知情。我也發現其中一些資料是他們準備好要作為小分量的『管制情報發布』，裡面還可能會包括一些假情報，而我的作為讓他們的計畫亂了陣腳。」⑬

在我發布了這個宣言的隔天，NASA宣布他們發現穀神星的地表有某些會持續發光的隕石坑⑭。「全國公共廣播電臺」在二〇一五年二月二十六日發布了一篇文章，引用了馬克斯．普朗克研究中心（Max Planck Institute）安德里亞司．納瑟斯（Andreas Nathues）說的話：「（這兩個地方）比穀神星上面的任何地方都還要明亮，這實在是出乎我們的意料之外，對我們來說這仍然是個謎。」⑮NASA在二〇一五年三月派出了「黎明號」（*Dawn*）太空船到穀神星的軌道，在《華盛頓郵報》一篇相當引人注目的訪談中，黎明號的首席工程師馬克．雷曼（Marc Rayman）表示：「我不認為有任何人在看到那個（兩個亮點）的時候，不會產生這樣的想法：那或許是閃亮的燈塔，召喚著我們這些身處在宇宙之海的旅人。」這篇文章還說，試著去認識穀神星，可以教導我們「和我們整個太陽系有關的歷史」。⑯（參見圖30）

這些引文強烈指出NASA試著引導我們去想，對於「宇宙之海的旅人」來說，穀神星可能是個家園，一個廣闊的外星地下基地。這些發光的點可能是天花板的表面，它能夠為其中的居民提供光源。也有可能在一次隕石襲擊之後，覆蓋於其上的保護性沙塵被吹散開來，才顯露出下面隱藏的科技。當我在二〇一六年三月寫到這個段落的時候，NASA噴射推進實驗室（JPL）就這些亮點到底是什麼東西推出一份線上問卷，有百分之三十八的參與者選擇了「其他」這個選項，百分之十的參與者投「火山」一票，百分之六選擇「間歇噴泉」，百分之六「岩石」，百分之二十八「冰」，還有百分之十一的人選擇了「沉積鹽」。⑰

發光的金字塔？

二〇一五年六月，NASA和主流媒體透露了穀神星上有「金字塔」的存在，這讓穀神星的謎團變得更加奇怪。「氣象網」（The Weather Network）稱之為「穀神星上的大金字塔」（The Great Pyrimid of Ceres）⑱。在CNET科技資訊網的一篇文章中，艾瑞克．麥克（Eric Mack）這麼寫：「黎明號」探測器發現「一個怪異的金字塔尖頂（參見圖31），據NASA估計，它有四．八公里高，比落磯山脈任何一座山都還要高……有許多觀察人員都認為——即便他們的認真程度不一——穀神星上明亮的光源，可能是這個矮行

圖30：迷你行星穀神星上面的亮點。

星現在或過去有外星人在上面居住的證據。發現了這個像山一樣大的金字塔特徵，一定有許多電視台在想著要花多少錢，才可以把它們的拍攝團隊弄到穀神星去。也許遠古的埃及和印度太空人曾經聯合進行了某種太空探險？」⑲

在二〇一五年八月，《今日宇宙》新聞網認為，以慣常的方式來解釋這些亮點根本行不通：「早期的科學家做過一些揣測，大都認為這些亮點可能符合雪泥或鹽的特徵，不過就新的資料來看，我們找不到任何證據可以確定那就是雪泥……我們現在將這些亮點和鹽的反射特性進行比較，但是對於這樣的光源我們仍然感到不解。」⑳另一位黎明號科學團隊的成員保羅．宣克（Paul Schenk）說：「這個（金字塔造型的）山，是到目前為止我們在穀神星上所見過最高的東西。不尋常的是，它並不是和隕石坑相連的高地，為什麼它會座落在那個荒涼之處的正中央呢？我們還不知道為什麼，不過藉著更靠近的觀察，或許我們會找到答案。」㉑

二〇一五年八月六日，《科技新時代》（*Popular Science*）雜誌說，這些亮點出現在一個三．二公里深的隕石坑：「科學家不知道究竟是什麼造成這樣的反光，會是冰嗎？火山？或者那是一個『死星』？」㉒兩天之後又有新的消息，說那是金字塔在發光——有一面比較亮另一面比較

圖31：穀神星地表上傳說中的「發光金字塔」。

暗。艾瑞克・麥克延續他「遠古太空人」（ancient astronaut）的觀點，為CNET科技資訊網寫了一篇幽默的文章：「於是他們就看到那個圓錐體，那是一座看起來幾乎就像是金字塔的山，它有六公里高。奇怪的是，一面很暗但是另一面則有明亮的紋路閃爍著，另外一個亮點似乎也是這種構造。『關於這個星球，這樣的結構究竟說明了什麼？』（黎明號首席科學家）雷曼這麼說。老兄，如果連你都不知道，那在你們找到其他證據之前，我們也只能猜那是某個怠速太空船的頭燈啦。」㉓

冥衛四和土衛二

二〇一五年十月，就在「發光金字塔」這個消息發布的兩個月後，NASA又宣布在KIC8462852這顆星球上可能有「巨型建築」。㉔這麼一來，更讓人不禁猜想這個太陽系的衛星裡是不是有某些古老的、異常巨大的科技遺跡。雅各告訴我，這都是為了要在日後完成遠古建築者氏族大揭密的一個步驟。

另外一個可能是人造物體的候選星球，就是冥王星新發現的第四個衛星冥衛四／科伯羅司（Kerberos），它的重量極輕，而且整個星球幾乎漆黑一片。這麼輕的重量可能意謂著它的內部都被淘空，就像是一艘太空船一樣，而黑色的表面可能是它的船殼。這個新聞在二〇一五年六月出現，就在穀神星的新聞鬧得沸沸揚揚的時候——但是它所獲得的注意力少了很多。

根據《連線》雜誌（*Wired*）的一篇文章，「外星智能生物搜尋協會」（SETI, Search for Extraterrestrial Intelligence Institute）的天文學家馬克・修瓦特（Mark Showalter）認為，冥衛四／科伯羅司應該「黑得像煤炭一樣」。NASA「新視野任務」（New Horizons mission）的主要的研究員艾倫・斯坦（Allen Stern），希望可以確認冥衛四／科伯羅司的地質是不是某種不尋常的材料——如果是的話，那種材料真的「相當稀有」。這篇文章接著推測：「如果冥衛四／科伯羅司真的是用某種（和其他衛星相較）極為不同的材料所構成，那麼它可能是某個撞上冥王星的天體殘骸。」㉕這個「天體」可能是人造的。

另外一個重要的人造天體候選人，是充滿水的土星衛星土衛二／恩克拉多斯。當NASA在二〇一四年十月透露，我們的月亮上面有個巨大的正方形特徵，他們還一併透露了土衛二／恩克拉多斯的南極，也有一個鮮為人知的正方形地貌特徵。這個地方的熱信號圖像相當驚人，因為這個正方形看起來是由許多平行線構成的，而其他穿越這些平行線的線條，剛好與這些平行線呈現九十度交角。許多內幕消息人士告訴我，一個地下基地的熱信號圖像看起來就是這樣（參見圖32）。地下基地通常會分成廣大而平行的成排空間，這樣的話如果其中一排因故受損，就可以單獨關閉起來而不會連累到其他的地方。

傑弗瑞・安德魯斯—哈那（Jeffery Andrews-Hanna）是NASA位於科羅拉多礦業學院的科學家，他說地球的月亮上面巨大的正方形「呈現驚人的幾何圖形，讓人意料不到」。「太空」網站接著說，這樣的月球幾何「和我們在土星的冰衛星土衛二／恩克拉多斯上面，看到的結構非常

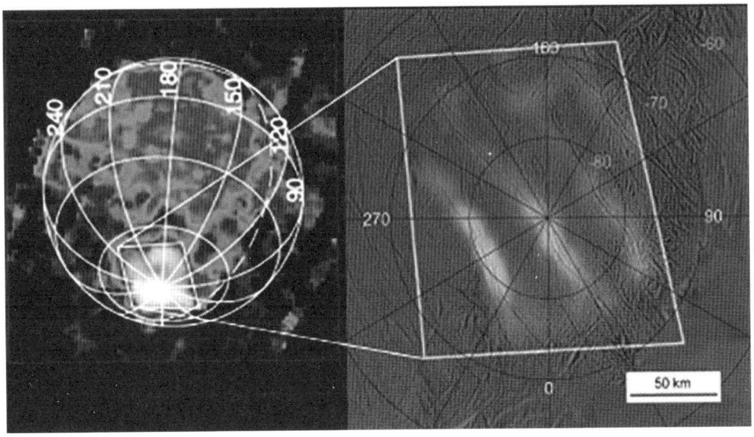

圖32：土星衛星土衛二／恩克拉多斯上頭呈現正方形的熱信號。內幕消息人士透露這看起來就像是地下基地的紅外線影像。

相似」。根據安德魯斯—哈那的說法：「只能這麼想，不知道太陽系其他星球的地底下究竟藏了什麼東西。」㉖

安德魯斯—哈那博士，也告訴英國廣播公司的「科學」頻道（BBC Science）：「沒有人想得到，你竟然會在某個行星上看到這種大小的正方形或是長方形。」㉗二〇一四年十月二日，安德魯斯—哈那的一篇科學研究被刊登在《自然》期刊，文中他直接比較月球上的「類矩形」和土衛二／恩克拉多斯的幾何地形㉘。這樣的消息不僅僅止於線上部落格的討論——這是個被嚴肅看待的議題，也以正統科學論文的形式被發表出來。

別忘了火衛一

讓我們把範圍縮小一點來看看火星的衛星火衛一／福波斯（Phobos）。二〇一〇年，理查．C．霍格蘭打了一通電話給我，為此我相當興奮，因為他告訴我「歐洲太空總署」就火衛一／福波斯的內部幾何式空間繪製出了一張詳細的三維地圖。歐洲太空總署的一名科學家找上理查，告訴他「火星快車號」（Mars Express）探測器上頭有一種名為「馬西斯」（MARSIS）的雷達造影技術。藉著這一項技術他們就能掃描火星內部的「房間」，並且繪製3D影像，看看裡面長什麼樣，像是一種「透地雷達」（ground-penetrating radar）。霍格蘭在自己的網站寫道，火衛一／福波斯裡面「充滿了許多像是洞穴、幾何形狀的房間，還有呈現直角的牆壁和地板。」霍格蘭在歐洲太空總署的內幕消息來源還說，那裡有「三個或四個主要的幾何形房間，大約有四百至八百公尺寬，分布在一個密度比較高、部分掏空、部分無線電頻率可以通過的室內結構四方。」㉙

在這一系列文章的第二部分，霍格蘭說：「我們在歐洲太空總署的消息來源，幾天之前已經承認自己看見火衛一／福波斯『裡頭的房間和牆壁』，就在他辦公室的電腦螢幕上直接看著已經繪製好的3D雷達影像！這是被書寫下來的歷史，想想看，如果官方就這個曾經存在過的巨大、進步、散布整個太陽系的外星文明，提出了確實、有憑有據的證明，那會給這個社會帶來多大的經濟衝擊。而且——它倖存的一艘太空船，事實上竟然是我們所認為的『月亮』……火星的月亮。」㉚

歐洲太空總署計畫在二〇一〇年這一重要年份公開這個大發現。這個過程在二〇一〇年三月二十二日開始，為歐洲太空總署「火星快車號」部落格寫作的安德里亞．西切帝（Andrea Cicchetti）說：

「（我們）主要的追求，在於確認（這些）偵察到的（雷達）回聲的來源：它們是由於火衛一／福波斯地面特徵所造成的回聲，或者是由這個衛星的內部結構所造成的……只要我們對現有的以及將來的資料進行科學分析，我們便能就火衛一／福波斯內部的本質，獲得獨特的新洞見。」㉛

安德特（T. P. Andert）是這一項研究的主導科學家，他宣布他們的團隊將在二〇一〇年三月二十五日在《地球物理研究通訊》（*Geophysical Research Papers*）就火衛一／福波斯的最新發現，發表一篇技術性的論文㉜。這篇文章的摘要透露火衛一／福波斯內部有百分之三十是空心的，誤差值在正負百分之五之間。更重要的是，根據霍格蘭這篇文章寫道：「我們認為火衛一／福波斯內部很有可能充滿許多大型的空穴。」㉝在這個時間點，他們早就知道這些「大型的空穴」事實上就是許多正方體的房間。霍格蘭在電話中告訴我，他們還在房間中看到某些東西，也許是飛行船。科瑞跟我說火衛一／福波斯是一個「古老的空心月球」，它是自己塌陷進去的。祕密太空計畫認為，帝國曾經將火衛一／福波斯作為一個太空船的機房來使用，這個機房可以被拖行到任何地方。

作為額外的紅利，安德特還引導我們去看——太陽系另外兩個內部也是空心的天體——

小行星梅西爾德（Mathilde）以及木星的衛星羊神星（Amalthea）。他說：「我們在C型小行星（C-type asteroids），像是小行星梅西爾德（葉門斯〔Yeomans〕等人，1997）還有木星的小型內衛星羊神星〔安德森（Anderson）等人，2005〕，也發現了類似的大型空穴〔中空地區〕以及較低的土壤容積密度。雖然這些充滿洞穴的星體可能有著類似的形成過程，不過我們對此仍然一無所知。」㉞

二〇〇九年七月二十二日，NASA的太空人巴茲·艾德林（Buzz Aldrin）在C—SPAN有線衛星公共電視網現身的時候，他透露火衛一／福波斯上頭有個巨型獨石。當我在二〇一六年三月寫到這個段落的時候，有線衛星公共電視網就艾德林透露這個訊息的影像，剪接了一分鐘的影片放在Youtube上，標題是「有線衛星公共電視網：巴茲·艾德林透露火星的衛星上有巨型獨石」（參見圖33）。這支影片獲得了超過一百萬的個別點閱率，網頁的敘述這麼寫：「前太空人巴茲·艾德林談論太空探索的未來，還說社會大眾應該會對火衛一／福波斯上面的巨型獨石感興趣，火衛一／福波斯是兩個環繞火星的小型衛星之一。」在這支影片中，艾德林說：「我們應該要探訪火星的衛星，那裡有個巨型獨石——那是一個不尋常的建築結構，就位於這個長得像馬鈴薯、每七個小時繞行火星一次的星球上。

當人們知道這件事，一定會問：『是誰把它擺在那裡的？是誰把它擺在那裡的？』嗯，是這個宇宙把它擺在那裡的，或者如果你想，你也可以說是神把它擺在那裡的。」㉟

在這支影片發布之後，《每日郵報》很快就報導了這則故事，

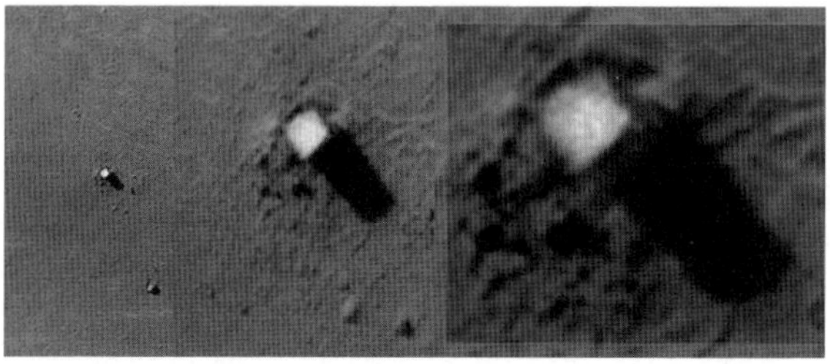

圖33：火衛一／福波斯上面的「巨型獨石」，它在這個衛星的地表投射出一道長長的影子。

而且還提到「火星上的臉」[36]。許多「漸進式揭密」的報導開始出現在《每日郵報》的網站——它也是英國最受歡迎的新聞網站——之後其他的媒體會再把這些訊息拿去報導。《每日郵報》還引用了「加拿大太空總署」艾倫・希爾德布蘭德（Alan Hildebrand）博士一段相當具有煽動性的談話，希爾德布蘭德博士過去曾經在一個叫做「PRIME」（Phobos Reconnaissance and International Mars Exploration，火衛一偵查和國際火星探測）的火衛一／福波斯無人探測任務工作。希爾德布蘭德說，巨型獨石狀的卵石就是他們要去的地方，因為這個衛星的其他地方幾乎沒有任何特徵，這個特徵能夠解答一些和這個衛星的「組成和歷史」有關的問題。「如果我們可以到那塊石頭那邊，或許就沒有必要再看其他地方了。」[37]根據科瑞的說法，這個巨型獨石是由一個較為近代的外星人團體所建造，它被當成一個崗哨、一個通往火衛一／福波斯內部的入口。我們可以想見，當這些太空人看見裡面的東西一定會非常驚訝。

駭入死星

因為帝國的人工智慧具有極為驚人的運算能力，它很快就入侵並且接管了各個死星。由於地球的月亮是我們太陽系的科技瑰寶，它便成了帝國的控制中心——這讓各個死星在速度、記憶和處理效能都獲得了巨大的提升。這些死星非常強大，它們可以攻擊並且毀滅鄰近星系的各個文明。

類似的情節在《復仇者聯盟》的續集也有著墨：東尼・史塔克建造了一個正面、善良的人工智慧，但它卻被一個邪惡的人工智慧給入侵、關機。這個邪惡的人工智慧，把東尼・史塔克用來製作「鋼鐵人」套裝的科技用來製作武器。由聯盟所主導的大揭密計畫，還有另外一個很棒的例子，那就是《復仇者聯盟2》。對於祕密太空計畫和全人類來說，人工智慧被視為非常嚴重的威脅。

「守護者」不知道為什麼會有人想要入侵他們超級先進、極度安全的防護網，這似乎是守護者另一個天真之處。根據我們從科瑞那裡獲得的訊息，守護者最後決定，要使用純粹的能量球來運送動物、植物和人類，其中不會牽涉到任何物質，因為任何實體科技都會被滲透和入侵——尤其是如果有個喜好掠奪的人工智慧在那裡虎視眈眈的話。

當帝國成功地入侵、殖民、駭入地球的衛星，在其文明的高峰，總共有一百二十億至一百六十億的人住在裡面。根據布魯斯的說法，住在裡面的人顯然是這個社會的武士階級，他們積極地運用月亮上的武器系統，同時進行攻擊和防禦工事。因為這些人的身高非常高，他們必須在月球的內部進行大肆的整修和重建，不過這些事情都用奈米機完成了。人造月球上面有某些地方比其他地方更深，這和裡面還留下多少沒被挖走的原月球土石有關。帝國必須使用他們自己的奈米機進行改建，因為原本的樓層對他們來說高度太低了。

泰坦巨人

科瑞・古德、布魯斯、還有一些參與過機密計畫的人，讀過國防部一篇祕密簡報，這篇簡報的結論指出，有些帝國人的確造訪了地球。他們出現在靠近古希臘的地區，成了傳說中的「泰坦巨人」（Titans）。

有時候他們會製造嚴重的麻煩，《泰坦之戰》（*Titanomachy*）和《巨人之戰》（*Gigantomachy*），這兩部希臘經典文獻詳細地記錄了他們的造訪，在內幕人士的圈子裡這兩部文獻被當成正統的歷史來嚴肅看待。

亞德莉安・梅爾（Adrienne Mayor）就這個主題寫了一本令人印象深刻的書，二〇〇〇年由普林斯頓大學出版社所出版，書名是《最早的化石獵人：希臘和羅馬時代的古生物學》（*The First Fossil Hunters: Paleontology in Greek and Roman Times*）。有個泰坦巨人叫做「俄里翁」（Orion），據說他非常自大；想要獵捕並且殲滅地球上所有的人類和動物。天神一致認為他必須要被消滅，後來他的身體就被深埋在提洛島（Delos）或是克里特島之下。高度受到崇敬的希臘學者「老普里尼」（**Pliny the Elder**）記載，在他有生之年曾經發生過一次撼動克里特島的大地震。地震過後，有一個巨大的人類頭骨出土，尺寸驚人[38]。懷疑論者會說這應該是恐龍骨頭，但是希臘人對於人的骨頭長什麼樣子非常清楚。因為這個時候還有些外星人「神明」會公開地和人類互動，很有可能這個骨頭在某個時間點被處理掉了——或是他們不想讓未來的世代知道自己的過去究竟隱藏了些什麼。

根據梅爾的說法，這個不可思議的骨頭引爆了一場持續了三個世紀的挖骨頭熱潮，從西元前七世紀到西元前五世紀，希臘的城邦彼此競爭，想要找到屬於英雄和巨人的骨頭[39]。在她書裡的第一百一十二頁，梅爾寫道：「每個城市都在追尋英雄遺骨賜與的『特殊魔力』——有如宗教認證或是政治權利，這些吸引人們目光的骨頭，是人們和過往光榮的重要連結。」[40]德爾菲的神諭受到許多尊崇，因為它有不可思議的神力，總是能夠正確指出這些骨頭埋在哪裡[41]。根據許多內幕消息人士的說法，德爾菲的神諭有真正的心靈力量，因為解讀神諭的人，有能力可以和外星人保持心電感應式的聯繫。

23 天龍人

天龍人的能量來源是恐懼、悲傷、憂鬱、自私、自戀、憤怒、仇恨還有嫉妒，為了生存，他們極端仰賴這樣的能量。如果地球上的每個人都可以開開心心地過一天，充滿正面能量，天龍人就會完全戰敗。

火星上的遺跡

一九九三年九月，我有另一次巨大的覺醒，這都要謝謝伊恩，他和我分享了從他物理學教授那裡聽來的ＮＡＳＡ機密。伊恩的祖母不知道從哪得到一支錄影帶，那是理查·Ｃ·霍格蘭在聯合國就一些非常有趣的主題，所進行的演說。那時候霍格蘭經常會出現在主流的電視新聞節目，擔任華特·克朗凱特節目中科學和天文學議題的特別來賓。不過當他開始在火星上看到先進古文明的遺跡，他就離開電視台的工作——這樣的發現扼殺了他所有的工作機會。沒有人想要在電視上看到這件事，或是聽見有人以任何形式討論這件事。伊恩看完這支聯合國的錄影帶驚訝地合不攏嘴，當他對我簡述這個影片的內容時，就像八個月前我們最初的ＮＡＳＡ大揭密對談一樣，每一句話都讓人非常興奮。

霍格蘭給聯合國與會的國際記者看了「火星上的臉」這張照片（參見圖34）。當我第一次在兒童的天文學雜誌上看到「火星上的臉」的原版照片，我就深深感到著迷，那是大約在一九八二年的事。霍格蘭現在提出科學論證，認為「火星上的臉」實際上是個人造的、一．六公里寬的紀念碑，上頭有著對稱的人臉特徵。雖然它已經受到嚴重侵蝕，看來歷史相當悠久，你依然可以看到它的左側是典型的人臉，右側則有貓科動物的特徵。

這讓人不禁想到，它和獅身人面像形成了有趣、顯著的對比。一直要到二十三年之後，我才發現ＮＡＳＡ認為這是遠古建築者氏族的紀念碑，因為這個族群有著「貓科—人類」的特徵。

霍格蘭手上還握有和另一個祕密相關的具體資料，關於這個祕密我只聽過模糊的傳聞——那就是火星上也有像金字塔一樣的山。那時候伊恩告訴我，霍格蘭和他的團隊在火星上找到兩組不一樣的金字塔，它們都被蓋在「火星上的臉」旁邊。在臉的西邊有一群四面金字塔，它們驚人地對稱，就像我們在埃及看到的金字塔一樣。這些金字塔中間還有一小群物體，霍格蘭稱之為「城區」。在金字塔群的北邊有個奇怪的三角形建築，霍格蘭稱之為「堡壘」，它就位於「火星上的臉」的後方，這個建築的前端剛好處於一個可以觀看日出的完美位置。

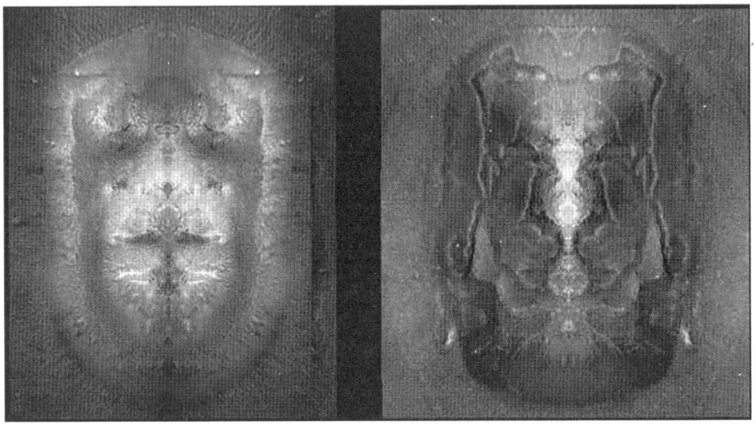

圖34：「火星上的臉」左側／類人猿的對稱鏡像，和右側／貓科動物的對稱鏡像。

火星臉的南邊還有一個金字塔，它至少是其他金字塔的兩倍大，而且有五個面、而不是四個——看起來就像一個巨大的五角形。這個五角形的比例非常有趣，因為它們完美地反映出了人體的形狀。在幾何學上它不是一個完美對稱的五邊形，它有著達文西所繪製經典人像的比例，雙手雙腳向外伸展，以「維特魯威人」（Vitruvian Man）這個名字為人所知（參見圖35、36）。

這再度指出這些東西是人造建築物——當你把它們和火星上的臉合在一起看，它看起來一點都不像是大自然自己生出來的東西。

新物理學

這件事情最棒的一點是，伊恩說這支錄影帶還在這些建築物與周圍的物體之間，找到數目驚人的數學定位。當你把它們全部擺在一起看，這些測量很顯然揭示了一種全新的物理學，那是霍格蘭和許多高階的內幕人士一直在討論的問題。這些遺跡透露了某個物理系統的重要關鍵，這個系統或許可以藉著汲取更高維度的能源，為我們提供反重力、自由能源，還有許多其他我反覆讀到的科技奇蹟。霍格蘭說這樣的新物理學就顯現在幾何、直線的圖案當中，而它們就存在於

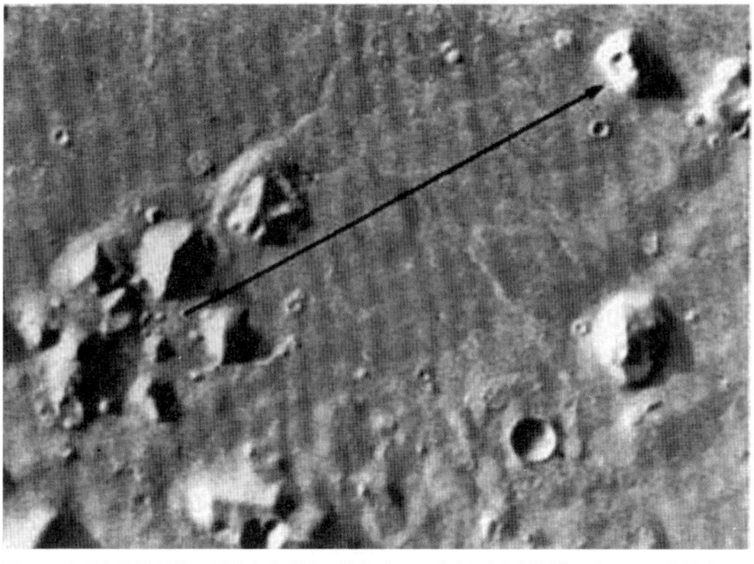

圖35：火星上的臉及其西側的金字塔群，維京（Viking）探測器所拍攝照片35A76的特寫。

大自然——包括了行星的結構和運行模式。這種新物理學是邁向更為健全的「全球網格」（Global Grid）知識的第一步，我在《源場：超自然關鍵報告》以及一些早期的書都有提過，你可以在我的網站免費下載這些早期的著作。

這些討論由於技術性的細節太多，我沒辦法在這本書裡詳述，但是你可以在很多地方找到相關的資料。

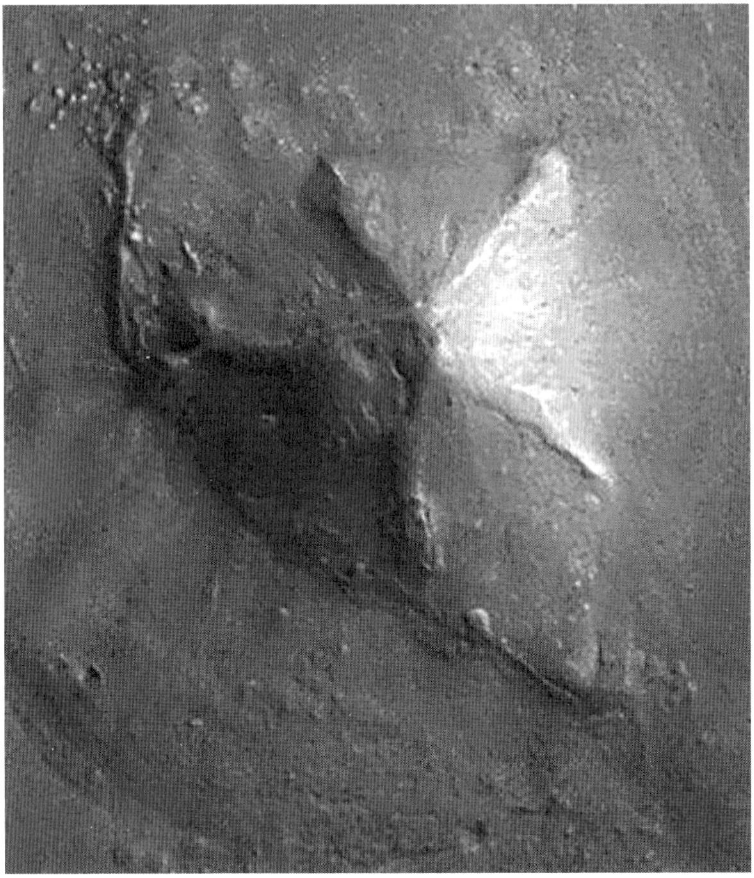

圖36：火星上的臉南邊的五角金字塔，維京探測器所拍攝照片70A13的特寫。

帝國末日

帝國入侵了守護者建造的防護衛星網路，並且使用這些可怕的武器和別的文明交戰，造成了宇宙等級的核子裝備競賽。

根據布魯斯的說法，帝國的敵對文明很有可能發展出同樣的科技或大規模的超級武器，最後給了帝國致命的一擊，於是帝國的超級地球就被完全毀滅了。布魯斯說這不太可能是火星人幹的，他們不會用這麼強力的武力去攻擊一個鄰近的星球，因為巨大的爆炸同時也讓火星受到傷害，讓它的地表沒有辦法再住人。至於帝國其他主要的科技資產，可能也在這次的攻擊中被找出來破壞殆盡。帝國幾乎被毀滅，這對我們太陽系的和諧產生了極度的傷害——對本星系團來說也是，整個防護網都被關閉了。

根據「閃耀鵝卵石」計畫，超級地球大約在五十萬年前爆炸。祕密太空計畫的內部人士駕著飛船，想要在小行星帶裡辨認出這個星球的殘餘，包括地殼、地幔還有地核。超級地球的海洋在一瞬間結凍，形成了彗星。范．福藍登博士的科學模型顯示，所有的彗星都可以回溯到某個單一的生成點①。他還預測我們將會發現小行星也會有自己的小衛星，但是和他同期的科學家強烈地反對這樣的觀點。在一九九三年八月二十八日「迦利略」（*Galileo*）探測器拍攝了一張照片，這張照片在一九九四年二月被審視過後，證明了范．福藍登是對的，小行星「艾達」（Ida）旁邊有一顆小衛星「戴克堤爾」（Dactyl）圍著它繞行②。根據「太陽系視野」（Views of the Solar System）網站：「戴克堤爾是我們所發現及拍攝到的第一個環繞小行星的天然衛星。」③戴克堤爾的大小不超過二．六平方公里，根據「爆炸行星假說」（Exploded Planet Hypothesis），我們將來還會發現更多這樣的小行星衛星，因為爆炸行星的碎片，會因為重力持續地吸引附近的其他碎片。

火星有一半被炸成了碎片，這就是為什麼這個行星有一側充滿了隕石坑，而另一側卻幾乎是一片空白。這些碎片被噴射到太陽系各地，造成難以想像的損害。木星和土星的衛星受到強烈的高能量粒子衝擊——這就是為什麼土衛八／雅佩特斯一面是黑色而另一面是白色。所有有著巨大內部城市的死星都成了廢墟，許多太空船也遭到摧毀。這些碎片被土星的重力吸引，最後形成了「土星環」。透明鋁的碎片大多集中在「土星B環」（Ring B）的邊緣，這些透明鋁形成了某影子，NASA將之解讀為「冰礫」。布魯斯的同僚相信，土星附近曾經有個以透明鋁建造的土星環，但是在戰爭中也被摧毀了。

岡薩雷斯中校跟科瑞說這些事情並不是真的，希望科瑞確保我不會一再講述這件事。然而土星環裡頭確實有透明鋁的遺跡存在，它們最初是為了二十一公尺高的人類而建造，它們是戰後衛星內部的殘餘和太空船的遺跡。

月球成了死亡陷阱

根據布魯斯的說法，帝國文明曾經壯大到擁有幾萬億人民，然而其中大部分的人都無法倖免於這場災難。當月球停泊在地球附近，裡面住著大約十二億至十六億「武士階級」的居民。在爆炸碎片襲來之前，他們有足夠的時間，確保每個人的意識都上傳到月球的中央人工智慧核心。後來月球受到相當嚴重的毀損，大部分的電腦系統也被破壞殆盡，生命支持系統停止運作，只有極少數的備份留了下來。沒了生命支持系統，一波接一波的星球殘骸襲擊帶來了爆炸的震撼，月球於是成了一個死亡膠囊，住在裡面的人都死了，到處都是屍體。即使是到現在，也沒有人力、時間或是資源可以開始進行清理。湯普金斯的訊息顯示這樣的說法並不完全正確，他說有許多不同的外星人團體，已經對月球內部的部分區域進行過整理、並且重新在裡面居住——而且規模並不小。

根據布魯斯的消息，那十二億至十六億居民的意識仍然困在月球之內，但是即便有備用電源，他們也很難存活下來。當科瑞為祕密太空計畫工作的時候，他聽到很多類似的傳言。布魯斯還告訴我，一九五六年上映的一部電影《禁忌星球》（*Forbidden Planet*）就是早期的一個大揭密，裡頭透露了我們在月球內部找到了什麼東西。在「網路電影資料庫」（IMDB）中，我們可以看到下列使用者所寫的介紹：「有個探險隊從地球出發來到了阿奎雷星座（constellation of Aquilae，距離地球十七光年）的阿爾塔爾星系（Altair），他們想要知道位於「阿爾塔爾四號星」（Altair-4）的殖民地發生了什麼事。他們發現在很久很久以前，一個由許多天才組成的外星種族，怎麼在一夕之間毀滅了自己的文明，並且留下完整無缺的科技……（這個星球的首席科學家）透露，這裡曾經有過一個更為優秀的種族，現在已經滅絕，他們留下巨大的地底工業和科學的複合建築。」④丹尼爾也知道《禁忌星球》是關於月球大揭密的一部電影。

戰後重建

少數一些在災難過後倖存的人，被爆炸的氣體還有四周不可思議的恐怖氣氛，壓得喘不過氣來。他們沒有選擇，只好遷徙到月球表面。除了緊急電源，他們的中央人工智慧核心幾乎失去作用，他們失去了大部分的科技。這些人不知道該怎麼重新建立過去的輝煌文明，因為那時候奈米機承擔了所有的工作。他們依然保有相當先進的技術，包括使用透明鋁建造房子，此外還有一些太空船倖存下來。於是他們建造了月球上的方尖柱、金字塔和圓頂建築，如同我們在第十六章中提到的，並且在裡面裝滿了植物、動物還有水，想要重新創造出舒適的家園。

這些倖存者仍然擁有一些還能運作的太空船，而且他們顯然也在「四三三號愛神星」（433

Eros）建造了類似的結構。「愛神星」是我們「迄今所發現最重要的一顆小行星」，自從一八九八年來便為人所知。它在運行的時候會穿越火星的軌道，所以它會比許多其他小行星更接近地球。它獨特的運行軌道被用來計算地球和太陽之間的距離，這樣的計算單位被稱為「天文單位」（Astromical Unit），或是「AU」。當愛神星在二〇〇〇年飛過地球，「會合—蘇梅克號」（NEAR Shoemaker）探測衛星，為我們拍攝了「愛神星」第一張官方特寫照片（參見圖37），為此NASA在二〇〇〇年九月六日發表了一篇相當引人注目的文章，標題是「正方形隕石坑」（Square Craters）。以下段落引自NASA新聞稿：

上個月，當天文學家研究四三三號小行星「愛神星」的照片時，注意到一些不尋常的隕石坑。大部分由撞擊所造成的隕石坑都是圓形的，但是「愛神星」上的隕石坑呈現正方形！一個《星艦迷航記》的狂熱粉絲，可能會把這些撞擊的傷痕，誤以為是正方形的博格人飛船降落而

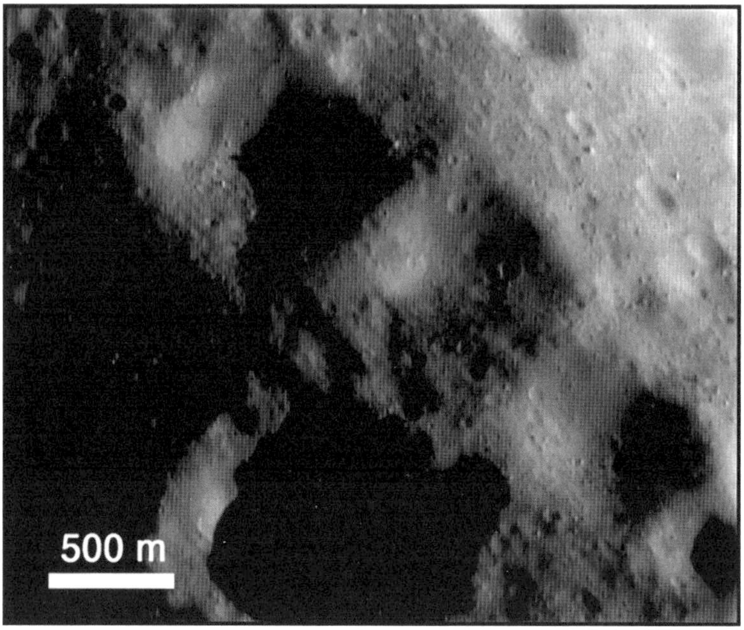

圖37：四三三號小行星「愛神星」上的方形隕石坑。

後又起飛的地方……

「這些方形的隕石坑不只是新奇而已，它們蘊含了非常有趣的訊息，」約翰・霍普金斯大學應用物理學實驗室的安迪・鄭（Andy Cheng）如是說，他是NASA「會合探測器」（Near Earth Asteroid Rendezvous spacecraft）的專案科學家，這個探測器繞著「愛神星」的軌道運行。⑤

愛神星上總共有五個方形隕石坑，NASA的首席科學家說，它們「蘊含了非常有趣的訊息」。最上面的兩個隕石坑大小差不多，但是彼此隔著一段距離，很可能是由於小行星內部結構的關係。在這兩個隕石坑的下方有另外一個稍微大一點的方形隕石坑。這三個隕石坑的右邊又有另一個方形隕石坑，大小是前幾個的一半。再往右邊，另一個隕石坑也只有一半的大小，不過依然保持著正方形的樣貌。總的來說，這看起來就像我們在「布萊爾尖牙」旁邊所看到的塌陷正

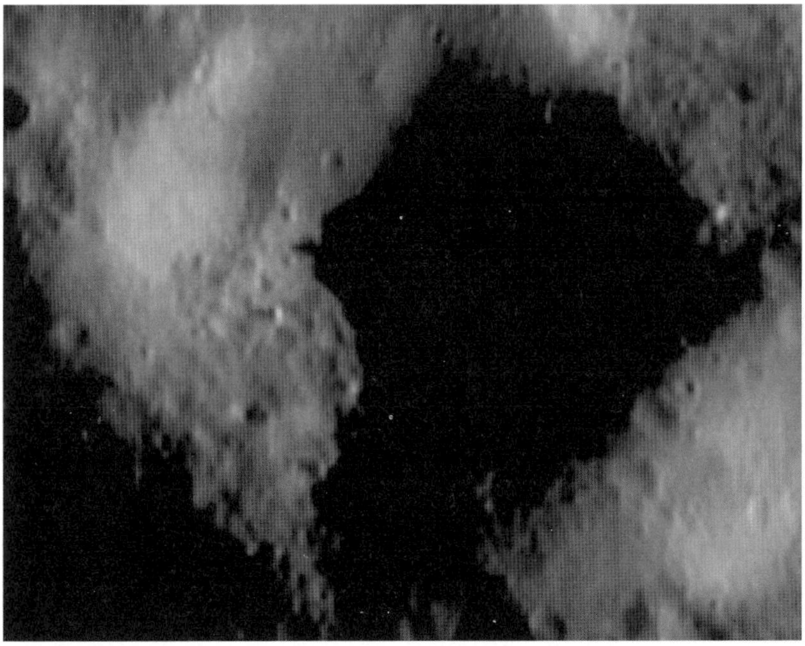

圖38：四三三號「愛神星」上頭「以尖端矗立的菱形岩石」細節。

方形低地，「布萊爾尖牙」看起來就像是月球上的巨大水晶方尖柱。

如果你近距離瞧瞧左上方的隕石坑，你就會看到一個白色的、高塔狀的建築，矗立在這個隕石坑的右上方。它在隕石坑裡投射出一道可見的陰影，顯露出一個非常人工的建築結構，像一塊幾何形狀的碎片一樣。NASA在下文指出這一點：

「注意隕石坑右邊邊緣後方有塊石頭，在這張照片中看來就像是一個明亮的微粒。這個石頭的形狀可以從它的影子看出來，影子投射在隕石坑的底部。這個影子顯示這個石頭是菱形，而且它似乎以端點站立。」⑥自然的岩石不會以尖端矗立在地上，也不會呈現幾何形狀（參見圖38）。

「愛神星」還有另外一張更聳動的照片（參見圖39）。我們再度看見一群方形的隕石坑，它們的中間是一個比較大的隕石坑，另外有一些比較小的隕石坑分布在它的左右兩側和正下方。這裡的正方形不太容易辨識，但是還是可以看得出來。右邊的隕石坑在它的正中央有個極為不尋常的幾何圖形，這個物體是白色的、完美的長方形，它還投射出一道長

圖39：四三三號「愛神星」上頭更多的「正方形隕石坑」和「長方形巨石」。

長的影子，彷彿是某種具有反射性的建築物。上面還有看起來像是一道長長的樓梯或是道路，由下往上延伸到這個建築物。NASA在自己的報導上沒有隱瞞這樣的幾何特徵：

「右上方那個巨大、矩形的巨石有四十五公尺（三公尺）寬。」⑦

太空軍校——這是巧合嗎？

霍格蘭在二〇〇〇年八月十五日寫了一篇奇怪的文章，將我們的注意力引導到「愛神星」上面的長方形巨石（參見圖40）。霍格蘭透露，在一九九二年的時候某個「共濟會」的成員，給了他一套相當具有煽動性的「立體幻燈看片器」的幻燈片。「立體幻燈看片器」是一個觀影設備，當你的兩隻眼睛各看著一張幻燈片，白色小圓盤上的圖片便成了3D影像。你可以一邊讀故事書，一邊瀏覽裡頭的幻燈片。這一套幻燈片是從受歡迎的《湯姆．可貝特：太空戰隊》（*Tom Corbett: Space Cadet*）系列小說來的，它在一九五〇至一九五五

圖40：四三三號「愛神星」上的「長方形巨石」特寫。

年相當流行。

霍格蘭在下面的引文敘述了這些小說裡發生的故事，時間回到一九五五年：「在故事中，『小行星礦工』發現了某個古老文明曾經存在過的證據，它位於某個如今已經消失的行星，就在火星和木星之間。這個文明留下了一張名片：一系列具有『魔力』的『四面』金字塔——像是反重力技術，這些金字塔就在小行星帶和月亮上面。」⑧

霍格蘭的文章接著放上「立體幻燈看片器」的原版幻燈片。我的朋友派翠克·布藍（Patrick Blaine）是個頗具天分的漫畫藝術家，他幫我們以現代的繪畫技法重建了其中一些重要影像。你可以在「太陽守衛」（Solar Guard）這個網站上看到整個系列，包括影像和文字。⑨

這個故事從一個小行星帶找到的小金字塔開始，當礦工們發現它的時候，它正盤旋在他們桌子上方半公尺的地方。以下引文來自第一個幻燈片圓盤史壯隊長（Captain Strong）

圖41：《湯姆·可貝特：太空戰隊》場景，描繪了月球上的透明金字塔，裡面有一張通往火星的地圖。

的談話：「科學家相信幾百萬年前有另外一個行星，它繞著太陽、在火星與木星之間的軌道運行。後來這個行星被無法想像的暴力所撕裂，它的碎片形成了上千個小行星，現在仍然大略地沿著過去的軌道繞著太陽運行。」

「那麼，這樣的發現意謂著那裡曾經有過一個行星，」湯姆．可貝特說，「這個行星上面住著一個遠古的民族，他們的科學比我們的還要發達！」這個小金字塔指示他們前往月球，結果他們在月球上又發現另一個金字塔。因為這樣，「立體幻燈看片器」前三個幻燈片圓盤的標題就是「月亮上的金字塔」（The Moon Pyramid）（參見圖41）。

在月球上的金字塔頂部是平的，他們發現的小金字塔剛好可以放在上面作為頂石。當他們把這塊頂石放上去，金字塔變成了某種透明的水晶材質，觀賞幻燈片的人，便會看到一個很明顯的陰謀集團象徵符號。在「立體幻燈看片器」的幻燈片中，這個水晶帶著一點紅色，科瑞說特定的添加物的確可以改變透明鋁的顏色。在金字塔裡面是火星的圖

圖42：《湯姆．可貝：太空戰隊》場景，描繪了貓科動物臉的雕像，那裡有一張通往小行星帶的地圖。

片，上面還有個點，讓它看起來就像一張藏寶圖。於是這些太空人前進火星，我們就進入了第二部幻燈片圓盤「紅色行星」。

這個時候事情變得更瘋狂了——記住，這部小說是在一九五五年出版的。

以下引文來自第二部幻燈片圓盤：「我們在尋找一個古文明的線索，他們很有可能知道反重力的祕密……」

「這張不完整的地圖，或許可以幫我們縮小搜尋範圍，」瓊安說道，「注意看著這個金字塔，只要高度超過三〇四公尺，它就不見了。我們知道它之前的正確位置，讓我們從那裡開始搜索。」⑩當他們抵達了金字塔遺跡的地點，發現了一個有著貓科動物臉部特徵的雕像，它的旁邊還矗立著許多方尖柱（參見圖42）。

「立體幻燈看片器」裡描繪的這個雕像，「和火星上的臉」有著驚人的相似性。這個雕像上有一張地圖，又將他們帶回了小行星帶。他們在超級電腦裡輸入一些資料，超級電腦接著告訴他們應該要前往那個小行星。

「這個小行星的編號是XKG—385fr，它在一九九三年就被天文望遠鏡觀測到，但是從來沒人拜訪過它，因為它只是幾千個小行星當中的一個，直徑不到一．六公里。」⑪在「愛神星」上頭拍攝到方形隕石坑、菱形高塔以及長方形「巨石」的「會合任務」（NEAR mission），正是在一九九三年獲得NASA授權開始進行——和「立體幻燈看片器」播放的故事發生在同一年。

霍格蘭認為，NASA喜歡使用一些紀念性日期，這是一個例證，絕不只是巧合而已。

在第三部幻燈片圓盤中，宇宙戰隊成功抵達了這個小行星，他們發現了一個看起來非常古老的入口——就像是四三三號「愛神星」上頭的長方形巨石。他們走進去，最後發現了一個全像攝影「檔案室」（Hall of records），裡頭記錄著貓臉種族的相關訊息。看完以後，湯姆．可貝特說，其中一個貓臉人生活在「十億年前」。

宇宙戰隊的女隊員黛兒博士（Dr. Dale），花了許多時間研究這個種族的全像攝影紀錄，並且獲得一個結論：「八億年前……另一個行星……他們稱之為『法爾斯』（Varth），在火星和木星之間的軌道繞行著太陽。那時候太陽還很年輕，它強烈的輻射溫暖了這個距其四億公里之遙的行星，讓一種六肢生物（six-limbed creatures）發生了進化。他們努力地通過了無知、疾病、飢荒還有戰爭的考驗，最後終於在社會和科學上達成了意想不到的高度成就。他們會將物質完全摧毀來獲得能源，他們也征服了重力，並且用比光速還快上好幾倍的引擎登上許多星球。但是潮汐和火山的力量開始超出他們的控制，將他們的星球撕裂……這個種族向其他星球逃逸，他們知道生命會在冷卻的內行星生長。後來他們回到這裡建立了「時光塚」（Time Tomb），留下他們存在過的證據。他們的後代現在住在宇宙繁星之間的某個地方，很可能早就忘了這裡才是他們祖先的出生地！」⑫

認為這些人有六肢的想法顯然是一種扭曲，似乎是將遠古建築者氏族和帝國混為一談。就這種類型的大揭密來講，其中有一些刻意混進去的假情報是相當常見的，不過在這個故事中假情報並不是那麼多。此外，威利・萊伊（Willy Ley）還被公開地列為這些幻燈片的科學顧問⑬，他和前德國科學家華納・馮・布朗（Wernher Von Braun）一樣是ＮＡＳＡ的創辦人之一，他曾經和初代V—2火箭（V-2 rocket）的製造者一起工作，並且在他的著作《火箭、導彈和太空旅行》（*Rockets, Missles, and Space Travel*）寫下這一段歷史。⑭⑮

美國進軍祕密太空計畫

在科瑞・古德現身說法之後，我才明白ＮＡＳＡ的創辦人，可能在一九五五年就知道這些訊息了。就科瑞聽到的說法，早在一九三〇年代晚期，德國人便首開先例、成功地開啟了太陽系的探索。他們發現了遠古建築者氏族的遺跡、帝國以及爆炸行星的事情。雅各給我看的那張有著高科技遺跡的火星照片，顯得相當古老，上面的註解都是以德文書寫。湯普金斯在一九四二到一九四五年間，和超過一千名埋伏在德國的美國間諜進行訪談，也接觸到類似的資訊。根據麥可．薩拉（Michael Salla）博士的說法，湯普金斯在海軍情報局的第一份工作，讓他可以「直接聽取那些埋伏在納粹德國最先進太空計畫中的間諜所做的簡報——這些太空計畫包括了研發可以進行宇宙飛行的反重力飛碟。湯普金斯的職務，就是根據納粹間諜的簡報製作情報封包，然後把這些包裹送到頂尖的美國航太機構、智庫還有大學，讓專家對此進行研究和評估。湯普金斯敘述了他如何在一九四二到一九四五年間，參與了超過一千次的美國海軍間諜簡報，這些間諜藏身在納粹德國的航太機構，發現德國人試著要建造飛碟。」[16]

德國還在南極的冰層之下發現了極度先進的古老城市藏在熱防護罩裡，並且占據了這些地方。這就是「新柏林計畫」（Neuberlin）或是皮特．彼得森稱之為「大南極計畫」的開始。在拷問被俘虜的德國科學家之後，美國人發現了這個基地。美國海軍在一九四七年由威廉．柏德（William Byrd）上將指揮，試圖要入侵南極，這個計畫叫做「跳高計畫」（Project High Jump）。柏德巨大的艦隊和飛機戰隊，被德國反重力的飛行器嚴重破壞，於是狼狽地離開了。之後相關報導發布出來，說美軍發現了「空心地球」——地球中間有個完全空曠的空間，裡頭還有一個小小的太陽——如果有任何士兵洩漏了真正發生的事情，這樣的假情報可以讓真爆料聽起來一點說服力也沒有。

德國持續對美國施加壓力，希望可以協商成立一個共同的太空計畫，不過美國一直沒有同意。

德國在一九五二年開著飛碟飛過了美國國會大廈，終於逼得美國必須採取行動。許多人目擊了一整個「飛碟」戰隊，軍方只好發表聲明。美國不希望透露任何和羅斯威爾事件有關的機密，但是他們也還沒有辦法光是從飛碟殘骸就知道怎麼製造飛碟。由於不斷遭到激烈脅迫，而且他們需要德國科技，最後終於決定和德國合作。在充滿敵意的協商當中，總共耗費了三年才敲定所有合作細節。美國希望雙方一旦合作關係成形，他們就可以滲透並且擊敗德國，但是情況剛好相反——至少就太空計畫而言，美國的期望並沒有成真。

一九五五年之前，美國已經就德國的發現聽取了完整的簡報，接著便是「人才外流」的開始。根據皮特．彼得森以及其他內幕消息人士的說法，在接下來的十年，總共有五千五百萬至六千萬人被引入太空計畫，這樣的移民從那時候開始持續至今不曾停歇。同一年，也就是一九五五年，美國人透過了「立體幻燈看片器」首度就其所掌握的訊息，進行了意義重大的揭密——這些訊息在今天還是像當初一樣重要。

月球上的人和遺跡

NASA的創建人之一，前德國籍的華納．馮．布朗，在一九五五年十二月二十八日現身於一個非常受歡迎的電視節目《迪士尼彩色奇妙世界》（*Disney's Wonderful World of Color*），為這個節目錄製了名為《月亮上的人》（*Man on the Moon*）（參見圖43）的特別節目。⑰這麼做的目的很明白，根據霍格蘭的說法，就是鼓勵民眾為一個特別的太空計畫提供大量金援，這個太空計畫在兩年半之後就成了後來的NASA。根據許多內幕人士的說法，NASA只是推動太空計畫其中一個資金來源——除此之外，美國政府將戰爭的預算大幅提高，國防預算也被悄悄地挪到太空計畫；非法商業活動像是毒品和槍枝走私也被滲透，成為獲利的來源；財務部門透過詐欺和腐敗製造了可觀的利潤。幾個阿波羅任務都由民眾買單，政府收取的稅金比這些任務實際的花費還要高出許多，以一九六〇年代的幣值來說，是兩百五十億美元。

這樣大規模、高度機密的工作，就是要讓美國以它的工業權力和附屬的軍事工業複合體，來殖民太陽系，上述一切貪腐都被視為必要的犧牲。

在這個節目中，馮·布朗帶領觀眾進行了一趟想像的月球之旅。當太空人繞行到月球的陰暗面，他們接收到一個三十三度的高輻射讀數。三十三這個數字對於陰謀集團來說有特殊的重要性，是「蘇格蘭共濟會」的最高官階。這個共濟會是陰謀集團招募會員的組織之一，加入組織的義務就是保守祕密。當節目繼續，一個雷達操作人員發現月球表面出現不尋常的構造，於是他們點燃了一個閃光彈想要看個清楚。當閃光照亮了月球上一處明確的遺跡，音樂的音調突然拉高，製造出非常不和諧的噪音。身為這個節目的旁白，馮·布朗對這個片段不發一語——但是其中的暗示相當明顯。NASA很快就獲得了建造許可，在一九五八年的七月二十九日正式成立。

圖43：出現在〈月球上的人〉節目中的月球遺跡，由一九五五年的電視特輯重繪。

「火星上的臉」在一九五八年現身

我們在前幾章檢視過的遺跡照片，最早是在一九六〇年代所拍攝。NASA一九五八年才成立，但是他們顯然很清楚自己要在太空裡尋找什麼——包括了火星上的「臉」和金字塔。「哈威漫畫公司」（Harvey Comis）從一九五八年九月開始在他們第二期「月球競賽」（Race for the Moon）系列發表「火星上的臉」這篇連環漫畫，似乎也是因為早就獲得某些訊息⑱。這些漫畫要讓大眾對於太空旅行保持興奮感，確保NASA會獲得持續的金援——漫畫家傑克·科比（Jack Kirby）和NASA創辦人的關係很容易就可以找出來⑲。漫畫和其他類型的流行文化媒體，經常地被用來將大揭密偽裝成虛構故事呈現給我們，不然科比怎麼會在將近二十年前就知道，我們會在火星上發現一個巨大的、有著人臉形狀的遺跡呢？

二〇〇三年，「漫畫資料庫」（Comic Book Resources）這個網站簡介了「火星上的臉」，裡頭的場景聽起來相當熟悉：「在一次從地球的月亮到火星的遠征，一個由各國太空人組成的探險隊——由美國的班·費雪（Ben Fisher）領隊——發現了一個巨大火星人臉的雕刻，就像一座山那麼大！費雪往上爬，來到這個謎一樣雕像的眼睛空洞處，接著就跳了進去。他在裡頭看到了一個翠綠、充滿陽光的鄉村，還有清涼、洋溢、可以呼吸的空氣，那是一個保護著『神奇巨人』的避難所……費雪解釋，這個雕像包含了『一個民族壯烈滅亡的視覺歷史——碩果僅存的記憶成功地流傳下去』。後來，當他們駕著他們的火箭（穿越小行星帶），費雪和他的團隊仔細地注意那些碎片——那是『位於火星和木星之間某個行星的碎片』。」⑳

霍格蘭在他二〇〇六年的文章〈火星，禁忌的行星〉（Forbidden Planet Mars）指出了這個引人注目的關連性。在二〇一二年八月十五日，一個名為「祕密太陽」（Secret Sun）的網站透露，還有許多其他漫畫也包含了一些影射「火星上的臉」的圖片：「在科比創作『火星上的臉』（參見圖44）

不久之前，他創作了另外一個類似的故事，標題是〈偉大的石臉〉（The Great Stone Face），故事是關於一個遠古的貨物崇拜太空民族（這個主題要在更久、更久、更久之後才會開始成為流行的漫畫主題）。〈月球上的臉〉看起來就像是這個故事的續篇／補充。」㉑

圖44：一九五八年九月發表的〈火星上的臉〉漫畫。

這個作者接著透露，科比在一九七六年又重回「火星上的臉」這個類型的主題，這部新漫畫的名稱是《永恆一號》（*Eternals #1*）。「《永恆一號》的封面道盡了一切：無畏的探險者；地下神廟和巨石頭像（另一個巨大外星人種族的臉）。有某件事情一直糾纏著這個漫畫家——他沒辦法放下這些主題……《永恆一號》封面註明的日期是一九七六年七月，『維京』探測器在火星賽東尼亞平原（Cydonia）所拍攝到的『臉』照片，也是在同一個月發布。」㉒這同樣顯現了由軍事工業複合體／陰謀集團所贊助的「協同揭密」的各種特徵，他們將真相藏在公開的地方。一旦大揭密到來，他們就可以說，他們一直以來都在對我們吐露真相，但是我們沒有收到訊息，或是沒有足夠的勇氣聽他們的話。

基因農夫

科瑞的情報顯示，當超級地球在五十萬年前毀滅之後，整個本星系的防護網都失去作用，這讓之前無法進入本地的各個族群開始大規模地移入。第一批移民幾乎是在防護網失去作用之後就立刻來到，祕密太空計畫的內部人士稱之為「基因農夫」。陰謀集團認為這些人來者不善，但是這些外來者當中許多人卻認為自己相當關注我們的靈性發展，因為他們知道地球是個稀世珍寶。根據雅各和其他內幕消息人士的訊息，大部分的行星只能養育十萬種獨特的生命形式，而我們地球目前據估計就有八百七十萬種㉓。雅各、科瑞、布魯斯和其他內幕消息人士都說，地球有個非常複雜而且超級先進的「波結構」（wave structure），因此有著不可思議的生物多樣性。這讓我們比「藍區」還更好，因為來自銀河系各處的任何生物都可以來這裡、在這裡生活下去。

這些基因農夫從銀河系各處蒐集了許多DNA片段，並且將這些片段接到當時的地球人身上，這樣的DNA可以幫助我們踏上揚升之路。目前總共有六十個不同外星人團體，正在進行二十二個不同的基因計畫，計畫仍在進行中，這些被稱為「基因農夫」的外星人視自己為「超級聯邦」（Super-Federation）。基因改良讓我們比其他的外星人更為情緒化，當我們陷入「強迫性重複」，這些情緒會成為很大的弱點，但是情緒也是讓我們能夠比其他宇宙人種更快進入揚升的一個利器。有些邪惡外星人會綁架地球人，把地球人的基因植入他們自己的身體，讓我們的基因物質和他們的結合在一起。如果這些外星人剛好植入可以讓他們「升級」的基因物質——其中會有個能量場，就像是我們的太陽即將要釋放的那樣——他們就能夠暫時地發展出揚升的能力。這些邪惡外星團體，很害怕一旦我們啟動了自己的揚升DNA，便會成為他們所害怕的樣子，因為我們的能力將會遠遠超過他們——而且還能清理他們造成的混亂。許多古老的預言，很有可能是遠古的外星人寫的，他們早就預見這一系列事件將會發生。

天龍人

下一次主要的入侵來自「天龍人」（Draco），或是《一的法則》所提到的「獵戶座聯邦」（Orion Confederation）。根據雅各的說法，這個聯邦由六種不同的爬蟲人所組成。他告訴我，他們的基因來自許多次的混種，因此這六種爬蟲人每個都有著不同的性別，每個性別有著不同的男性和女性的基因比例「小亂」。這種說法並不是很清楚，我們只知道如果他們有著不同的「性別」，看起來就會像是完全不同的族類。根據科瑞的說法，其中一個種族處於領導地位，身高約有三．五至四公尺高。最高級的首領皮膚是白色的，貴族是墨黑色，武士階級的膚色是紅色系，另外還有一些有著黃褐色和綠色的混合色調。和一般人的認知不同，他們很少有完全綠色的皮膚。

天龍人這個「主人種族」（master race）在銀河系穿梭，尋找其他也是由爬蟲類進化而來的人種。只要他們在任何地方發現了其他爬蟲人，他們就會滲透進去，讓他們的基因彼此融合，然後將這些新人帶到他們的帝國。他們非常好戰，然而根據雅各的說法，他們在銀河系各個地方都打了敗仗，本星系團是少數幾個他們能夠生活的地方。我們對於「惡魔」的集體概念似乎是受到這個實際狀況的影響，根據湯普金斯的說法，南極洲有兩個規模非常大的地下洞穴，裡面有著巨大、充滿天龍人的城市。科瑞在祕密太空計畫的線人說，我們太陽系中的天龍人和地球人的人數差不多，大約是七十億人。

天龍人的能量來源是恐懼、悲傷、憂鬱、自私、自戀、憤怒、仇恨還有嫉妒。為了生存，他們極端仰賴這樣的能量。陰謀集團將這樣的能量稱之為「路食」（loosh）能量，直接將這個字眼和路西法連結在一起，因此他們有個說法：「給盧修斯他的『路食』」。這可能聽起來很瘋狂，但是天龍人在最後控制了陰謀集團。天龍人在太陽系已經有三十七萬五千年的歷史，許多內幕消息來源透露，他們在一九一三年便有和納粹協議合作的紀錄。一開始似乎是透過心電感應，像是利用「維利會」（Vril）和「極北之地」（Thule）這種祕密社團來傳達他們的訊息，後來則進展到了面對面的會議。當湯普金斯在一九四二到一九四五年間為海軍情報處工作的時候，他廣泛地聽取了美國間諜的情報，這些間諜都證實了這一點。

在湯普金斯第二次和麥可．薩拉博士的錄影訪談之中，他做了下列陳述：「祕密太空計畫有很多單獨的機密會議……（後來演變成了）一系列的計畫，接著散播到特定的軍用通訊……現在除了這個之外，他們還有『顧問』，如果你想這麼稱呼他們的話，他們是爬蟲人顧問，協助航空母艦以及動力系統的各種設計以及製造相關事宜。所以這是一個發展得相當成熟的計畫，相關文件多得嚇人。不過對於我們的間諜來說，要取得這些文件的副本並不容易。對於祕密太空計畫的高階人士來說，這是一個開放計畫……幾千個不同的工程團體就各個不同的面向工作，有些人擁有太空船，有些人則是拿到太空船來進行反轉工程，所以他們可能會對其中每一件事瞭若指掌……（爬蟲人的）任務就是要掌控這個星球，消滅那些可能會製造麻煩的人，然後把剩下的人都變成奴隸。第二個階段就是，一旦這些太空船建造完成，他們就會帶著許多的幽浮小隊離開這個星球，然後再去對其他星系的行星做同樣的事。」㉔

陰謀集團有很多行動看起來一點都沒有道理可言，比如說，為什麼他們想要消滅那麼多人，讓我們所有人都感到恐怖和憂鬱？答案是，這麼做可以為天龍人製造「路食」，包括雅各、布魯斯、科瑞、皮特和所有其他內幕消息人士都這麼說。最有趣的是，雅各告訴我，如果地球上的每個人都可以開開心心地過一天，比如說因為某個充滿啟發性的全球事件而充滿正面能量，天龍人就會完全戰敗。此外，天龍人也以自己觀測時間的科技得知，一旦我們揚升，他們的末日必然會來到。他們用盡各種方法來阻止這件事，但是到目前為止他們的每個計畫都受到挫敗。在我們揚升之後，他們之中只有少數人可以繼續存活一百五十萬年，之後他們就會完全滅絕。在較高的「密度」中，你會以一種相當不同的方式體驗時間——所以對他們來說，這樣的災難很快就會到來。

科瑞．古德和其他消息來源給了我另外一個相當古怪的情報，那就是從地球上有人類開始，天龍人就相當積極地以心靈控制來對付我們，科瑞特別指出，這項技術能夠阻止我們發展出心電感應式的集體意識。根據雅各的說法，這項技術使用人工智慧監視我們的思想，並且讓我們遠離可以幫助我們靈性成長的訊息，比如說讓我們突然覺得很累。這個技術的其中一部分就是，使用在地球較低軌道定期運行的大型太空船，以及其他藏身於地球和月球內部的人工智慧系統。美國還有其他國家，效忠國家的國軍已經發展出擊落這些衛星的能力，並且使用先進的武力解除這項科技的效果。

然而，當這樣的「控制網」不復存在，我們的意識就會立刻產生變化，這可能相當讓人不安，對某些人來說甚至是致命的。在那些充滿暴力傾向、非理性行為以及恐懼的人身上，這樣的負面特質，可能會被大大地加強。那些充滿正面能量和愛心的人，則會很快地發展出令人驚奇的新能力，包括飛在空中、隔空取物還有心電感應。由於我們正朝著充滿能量的星際能量雲移動，要不是因為天龍人用這種技術來控制我們，這些改變可能早就發生了。我們的軍隊似乎無法逐次地關閉天龍人的心靈控制網，一旦他們開始破壞它，或是一旦太陽閃光摧毀了它，這個被植入我們心智的控制系統就會消失——我們就會經歷一場量子意識轉變。你可能會覺得這聽起來很荒謬，但是對於祕密軍事計畫的人員來說，這是相當嚴肅的事情。他們知道這樣的控制網會被關閉，不管是他們主動進行攻擊，或是他們預期將會由太陽發射出來的大規模電磁脈衝所造成。

24 個人化的宇宙戰役

如果一個人選擇參加這一場戰役，重新奪回這個星球的控制權，並且試著將這個星球轉化為一個正面的、先進的宇宙旅行社會，對他而言最棒的自我保護，就是正面的靈性觀點。

五十萬年前，帝國的倖存者遷徙到了月球表面。在這段時間，他們的身高戲劇性地變矮了，因為他們住在一個小得多的星球上，但是他們依然極度好戰、富於侵略性，而且充滿負面能量。由我從各個來源蒐集到的情報，包括岡薩雷斯中校、布魯斯和皮特·彼得森，月球似乎在大約五萬五千年前遭到一次毀滅性的打擊。我們不清楚到底是誰對帝國展開攻擊，不過很有可能是天龍人。科瑞說月球看起來像是被「集束炸彈」（cluster-bomb）類型的武器攻打，透明的圓頂建築被炸成碎片，使得內部的氣壓立刻就往下降，幾乎把裡面的人都害死了。我必須指出這個重點：選擇負面道路的人不會獲得靈性的保護。類似這樣的巨大事件，會使得業力重新找到平衡，讓這些族群沒有辦法再傷害其他和平文明的生命。

墮天使在五萬五千年前迫降於此

只有極少數的帝國人，在毀損得極為嚴重的太空船裡存活下來，他們所剩無幾的能源，讓他們只能迫降在地球上。皮特的情報指出，這件事發生在六萬年前，岡薩雷斯中校的情報似乎比較新，說這件事情發生在五萬五千年前。這些人成了你在〈創世記〉中讀到的「墮天使」（fallen angels），他們再也無法離開地球的軌道。當我把這些來自四面八方的情報拼湊起來，並且做出最合理的猜測，這些人似乎是有著「長型頭骨」、身高在三十到三十三公分的巨人。根據岡薩雷斯的說法，他們不太能適應地球的重力，也無法適應地球的氣候和微生物。他們相當虛弱，不過依然運用他們先進的醫學科技存活下來。

藉著幾艘勉強保留下來的受損太空船，他們將自己的人口傳播到整個地球上。不管他們到哪裡，都會設置控制系統，為自己建立起「天神」的地位。他們的智商比地球上的任何人都多了幾十倍，此外他們還是巨人。他們擁有先進的科技，只要按下按鈕，就可以製造每日所需的食物。他們在現在的撒哈拉沙漠建立了一個非常進步的文明，根據布魯斯、皮特．彼得森、雅各、科瑞和其他內幕消息人士的說法，在撒哈拉沙漠之下有著巨大的遺跡寶庫，包括許多以巨大石塊建造而成的房屋，裡面有各式各樣的圖書館，保存著他們最珍貴的書籍。這些書籍的來源，可以一路回溯到最初在火星和超級地球上建立的帝國文明。他們的文明在埃及達到了高峰，埃及的祭司後來找到這些書。彼得森很幸運地，在梵諦岡的圖書館親眼看到這些書，它們是美國政府高度機密計畫的一部分。其中一些書裡有非常先進的繪圖——包括了基地、太空母船以及比較小型的飛船。許多書都是用皮革裝訂，封面和封底都是單色的，像是紅色、藍色或綠色。

根據布魯斯的說法，埃及的遺跡形成了一個指向利比亞的「箭頭」——如果你知道你在找什麼。一些最好的古代手工藝品就藏在利比亞的沙漠之下，後來在「大人工河」（Great Man-Made

River）的其中一處河口出土，這條河流從「努比亞砂岩含水層系統」（Nubian Sandstone fossil aquifer system）起源，在沙漠中流淌出來。令人訝異的是這條河流每天可以為利比亞供給六百五十萬立方米的新鮮水源，涵蓋的範圍有二八一六公里那麼廣大。它是世界最大的灌溉計畫，格達費稱之為「世界第八大奇蹟」。

布魯斯說這條河流是一處「人工開鑿的水井」，它的源頭是地球內部的海洋，這可以解釋為什麼它看起來不知道是從哪兒冒出來的。在這條河流的一處河口，有許多驚人的高科技文物出土，這個地點也被認為是地球上這類地點最先進的一個。這就是為什麼陰謀集團的高層，想要和格達費合作，他在一九六九至二〇一一年間是利比亞的領導人，陰謀集團還允許他，協同自己的考古團隊進行調查。這很顯然也是格達費被暗殺的原因，而他的兒子費斯則是「被關在紙箱大小的牢房」。因為費斯知道的東西比他告訴陰謀集團的人還要多，所以一直到現在他還沒丟了小命。

古老的地球金字塔

根據許多不同的內幕消息來源，這個巨人的「墮天使」文明在五萬年前徹底的毀滅了。因為損傷太過慘烈，撒哈拉一帶原本繁盛的綠意消失無蹤，取而代之的是一片塵土。之所以會這樣，其中一個原因是他們敵人的所作所為，另一個原因是地球每隔兩萬五千年就會發生自然的變化。在這些巨人被打敗之後，存活下來的人大大地失去了他們的權力和活動範圍。他們知道這是「守護者」幹的好事，但是他們並沒有尋求變革，依然充滿鬥心。雖然和前一個世代相較，他們少了許多科技，不過他們還是慢慢變成了一個以建築金字塔聞名的文化。

二〇一四年一月，葡萄牙外海底下發現了一座完美的金字塔。根據一篇發布這項消息的文章：「葡萄牙新聞報導他們發現了一座非常巨大的水下金字塔，迪烏克雷西安諾．希爾瓦（Diocleciano Silva），是第一個在葡屬亞速爾群島（Azores）的聖米格爾島（Sao Miguel）和特賽拉島（Terceira）發現它的人。據言這個遺跡的結構十分方正，而且是依照特定方位建立的。依照目前從GPS定位科技所得到的數字，其高度是六十公尺，底部的面積有八千平方公尺……這個金字塔就位於沉沒了兩萬年的『亞特蘭提斯』的中心地區。」①當然，這座金字塔可能在它沉下去之前很久就蓋好了。

這個新聞也出現在《國際財經時報》（*International Business Times*），文中透露這個金字塔的底部面積比一個足球場還大。②

與此類似，塞彌爾．奧斯曼納季奇（Semir Osmanagich）博士，使用放射性碳定年法證明了波士尼亞的太陽金字塔，至少有兩萬九千年的歷史。這個金字塔的大小是古夫金字塔的兩倍，它呈現完美的對稱，不過在其中一邊有大量堆積的泥土和碎片——這或許是地球大變動所帶來的後果。以下段落出自這個消息的新聞稿：「和波士尼亞金字塔有關的決定性資料，在二〇〇八年發布，在今年終於獲得了證實。好幾個獨立實驗室使用放射性碳定年法，確定這個金字塔的歷史最少有兩萬九千四百年，誤差在正負四百年的範圍之內。這個放射性碳定年的兩萬九千兩百年、誤差正負四百年的結果，由烏克蘭基輔的『放射性碳實驗室』所得出，其取樣來自波士尼亞金字塔的有機物質。」③

另外一次週期性的災難發生在兩萬五千年前，又給了「墮天使」進一步的打擊。他們的科技水準再次下降，但是他們又一次以人們稱為「亞特蘭提斯」的這個文明攀上高點。一些倖存者仍然擁有相對進步的科技，還有建造金字塔的技術，另外一些倖存者則是過著隔離的生活、變得更加原始。從這裡傳說開始變得比較清晰、容易辨認，比如說在《以諾之書》（*Book of Enoch*）中，便以「守望者」（Watchers）來稱呼這些「墮天使」。

《以諾之書》和亞特蘭提斯大洪水

《聖經》和其他相關文獻，似乎就我們地球上和天上的外星人提出了廣泛的證據。一些我們一直以來自認為了解的字眼，像是「上帝」和「天堂」，很有可能意謂著某些完全不一樣的東西。在「《聖經》事實檢查」（Bible Reality Check）這個網站，W．L．葛拉罕（W. L. Graham）寫道：「許多照本宣科的神學院學生，在研習文獻的時候並不知道，那些寫作《聖經》文學的希伯來作家，事實上是在表達他們對於某個外星神明的信仰，他們稱這些外星神明為『耶洛因人』（the Elohim）……這個獨特的複數名詞（耶洛因人）在《聖經》中出現了兩千五百七十次，大家都知道它被學者們正確地翻譯為『大能者們』（Mighty Ones），然而卻總是被寫成『上帝』（God）（這個字）……另外同樣值得注意的是『天堂』（heaven）這個字（希伯來語是Shameh/shamayin，或是希臘語Ouranos）的正確譯法，在《聖經》中所有提到外星來的耶洛因人（extraterrestrial Elohim）的段落，「天堂」都應該要翻譯成清楚明瞭的現代語彙，像是宇宙（cosmos, universe）或是外太空（outer space）……耶洛因人不只積極地參與了地球古代世界的事務和爭端，還捲入了宇宙戰爭，如果願意，你可以稱之為『星際大戰』，他們的外星對手總是被描述成天性邪惡的人（inherently malevolent）。」④

《以諾之書》是其中最重要的古老文獻之一，它從來沒有被收錄到《聖經》。《新約聖經》有好幾百次提到它，包括耶穌自己都直接引用其中的段落。這本書消失在時間的長河之中，一直到一七七三年蘇格蘭旅人羅伯特．布魯斯（Robert Bruce），從阿比西尼亞（Abyssinia）帶回三本副本，開放的西方世界才重新發現它的存在，後來才在一八二一年由理查．勞倫斯（Richard Laurance）把它翻成英文。

許多內幕消息來源證實，那個年代的許多政府經常受到邪惡勢力控制，不希望將敏感的訊息透露給社會大眾，就像我們在現代看到的一樣。第一節詩句就是線索，解釋了《以諾之書》為什麼沒有被《聖經》收錄：「以諾的祝福話語，因為（耶洛因人）會保佑其選上的義人，他將會在苦難到來的日子繼續存活下去，而那些邪惡和不信神的都會被除去。」

第二節和第三節詩句更有趣了，特別是如果我們把「天堂」換成「外太空」、把「神」換成「大能者們」。「（我是）以諾，一個正直的人，眼睛因為大能者們而打開。（我）看到外太空的『天使』（Holy One），那是天使們讓我看到的。自祂們我聽見了一切，自祂們我了解了一切——當我看，不是為了這個世代，而是為了遙遠的未來的世代。」

在《以諾之書》中，那些「邪惡和不信神的」要怎麼被除掉呢？答案就在這本書的開頭，第一章的第三節到第九節（1: 3-9）。我們又會再一次聽見類似「太陽閃光」的情節，那是我們已經在許多其他文獻和來源討論過的。這個段落最後提到了一整群的善良外星人，雖然文中所使用的是陽性代名詞：

> 唯一偉大的神（The Holy Great One）將會從其所在的地方來到，永恆的上帝將會踩在地上……以其從天堂中的天堂所獲得的力量現身。所有的人都會因為恐懼而震顫，「守望者」將會戰慄，巨大的恐懼及顫抖會抓住他們，直至地球的末日。
>
> 高山將會動搖，高峰將會變成低谷，在火焰面前被融化成蠟……地球上的一切將會消逝，所有人終將面對審判……但是他（He）將給予義人平安……光明會照耀他們，令他們得享和平。看哪！他會與數以萬計的天使（His holy ones）一起降臨，審判一切，並且消滅所有惡人。

在《以諾之書》裡，到底誰是「不信神」和「邪惡的人」呢？我們發現這些人就是被稱為

「守望者」的外星人，他們開始和地球的居民混種，生下巨人。耶洛因人警告他們，一旦他們這麼做，就要毀滅他們，但是他們並不聽話。接下來的段落來自《以諾之書》第六章第一節至第三節（6:1-3）：「就這樣，人類的孩子在這段時間不斷地繁殖，人類的女兒變得美麗悅目。天堂的孩子，天使們，看到了並迷戀上她們，然後跟其他的天使說：『來！我們在人類的女兒中選擇我們的妻子，為我們生兒育女！』」⑤

在第七章，我們讀到「守望者」將文明帶給人類，但是最終又背叛了人類：「當人類再也不能為他們提供足夠的食物，巨人背叛了人類並且開始吞食人類。他們也得罪鳥類、野獸、爬行動物和魚類，吃彼此的肉、喝彼此的血。於是整個地球開始責怪這些無法無天的傢伙。」⑥善良的外星人告訴這些巨人，因為他們的所作所為，他們將要被滅絕。於是巨人便找了以諾來向善良外星人陳情，乞求他們的原諒，但是卻被拒絕了。

這樣的敘事一直延續到第十五章第三節到第十節，「守望者」請求耶洛因人不要讓他們從地球上滅絕，但是耶洛因人沒有同意：「為什麼你們要離開至高無上、聖潔和永恆的天堂？去和女人睡覺，以人類的女兒為妻來玷污自己，所作所為就像地球上的孩子一樣，並且生下巨人（作為你們的）兒子……你們曾經充滿靈性，享有不死的生命，在這個世界上永世不朽。因此我不指定妻子給你；身為天堂的靈體，外太空才是其居所。而現在，這些由靈體和人類肉體生下來的巨人，必須被稱為地面上的惡靈，地球將成為他們的居所。邪惡的靈魂從他們的身體持續地製造出來；因為他們是由人類和『守望者』所生，這就是他們一開始、最初的源頭。」

這本書透露這些巨人在一次史詩般的洪水中滅絕了，但也指出仍然有一些巨人存活下來。一直到未來的另一個事件，被稱為「完美的一日」，這件事情才終於了結——從文中聽起來就像是偉大的太陽閃光：

從巨人被屠殺、毀滅和死亡的那些日子以來，他們的靈魂已經從肉體裡出來了，他們無須遭受審判就要被毀滅——因此他們必須在完美的一日之前就要被毀滅，在大審判的這一天這個時代將會完成，至於「守望者」以及不信神的人，誒，就留待那一天來完成。（16:1-2）

倖存的巨人

如同《以諾之書》所指出的，這個文明的巨人在傳說的亞特蘭提斯大洪水之後，依然在世界各地存活了下來。他們經常退化到原始的狀態，比如在美洲各地。他們繼續建造坟墩（mounds）——即使只是用泥土——以之來紀念他們古老的傳承。對於這個散播在世界各地的巨人族，還有許多很棒的研究可以做。吉姆．維也拉（Jim Viera）已經從許多可靠的來源，包括《紐約時報》，找出了總共一千五百則關於類似發現的報導。二〇一五年十一月，吉姆．維也拉還有休．紐曼（Hugh Newman）出席了一場以他們為主角的研討會，因為他們的研究非常引人注目、而且證據確鑿，讓我們來看看論文摘要：

很長一段時間以來，人們通常認為巨人只是一種民間傳奇。但是近來的研究重新審視過去的文獻、報導、期刊、第一手報告以及舊照片，指出這些證據很有可能是真的。

在北美洲所發現的土墩和巨石，製造了許多爭議，因為有至少一千五百則報導提到一個巨人種族，他們有雙排牙齒、長角的頭顱、健壯的下巴還有長型的顱骨，他們至少從西元前七千年就統治著這個大陸。他們通常在古老的坟墩中被發現，而且據報導最高可以到達驚人的五公尺。一般來說他們都穿著奇怪的青銅盔甲，他們有著紅色和金色的頭髮、不尋常的頭骨，以及一種似乎不是在北美洲土生土長的體格。在大部分的報導中，他們的身高介於二到三．五公尺之間，但是所有的報導都沒有回答一個問題，那就是為什麼這樣的歷史被如此小心翼翼地掩蓋。⑦

從英格蘭、邁阿密、俄亥俄到加州，這樣巨大的骨骼數以千計地出土，但是當「史密森尼學會」（Smithsonian Institution）介入之後，這些骨頭就神秘地消失了。一九九〇年美國通過「美洲原住民墓葬保護與歸還法」（The Native American NAGPRA Act）之後，最後的遺骸便從博物館的展覽中撤掉了，所以現在我們沒有足夠的證據可以繼續下去，但是報導、照片、出土文物還有目擊證詞——甚至出自連林肯總統還有其他名人——都指出歷史就要重新改寫。⑧

我只看過一個長角的頭骨，而且我對於它的真實性抱持著懷疑的態度，雙排牙齒比較常見，許多這樣的頭骨通常都大到你可以把頭伸到裡面。關於巨人有許多很棒的著作，其中滿是研究成果，但是本書範圍有限，沒辦法審視大部分的證據，不過我個人覺得派翠克·舒納（Patrick Chouinard）所著的《失落的巨人族》（*Lost Race of the Giants*）相當有用。一開始我對這本書的期望，就是想看看裡頭的研究成果，後來我做了各種夢，要我仔細地尋找這件事和我個人的連結。這正是揚升過程當中的核心，如果事情沒有它靈性的一面，訊息本身不一定會觸動你的心。揚升不是一種神話——它是一個非常真實的過程，各個古老文明以及祕密太空計畫內幕人士所進行的研究，都廣泛地預測了這件事情將要發生。

舒納分享了其他文化的傳說，它們和《以諾之書》的訊息有著引人注目的相似性。以下段落引自這本書第一百二十九頁：「根據阿茲提克（Aztec）神話，在第一個時代，或是第一個太陽紀的時候，『羽蛇神』（Quetzalcoatl）和『黑夜神』（Tezcatlipoca）從灰燼中創造了一個巨人族，並且給予他們橡實以為滋養。但是神明對於這些巨人的軟弱感到憤怒，因此決定消滅他們，並且派了美洲虎來執行這個任務，只有七個巨人從瘋狂野獸的襲擊之中倖存下來。」⑨

舒納還引用了露西・湯普森（Lucy Thompson）在一九一六年出版的書《寫給美國印第安人》（*To The American Indian*），在這本書中她回憶自己在克拉馬斯河流域（**Klamath River**）一個名為「尤羅克」（**Yurok**）的美洲原住民部落的生活。當尤羅克人到那裡的時候，當地已經有一個白皮膚名為「瓦加斯」（**Wa-gas**）的巨人族。在這個例子中，就像其他巨人倖存者的例子一樣，他們已經變得和平，不會想要去傷害人類或是吃掉其他人類。根據湯普森的說法：「由瓦加斯人傳述的回憶，那些巨人相當殘忍、邪惡。據說神對他們非常不滿意，毀滅了他們，所以他們全都從地球上消失了。」⑩

如果研究下去，你會發現這些巨人繼續地生活在地球上，直至十九世紀。他們之中的許多人並沒有什麼改變，背棄了當地的人類，成了食人族。根據布魯斯的說法，許多美洲原住民部落，團結在一起就是為了保護自己免於這些巨人的傷害。路易斯（**Lewis**）和克拉克（**Clark**），在他們歷史性的美洲探險就遇見了巨人，這些都被完整地記錄在保羅・許拉格（**Paul Schrag**）和薩維安・哈斯（**Xaviant Haze**）所著的《被壓抑的美國史》（*The Supressed History of America*）中。關於巨人，人們所分享和揭露的訊息數量之多，我只要把焦點放在這裡，就可以輕易地再寫上一本書。事實上在全世界都有關於巨人的傳說和相關發現。

雅各透露，陰謀集團非常專注地在湮滅所有巨人曾經存在過的證據，不讓社會大眾知道。在十九世紀，史密森尼學會便是用來執行這個任務的機構，一直到二十世紀都是。他們的策略包括了摧毀所有被發現的巨人遺骸，比如說把它們丟到海裡。現在他們被視為陰謀集團祖先的珍貴遺跡，於是被保存起來。任何發現這種類型骨頭或是文物的人，都會立刻收到通知，並且被「強烈建議」不要公開這些東西。

有著長型頭骨的人

下一個和巨人故事有關的祕密，就是他們的某些後代還有著長型的頭骨，但是他們的身高下降到一般人的水準。雅各說這樣的人仍然生活在地球上，而且集中在梵諦岡。皮特也透露了非常類似的訊息，還有最近挺身而出的世界銀行揭密者凱倫・胡德斯（Karen Hudes），也說了同樣的話，那是她從某個內幕消息人士那裡得知的。她以「開普敦人」（Homo Capensis）來指稱這群人，而她的消息來源說這群人就是陰謀集團的領導者：

> 這個星球上有另一個人種，他們不是外星人……這個文明的倖存者到處都是……他們的頭腦很大，和「智人」（Homo Sapiens）非常不一樣……他們的其中一個藏身之所就是梵諦岡，這就是為什麼梵諦岡人要戴著那些主教冠（miters），這也是早期猶太教高級祭司的穿著。摩西事實上是「阿肯那頓」（Akenhaten），他是一個法老。他們之所以會知道這件事，是因為從某個金字塔取出的莎草紙（papyri）上面有記載。那些在以色列做考古工作的人也知道這件事……⑪
>
> 開普敦人不只想要以分裂和征服來控制人類、使用我們的金融系統，他們也利用我們的宗教來達到這個目標……有一次我寫了一封電子信件給一個葡萄牙的朋友，他隔天剛好去參加一個銀行家會議。他回信給我，說他在開會的時候看見一個頭骨很大的人，還有著明亮的藍眼睛……有這種頭型的人在地球上到處都是，這不是什麼陰謀論。僅僅只是因為這個族群的人喜歡躲在暗處，到處指控別人滿腦子陰謀論，不代表這些事情是假的。這些就是事實！⑫

這聽來或許難以想像，不過當我在為這本書的寫作進行研究時，我發現了有好幾處墳墓，裡面埋葬的就是有著長型頭骨的菁英人物。

第一個例子出現在二〇一三年十一月：「一個古代貴族女性的遺骸在法國的墓地出土，她的頭被包成一種畸形的、尖尖的形狀……（考古學家菲利普．勒芙藍茲〔Philippe Lefranc〕說：）『在法國、德國和東歐，這些畸形的頭骨通常都出現在陪葬品豐厚的墳墓裡。』⑬布萊恩．佛斯特（Brien Foerster）在祕魯發現很多長型頭骨，其中一些還帶著長髮。」⑭⑮

另外一個「圓錐頭」頭骨在俄國出土，《今日俄羅斯》（*Russia Today*）對此做了報導：

> 考古學家們對於一具剛出土的古老女性遺骸感到百思不解，這具遺骸在車里雅賓斯克（Chelyabinsk）附近被發現，那是一個位於烏拉山脈（Ural Mountains）東邊的俄國城市，這個大約有兩千年歷史的遺骸有著相當奇怪的顱骨。在薩爾馬提部落（Samarti tribe）找到的一具「圓錐頭」女性遺骸，在阿爾卡伊姆（Arkaim）的考古地點出土，那是一處有著四千年歷史的聚落，這個消息讓所有的幽浮獵人都欣喜若狂……阿爾卡伊姆，座落在俄國的烏拉山脈南部，常常被拿來和英格蘭的巨石陣相提並論，因為這個地點也被用來觀測天象。不過，據說俄國的觀測站在技術上更先進，而且就天文學觀測而言比英國擁有更好的條件。⑯

在西伯利亞鄂木斯克（Omsk）一處考古地點也挖出了許多長型頭骨。這些頭骨的樣子讓那裡的許多工人深感不安，有些人甚至哭了，拒絕繼續工作，簡直被嚇得六神無主。根據俄國媒體資料庫ＩＴＮ：「鄂木斯克歷史與文化博物館的學者，對於這些頭骨的由來尚未獲得定論，這些頭骨在一處喪葬的坟墩被發現，其歷史據信可以追溯到西元四世紀。因為這些頭骨形狀太奇怪，所以館方不打算對外展示，擔心它們可能會嚇到人。『這真的會讓民眾嚇一跳、甚至讓他們感到恐懼，因為這些頭骨的形狀就人類來說太不尋常』，伊格爾．史堪達科夫（Igor Skandakov）這麼說，他是鄂木斯克歷史與文化博物館的館長。」⑰

在《源場：超自然關鍵報告》一書，我有提到二〇〇九年《發現》（*Discover*）雜誌的一篇文章，其中報導了南非波斯科普（Boskop）也找到同樣的頭骨。許多報導這些當代長型頭骨的文章，試著將「綁頭」作為這類頭骨的成因。不過《發現》雜誌公開表示，這些頭骨有非常大的腦容量，並且指出這些人的平均智商可能有一百五十。「有兩個神經科學家表示，地球上曾經有過一個現在已經滅絕的人種，他們有著大眼睛、孩童般的臉，以及大約一百五十的平均智商，這讓他們成為所有『智人』裡頭的天才。」⑱

另外一條引人興趣的線索，是萊奧內羅王子（Prince Leonello）和埃斯特公主（Princess D'Este）流傳下來的畫像（參見圖45），兩個人留下來的畫像都清楚地指出他們有著長型頭骨。和「埃斯特家族」（House of Este）相關的研究顯示了這個義大利家族的後代和梵諦岡有高度的

圖45：有著明顯長型頭骨的萊奧內羅王子和埃斯特公主。

政治裙帶關係，這個家族的子嗣遍及了歐洲的各個貴族世家[19]。他們的親戚包括了從喬治一世算起的所有英國君主，還包括許多早期的英國財團，還有挪威、瑞典、西班牙和丹麥的貴族。[20]更加令人驚訝的是，《紐約時報》一九八八年的一篇文章，揭露了那時候歷任四十位美國總統之中，有十三個和歐洲的王室有直接關係[21]。二〇一二年，一個十二歲的女孩布莉姬安・亞維農（BridgeAnne d'Avignon）將四十三位歷任美國總統其中的四十二位，溯源到一個共同的老祖宗：英格蘭國王約翰（King John of England）[22]。約翰是一個相當有影響的人物，他在一二一五年簽訂了英國《大憲章》——英國憲法的第一個基石。[23]

別的不論，對於皮特、科瑞和雅各來說，他們清楚知道，這一小群有著長型頭骨的人今日仍然生活在地球上。有時候他們會和天龍人交戰，有時候他們又會結盟。我完全沒有鼓吹什麼的意思，像是追殺他們或是把他們都視為罪犯，因為就算是看似最不可能的地方也可能生出英雄。如果我們把他們當成外星人或壞人，我們只是在重複過去延續已久的傷害。不過，他們之中確實有某些人非常專心致志地想要毀滅人類。岡薩雷斯中校證實，這些人在銀行界和金融界涉入極深，而且是「光明會」的核心成員，但是祕密太空計畫的聯盟，則是稱之為「祕密地球政府聯合組織」（secret earth government syndicates）。

科瑞獨自證實了這些人和天龍人，為了追求共同利益而簽下了一份協議，雅各則是透露，自從伊莉莎白女王（Queen Elizabeth）以及她的宮廷占星師約翰・迪（John Dee）的時代以來，這樣的協議就已經存在，這個世界有著各式各樣的聯盟，這些都有前例可循。當我們進入揚升的過程，這樣的負面勢力看起來終將被轉化，就像許多不同的消息來源所預測的一樣。

隨著我們等待已久的太陽事件越來越近，天龍人早就做好準備，打算背叛所有的人類同盟。多虧二〇一四年十二月出現的一堵能量牆——在祕密太空計畫中這道能量牆經常被稱為「外圍屏障」——所有的外星人都被困在太陽系中。自從二〇一二年開始，有幾百艘巨大的球體太空船，出現在我們的太陽系，就在陰謀集團使用超級武器對其中一艘開火之後，就產生了這堵能量牆。這個超級武器的光束，回彈到澳洲松樹谷地下基地，並且摧毀了它，這道外圍屏障隨後就出現了。雖然這整件事看起來就像是一種不太可能的幻想，但是當科瑞和我一頭栽進這個世界，就經歷了許多非常嚴重的死亡威脅，還有許多其他人也是。不過，這是一個必須遵守「宇宙法則」的靈性戰役，我們會盡自己最大的努力，不讓陰謀集團取走我們的性命。如果一個人選擇參加這一場戰役，來重新奪回這個星球的控制權，並且試著將這個星球轉化為一個正面的、先進的宇宙旅行社會，對他而言最棒的自我保護，就是正面的靈性觀點。

25 未來的藍圖

如果你能讓每個念頭都充滿了愛，並且對你自己的意識靜心，如此練習十三年，你的身體便會幻化為純淨的光，轉化為調整「服務他人」和「服務自己」的比例，讓前者稍微高於百分之五十，這樣你就踏在揚升的康莊大道上了。

在伊恩告訴我霍格蘭在聯合國驚人的演講之後，我立刻打電話到愛莉兒書屋（Ariel Booksellers），訂了一本霍格蘭的書，書名是《火星人完全檔案》（*The Monuments of Mars*）。等書的時間就像永恒那麼難熬——雖然大概只有兩個禮拜不到。當書店通知我取書的時候，我幾乎沒有辦法克制我的興奮之情，我希望霍格蘭會知道這個文明後來怎麼發展，或是為什麼會滅絕；還有半人、半貓科動物臉和獅身人面像是什麼關係；火星上和地球上的金字塔又是什麼關係，這些都讓人想要快點一探究竟。同時，我不知道這樣一個簡單的購書動作，會不會讓我受到跟蹤、拷問、折磨甚至是殺害。不管怎樣，這本書的訊息太吸引人了，我願意冒著生命危險來得到它。

古夫金字塔解密

當我來到書店訂書的櫃臺，店員得到後面去找書，我只好在那裡等著。這更加深了我的不安，即使空氣中飄著味道強烈的線香，而且我也很喜歡店裡的水晶擺設。我開始去看看各個書櫃，看看有沒有其他有趣的書。我的眼睛很快就離不開彼得．萊梅舒瑞爾（Peter Lemesurier）寫的《古夫金字塔解密》（*The Great Pyramid Decoded*）。我快速翻閱一遍，書裡就金字塔的內部結構提出了許多難解的圖表，讓我感到眼花撩亂。這是一本相當數學性和技術性的書，但是一點也沒有把我嚇倒。

《古夫金字塔解密》有個讓人十分震驚的假設，那就是古夫金字塔的通道裡蘊含著一個數學訊息。這個密碼可以成功地轉譯成口語文字，作者仔細地針對這個訊息進行重建，並以一種繁複的細節透露了每個字背後的邏輯。「金字塔時間軸」（The Pyramid Time Line）準確地預測了許多歷史事件，當古夫金字塔剛蓋好的時候，這些事件還遠在未來。最驚人的是，這個時間軸一直延伸到我們的未來，並且在一些非常引人注目的事件中結束。這個作者得到一個結論，他說金字塔就其終極意義來說，是為了要將全球揚升的預言藏在裡面。他選擇用「基督的二次降臨」（the Second Coming of the Christ）或是「彌賽亞再臨」（Messianic return）來指稱這個事件。他說這件事情會發生在我們許多人身上，而不只是某個人身上，我很喜歡這個說法。

這個作者提出了許多古夫金字塔和基督教之間的關連，尤其是第七章〈金字塔和神聖書寫〉（The Pyramid and the Sacred Writings）①。十九世紀的時候，這曾是紅極一時的題目，但是後來幾乎就沒有人研究了。陰謀集團發現，他們用來當作象徵的東西，竟然是一種「石頭上的預言」，而且所預言的是他們最討厭的精神領袖再臨，他們一定感到非常驚恐。我在一九九三年讀到這些東西的時候，感受到一股強烈的衝勁，但是只能勉強讀完它，因為我對於基督徒始終感到很疏離。但是現在我明白，基督教教義對於了解《一的法則》有著極度的重要性。

金字塔和《聖經》之間的關連

萊梅舒瑞爾在第一百八十五頁寫道：「一般的基督徒知道這件事情以後可能會很驚訝，那就是對於當代的猶太人來說，在《新約聖經》中反覆提到的『天國』和某種死後的靈性喜樂狀態一點關係都沒有。」相反地，天國被視為一種地球上必將到來的黃金時代（Golden Age）——一個未來的太平盛世，死去的義人將會重生到肉體之中，去享受……以賽亞所做的預言（26:19）：『睡在地裡的將要醒來，因為喜悅而叫喊；因為你的露水是閃耀的光之露水，地球將會讓那些沉睡已久的人死而復活。』②

萊梅舒瑞爾在第一百八十八頁將《聖經》和幽浮現象，做了一個有趣的連結，他引用了〈以賽亞書〉的第十九章：「看哪，耶和華乘駕快雲，臨到埃及。」之後不久有一個非常有趣的段落，直接將古夫金字塔稱為「一根柱」（sacred pillar）和「一座壇」。那個時候的人應該已經相當清楚這個遺跡的特性：「當那天來臨，在埃及中央必有為耶和華築的一座壇，在埃及的邊界上必有為耶和華立的一根柱，其在埃及矗立，為耶和華作記號和證據。是以當埃及人因為受人欺壓哀求耶和華，他就差遣一位救主作護衛者，拯救他們」（19:16-17）。

希伯來文的「壇」（altar），可以指在任何紀念性事件中疊起來的大石堆，對於人們來說，這麼做可以保存他們對某些重要事情的回憶。而翻譯成「柱」（pillar）這個字的希伯來文是「matsebah」，它可以指稱任何形式的紀念碑，其字根是埃及文的「mstpt」，意思是喪葬紀念碑，後來也出現在阿拉伯字「馬斯塔巴」（mastaba），意為平頂的金字塔，傳統的考古學家認為它是金字塔的原型，後來發展成古夫金字塔。所以「在埃及中央必有為耶和華築的一座壇」、大規模的揚升、外星人從「天堂」或是外太空的雲出現，非常戲劇性地改變了這一段《聖經》經文的意義。

在下一頁，我對於萊梅舒瑞爾的學術涵養感到印象深刻。整本書中他都在論證「金字塔時間軸」是如何和「埃及吋」（Egyptian inch）相對應，一埃及吋等於一年。金字塔外圍的對角線，加起來相當接近兩萬五千九百二十年的歲差週期。如果沒有金字塔頂石，金字塔就有六邊，就金字塔的靈數學（numerology）來說，「六」這個數字代表著不完美和邪惡。但是如果把頂石放回去，它就成了五邊形，「五」這個數字則是代表了神聖能量和揚升。

萊梅舒瑞爾透露，一直以來都有許多人認為上面那段《聖經》引文，藏著一個祕密的數學代碼，這個代碼出現在「希伯來字母代碼學」，每個希伯來字母都有一個對應的數字。在「埃及的中央有一座偉大的石頭紀念碑」這樣一句話，加起來等於「五千四百四十九」這個數字，如果以埃及的測量單位來看，並且由下往上測量，這只和古夫金字塔的高度差了七公分。一開始這或許看起來像是個傻里傻氣的巧合，但是萊梅舒瑞爾在他的書裡提出了好幾百個論證。

接著在下一頁，萊梅舒瑞爾引用了〈馬太福音〉第二十一章第四十二節的內容，耶穌似乎在下面的引文談論他自己：「工匠棄絕的那塊石頭已經成了最重要的礎石。」萊梅舒瑞爾又接著說：「當然，任何建築物都會有一塊礎石——大部分的建築物都有四塊或是更多——但是只有一種類型的建築物，會有一個最重要的礎石，或是另外一種譯法，將這樣的礎石譯為『在角落的墓碑』（headstone in the corner）；這種建築物就是金字塔。不過這段引文特別指出了某個建築物，它主要的礎石不見了——這更進一步說明，最後把礎石擺上去這件事情和救世主的降臨有關。」③換句話說，金字塔頂石的回歸就是一個揚升事件，地球上的人類將要臻於完美。

在讀過《一的法則》之後，我在閱讀萊梅舒瑞爾所引用的《聖經》另一個段落時，更能感受它的意義。一開始他引用〈以賽亞書〉第二十六章第一節，上面寫道：「我們有堅固的城，其城牆和防禦工事是我們的救贖。打開城門讓有義的國進來，一個有信心的國。」就上下文脈絡來看，這可能是在形容金字塔還有它的象徵。這樣的連結看起來或許有些牽強，不過接著第四、第七和第八個詩節的詩句，抓住了我的目光：「你們當倚靠耶和華直到永遠，因為耶和華是永久的磐石……義人的道是水平的，你將為正直的人鋪好道路。」「永久的磐石」很可能是金字塔的象徵，在這麼久過後它依然聳立在那。「時間軸」就像是「永久的磐石」裡面一條水平的道路，它指出了金字塔中通往揚升的途徑。

當我在寫書的時候讀到這個段落，我立刻想到《一的法則》的高等存在，描述了他們建造古夫金字塔的過程，這個段落可以在第三場集會的第十二個問題找到：「我們以不朽的磐石，如你們所稱，建造大金字塔。其他金字塔的石頭建材是從其他地方運來的。」④當提問者要求他們說明，所謂「不朽的磐石」是什麼意思，他們的回答看起來似乎是故意顯得模稜兩可而且讓人迷惑。這些高等存在似乎也知道這一點，於是問：「我們能否以其他更有用的方式回答你們？」⑤現在我知道，這些高等存在直接引用了〈以賽亞書〉，試圖將讀者的注意力引導回這個重要的段落。

在萊梅舒瑞爾引用的《聖經》段落當中，最後我要討論的一段是〈路加福音〉第十九章第四十節：「我告訴你們，如果我的門徒保持沉默，這些石頭將會大聲地叫喊出來。」萊梅舒瑞爾寫道：「這樣的陳述很可能是，故意要提到古夫金字塔的石頭——這可以視為一種隱諱的說法（這並不少見），用來暗指這些石頭攜帶著要傳達給人類的救世主訊息。」⑥

雖然我們許多人都因為宗教的困境，對基督教感到有些疏離，但是我開始了解耶穌的生平和教導，大大地削弱了陰謀集團的力量，並且讓更多人能夠明白揚升的重要性。當我二〇一五年在加拿大度假的時候，我才明白這些年來我所教導的靈性訊息，在根本上和我們從耶穌或是其他偉大的師父那裡聽來的是一樣的。當我第一次翻開《新約聖經》，才驚訝地發現自己過去錯失了多少和揚升有關的內容。

《聖經》中令人驚奇的揚升金句

當我在加拿大的落磯山脈僻靜，讀到一些非常有力量的《聖經》引文。我知道有些對《聖經》走火入魔的信徒使用這些段落，教導世人說只有他們那些「選民」才會經歷揚升，而其他人只能在地獄被烈火灼燒。我在《靈性揚升祕史》這本書呈現的脈絡越大——就像我的前兩本書一樣——就讓這一切討論起來更有趣：

> 看吶！我要告訴你們一件奧祕的事：我們不會全都睡著，而是全要改變，就在一剎那，眨眼之間，號角最後一次吹響的時候。
>
> 號角將會響起，死人要復活成為不朽的，我們也會改變。這必朽的身體將會成為不朽的，這必死的身體將要成為永恆的。（〈歌多林前書〉15:51-53）
>
> 因為人子在他降臨的日子，好像閃電從天這邊一直閃耀到天那邊。只是他必須先受許多苦，還要被這世代棄絕。諾亞的日子怎樣，人子的日子也要怎樣。那時候的人吃吃喝喝，又娶又嫁，到諾亞進方舟的那日，洪水就來，把他們全都滅了。
>
> 又好像羅得的日子；人吃吃喝喝，又買又賣，又耕種又建築。到羅得出所多瑪的那日，就有火與硫磺從天上降下來，把他們全都滅了。人子顯現的日子也要這樣。當那日，人在房上，器具在屋裡，不要下來拿：人在田裡，也不要回家。（〈路加福音〉17:24-31）
>
> 我對你們說，當那一夜，兩個（男人）在一個床上，要取去一個，撇下一個。兩個（女人）一同推磨；要取去一個，撇下一個。兩個（男人）在田裡，要取去一個，撇下一個。他們回答並且對他說：主啊，在哪裡有這事呢？耶穌說：屍首在哪裡，鷹也必聚在那裡。（〈路加福音〉17:34-37）

耶穌對他說：你看見這大殿宇嗎？將來在這裡沒有一塊石頭會留下，沒有一塊石頭不會被拆毀。（〈馬可福音〉13:2）

在那些日子，那災難以後，太陽要變黑了，月亮也不放光，眾星從天上墜落，天勢都要震動。那時，他們將會見人子帶著大能力、大榮耀，駕雲降臨。他要差遣天使，把他的選民，從四方，從地極直到天邊，都號召過來。（〈馬可福音〉13:24-27）

神要擦去他們一切的眼淚；不再有死亡，也不再有哀傷或是哭泣：因為以前的事都過去了。他坐在寶座上說：看哪，我將一切都更新了！他又對我說，你要寫下來：因這些話是真實的，是可信的。（〈啟示錄〉21:4-5）

他帶我的靈到一座偉大的高山，對我展示那座偉大的城市，神聖的耶路撒冷，從神的居所降臨。城中有神的榮耀：城的光輝如同最珍貴的寶石，好像碧玉，明如水晶。（〈啟示錄〉21:10-11）

那些睡在塵埃中的人將要甦醒……智慧之人必定發亮如同天上的光；那使人歸義的，必定發亮如星，直到永遠。（〈但以理書〉12:2-3）

不要說，還沒有四個月，怎麼就到了收割的時分？看吶，我對你說，張開你的眼睛看著田野；穀物已經潔白，等待收割。（〈約翰福音〉4:35）

人子要差遣使者，把一切犯罪和作惡的人，從他的國裡挑出來；丟在火爐裡：他們在那裡必要嚎啕大哭和咬牙切齒。那時，義人在他們父的國裡閃耀如同太陽。有耳可聽的，就應當聽！（〈馬太福音〉13:41-43）

二〇一六年四月二十三日，我和威廉·湯普金斯的訪談之中，他透露內幕人士的圈子裡，對於太陽事件的看法相當分歧，幾乎沒有人真的知道到底會發生什麼事，或者是這件事情將會如何發生。他說：「這件事或許不像某些人認為的那麼具有毀滅性，它也有可能意謂著一種全新的生活方式，其中將會包括延續的生命……你說的這件事情（研究機密內幕人士得來的消息），有好幾個不同的版本。如果真的要抓住其中一、兩個，即使它們不是很有說服力你還是要堅持下去，這實在是很難做到！」在同一天，我接著打電話給皮特・彼得森，跟他討論同樣的事。他說：「這個太陽事件是一個自然事件，事情就是會這樣發生，我們必須要經歷它。」

流浪者的覺醒

一九九五年的時候，我已經讀了許多以幽浮、古文明還有超自然現象為主題的書，很快我就成了這方面的專家。過去三年，我也非常確實地把我做的夢記錄下來。在我戒掉大麻之後，許多非常深刻的共時性事件，發生在我身上，我已經把其中一些最棒的經驗寫在《同步鍵》中。我在一九九五年從大學畢業以後，我的母親要求我搬出去獨立生活，這讓我難過得跑到後院的草坪上哭泣。這時，一隻小鳥來到我的身邊，對我嘰嘰喳喳了好一陣子，看起來就像是要鼓勵我振作起來。之後沒多久我搬回大學附近，和我大學的好朋友艾瑞克找了個地方一起住。

最後我在當地一家醫院的精神健康病房找到工作，我想要用它來抵銷住院實習的學分，因為我那時候的目標是拿到一個心理學的博士學位。不過才兩個半禮拜不到我就被炒魷魚，原因是「我對病人太友善」。我開車回家，覺得世界都要毀滅了，我半路停在紐約州奧爾巴尼沃夫路（Wolf Road）的「邊界書店」（Borders bookstore），在那找到一本史考特・曼德爾克（Scott Mandelker）博士寫的《從遠方來》（*From Elsewhere*），這本書的副標題是「宣稱自己並非地球人的次文化」。這個標題讓我覺得好笑，不過我使用了一種稱為「接觸感應」的超感知覺技巧來找書。當我讓頭腦淨空的時候，如果從書裡傳來一種刺痛的感覺，我就會知道這本書有價值。這本書讓我的手感到有些刺刺的，在這本書後面的附錄二，曼德爾克放了一個問卷來測試看看你是不是個「流浪者」。這些問題撼動了我存在的核心，我從來沒有看過如此讓人感覺被了解而又個人化的心理測驗——而這些問題來自一個完全的陌生人。以下是我讀到的：

1. 當你還是孩子的時候，就經常迷失在外星人、幽浮、其他世界、太空旅行還有烏托邦社會的白日夢。你的家人覺得你「有點奇怪」，但是不知道為什麼。

2. 你總覺得你的父母不是你真正的父母，而你真正的家庭在別的地方、藏了起來。也許你會覺得身邊的事情「不應該是這樣」，它們讓你想到「在遠方」的生活。這樣的信念會給你帶來莫大的痛苦和哀傷，讓你覺得自己「格格不入」。

3. 你有過一個或更多的幽浮經驗（在夢裡，或是在醒著的時候），這樣的經驗劇烈地改變了你的生命：它們幫你解決疑難、激起你的信心和希望、賦予你生活的意義和更遠大的目標。從那時候起，你就知道自己和別人不一樣。這就像一種靈性覺醒，它改變了你的人生。

4. 你是一個真正善良、溫柔、無害、和平、沒有侵略性的人（不只是有時候，幾乎是無時無刻）。你不太在意錢或是其他財物，所以如果「必須有人犧牲」，通常都是你——那就是你慣常的自我犧牲。人類的殘酷、暴力和毫不間斷的全球戰事，都讓你覺得太奇怪了（或是說，就像異星人做的事情一樣）。你實在是搞不懂這些不滿、憤怒和競爭究竟所為何來。

5. 你覺得要辨認出別人的惡意或是欺騙有些困難：有些人說你天真（他們是對的）。當你真的在心中感受到別人的惡意，你會因為感到恐懼而退縮，而且或許會受到驚嚇，心裡想著：「原來真的有人會做這種事。」因為心思細膩，你真的感到非常困惑。也許你隱隱約約地感覺到，你曾經知道一個沒有這些不和諧的世界。

6. 你生命的本質就是服務他人（不管是家人、朋友或是工作上認識的人），而且你對於一切總是懷著感恩的心情，（用世俗的話來說）可能也有點無知或是天真。但是你真誠地、深深地希望讓這個世界變得更好，不過當這樣的希望和夢想沒有實現，你就會感到挫折、失望。

7. 你全然地擁抱自己愛好科學的天性，以一種冷靜、理性、計畫性的方法來生活。人們的熱情和激烈的欲望看起來很奇怪：你搞不懂。浪漫的愛情和整個感覺世界，就你天生的行事作風而言相當陌生。你總是會分析經驗，所以人們說你總是生活在頭腦裡——這是真的（注意：這種類型的流浪者比較少，而且可能不會讀這本書——他們的懷疑論指數太高了！像這樣的「怪人」很可能是一個聰明的科學家）。

8. 你很容易迷失在科幻小說、中世紀史詩幻想（像是《哈比人歷險記》）還有視覺藝術上頭。如果可以選，你會選擇活在過去和未來的夢想之中，而不是活在當下。有時候你會覺得你在地球上的生命無聊透頂而且一點意義也沒有，希望自己可以去另外一個完美、刺激的世界。你懷著這樣的夢想已經很久了。

9. 你對於幽浮、其他世界的生命或是過去的地球文明，像是亞特蘭提斯或是雷姆利亞（Lemuria）大陸，有著無法自拔的興趣。有時候你覺得自己曾經在那裡，或許有一天會再回去。你的書架上可能有許多這樣的書（事實上，這個問題洩漏了謎底，因為只有流浪者和走進書店就看到這本書的人，對於彼岸的世界有著深深的、無法停息的好奇心——而且有其原因）。

10. 你對於神祕的靈性有強烈的興趣（不管是東方或西方），理論和實踐都是，你有一種深刻的感覺，彷彿自己曾經擁有偉大的力量，但如今卻失去它們。你可能會覺得不太需要用某些規則來約束自己，因為「你已經到過那裡了」，但是卻不知道為什麼忘了曾經知道的事情。人們可能會懷疑你的決心，不過你知道事情沒有這麼簡單。

11. 你成了外星人或其他非地球靈體的意識溝通管道——而你明白自己生命的意義，就是幫助他人成長和進化（你可能再也沒有時間睡覺了，流浪者）。

12. 你覺得，或許你一輩子都會有著巨大的疏離感和格格不入的感覺。也許你會希望自己可以和其他人一樣，盡你所能變得「正常」一點，或者想像自己就像其他人一樣——但是最終你覺得自己和別人不一樣，而且這種感覺揮之不去。你有一種非常真實的恐懼，害怕自己永遠不會在這個世界找到屬於自己的一席之地（你很有可能找不到！注意：這是流浪者的典型特徵）。

尋找證據

我在這個測驗得到滿分，如果你讀了這本書的前半部，你應該知道為什麼。流浪者顯然是外星來的靈魂，就靈性進化而言，他們已經完成了在「第三密度」地球必須學習的功課。他們自願來到這裡，忘了自己是誰，希望可以透過他們的行為和思想，安住在更高的意識狀態當中，藉此改善這個星球。如果他們好好做功課，他們或許會「穿越失憶」，重新回想起他們真正的身分。曼德爾克博士說，如果你相信這就是你的真實身分，你就要致力於尋找答案。如果你將自己奉獻給這樣的追尋，那麼確定的答案就會出現。我準備好了，我把這本書買回家，很快地讀過一遍，然後把這件事情告訴我高中最好的朋友傑德。他建議我們來進行「自動書寫」（automatic writing），我們手上拿著筆動也不動地進行冥想，看看會不會有某些明確的事情發生，我獲得了相當令人震撼的結果。雖然我和基督教沒有什麼連結，但是我的手寫下了進行「基督降臨」（Christ Cometh），來來回回地照著這些筆畫描寫。不知為何，第二個字最後兩個字母「th」看起來也有點像「Ra」。

接著我的腦袋一陣興奮，很快地寫下了一連串的字母：「EC 40 57 & oxen」。我們很快就知道這是出自《聖經．傳道書》（*Ecclesiastes*）的一句話，我們兩個都對基督教沒什麼興趣，但我們還是去把這句話找出來。在古時候沒有章節的概念——只能從第一句開始計算詩節的號碼。所以從〈傳道書〉一開始往下數四十行就是第二章第二十二節（2:22），這是另一個「共時性數字」，我在過去三年間許多重大的時刻，不斷地在時鐘、駕照、里程表看到這樣的數字模式。

而這一段引文相當切身地道出了我那陣子剛經歷過的一件事：「人在大太陽底下勞心勞力，這也是毫無意義的。」這看起來就像是在說我被解雇的那個工作，這個工作「毫無意義」，不用想太多。最後一句話是：「去吃、去喝，並且在勞碌中感到快樂：這就是神的恩典。」我從其中獲得了清楚的指引，決定先去找份工作、讓自己開心一點，而不是在精神病院工作，想著要為心理學的博士學位先拿到實習學分。「公牛」（oxen）這個字也是一個清楚的線索，那是我在「阿爾塔蒙特博覽會」（Altamont Fair）買的一個水牛雕像。我想它意謂著我正變成工作世界中一隻「馱獸」（beast of burden），不過我發現這種水牛是非洲三種最強壯的動物之一。沒有人會想要靠近牠，更不會有人想要在牠身上套上牛犁、讓牠工作。

這是一個重要事件，和天空中的閃電相比，這件事給了我更多細節。後來我在一家日間照護中心找到一份工作，照顧那些有發育性殘疾的人士。我每個小時可以賺到五點七七元美金，每天都要承受很大的壓力。我的同事會把那些最嚴重、最有破壞性的病人隔離到某個房間，只因為我有心理學學位，他們都覺得我應該要知道怎麼應付這些人。

他是我們的一份子

那個冬天我被一張兩百美金的電話費帳單給嚇著了，那是因為我和日籍的前女友講了很久的長途電話。雖然我們已經分手了，她還是想要和我經常性地保持聯繫，而我所得到的就是電話費帳單。那個晚上我完全崩潰了，除了哭我什麼事情也不能做。我想起那個智慧老人，我孩童時期的夢境，和「升級」有關的靈視，天空一閃而過的火光，一直到最近那個奇怪的《聖經》引文。「如果你在那，而且你是真的，我要你現在就告訴我，」我哭喊著，「如果我不知道這些事情到底是真的還是假的，我再也沒辦法繼續下去，我需要證明。如果我是一個外星靈魂，就像書上說的，我要知道這是不是真的。」

然而什麼事情都沒有發生。

哭完以後我冷靜下來，我發現電話公司「不小心忘了」，把我申請的折扣通話費率算到我的帳上。我打電話過去，把兩百元的帳單砍到三十五元，就這樣。我覺得好多了，當我要上床睡覺的時候，幾乎忘了自己剛剛才對老天爺發出一把鼻涕一把眼淚、高度情緒化的請求，我的室友艾瑞克在我沉沉睡去之前都沒有回來。隔天早上，因為天氣太冷了，我先到外面去發動車子。我回到屋子裡，艾瑞克就站在廚房，臉上滿是紅色的枕頭印痕。

「我剛剛做了一個和你有關的夢，」他說。我告訴他我沒辦法聽他的夢，我上班快要遲到了。「這樣啊，可是這是一個幽浮的夢。」這句話抓住了我，我立刻忘了快遲到的事，開始聽他說話。在艾瑞克的夢裡，天空中出現了許多幽浮。所有的人都嚇得四處逃竄，拚命找掩護。一個有著灰色頭髮、灰色鬍子、穿著長袍、踩著涼鞋的男人，站在一塊圓形碟片上，離地一．五公尺高，一聽我就知道他就是我夢裡的智慧老人。艾瑞克、我前女友由美（Yumi）還有我就站在那裡，接著這個老人給了我們一席慷慨激昂的演說。

「我們是你們失落已久的兄弟姊妹。一直以來，我們都在為你們提供指引和保護。你們的星球正在歷經重大的轉化，你們有機會變成全新的人——轉化和進化——如果你們願意的話。你們許多人稱之為揚升，你們的地球和月球將要經歷一次蛻變，你們也是。我們為你們感到驕傲，你們那麼努力地想要成為好人，給予其他人你們的愛心、友善、耐心和寬容。當這樣的變化來臨，我們會保證你們的安全，你們不會受到傷害——只會在形體上有所改變。」

這個老人講到某個地方突然停了下來，懸在空中。這整個地方成了空城，只有幽浮還盤旋在他的上空，向他所站立的圓形碟片射下一道光束。由美對艾瑞克說：「他是不是在等我們去跟他說話？」艾瑞克回答：「讓大衛去，他是幽浮達人，他知道要說什麼。」我朝著老人走去，圓形碟片往下降，讓我能夠走上去。當我們一靠近就認出彼此，給了對方一個擁抱。這個老人用他的手臂摟著我，給艾瑞克一個強烈的眼神，並且對他說：「這很重要，你要知道他是我們的一份子。」

靈光一閃

艾瑞克一講完我就趕著出門上班，我已經遲到了。在三十二號公路上，大家通常開得比速限還慢，那個早上也是這樣，所以我趕不及，結果很慘。那天的工作一團亂，我本來計畫好下班以後要開車去看我的家人。我的車子開在紐約州高速公路上，朝著北開，暴風雨讓我的視線模糊不清。我的車子只要碰到水坑，就會嚇死人地打滑，實在是很可怕。擋風玻璃都起霧了，我幾乎什麼都看不到。我抓著方向盤，身體因為恐懼、痛苦、悲傷感到十分不舒服。突然間，就在那個時候，突然間我靈光一閃——我想起前一個晚上自己的祈禱，而艾瑞克的夢就是答案。我問宇宙自己是不是一個外星靈魂，而我獲得了一個相當戲劇性的答案——智慧老人在艾瑞克的夢裡親自告訴我。更棒的是，他的夢提供了有力的證據，揚升的事件真的就要發生。如果這個老人可以因為我提出請求就出現在某個人的夢裡面，他有什麼理由要在這麼重要的事情上面說謊？

為了安全，我把車子靠邊停下，在接下來的一個半鐘頭狠狠地哭了一場。當我哭完的時候，雨也停了，又可以安全上路。我想我必須好好讀一讀曼德爾克的書，他是研究《一的法則》的專家，我那時候還沒讀過這些東西。我想我會需要這些書，不到一個月之後，我就把這一系列的書都買下來了，時間是一九九六年一月。

非凡的證明

《一的法則》說我們的太陽系曾經有一個超級地球，它在五十萬年前因為某些戰爭而爆炸了。看到這個讓我相當驚訝，因為我對於范．福藍登的「爆炸行星」假說非常熟悉，而且總是想要知道究竟發生了什麼事。在《一的法則》裡這個行星叫做「馬爾戴克」（Maldek），一直到十八年半之後，我才知道「閃耀鵝卵石」祕密計畫，也就這個災難事件提出了同樣的時間點。《一的法則》還說火星上曾經有一個文明，這些人摧毀了自己的大氣層——同樣也是因為戰爭的緣故。火星和馬爾戴克上面大部分的人，最後都轉世來到地球，在此償還他們的業力。許多人在潛意識還攜帶著這個創傷的記憶，也記得他們曾經由一個集權的種族所統治。《一的法則》還指出有一小群人逃過了這場劫難，而且不像其他人一樣轉世，但是相關細節非常不清楚。我在許多年之後，從二〇一四年開始，才有辦法把這些線索拼湊在一起。

《一的法則》廣泛地談論了地球上的陰謀集團，他們稱之為「邪惡菁英」。它也清楚地指出，這些人遭到另外一個更高等的名為「獵戶座聯邦」的外星集團所操控。書裡沒有說明獵戶座外星人長什麼樣子，不過雅各和科瑞都說，天龍人在獵戶座聯邦裡頭掌握著大權。

我很難解釋，為什麼過去這些年來我研究過的好幾百件事，都出現在《一的法則》中。我認為我有一些原創性的發現，還想到一些從來沒人想過的有趣點子，然而《一的法則》中盡是我以為我知道的事情，它甚至還走得更遠，超過了我的了解程度。

這本書針對埃及的古夫金字塔做了廣泛的討論，對我自己進行的「金字塔時間軸」研究做了完整的補充。書中說話的這個高等存在團體自稱為「Ra」，他們說自己是善良的外星人，建造了古夫金字塔來引導我們邁向揚升之路。他們不知道陰謀集團會利用古夫金字塔，把它變成邪惡菁英的象徵，所以他們現在降臨在這裡來修復這些損害。

在《一的法則》裡有許多線索，可以說明這些高等存在相當支持基督教，在過去曾經幫助這個宗教發展起來。他們知道組織性的宗教造成了不少傷害，但是大體來說，基督教有正面的效果，幫助人們變得更加寬容——而「寬容能夠停止業力之輪」。《一的法則》還使用了《聖經》的字彙來指稱揚升，典故出自〈馬太福音〉，這個字就是「收穫」。耶穌使用了這個譬喻，說雜草可以和小麥一同成長，直至「收穫」的時候。那時候雜草和小麥將會被區別開來，雜草會被一叢一叢拔掉，留下來的人將會「如太陽一般閃耀」。

我開始做了一個又一個的夢，內容是外星人想要直接和我對談。在其中一個夢裡，有個友善的幽靈對我耳語，他說只有我能聽見他們的話，其他人都不能，所以我最好把這些話錄起來。我在自己的網站上就此做了詳細的紀錄，我在一九九六年十一月開始練習這個技巧，獲得了明顯的成果。我使用了「遙視」的心靈能力，確定我在意識的層面上並不知道自己說了什麼，對自己說的話沒有情緒反應，就算我聽到什麼也沒有試著去分析這些資料。

神祕的語句開始流經我的存在。第一天我收到一個預言，有某件事情將要發生在「我們的一個女人，德蕾莎，基督徒」身上，這件事情會讓她變得「無法運作」。十一天以後，德蕾莎修女心臟病發。在那第一次通靈，我還得到這樣的訊息：「和我有聯繫的宗教將在某一天點燃，我們將會以一種聯合式的存在於宇宙中，會達到巨大的高度。」其中還有一句話，它證實了我對於電視所發出的噪音的假設：「（你們的）國家和連續性（正在被）看不見的手所動搖，它控制著下耳（lower ear）的聲音，（那是）閻王（Hades）的聲音——它會按摩太陽穴。」這似乎是在指稱天龍人的科技，這個科技不讓我們集體進入揚升，如果「聯盟」摧毀了產生這個信號的設備，這個聲音就會被立刻關上。稍晚一點我又得到一個訊息，提到某些災難性事件，可能會發生在那些處於負面時間軸的人身上：「有一本書叫做《希臘神話》（*Greek Mythologies*）。墓碑，講述每個地方都吹起每小時一一二公里的狂風。停頓，讓政府的行動得以完成。」⑦

兩天以後，在一九九六年的十一月十二日，我聽見：「嗨，大衛，B計畫，已經很久了，我們建造並且摧毀文明。當這個過程告一段落，揚升便會到來，新的週期就會開始。」到了十一月十六日，這些高等存在展現了他們的幽默感，他們問：「你覺得我們是誰？太空中的外星人？錯了。我們之所以會服務你們，是因為幫助你們是我們的需要。」⑧那時候我心想，我是不是在和「灰人」（Gray-type extraterrestrials）交談，這個訊息，是對我腦袋裡這種想法一個幽默式的指責。

十一月二十二日，經歷過幾次通靈之後，我問：「你可以給我關於幽浮的一般性資訊嗎？」我得到的回答是：「當然不！我們在這裡的目的不是要讓你繼續兜圈子——而是要讓你繼續前進……我們會慢慢告訴你一切，不久之後，我們就能連上宇宙的網路。感覺你心裡的合唱——也是我心裡的合唱，你要知道一切都很好，最後也會很好。教堂的象徵文化將會獲得更新。如果我告訴你終局將要來臨——計畫性物質主義（orgnized materialism）的終局——保持信心。你必須傾聽你內在的聲音——沒有其他方法。來自自我（ego）的聲音將會毀滅你。」⑨

我開始經常性地就未來的事件，獲得正確的預言。一九九六年十一月三十日，一次早期的通靈中，我收到：「順勢療法的電視（homeppathetic TV）。想想看藝術鐘（Art Bell）做瑜伽。」⑩從一九九九年以來，大家都可以在我的網站上看到這些字句。二〇一三年，我最後接受了「蓋亞電視」（Gaiam TV）的邀請主持節目，那時候它主要的節目內容是播放瑜伽錄影帶。我的首次亮相是和喬治．諾里（George Noory）主持《超越信仰》（*Beyond Belief*）。值得注意的是，諾里現在是《兩岸之間》（*Coast to Coast AM*）的主持人，他在二〇〇一年取代了「亞特．貝爾」（Art Bell）開始主持這個節目。這是一個長達十四年的「時間迴圈」（time loop）的案例，我的網站對此有公開的紀錄，還有數十個其他這樣的時間迴圈。當我二〇一五年九月在加拿大擬定這本書的大綱時，我經歷了一連串這樣的事件，我們接著就會討論。

對我來說，桌上經常有一堆錄音帶成了稀鬆平常的事，有時候會累積到一個月的分量。我會坐著，把內容打成文字，而這些文字會描述某些剛剛才發生在我身上的事。這非常令人入迷，而且幾乎每一次都這樣。有一次我人在胡士托的咖啡店和一個朋友講話，他引用了喬瑟夫·坎伯（Joseph Campbell）的話，說宗教就像是連接「造物主」（the Creator）的軟體。我回到家，坐下來開始聽錄音帶，聽到的第一件事就是：「我們正在下載新的軟體。」

我的室友艾瑞克收到這樣的訊息：「你將會愉快地發現，自己收到紐伯茲的學生貸款。」這一點都不合理，因為我們兩個早就從紐伯茲分校畢業了，而他現在正在奧爾巴尼的學校念碩士。我們兩個都沒有錢，還欠了八百七十六美金的房租，這個問題相當嚴重。有一天艾瑞克走進門，他要我坐下，說他的母親剛打電話給他，告訴他紐伯茲分校正在重新規劃它的註冊辦公室，他們移開牆邊的一個櫃子，在後面發現一張屬名給艾瑞克的聯邦史戴福貸款（Stafford Loan）的支票，票面金額是九百美金，而且這張支票尚未過期。

在開始接收訊息的第一個月，這樣的宇宙智慧給了我許多不可思議的經驗。每個早上我聽取新的訊息，這些訊息都會跟我說我想太多了，如果我可以放鬆還有靜心，我會更快樂。我還收到一個訊息，說我最好不要在三十二號公路超別人的車。我收到這樣的警告大概有四次還是五次，但是我沒有聽進去。那個禮拜二我收到一個訊息：「我給世界的禮物將會是三點五乘以十一的一張紙，星期五會來，十點之前九十分鐘。」[11]

到了禮拜五，早上八點半的時候，我在前往波基普西市（Poughkeepsie）參加某個醫學證照訓練課程的路上，撞上了前面的一輛車。那輛車的女性車主最後想要向我求償二十萬美元，雖然她的車子只有在保險桿那裡撞了個二十五分硬幣大的小凹洞。我發現她之前就有詐騙保險費的前科，所以她最後改成要求一萬美金的和解費用，不過我不知道後來保險公司有沒有給她任何賠償。

那一天，警察給我開了一張單子——那是一張三點五乘二十七公分的紙。當我把這些都拼湊在一起，我知道這些善良的高等存在，授權了我的車禍以及後續遭到車禍告訴的恐嚇，這讓我難過地哭了一陣子。

這是一記讓人清醒的當頭棒喝，我想和我連線的這些高等存在是「業力之神」（Lords of Karma）——如果可以這麼稱呼的話。我必須尊重他們，還有尊重我被授予的這個機會。揚升必須藉由努力獲得，一點也不容易。發生在我們生命中的事件並非偶然，它們都是由更高的智慧精心策劃。揚升的過程就是要去覺察你的思想以及你的行為之間的關係，以及隨之而來的後果。

加拿大時間迴圈

寫作這本書的時候，為了僻靜和獨處，我到加拿大艾伯塔省的班夫進行了五次旅行。每一次到那裡，我的夢境還有通靈日記就會出現驚人的「時間迴圈預言」（time-loop prophecies）。我會感覺到冥冥中有某種指引，我的腦海裡會浮現某個過去的事件，催促著我去翻閱當時的日記。然後我會發現，我在過去那段時間所記錄的夢境和通靈日記，都指向我目前的處境。最近的一個例子發生在二〇一五年九月四日，這或許也是其中最神奇的一個，其中有超過二十五筆紀錄和我目前的處境有關，它們都相當具體，後來也真的發生了。

以下是這件事情開始發生之後我寫下來的日記：「那時候我在彈吉他，我感到有一種溫和的靈感，要我回去閱讀通靈紀錄、回顧一些過去的經驗。我決定看看第八十節，那是從二〇〇〇年三月開始的紀錄，我立刻看出了這些通靈紀錄和我目前處境的深刻關連……而且遠不止於此，裡面說我參與了某種和連身衣有關的宇宙軍事行動（祕密太空計畫的人都穿著連身衣）。我還讀到一系列的紀錄，它們就我正在寫的這本書，給出了非常切題的訊息。其中說我應該要談談我自己，並且說明我把這些訊息拼湊在一起的過程。」

我很快就知道，我應該要回去看看二〇〇〇年二月二十一日的紀錄，察看完整的時間迴圈。下面是我讀到的部分內容：「不要讓其他人的鄙視和嘲笑阻礙你努力完成目標。保持頭腦清醒，放鬆，隨時隨地都要知道現在這些話語將會到達最後的結論，而這個時刻（揚升）就像整點報時一樣，毫無疑問它正在到來。」

「我們必須補充說明，當這個事件來臨的時候，不會有過去、現在、未來的分野。這個事件幾乎是集體人類意識的創造，而這樣的『宇宙觸媒』（cosmic trigger）可能會在接下來幾年隨時發生，那將依人類的整體振動而定。」

「我們希望你保持在正軌上，要了解你身上發生的每件事情，都是高等智慧給你的一份大禮。你保持無為；因為你是基督和父神／母神的工作媒介。只要你對這點保持覺察，就可以持續地把工作導回正確的目標和終點，亦即和這個光／愛之能量達到最終的合一。如果這本書從頭到尾寫得太過技術性，那麼它就無法激勵人心，而它應該要激勵人心。將你的直覺運用到寫作上。」⑫

二〇〇〇年三月五日，我記錄了克里夫．史東中士的證詞，他是大揭密計畫的一名證人，曾經參與了一起外星人墜機復原行動，我們後來一起進行了一次通靈個案。在網路泡沫化之前不到一個半月，這一次通靈對於即將要發生的事情，提供了令人驚異的線索：「我是大天使麥可（Archangel Michael），之前損失的利益，這些導致公司現在需要比任何時候還要更多的下載時間……只有很少的機會可以向主機板施壓，這麼說吧，在它對你停止運作之前。這會以更大、更大的程度發生……建議你，雖然你想要訴諸對科學兄弟會的信徒連繫，但你同樣要記得你與外星人還有神學的連結……」

「一個薩滿應該要和另一個薩滿一樣，獲得同樣的獎賞，記得你並不是完全在為科學社群寫作（這本書），還必須為了知識分子和靈性社群而寫作。雖然這個寫作計畫越來越壯大，不要害怕改變它的結構，讓它反映你的素材的由來，以及你在一開始是怎麼被引導到這樣的研究當中……

每次我們「違抗地心引力」的時候，以這個字詞的一般意義來說，就會產生極大的趣味。如此這般，當你把對於創造的新了解放進這個方程式，你就會知道反重力的討論變得越來越鮮明。對於渴望的犧牲是必須的，就像是約翰．亞歷山大爵士（Sir John Alexander）和波菲利（Porphyry）也會這麼做。」⑬

當我在接收這段話的時候，我沒有注意到最後一句。這些通靈的內容通常有許多怪異難解的內容，我從來也沒想過要去查查看到底誰是約翰．亞歷山大爵士，或者誰是波菲利，雖然我想這或許是某個希臘哲學家。現在我得知道他們是誰，我立刻發現，約翰．亞歷山大．麥當勞爵士是加拿大的第一位首相，他在一八八五年建立了班夫，將它作為一個生態保留地，同時也是目前這個時間迴圈的所在地⑭。我在二〇〇八年受邀到這裡主持一個會議，在那之前我完全不知道班夫這個地方，我深深地為這個地方感到著迷，而這個通靈是在二〇〇〇年做的。

我接著發現「波菲利」這個字在希臘文裡代表「紫色」（purple）。波菲利是一種紫色的花崗石——我的四周都是這種石頭構成的山脈。事實上，車子往南開一段時間，從班夫穿越蒙大拿（Montana）的邊界，你就會來到「波菲利山」（Porphyry Peak）⑮。這種紫色的花崗岩能夠被輕易地切割成巨大的石塊，以下是來自一個礦業網站的說明：「這是一種被地殼自然擠出地表的花崗岩……因為它有著多層的構造，不需要很多能量就可以把它開鑿出來……雖然它的厚度不一，不過能夠輕易地被磨製成現代ADA標準的平面。波菲利花崗岩通常會被切割成方塊，這樣它就能夠被配製成各種圖紋。」⑯

現在這整個「時間迴圈」的意義排山倒海而來。在埃及的古夫金字塔，紫色花崗岩——波菲利——就是揚升和靈性世界的象徵，和石灰岩恰恰相反，石灰岩代表著物質世界。整個國王墓穴就是用紫色花崗岩建造的，國王墓穴裡打開的石棺，就代表著死亡的終點和揚升之路的起點——石棺也是用波菲利花崗岩做的。在所有的學者當中，神祕學者海倫娜．布拉瓦茲基（Helena Blavatsky），特別注意到這樣一種關連[17]。關於這個「時間迴圈」，還有另外一個怪異的連結，那就是歌手王子，媒體稱之為「紫色統領」（Purple One），他名為〈紫雨〉（*Purple Rain*）的電影和歌曲是歷久不衰的經典，就在我把這個段落加進書裡的三天前，王子過世了。

一直到我寫完，做了完整的分析，我才意識到這樣的關連。

杰瑞．坎農（Gerry Cannon）指出，國王墓室的石棺和《聖經》裡頭的「約櫃」（Ark of the Covenant）剛好有著同樣的尺寸。「『約櫃』（ark）這個字出自希伯來文的『aron』，意思就是櫃子、盒子。《聖經》說它的尺寸是『二．五乘以一．五乘以一．五腕尺（cubits）』（一一四公分乘以六十八公分乘以六十八公分）。有趣的是，這就是埃及古夫金字塔國王墓室裡石箱或是石棺的確切容量……因為金字塔在摩西出現之前許久，就已經建造好、密封起來，當摩西建造「約櫃」以及「最神聖的地方」（Holy of Holies）的時候，金字塔仍然保持封閉，一直到二十五個世紀之後，即耶穌誕生之後的第九個世紀才被打開，所以關於這個現象，為什麼兩者有一模一樣的尺寸，沒有任何自然的解釋。」[18]

接著事情變得更奇怪了，我對哲學家波菲利進行了一點調查，發現他公然反對君士坦丁大帝以耶穌的教誨來創建一個宗教。君士坦丁剔除了許多文獻，像是《以諾之書》，意圖創造「正典的」（canonized）《聖經》，不過對於何為正典，君士坦丁大帝有最後的裁量權，此外他還查禁了波菲利的著作。在《神諭的哲學》（*The Philosophy from Oracles*）一書中，波菲利寫道：「眾神宣告耶穌是最虔誠的，然而基督徒卻是由一群困惑而邪惡的人所組成的宗派。」[19]這正是我的感受，在覺醒的路上我一直都有這樣的感覺。我才開始讀《聖經》沒多久，就對我在其中發現的預言感到相當訝異。當我一路讀完〈馬太福音〉、〈馬可福音〉、〈路加福音〉和〈約翰福音〉之後，這樣的時間迴圈才開始發生。

這整段有如密碼般的文字這麼寫道：「對於渴望的犧牲是必須的，就像是約翰．亞歷山大爵士（Sir John Alexander）和波菲利（Porphyry）也會這麼做。」我思考著，為什麼有這麼多人對於無限的滋味有著那麼深、那麼痛苦的渴望。與其這樣，我們事實上可以放掉和創傷有關的「強迫性重複」以及渴望，只要我們願意讓自己投身於某個像是班夫的地方，或是為自己閱讀一些古老的經書。幾行之後，我在同樣一篇通靈紀錄寫著：「蘇格拉底、喜帕恰斯（Hipparchus）和許多其他人，都在研究自亞特蘭提斯所流傳下來的知識其中所攜帶的神聖精神意涵。你可以繼續將你獲得的理論哲學化，這麼一來你就會獲得新的結論。」⑳就是這些話讓我後來在書裡引用了柏拉圖的談話。

星際之門即將再度開啟

接連好幾天，我的時間都花在為這十五年時間迴圈進行「配對」。當我繼續閱讀我私人的通靈錄音紀錄，就有更多的細節跳出來。其中有一些已經公開在我的網站上，時間可以回溯到十五年前。不過最棒的禮物出現在我生日那天，二○○○年的三月八日。一開始，我在通靈紀錄裡看到二○○○年三月五日這個日期，後來這成了我第一次把這捲錄音帶聽打成文字檔的日期。我一點也不知道裡面還隱藏著一個更大的時間迴圈。

當我在班夫經歷這樣的時間迴圈，腦子裡真正想到的只有二○一二年來了又去了，而且什麼事情都沒有發生。其中一份通靈紀錄直接這麼寫著：「為了幫助你達成目標，我們給了你一個結構，一個大概的時間軸，讓你可以在這個範圍之內完成工作。星際之門即將再度開啟，大概的日期就在二○一二年左右……」

他們說的「大概……左右」是什麼意思呢？我回到這篇通靈紀錄的第一行，然後發現「大概的日期就在二〇一二年」這句話給了比較清楚的線索。在我的通靈紀錄中，「月份」這個字是一個加密的時間指數，很可能代表著好幾年，像這樣：「按照駕駛員的計畫，這個航班將要延後好幾個月，而周圍的情況會持續地以一種越來越偉大的方式發生，你擁有一切你所需的經驗來相信這樣的主張。」這種扭曲時間的通靈紀錄，暗示這個事件仍然會發生，但是可能會被延後到二〇一二年之後幾年。這完美地吻合了科瑞・古德在祕密太空計畫中所聽到的預測——那就是在二〇一八和二〇二三年之間，會發生一連串的太陽事件，但是我們沒有辦法知道確切的日期。

就在星際之門會重開這一行字句之後，上面又寫著：「所以我們會繼續將你的高等身體視為你肉體的延伸，然後看看這個進化將會如何發生。這整個週期我們都和你們同在，我們正在進行的工作，構成了那些愛你之人的行動，讓他們願意勞心勞力地推動所有的握桿，並且按下所有的按鈕，藉此釋放出所有內在儲藏的潛力，讓它在更大的人格層面顯化出來。」

「你的內在有所有達到成功所需的工具，因為這樣我們非常感恩。感激你為了將自己真實的宇宙能量場和我們的對準，所做的一切努力。在這個宇宙之中有無數的種族存在，有無數的可能性讓各種不同的系統運作，不過你已經發現了許多偉大的祕密，它們就藏在你們自己的區域中的創造物。」

在幾行之後，我讀到了下面的東西，比我剛接收它們的時候更有意義：「五角大廈仍然對我們的拜訪有諸多抱怨，但是它們對於維持你們這個種族的存續，是相當必要的。我們並沒有把這些事情看成負面的，不過對於那些不知道的人來說，可能會在人心覺得這是負面的。這就是自我之鏡的功能，當它向內轉的時候……當你開始了解你的物理性存在非確定的結構，還有智能形塑每一件發生的事情的程度，你就會真正對於所有來到你身邊正面的事件，充滿巨大的感激。在只有簡單因果律的牛頓宇宙裡，一個粒子撞上另一個，這些魔術般的過程不會發生。」

「對你來說，去認出並且感謝你所達成的高等力量顯化，是很有智慧的。不要忘了，你們第三維度的整條道路，對我們來說看得很清楚，我們會一直在這裡幫助你們、引導你們。就現在而言，我們暫時離開了。我們要再一次提醒你們，你們所獲得的愛遠比想像中更多，這些事件將會在你的未來展開，並且證明那都是真的。」㉑

漸入佳境

這種發生在行星層次上的改變，真的相當明顯。人類看起來好像比以前還會互相傷害，不過事實上我們變得更和平了。我想要以二〇一五年十二月二十三日的一篇科學研究，來結束這本書——它的發表時間剛好是聖誕節前兩天——這是一篇很棒的研究。

雖然媒體慣用的、用來挑撥恐懼的標題依然刺耳，但這個世界上的暴力確實大大地下降了：

這一年的歷史將記載著桶裝炸彈、斬首還有巴黎恐攻事件，但是根據哈佛心理學家（史蒂芬・平克〔Steven Pinker〕教授）的說法，就長期來看暴力的風氣不斷下降，而且還會持續下去……「透過新聞來了解世界，是一種會受到系統性的誤導的錯誤方式，」他在一次與「湯森路透基金會」（Thomson Reuters Doundation）的訪談中這麼說。單看過去五年，許多地域性的衝突已經告一段落，像是查德（Chad）、祕魯、伊朗、印度、斯里蘭卡還有安哥拉，如果現在哥倫比亞的和平談判成功的話，戰爭將從西半球消失，他這麼說……㉒

過去的戰爭蔓延全球，在一九四五到一九九〇年間就有三十場戰事，殺死了十萬或是更多的人，包括了希臘、中國、莫三比克、阿爾及利亞、西藏、瓜地馬拉、烏干達、還有東帝汶。除了去年在烏克蘭的小型戰事之外，戰爭的區域已經縮小到一個新月區，從非洲中部、中東、再到南亞。在〈更好的天使〉（Better Angels）一篇文章中，平克說幾乎每一種戰爭之外的暴力形式，像是謀殺、死刑、家暴、虐待以及打獵，也都呈現大幅度的下降。[23]

西藏人有一種靜心練習，它的作用是讓心智止息，並且充滿愛的念頭。如果你能讓每個念頭都充滿了愛，並且對你自己的意識靜心，彷彿它是宇宙的「空的覺知」（empty awareness），如此練習十三年，你的身體便會幻化為純淨的光，他們稱之為「虹光身」（Rainbow Body）。根據紀錄，光是在西藏、印度和中國就有十六萬個這樣的例子。這在目前或許不是一個受歡迎的例子，不過證據就在那裡。我們在《一的法則》以及我的通靈個案所討論過轉化這件事，其中沒有說每個想法都得是愛的想法。你所要做的就是調整「服務他人」和「服務自己」的比例，讓前者稍微高於百分之五十，這樣你就踏在揚升的康莊大道上了。

希望可以在那裡見到你！

誌謝

寫這本書耗費了我大部分的時間、注意力還有關心，如果這一路上沒有許多人的幫忙，我便無法完成這本書的寫作。我要謝謝我的母親瑪塔・華特曼（Marta Waterman）、我的父親唐諾・威爾科克（Donald Wilcock），還有我的弟弟麥可・威爾科克（Michael Wilcock），他們一直陪伴著我，為我帶來充滿愛與支持的氛圍，讓這一切成為可能。我要謝謝學校的朋友和老師們，他們給了我身為一個人必須經歷的珍貴體驗，由此形塑了今天的我。我要謝謝理查・C・霍格蘭，謝謝他關於月球和火星的驚人研究，並且授權讓我在這本書裡頭使用「企業任務」的影像。

對於所有在這一路上為我提供訊息的內幕消息人士，我想要表達我誠摯的感動和謝意，包括布魯斯、丹尼爾、雅各、皮特・彼得森、科瑞・古德還有威廉・湯普金斯。我要謝謝史蒂芬・戈瑞爾博士還有他的核心團隊所主持的「大揭密計畫」，也要謝謝凱莉・卡西迪和比爾・瑞恩創始了《亞瑟圓桌會議》，並且邀請我進入這個世界。

我要大大地感謝卡拉・盧可（Carla Rueckert）、吉姆・麥卡迪（Jim McCarty）以及丹・埃爾金（Don Elkins），因為《一的法則》成了我覺醒之路最重要的元素。我還想要謝謝史考特・曼德爾克博士和我一起工作，他的書在我的發展過程中扮演了重要的角色。我想要謝謝其他人的貢獻，我在寫作這本書的時候引用了他們的作品、受到他們的鼓舞。我要謝謝「普羅米修斯」（Prometheus）娛樂事業公司的工作人員，他們歡迎我加入《遠古外星人》團隊，讓我貢獻自己的研究和情報來發展每一集的節目，並且給了我「監製顧問」（Consulting Producer）的職位。我也要謝謝「蓋亞」（Gaia）的工作人員幫忙製作並且宣傳我的節目。我要謝謝聯絡我、指引我人生道路，並且決定以我為管道來傳播其話語的宇宙高等存在。最後，我要謝謝你，我的讀者，謝謝你支持這本書，並且盡你的本分讓這個星球變成一個更健康、更開心的地方。

能夠把這些東西寫下來，我感到千萬分的滿足，我覺得這本書像是《同步鍵》的「前傳」，而《同步鍵》又像是《源場：超自然關鍵報告》的「前傳」。我建議新朋友們以這樣的順序來讀這些書，非常謝謝你們！

10. Wilcock, David. *The Synchronicity Key*. New York: Dutton, 2013.
11. Van der Kolk, Bessel A. "The Compulsion to Repeat the Trauma: Re-Enactment, Revic- timization, and Masochism." *Psychiatric Clinics of North America* 12, no. 2 (1989): 389–411. http://www.cirp.org/library/psych/vanderkolk/.
12. Ibid.

第2章　正邪之戰

1. Edwards, Gavin. "The Beatles Make History with 'All You Need Is Love': A Minute-by-minute Breakdown." *Rolling Stone*, August 28, 2014. http://www.rollingstone.com/music/features/the-beatles-make-history-with-all-you-need-is-love-a-minute-by-minute-breakdown-20140828.
2. Wilcock, David. "Decloaking Lucifer: A Holographic, Angry Child Throwing a Tantrum." *Divine Cosmos*, February 7, 2014. http://divinecosmos.com/start-here/davids-blog/1157-decloaking-lucifer.
3. Strecker, Erin. "Adele Offers Her Public Support to Kesha." *Billboard*, February 24, 2016. http://www.billboard.com/articles/news/6889479/adele-offers-her-public-support-to-kesha.
4. Clarendon, Dan. "18 Celebrities Supporting Kesha in Her Battle with Dr. Luke and Sony." *Wet Paint*, February 25, 2016. http://www.wetpaint.com/celebrities-supporting-kesha-1475186/.
5. Holden, Michael. "UK Police Say 261 People of 'Prominence' Suspected of Child Sex Abuse." Reuters, May 20, 2015. http://www.reuters.com/article/britain-abuse-idUSL5N0YB3PH20150520.
6. Bilefsky, Dan. "Jimmy Savile Inquiry Accuses BBC of Failing to Report Sexual Abuse." *New York Times*, February 15, 2016. http://www.nytimes.com/2016/02/26/world/europe/jimmy-savile-report-bbc.html.

第5章　超感知覺可以拯救世界嗎？

1. Judge, John. "The Black Hole of Guyana: The Untold Story of the Jonestown Massacre." *Ratical.org*, 1985. http://www.ratical.org/ratville/JFK/JohnJudge/Jonestown.html.
2. *New York Times*, November 25, 1978.
3. Beter, Peter David. "Audio Letter No. 40." *Dr.*

分章注釋

第1章　緒論

1. Urban, Tim. "The Fermi Paradox." *Wait But Why*, May 22, 2014. http://waitbutwhy.com/2014/05/fermi-paradox.html.
2. Griffin, Andrew. "Mars Was Once Covered in Water, Making It Ideal for Alien Life." *Independent* (UK), March 6, 2015. http://www.independent.co.uk/news/science/mars-was-once-covered-in-water-making-it-ideal-for-alien-life-10090198.html.
3. Anderson, Gina. "NASA Confirms Evidence that Liquid Water Flows on Today's Mars." *NASA MRO, Release 15-195*, September 28, 2015. http://www.nasa.gov/press-release/nasa-confirms-evidence-that-liquid-water-flows-on-today-s-mars.
4. Zolfagharifard, Ellie. "Mars Mystery SOLVED: NASA Reveals Solar Wind Stripped the Planet of Its Atmosphere to Turn It into a Dry and Arid World." *Daily Mail*, November 5, 2015. http://www.dailymail.co.uk/sciencetech/article-3305797/Mystery-Mars-lost-atmosphere-SOLVED-Nasa-reveals-solar-wind-stripped-planet-turn-dry-arid-world.html.
5. Amos, Jonathan. "Hubble Finds 'Best Evidence' for Ganymede Subsurface Ocean." *BBC News*, March 12, 2015. http://www.bbc.com/news/science-environment-31855395.
6. Wolchover, Natalie. "A Jewel at the Heart of Quantum Physics." *Quanta Magazine*, September 17, 2013. https://www.quantamagazine.org/20130917-a-jewel-at-the-heart-of-quantum-physics/.
7. Wilcock, David. *The Source Field Investigations*. New York: Dutton, 2011.
8. Dillow, Clay. "Can Our DNA Electromagnetically 'Teleport' Itself? One Researcher Thinks So." *Popular Science*, January 13, 2011. https://www.popsci.com/science/article/2011-01/can-our-dna-electromagnetically-teleport-itself-one-researcher-thinks-so.
9. Enserink, Martin. "UNESCO to Host Meeting on Controversial 'Memory of Water' Research." *Science*, September 23, 2014. http://www.sciencemag.org/news/2014/09/ unesco-host-meeting-controversial-memory-water-research.

第13章 開始參加互助小組

1. Hall-Flavin, Daniel K. "What Does the Term 'Clinical Depression' Mean?" *Mayo Clinic*, March 5, 2014. http://www.mayoclinic.org/diseases-conditions/depression/expert-answers/clinical-depression/faq-20057770.
2. Ibid.

第14章 大揭密

1. Chatelain, Maurice. *Our Ancestors Came from Outer Space: A NASA Expert Confirms Mankind's Extraterrestrial Origins*. New York: Doubleday & Company, 1975.
2. Ibid., 4–5.
3. Ibid., 6.
4. Tompkins, William Mills. *Selected by Extraterrestrials: My Life in the Top Secret World of UFOs, Think-tanks and Nordic Secretaries*. North Charleston, SC: CreateSpace Indepen- dent Publishing Platform, 2015.
5. Chatelain. *Ancestors Came from Outer Space,* 16–18.
6. Boylan, Richard J. "UFO Reality Is Breaking through." *Perceptions* (1996). http:// www.v-j-enterprises.com/boylrpt.html.
7. Ibid.
8. Ibid.
9. Cosnette, Dave. "Apollo Moon Conversations and Pictures Show NASA Cover-up." *Cosmic Conspiracies*, 2001. http://www.ufos-aliens.co.uk/cosmicphotos.html.
10. *The Disclosure Project*. http://www.disclosureproject.org.
11. Greer, Stephen M. "Executive Summary of the Disclosure Project Briefing Document." Presentation by The Disclosure Project, 2001. http://www.disclosureproject.org/access/ docs/pdf/ExecutiveSummary-LRdocs.pdf.
12. "My Favourite Clip from the UFO Disclosure Project." Filmed May 2001. YouTube video, 2:13. Posted by "OriginalDrDil," March 7, 2007. https://www.youtube.com/ watch?v=R6QNzH4x1rY.
13. Greer. "Disclosure Project Briefing Document."
14. Tompkins, William Mills. Personal communication with David Wilcock, April 23, 2016.
15. NASA. "National Aeronautics and Space Act of *Peter David Beter*, November 30, 1978. http://www.peterdavidbeter.com/docs/all/dbal40.html.
4. "The Truth about Jonestown." *Viewzone.com*. http://viewzone2.com/jones22.html.
5. Wall, Mike. "NASA's Space Shuttle Program Cost $209 Billion—Was It Worth It?" *Space.com*, July 5, 2011. http://www.space.com/12166-space-shuttle-program-cost-promises-209-billion.html.

第8章 靈魂的暗夜

1. McManus, Doyle. "Rights Groups Accuse Contras: Atrocities in Nicaragua Against Civilians Charged." *Los Angeles Times*, March 8, 1985. http://articles.latimes.com/1985-03-08/news/mn-32283_1_contras.
2. Ibid.
3. "Iran-Contra Affair." *Wikipedia*. https://en.wikipedia.org/wiki/Iran%E2%80%93 Contra_affair.

第9章 尋找出路

1. Lammer, Helmut. "Preliminary Findings of Project MILAB." *UFO Evidence*. http:// www.ufoevidence.org/documents/doc1776.htm.

第10章 水能載舟，亦能覆舟

1. "1990 Manic Nirvana Tour." *Robert Plant Homepage*. http://www.robertplanthomepage.com/setlists/concert.htm#1990.
2. Grassi, Tony. "August 27, 1990: The Day Stevie Ray Vaughan Died." *Guitar World*, August 27, 2015. http://www.guitarworld.com/august-1990-how-stevie-ray-vaughan-died.

第11章 寫下第一部小說

1. "Beer Game: Anchorman." *Realbeer.com*. http://www.realbeer.com/fun/games/games-54.php.

第12章 窮途末路

1. Coppolino, Eric Francis. "From the SUNY New Paltz PCB and Dioxin Files: Letter from Eric Francis to State Assemblyman Kevin Cahill." *Planet Waves*, May 5, 1993. December 30, 2010. http://planetwaves.net/news/dioxin/nysassemblyman-kevin-cahill/.

Islamic Spirituality, 2nd ed. Wheaton, IL: Quest Books, 2003.
11. Ibid., 85–86.
12. Plato. *Timaeus and Critias*.
13. Ibid.
14. Weinberg, Rob. "this Is How the Opening to *2001: A Space Odyssey* Was Supposed to Sound." 2014. http://www.classicfm.com/composers/strauss/music/also-sprach-zarathustra-2001-space-odyssey/.
15. "Also Sprach Zarathustra, Op. 30." *The Kennedy Center*. http://m.kennedy-center.org/home/program/4301.
16. Chatelain. *Ancestors Came from Outer Space*.
17. Dorr, Eugene. "Apollo 17." http://genedorr.com/patches/Apollo/Ap17.html.
18. McCall, Robert T., Interviewed by Rebecca Wright. "Oral History Transcript." *Johnson Space Center*, March 28, 2000. http://www.jsc.nasa.gov/history/oral_histories/McCallRT/RTM_3-28-00.pdf.

第16章　月球上消失的倖存者

1. Anderson, Paul Scott. "ASU Researchers Propose Looking for Ancient Alien Artifacts on the Moon." *Universe Today*, December 29, 2011. http://www.universetoday.com/92177/asu-researchers-propose-looking-for-ancient-alien-artifacts-on-the-moon/.
2. Kee, Edwin. "Transparent Aluminum Now a Reality." *Ubergizmo*, November 3, 2015. http://www.ubergizmo.com/2015/11/transparent-aluminum/.
3. "Optically Clear Aluminum Provides Bulletproof Protection." *Total Security Solutions*, June 3, 2015. http://www.tssbulletproof.com/optically-clear-aluminum-provides-bulletproof-protection/.
4. Ibid.
5. Sanderson, Ivan T. "Mysterious 'Monuments' on the Moon." *Argosy* 371, no. 2 (1970). http://www.astrosurf.com/lunascan/argosy_cuspids.htm.
6. O'Toole, thomas. "Mysterious Statuesque Shadows." *Washington Post*, November 23, 1966. Quoted in Hanks, Micah. "The Blair Cuspids: A Legitimate Lunar Anomaly?" *Mysterious Universe*, February 18, 2016. http://mysteriousuniverse.org/2016/02/the-blair-cuspids-a-legitimate-lunar-anomaly/.
7. Sanderson. "Mysterious 'Monuments.'"
8. Blair, William. *Los Angeles Times*, February 1, 1967.
1958." Public Law #85-568, 72 Stat.,426. Signed by the President on July 29, 1958, Record Group 255, National Archives and Records Administration, Washington, D.C. http://www.hq.nasa.gov/office/pao/History/spaceact.html.
16. Greenwald, Glenn. "How Covert Agents Infiltrate the Internet to Manipulate, Deceive, and Destroy Reputations." *Intercept*, February 24, 2014. https://theintercept.com/2014/02/24/jtrig-manipulation/.
17. Ibid.
18. Chatelain. *Ancestors Came from Outer Space.*
19. Cosnette, Dave. "Apollo Moon Conversations."

第15章　我們正朝著大規模的進化前進

1. Chatelain. *Ancestors Came from Outer Space*.
2. Plato. *Timaeus and Critias*. Translated by Benjamin Jowett. New York: Scribner's, 1871. http://atlantis-today.com/Atlantis_Critias_Timaeus.htm.
3. *End of Days: Essays on the Apocalypse from Antiquity to Modernity*, Edited by Karolyn Kinane and Michael A Ryan. Jefferson, NC: McFarland & Company, 2009, 30.
4. "Saoshyant." *Wikipedia*. https://en.wikipedia.org/wiki/Saoshyant.
5. Knapp, Steven. "Kalki: The Next Avatar of God and the End of Kali-yuga." *Stephen-Knapp.com*. http://www.stephen-knapp.com/kalki_the_next_avatar_of_God.htm.
6. *The Mahabharata*, Book ftree, Section CLXXXVII. Translated by Kisari Mohan Gan- guli. 18831996. *Sacred-Texts.com*. http://www.sacred-texts.com/hin/m03/m03187.htm.
7. "Ekpyrosis." *Wikipedia*. https://en.wikipedia.org/wiki/Ekpyrosis.
8. Harrill, J. Albert. "Stoic Physics, the Universal Conflagration, and the Eschatological Destruction of the 'Ignorant and Unstable' in 2 Peter." *Stoicism in Early Christianity* (2010): 115–140. Hosted on Academia.edu. https://www.academia.edu/1865923/Stoic_Physics_the_Universal_Conflagration_and_the_Eschatological_Destruction _of_the_Ignorant_and_Unstable_in_2_Peter.
9. R., Peter. "The Prophecy of Peter Deunov." December 14, 2008. http://www.angelfire.com/oh2/peterr/ProphecyOf PeterDeunov.html.
10. Hixon, Lex. *The Heart of the Qur'an: An Introduction to*

www.conscioushugs.com/.
3. Duane, Alexander. *The Students' Dictionary of Medicine and the Allied Sciences*. New York: Lea Brothers & Co., 1896.
4. "Antiperiodic." *YourDictionary*, n.d. Web. March 26, 2016. http://www.yourdictionary.com/antiperiodic.
5. Cassidy, Kerry, Bill Ryan, and David Wilcock. "Brian O'Leary's Presentation on Free Energy—Joined by Henry Deacon." *Project Camelot*. July 12, 2009. http://projectcamelot.org/zurich_10-12_July_2009.html.

第18章　黑暗特工界的特斯拉——皮特．彼得森

1. Cassidy, Kerry, Bill Ryan, and David Wilcock. "Dr Pete Peterson." *Project Camelot*, June 2009. http://projectcamelot.org/pete_peterson.html.
2. "Did a Broadcast of the National Anthem in the 1960s Contain Subliminal Messages?" *VC*, May 13, 2015. http://vigilantcitizen.com/vigilantreport/broadcast-national-anthem-1960s-contain-subliminal-messages/.
3. Watson, Paul Joseph. "Real or Hoax? 1960s Subliminal National Anthem Video Says 'Obey Government.'" *Infowars*, August 13, 2013. http://www.infowars.com/real-or-hoax-1960s-subliminal-national-anthem-video-says-obey-government/.
4. "Broadcast of the National Anthem."
5. Ibid.
6. "Subliminal Advertising." *Subliminal Manipulation*. September 2010. http://subliminal manipulation.blogspot.com/2010/09/subliminal-messages-in-advertising-in.html.
7. "Subliminal Advertising." Archive.org capture of *Subliminal Manipulation*. October 25, 2014. https://web.archive.org/web/20141025000336/http://subliminalmanipulation.blogspot.com/2010/09/subliminal-messages-in-advertising-in.html.
8. Chen, Adam. "Expert Discusses the Effects of Subliminal Advertising." MIT/*The Tech* Online Edition 110, no. 7 (1990). http://tech.mit.edu/V110/N7/lsc.07n.html.
9. "McDonald's Logo Flashes on 'Iron Chef.'" Associated Press/*USA Today*, January 26, 2007. http://usatoday30.usatoday.com/life/television/news/2007-01-26-mcdonalds-ironchef_x.htm.
10. Rossen, Jake. "7 Sneaky Subliminal Messages Hidden

Quoted by Hanks. "The Blair Cuspids."
9. Sanderson. "Mysterious 'Monuments.'"
10. Blair. Quoted by Hanks. "The Blair Cuspids."
11. Jury, William. "Regular Geometric Patterns Formed by Moon 'Spires.'" *Boeing News* 26, no. 3, March 30, 1967. http://www.astrosurf.com/lunascan/1cusp.htm.
12. Carlotto, Mark J. http://spsr.utsi.edu/members/markjcarlotto.html.
13. Carlotto, Mark J. "3-D Analysis of the 'Blair Cuspids' and Surrounding Terrain." *New Frontiers in Science* 1, no. 2, 2002. http://carlotto.us/newfrontiersinscience/Abstracts/NFS0102c.html.
14. Ibid.
15. Hoagland, Richard C., and Mike Bara. *Dark Mission: The Secret History of NASA*. Port Townsend, WA: Feral House, 2009.
16. Lindemann, Michael. Reported by Rebecca Schatte in Washington. "Exclusive Report: Hoagland's DC Press Conference." *CNI News* 16.6, 1996. http://www.v-j-enterprises.com/hoagconf.html.
17. Hoagland, Richard C., and Ken Johnston. "Two *Different* Versions of the Same *Apollo 10* Frame...AS10-32-4822." *Enterprise Mission*, 1996. http://www.enterprisemission.com/images/reflec1.jpg.
18. Hoagland, Richard C., and David Wilcock. "Russian Media Publicity Explosion." *Enterprise Mission*, November 13, 2007, and November 26, 2007. http://www.enterprisemission.com/NPC-Russia.htm, http://www.enterprisemission.com/NPC-Russia2.htm.
19. Great Images in NASA (GRIN). "GPN 2000-001137." *NASA*. http://grin.hq.nasa.gov/IMAGES/LARGE/GPN-2000-001137.jpg.
20. Hoagland and Wilcock. "Russian Media Publicity Explosion."
21. Ibid.
22. "The Mysterious Tower on the Far Side of the Moon Found by Soviet Spacecraft *Zond 3*." *Ancient Code*, January 2016. http://www.ancient-code.com/the-mysterious-tower-on-the-far-side-of-the-moon-found-by-soviet-spacecraft-zond-3/.

第17章　宇宙中的星際之門

1. *The Outer Limits: O.B.I.T.* Directed by Gerd Oswald. 1963. Daystar Productions, Villa Di Stefano, United Artists Television: ABC. Television.
2. "Daniel." *Conscious Hugs*, April 23, 2016. http://

Golden Age—Videos, Documents!" *Divine Cosmos*, July 22, 2011. http://divinecosmos.com/start-here/davids-blog/956-1950s-ets.
25. Dean and Cassidy. "Bob Dean."
26. Wilcock, David. "Disclosure Imminent? Two Underground NWO Bases Destroyed." *Divine Cosmos*, September 16, 2011. http://divinecosmos.com/start-here/davids-blog/975-undergroundbases.
27. Ibid.
28. Wilcock, David. "Russian TV Documentary on Positive Alliance Destruction of Under- ground Bases!" *Divine Cosmos*, August 6, 2014. http://divinecosmos.com/start-here/davids-blog/1166-russian-tv-underground-bases.
29. Weisberg, Jacob. "W.'s Greatest Hits: The Top 25 Bushisms of All Time." *Slate,* January 12, 2009. http://www.slate.com/articles/news_and_politics/bushisms/2009/01/ws_greatest_hits.html.
30. Ibid.
31. Eggen, Dan. "Obama, Bush and Former Presidents Gather for Lunch at White House." *Washington Post*, January 8, 2009. http://www.washingtonpost.com/wp-dyn/content/article/2009/01/07/AR2009010700257.html.

第19章　認清陰謀集團的操弄

1. Ryan, Bill, and Kerry Cassidy. "'Mr. X,' a Former UFO Archivist." *Project Camelot*, May 2006. http://projectcamelot.org/mr_x.html.
2. Ibid.
3. Ryan, Bill, and Kerry Cassidy. "'Mr. X': Interview Transcript." Video Transcript. *Project Camelot*, May 2006. http://projectcamelot.org/lang/en/mr_x_interview_transcript_en.html.
4. Ryan and Cassidy. "'Mr. X,' a Former UFO Archivist."
5. Ryan, Bill, and Kerry Cassidy. "Bob Dean." *Project Camelot*. September 2008. http:// projectcamelot.org/bob_dean.html.
6. Salter. "Testimony of Master Sergeant Dan Morris."
7. Coleman, John. "21 Goals of the Illuminati and the Committee of 300." *Educate-Yourself*, 1993. http://educate-yourself.org/cn/johncolemangoalsofIlluminati.shtml.
8. Bennett, Richard M. *Conspiracy: Plots, Lies in Ads." Mental Floss*, August 12, 2015. http://mentalfloss.com/article/67223/7-sneaky-subliminal-messages-hidden-ads.
11. Key, Wilson Bryan. "Subliminal Sexuality: The Fountainhead for America's Obsession." In Tom Reichert and Jacqueline Lambiase. *Sex in Advertising: Perspectives on the Erotic Appeal*. London: Lawrence Erlbaum Associates, 2003. http://ase.tufts.edu/gdae/CS/Subliminal.pdf.
12. Cassidy, Ryan, and Wilcock. "Dr. Pete Peterson."
13. Dean, Bob, and Kerry Cassidy. "Bob Dean: Bringing In the Light." *Project Camelot Productions*, April 2010. http://projectcamelotproductions.com/interviews/bob_deanIII/bob_deanIII.html.
14. Wilcock, David. "Cosmic Perspective on the Defeat of the Cabal." *Divine Cosmos*, Oc- tober 27, 2014. http://divinecosmos.com/start-here/davids-blog/1170-cabal-defeat.
15. Cassidy, Kerry, and Bill Ryan. "Gary McKinnon: Hacking the Pentagon." *Project Camelot*, June 2006. http://projectcamelot.org/gary_mckinnon.html.
16. Perks, Darren. "Solar Warden—The Secret Space Program." *Huffington Post*, November 7, 2012. http://www.huffingtonpost.co.uk/darren-perks/solar-warden-the-secret-space-program_b_1659192.html.
17. Cassidy and Ryan. "Gary McKinnon."
18. Dean and Cassidy. "Bob Dean."
19. Cassidy, Kerry, and Bill Ryan. "Phil Schneider." *Project Camelot*. http://projectcamelot.org/schneider.html.
20. Salter, Dan. "Testimony of Master Sergeant Dan Morris, USAF (Retired)/NRO Opera- tive." In Stephen M. Greer and Theodore C. Loder III. "Disclosure Project Briefing Document," September 2000. http://www.disclosureproject.org/access/docs/pdf/Disclosure ProjectBriefingDocument.pdf.
21. Wilcock, David. "Cosmic Perspective."
22. Hamill, Jasper. "'Peace-loving Aliens Tried to Save America from Nuclear War,' Claims Moon Mission Astronaut Edgar Mitchell." *Mirror*, August 11, 2015. http://www.mirror.co.uk/news/technology-science/science/peace-loving-aliens-tried-save-6235113.
23. Hastings, Robert. "About UFOs and Nuclear Weapons." *UFOs and Nukes*, 2016. http:// www.ufohastings.com/.
24. Wilcock, David. "1950s Human ETs Prepare Us for

Aliens Will Look Like Humans, Says Cam- bridge University Evolution Expert." *Independent*, July 1, 2015. http://www.independent.co.uk/news/science/forget-little-green-men—aliens-will-look-like-humans-says-cambridge-university-evolution-expert-10358164.html.
4. Andersen, Ross. "The Most Mysterious Star in Our Galaxy." *The Atlantic*, October 13, 2015. http://www.theatlantic.com/science/archive/2015/10/the-most-interesting-star-in-our-galaxy/410023/.
5. Pogge, Richard W. "The Solar Neighborhood." Lecture at Ohio State University, As- tronomy 141, Lecture 32, Winter 2012. http://www.astronomy.ohio-state.edu/~pogge/Ast141/Unit5/Lect32_Neighbors.pdf.
6. Carigi, Leticia. "Solar Neighborhood." *Encyclopedia of Astrobiology*. SpringerLink. http:// link.springer.com/referenceworkentry/10.1007%2F978-3-642-11274-4_1460.
7. Sanders, Robert. "3-D Map of Local Interstellar Space Shows Sun Lies in Middle of Hole Piercing Galactic Plane." *UC Berkeley News*, May 29, 2003. http://www.berkeley.edu/news/media/releases/2003/05/29_space.shtml.
8. Ibid.
9. Ibid.
10. Elkins, Don, Carla Rueckert, and Jim McCarty. *The Law of One*. Session 6, Question 24. January 24, 1981. http://www.lawofone.info/results.php?s=6#24.
11. Ibid., Session 9, Question 4. http://www.lawofone.info/results.php?s=9#4.
12. Ibid., Session 6, Question 4. http://www.lawofone.info/results.php?s=6#4.
13. Ibid., Session 89, Question 8. http://www.lawofone.info/results.php?s=89#8.
14. Ibid., Session 60, Question 16. http://www.lawofone.info/results.php?s=60#16.

第21章　關於建築者的內幕資料

1. Zolfagharifard, Ellie. "Evolution of Life's 'Operating System' Revealed: 4-billion-year-old Molecules Could Provide Clues to the Origins of Existence." *Daily Mail*, July 1, 2014. http://www.dailymail.co.uk/sciencetech/article-2676536/Evolution-lifes-operating-revealed-4-billion-year-old-molecules-provide-clues-origin-existence.html.
2. Gates, Sara. "Hidden 'Ocean' Discovered Deep *and Cover-ups*. London: Virgin Books, 2003. Retrieved May 3, 2013. http://books.google.com/books?id=tmobAQAAMAAJ.
9. Rathenau, Walther. *Zur Kritik der Zeit.* Berlin: S. Fischer, 1922. https://archive.org/details/zurkritikderzeit00rathuoft.
10. Swartzburg, Mark. "The 'ftree Hundred.'" In *Antisemitism: A Historical Encyclopedia of Prejudice and Persecution*. Edited by Richard S. Levy. Santa Barbara: ABC-CLIO, 2005.
11. Dean and Cassidy. "Bob Dean."
12. Wilcock, David. "Terrifying Global Events: Triggers for Mass Awakening?" Part Two: Weaponized Natural Disasters. *Divine Cosmos*, August 24, 2015. http://divinecosmos.com/start-here/davids-blog/1185-events-awakening?showall=&start=1.
13. Mack, Eric. "Scientists Spy 'Magic Island' on Titan, Saturn's Strangest Moon." *Forbes*, June 22, 2014. http://www.forbes.com/sites/ericmack/2014/06/22/scientists-spy-magic-island-on-titan-saturns-strangest-moon/.
14. DeMaria, Meghan. "Mysterious Feature on Saturn's Moon Baffles NASA Scientists." *The Week*, September 30, 2014. http://theweek.com/speedreads/index/269015/speedreads-mysterious-feature-on-saturns-moon-baffles-nasa-scientists.
15. Wolf, Naomi. "Fascist America, in 10 Easy Steps." *Guardian*, April 24, 2007. http:// www.theguardian.com/world/2007/apr/24/usa.comment.
16. Wilcock, David, and Corey Goode. "Skype Interview with Corey Goode." *Gaia,* Sep- tember 25, 2015. http://click.linksynergy.com/fs-bin/click?id=mTckSPpGJyM&offerid=346926.10000843&type=3&subid=0.

第20章　遠古建築者氏族

1. Rice, Doyle. "Earthshaking News: There May Be Other Planets Like Ours." *USA Today*, November 4, 2013. http://www.usatoday.com/story/news/nation/2013/11/04/earth-like-planets-milky-way-galaxy/3433449/?utm_source=dlvr.it&utm_medium=twitter &dlvrit=206567.
2. Paur, Joey. "'We've Got Company!'—One of the Most Overused Movie Quotes Ever?" *Geek Tyrant*, April 16, 2010. http://geektyrant.com/news/2010/4/16/weve-got-company-one-of-the-most-overused-movie-quotes-ever.html.
3. Gallagher, Paul. "Forget Little Green Men—

第22章　巨大的帝國族群

1. Van Flandern, Tom. "the Exploded Planet Hypothesis 2000." *Meta Research*, 2000. http://www.metaresearch.org/solar%20system/eph/eph2000.asp.
2. Van Flandern, Tom. "the Challenge of the Exploded Planet Hypothesis." *International Journal of Astrobiology* 6, no. 3 (2007): 185–197. doi:10.1017/S1473550407003758. http:// journals.cambridge.org/action/displayAbstract?fromPage=online&aid=1299192.
3. Hoagland, Richard C., and Mike Bara. "A New Model of Mars as a Former Captured Satellite: Bi-modal Distribution of Key Features Due to Ancient Tidal Stress?" *Enterprise Mission*, August 19, 2001. http://www.enterprisemission.com/tides.htm.
4. Wrenn, Eddie. "Cultural Impact: Death Star Spotted Lurking Near the Rings of Saturn (...Luckily It Is Just an Asteroid Crater on One of the More Bizarre Moons Found in Our Solar System)." *Daily Mail*, June 28, 2012. http://www.dailymail.co.uk/sciencetech/article-2165955/Death-Star-spotted-lurking-near-rings-Saturn—luckily-just-bizarre-moons-solar-system.html.
5. Ibid.
6. Parnell, Brid-Aine. "Second PAC-MAN Orbiting SATURN: Local Absence of Dots Explained." *Register*, November 27, 2012. http://www.theregister.co.uk/2012/11/27/cassini_spots_second_pac_man_moon/.
7. Hoagland, Richard. "Moon With a View: Or, What Did Arthur Know...And *When* Did He Know It?" Parts 1–6. *Enterprise Mission*, 2005. http://www.enterprisemission.com/moon1.htm, http://www.enterprisemission.com/moon2.htm, http://www.enterprisemission.com/moon3.htm, http://www.enterprisemission.com/moon4.htm, http://www.enterprisemission.com/moon5.htm, http://www.enterprisemission.com/moon6.htm.
8. Sitchin, Zecharia. *Genesis Revisited*. New York: Avon, 1990.
9. Choi, Charles Q. "Bizarre Shape of Uranus' 'Frankenstein' Moon Explained." *Space.com*, October 3, 2014. http://www.space.com/27334-uranus-frankenstein-moon-miranda.html.
10. Ibid.

Underground Near Earth's Core." *Huff- ington Post*, June 13, 2014. http://www.huffingtonpost.com/2014/06/13/hidden-ocean-earth-core-underground-video_n_5491692.html?utm_hp_ref=mostpopular.

3. Mazza, Ed. "Mimas, One of Saturn's Moons, May Have an Underground 'Life-friendly' Ocean." *Huffington Post*, October 17, 2014. http://www.huffingtonpost.com/2014/10/17/mimas-saturn-moon-ocean_n_6001420.html.
4. Cooper-White, Macrina. "Saturn's Moon Enceladus May Have Warm Ocean, Boosting Likelihood of Life on Icy Satellite." *Huffington Post*, March 12, 2015. http://www.huffing tonpost.com/2015/03/12/saturn-moon-ocean-enceladus-hot-springs_n_6857150.html.
5. Hand, Eric. "Huge Ocean Confirmed Underneath Solar System's Largest Moon." *Sci- ence*, March 12, 2015. http://news.sciencemag.org/space/2015/03/huge-ocean-confirmed-underneath-solar-system-s-largest-moon.
6. Ibid.
7. Ibid.
8. Dyches, Preston, and Felicia Chou. "The Solar System and Beyond Is Awash in Water." *NASA/Jet Propulsion Laboratory*, April 7, 2015. http://www.jpl.nasa.gov/news/news.php?release=2015-119&rn=news.xml&rst=4541.
9. Woo, Marcus. "When Will We Find Aliens?" *BBC Earth*, April 29, 2015. http://www.bbc.com/earth/story/20150429-will-we-find-aliens.
10. Dyches and Chou. "Solar System and Beyond."
11. Bendery, Jennifer. "NASA 'On the Cusp' of Discovering if Life Exists Beyond Earth, Says Top Scientist." *Huffington Post*, July 28, 2015. http://www.huffingtonpost.com/entry/nasa-life-beyond-earth_55b7ad53e4b0a13f9d1a4f97?ncid=txtlnkusaolp00000592.
12. Griffin, Andrew. "Mars Was Once Covered in Water, Making It Ideal for Alien Life." *Independent*, March 6, 2015. http://www.independent.co.uk/news/science/mars-was-once-covered-in-water-making-it-ideal-for-alien-life-10090198.html.
13. Dyches and Chou. "Solar System and Beyond."
14. Ibid.
15. Tompkins. *Selected by Extraterrestrials*, 43.
16. Tompkins. Personal communication.

22. Fecht, Sarah. "What Are the Mysterious Glowing Spots on Ceres?" *Popular Science*, August 6, 2015. http://www.popsci.com/see-ceres-pyramid-and-bright-spots-close-video.
23. Mack, Eric. "The 4-mile-tall Pyramid Mountain on Dwarf Planet Ceres Is Glowing." *CNET*, August 8, 2015. http://www.cnet.com/news/the-4-mile-tall-pyramid-mountain-on-dwarf-planet-ceres-also-glows/.
24. King, Bob. "What's Orbiting KIC 8462852—Shattered Comet or Alien Megastruc- ture?" *Universe Today*, October 16, 2015. http://www.universetoday.com/122865/whats-orbiting-kic-8462852-shattered-comet-or-alien-megastructure/.
25. Venton, Danielle. "Odd Orbits Deepen Pluto's Mystery." *Wired*, June 3, 2015. http:// www.wired.com/2015/06/odd-orbits-deepen-plutos-mystery/.
26. Choi, Charles Q. "'Strikingly Geometric' Shapes Hidden on Moon's Surface." Space.com, October 1, 2014. http://www.space.com/27308-moon-ocean-of-storms-giant-rectangle.html.
27. Bednar, Chuck. "Newly Discovered Rectangular Structure Sheds New Light on Moon Mystery." *RedOrbit*, October 2, 2014. http://www.redorbit.com/news/space/1113247932/moon-ocean-of-storms-mystery-100214/.
28. Andrews-Hanna, Jeffrey C., et al. "Figure 3: Geometric Pattern of the PKT Border Structures, with a Comparison to the Enceladus SPT." In "Structure and Evolution of the Lunar Procellarum Region as Revealed by GRAIL Gravity Data." *Nature* 514 (2014): 68–71. http://www.nature.com/nature/journal/v514/n7520/fig_tab/nature13697_F3.html.
29. Hoagland, Richard C. "For the World Is Hollow—And I Have Touched the Sky!" *En- terprise Mission*, 2010. http://www.enterprisemission.com/Phobos.html.
30. Hoagland. "For the World Is Hollow." Part II. http://www.enterprisemission.com/Phobos2.html.
31. Cicchetti, Andrea. "First Look at the MARSIS Radar Data for Phobos." *ESA Mars Express Blog*, March 22, 2010. https://web.archive.org/web/20100324153311/http://webservices.esa.int/blog/post/7/1082.
32. "Radio Science Result from 2008 Phobos Flyby Now Accepted for Publication." *ESA Mars Express Blog*, March 25, 2010. https://web.archive.org/web/20100413185220/http:// webservices.esa.int/blog/post/7/1085.

11. Ibid.
12. Wilcock, David. "Disclosure and the Secret History of Our Solar System—Radio Show [Major Updates!]" *Divine Cosmos*, February 25, 2015. http://divinecosmos.com/start-here/davids-blog/1174-disclosure-history.
13. Ibid.
14. Chappell, Bill. "NASA Sees 'Bright Spots' on Dwarf Planet in Our Solar System." *NPR*, February 26, 2015. http://www.npr.org/blogs/thetwo-way/2015/02/26/389245969/nasa-sees-bright-spots-on-dwarf-planet-in-our-solar-system?utm_source=facebook.com&utm_medium=social&utm_campaign=npr&utm_term=nprnews&utm_content=20150226.
15. Ibid.
16. Feltman, Rachel. "Spacecraft *Dawn* Has Arrived at Ceres, One of Solar System's Last Unexplored Planets." *Washington Post*, March 6, 2015. http://www.washingtonpost.com/news/speaking-of-science/wp/2015/03/06/nasa-confirms-dawns-historic-arrival-at-ceres-one-of-the-solar-systems-last-unexplored-planets/.
17. "What's the Spot on World Ceres?" NASA/Jet Propulsion Laboratory/*DAWN*, April 26, 2015. http://www.jpl.nasa.gov/dawn/world_ceres/#.
18. Sutherland, Scott. "'Lonely Mountain' Spotted on Ceres by NASA's *Dawn* Spacecraft." *Weather Network*, June 18, 2015. http://www.theweathernetwork.com/news/articles/whats-up-in-space-great-pyramid-of-ceres-mars-conjunction-lunar-dust-cloud/52920/.
19. Mack, Eric. "NASA Spies 3-mile-tall 'Pyramid,' More Bright Spots on Ceres." *CNET*, June 18, 2015. http://www.cnet.com/news/3-mile-tall-pyramid-more-bright-spots-spied-on-ceres/.
20. Kremer, Ken. "Mysterious Bright Spots and Pyramidal Mountain Star in *Dawn*'s Daunt- ing Flyover of Ceres: Video." *Universe Today*, August 8, 2015. http://www.universetoday.com/121768/mysterious-bright-spots-and-pyramidal-mountain-star-in-dawns-daunting-flyover-of-ceres-video/.
21. "Bright Spots and a Pyramid-shaped Mountain on Ceres." Phys.org, August 7, 2015. http://phys.org/news/2015-08-bright-pyramid-shaped-mountain-ceres.html.

and When Did they Know It?" *Enterprise Mission*. http://www.enterprisemission.com/corbett.htm.
9. Cadet Ed. "View-Master's Tom Corbett Space Cadet." April 29, 1999. http://www.solarguard.com/tcvmintro.htm.
10. Cadet Ed. "Tom Corbett." Reel Two. http://www.solarguard.com/tcreel2.htm.
11. Ibid.
12. Cadet Ed. "Tom Corbett." Reel ftree. http://www.solarguard.com/tcreel3.htm.
13. Cadet Ed. "Tom Corbett." http://www.solarguard.com/tcvmintro.htm.
14. International Space Hall of Fame. "Willy Ley." New Mexico Museum of Space History. http://www.nmspacemuseum.org/halloffame/detail.php?id=18.
15. "Chapter 1: Space Stations and Winged Rockets." In "SP-4221: The Space Shuttle Deci- sion." *NASA History*. http://history.nasa.gov/SP-4221/ch1.htm.
16. Salla, Michael. "Exonews TV—Navy Disseminated Nazi Antigravity Secrets to Leading U.S. Companies & ftink Tanks." *Exopolitics.org*, March 29, 2016. http://exopolitics.org/ exonews-tv-navy-disseminated-nazi-antigravity-secrets-to-leading-u-s-companies-think-tanks/.
17. "Man and the Moon." Directed by Ward Kimball. 1955. Burbank, CA: Walt Disney Productions. TV episode in *Walt Disney's Wonderful World of Color*.
18. Harvey Comics. "The Face on Mars." *Race for the Moon*, Issue #2. *Archive.org*. https:// archive.org/details/theFaceOnMars.
19. Hoagland, Richard. "Forbidden Planet...Mars." *Enterprise Mission*, 2006. http://www.enterprisemission.com/forbidden-planet.htm.
20. "Race for the Moon." Harvey Comics 1, no. 2, September 1958. https://web.archive.org/web/20031123165414/http://www.comicbookresources.com/columns/oddball/index.cgi?date=2003-11-14.
21. "Mindbomb: John Carter, PKD and 'The Face on Mars' Revisited." *The Secret Sun*, August 15, 2012. http://secretsun.blogspot.com/2012/08/mindbomb-john-carter-pkd-and-face-on.html.
22. Ibid.
23. Goldenberg, Suzanne. "Planet Earth Is Home to 8.7 Million Species, Scientists Esti- mate." *Guardian*, August 23, 2011. http://www.theguardian.com/environment/2011/aug/23/species-earth-estimate-scientists.
33. Andert, T. P., et al. "Precise Mass Determination and the Nature of Phobos." *Geophysical Research Letters*. doi:10.1029/2009GL041829. (Accepted 22 March 2010). http://onlinelibrary.wiley.com/doi/10.1029/2009GL041829/full.
34. Ibid.
35. "C-SPAN: Buzz Aldrin Reveals Existence of Monolith on Mars Moon." YouTube video, 1:00. Posted by C-SPAN, July 22, 2009. https://www.youtube.com/watch?v=bDIX vpjnRws.
36. "Buzz Aldrin Stokes the Mystery of the Monolith on Mars." *Daily Mail*, August 6, 2009. http://www.dailymail.co.uk/sciencetech/article-1204254/Has-mystery-Mars-Monolith-solved.html.
37. Ibid.
38. Mayor, Adrienne. *The First Fossil Hunters: Paleontology in Greek and Roman Times*. Princeton, NJ: Princeton University Press, 2000.
39. Ibid.
40. Ibid.
41. Ibid.

第23章　天龍人

1. Van Flandern. "The Exploded Planet Hypothesis."
2. Hamilton, Calvin J. "Ida and Dactyl." *Views of the Solar System*. http://solarviews.com/eng/ida.htm.
3. Ibid.
4. *Forbidden Planet*. Directed by Fred M. Wilcox. 1956. Culver City, CA: Metro-Goldwyn-Mayer Studios. Film. http://www.imdb.com/title/tt0049223/plotsummary.
5. Phillips, Tony. "Square Craters." *NASA Science*, September 26, 2000. http://science.nasa.gov/science-news/science-at-nasa/2000/ast26sep_1/.
6. Murchie, Scott. "NEAR Image of the Day for 2000 Sep 19." *Near Earth Asteroid Rendez- vous,* Johns Hopkins University Applied Physics Laboratory, September 19, 2000. http:// near.jhuapl.edu/iod/20000919/index.html.
7. Murchie, Scott. "NEAR Image of the Day for 2000 May 3." *Near Earth Asteroid Rendez- vous*, Johns Hopkins University Applied Physics Laboratory, May 3, 2000. http://near.jhuapl.edu/iod/20000503/.
8. Hoagland, Richard C. "Tetrahedrons, Faces on Mars, Exploding Planets, Hyperdimen- sional Physics—and Tom Corbett, Space Cadet?! Or, What Did they Know,

Shtfplan.com, March 8, 2014. http://www.shtfplan.com/headline-news/ this-world-bank-insider-will-blow-you-away-there-is-a-huge-global-conspiracy_03082014.
12. Ibid.
13. Ghose, Tia. "Deformed Skull from Dark Ages Unearthed in France." *Huffington Post*, November 17, 2013. http://www.huffingtonpost.com/2013/11/17/deformed-skull-dark-ages-france_n_4292207.html.
14. Snyder, Michael. "these Ancient Elongated Skulls are NOT HUMAN." *The Truth*, January 16, 2014. http://thetruthwins.com/archives/these-ancient-elongated-skulls-are-not-human.
15. Waugh, Rob. "Alien Skulls from 1,000 Years Ago Found in Mexico." *Yahoo! News*, De- cember 19, 2012. https://web.archive.org/web/20131201050746/http://news.yahoo.com/-alien—skulls-from-1-000-years-ago-found-in-mexico-113325793.html.
16. "'Alien in Chelyabinsk': 2,000-yo Skeleton with Cone Head Dug Up at Russian Stone- henge." *RT*, July 28, 2015. http://www.rt.com/news/310996-aliens-chelyabinsk-skeleton-russia/.
17. "RUSSIA: Siberian Scientists Search for Origins of Bizarre Humanoid Skull." Reuters/*ITN Source*, January 15, 2009. http://www.itnsource.com/shotlist/RTV/2009/01/15/RTV84809/.
18. Lynch, Gary, and Richard Granger. "What Happened to the Hominids Who May Have Been Smarter Than Us?" *Discover*, December 28, 2009. http://discovermagazine.com/2009/the-brain-2/28-what-happened-to-hominids-who-were-smarter-than-us.
19. "House of Este." *Wikipedia.* Accessed March 31, 2016. https://en.wikipedia.org/wiki/House_of_Este, https://web.archive.org/web/20160321121047/https://en.wikipedia.org/wiki/House_of_Este.
20. "List of Descendants of the House of Este." *Familypedia*. http://familypedia.wikia.com/ wiki/List_of_descendants_of_the_House_of_Este, https://web.archive.org/web/ 20120705213951/http://familypedia.wikia.com/wiki/List_of_descendants_of_the_House _of_Este.
21. Lohr, Steve. "Bush, they Say, Is Indeed a Connecticut Yankee from King Henry's Court." *New York Times*, July 5, 1988. http://www.nytimes.com/1988/07/05/us/bush-they-say-is-indeed-a-connecticut-yankee-from-king-henry-s-court.html.
24. Tompkins, William, Bob Wood, and Michael Salla. "Interview Transcript—US Navy Spies Learned of Nazi Alliance with Reptilian Extraterrestrials." Exopolitics.org, April 4, 2016. http://exopolitics.org/interview-transcript-us-navy-spies-learned-of-nazi-alliance-with-reptilian-extraterrestrials/.

第24章　個人化的宇宙戰役

1. "Underwater Pyramid Found Near Portugal Has Portuguese Navy Investigating." *Banoosh*, January 14, 2014. https://web.archive.org/web/20140221122348/http://banoosh.com/blog/2014/01/14/underwater-pyramid-found-near-portugal-portuguese-navy-investigating.
2. Osborne, Hannah. "'Sunken Atlantis Pyramid' Discovered Off Azores Coast." *Interna- tional Business Times*, September 26, 2013. http://www.ibtimes.co.uk/atlantis-discovered-pyramid-aozres-islands-sunken-509298.
3. West, Debbie. "Houston Anthropologist Reveals Irrefutable Proof that Recorded History Is Wrong." *Waking Times*, November 12, 2013. http://www.wakingtimes.com/2013/11/12/houston-anthropologist-reveals-irrefutable-proof-recorded-history-wrong/.
4. Graham, W. L. "Heaven's War." *Bible Reality Check*, 2006. http://www.biblerealitycheck.com/heavenswar.htm.
5. "Book of Enoch." *The Apocrypha and Pseudepigraphia of the Old Testament*. Edited by H. R. Charles. Oxford: Clarendon Press. http://www.ccel.org/c/charles/otpseudepig/enoch/ENOCH_1.HTM.
6. Ibid.
7. Viera, Jim, and Hugh Newman. "Visionary Salon: Giants on Record: America's Hidden History." *Chapel of Sacred Mirrors*, November 14, 2015. http://cosm.org/events/visionary-salon-giants-on-record-americas-hidden-history/.
8. Ibid.
9. Chouinard, Patrick. *Lost Race of the Giants: The Mystery of Their Culture, Influence, and Decline Throughout the World*. Rochester, VT: Bear & Company, 2013.
10. Thompson, Lucy. *To the American Indian: Reminiscences of a Yurok Woman*. (1916). Re- print. Berkeley, CA: Heyday Books, 1991.
11. Slavo, Mac. "this World Bank Insider Will Blow You Away: 'there Is a Huge Global Conspiracy.'"

14. Bierman, Jonny. "Facts and Figures about Banff National Park." *Banff & Lake Louise Tourism*, 2012. http://www.banfflakelouise.com/Media-Relations/Facts-and-Figures-about-Banff-National-Park.
15. "Porphyry Peak (8-1-14) & King's Hill (8-2-14), Montana." *The (Mostly) True Adventures of Lupe*, July 6, 2015. http://www.adventuresoflupe.com/?p=1006.
16. "What is Porphyry?" *Milestone Imports*, April 29, 2011. http://milestoneimports.com/2011/04/29/what-is-porphyry/.
17. Blavatsky, Helena Petrovna. *The Secret Doctrine: The Synthesis of Science, Religion, and Philosophy*. London: theosophical Publishing Company, 1893.
18. Cannon, Gerry. "Great Pyramid and the Ark of the Covenant." *Crystalinks*. http://www.crystalinks.com/gparc.html.
19. "Porphyry (Philosopher)." *Wikipedia*. https://en.wikipedia.org/wiki/Porphyry_% 28philosopher%29.
20. Wilcock. "Prophecy."
21. Wilcock, David. "5/23/00: Reading: The Stargate Will Open in 2012." *Divine Cosmos*, May 23, 2000. http://www.divinecosmos.com/index.php/start-here/readings-in-text-form/453-52300-reading-the-stargate-will-open-in-2012.
22. D'Urso, Joseph. "Behind the Scary Headlines, 2015 Gives Reason for Optimism." Reuters/*Yahoo! News*, December 23, 2015. https://ca.news.yahoo.com/behind-scary-headlines-2015-gives-reason-optimism-002255998.html.
23. Ibid.
22. Farberov, Snejana. "Is Ruling in the Genes? All Presidents Bar One Are Directly Descended from a Medieval English King." *Daily Mail*, August 4, 2012. http://www.dailymail.co.uk/news/article-2183858/All-presidents-bar-directly-descended-medieval-English-king.html.
23. Breay, Claire, and Julian Harrison. "Magna Carta: An Introduction." *British Library*, September 2015. http://www.bl.uk/magna-carta/articles/magna-carta-an-introduction.

第25章　未來的藍圖

1. "Chapter 7: The Pyramid and the Sacred Writings." In Lemesurier, Peter. *The Great Pyramid Decoded*. London: Element Books, 1977.
2. Ibid., 185.
3. Ibid., 191.
4. Elkins, Rueckert, and McCarty. *The Law of One*. Session 3, Question 12. http://www.lawofone.info/results.php?s=3#12.
5. Ibid., Session 3, Question 13. http://www.lawofone.info/results.php?s=3#13.
6. Lemesurier. *Great Pyramid Decoded*.
7. Wilcock, David. "11/30/96: The Advent of the Wilcock Readings." *Divine Cosmos*, 1999. http://www.divinecosmos.com/index.php/start-here/readings-in-text-form/159-113096-the-advent-of-the-wilcock-readings.
8. Ibid.
9. Ibid.
10. Wilcock, David. "Big Announcement: David's Weekly TV Show!" *Divine Cosmos*, April 20, 2013. http://divinecosmos.com/start-here/davids-blog/1122-big-announcement-david-wilcock-weekly-tv-show.
11. Wilcock, David. "12/14/96: Readings: First Half of December 1996." *Divine Cosmos*, 1999. http://www.divinecosmos.com/index.php/start-here/readings-in-text-form/160-121496-readings-first-half-of-december-1996.
12. Wilcock, David. "4/28/00: Prophecy: Archangel Michael on Economy & God." *Divine Cosmos*, April, 28, 2000. http://www.divinecosmos.com/index.php/start-here/readings-in-text-form/452-42800-prophecy-archangel-michael-on-economy-a-god.
13. Ibid.

BX0014R

靈性揚升：

宇宙正邪大戰關鍵報告（源場3）

The Ascension Mysteries:

Revealing the Cosmic Battle Between Good and Evil

作　　者　大衛・威爾科克（David Wilcock）
譯　　者　張佳棻
責任編輯　田哲榮
協力編輯　朗慧
封面設計　黃聖文
內頁排版　李秀菊
校　　對　蔡函廷

發 行 人　蘇拾平
總 編 輯　于芝峰
副總編輯　田哲榮
業務發行　王綬晨、邱紹溢、劉文雅
行銷企劃　陳詩婷
出　　版　橡實文化 ACORN Publishing
地址：231030新北市新店區北新路三段207-3號5樓
電話：（02）8913-1005　傳真：（02）8913-1056
網址：www.acornbooks.com.tw
E-mail：acorn@andbooks.com.tw
發　　行　大雁出版基地
地址：231030新北市新店區北新路三段207-3號5樓
電話：（02）8913-1005　傳真：（02）8913-1056
讀者服務信箱：andbooks@andbooks.com.tw
劃撥帳號：19983379 戶名：大雁文化事業股份有限公司

印　　刷　中原造像股份有限公司
二版一刷　2024年6月
定　　價　650元
ISBN　978-626-7441-07-7

國家圖書館出版品預行編目（CIP）資料

靈性揚升：宇宙正邪大戰關鍵報告（源場3）／大衛・威爾科克（David Wilcock）著；張佳棻譯. -- 二版. -- 新北市：橡實文化出版：大雁出版基地發行, 2024.06
面；　公分
譯自：The ascension mysteries : revealing the cosmic battle between good and evil
ISBN 978-626-7441-07-7（平裝）
1.CST：宇宙論
163　　113000300